U0800141

高速铁路基础研究与技术创新丛书

编 委 会

主任委员：

卢春房

委　　员：

翟婉明　杜彦良　李椿萱　周　黎　李迎九

王　滨　刘为群　赵　鹏　盛黎明　丁叁叁

高　亮　唐　涛　白明洲

“十四五”时期国家重点出版物出版专项规划项目

高速铁路基础研究与技术创新丛书

供电系列

现代牵引供电

本丛书编委会　总主编

李群湛　　　著

钱清泉　主　审

中国铁道出版社有限公司

2025年·北　京

内容简介

本书为“高速铁路基础研究与技术创新丛书”之分册，结合作者近二十年的学术和科研成果撰写而成。本书主要讨论负序治理措施，提出单相综合补偿模型；论述牵引变电所同相供电，提出基于无功型补偿的同相供电方法，重点论述满足负序限值的最小补偿容量方案和采用标准联结组的无功型组合式补偿方案，提出基于有功型补偿的同相供电方法，重点论述单相组合式和单三相组合式同相供电方案及其设计方法、交-直-交变流器控制系统与控制方法；进一步提出和论述双边贯通供电和智能供电，解决电网安全运行技术问题；讨论牵引网供电电压质量，保证列车功率发挥良好；提出同相 AT 供电方案，提高供电容量和容量利用率；考虑到贯通供电缩小故障范围和运行维护之需，提出和论述分段保护和智能测控技术方案；考虑绿电发展，提出和论述新能源利用和零碳贯通供电技术和应用方案；最后，提出和论述轨道交通牵引供电、机车车辆工频交流 3 kV 新制式和实现无人驾驶的智能供控系统新制式，以期引领未来发展。

本书主要用于电气工程及其自动化专业铁道牵引电气化与自动化方向硕士、博士研究生教学，亦可作为同类专业的高级进修班的参考书。

图书在版编目(CIP)数据

现代牵引供电 / 李群湛著. -- 北京 ：中国铁道出版社有限公司，2025. 4. --（高速铁路基础研究与技术创新丛书）. -- ISBN 978-7-113-32162-8

Ⅰ. U238-39

中国国家版本馆 CIP 数据核字第 20252SS772 号

书　　名：**现代牵引供电**
作　　者：李群湛

策　　划：魏　娟
责任编辑：魏　娟　　编辑部电话：(010)51873315
封面设计：高博越　郑春鹏　　封面摄影：王明柱　　丛书标识设计：崔丽芳
责任校对：苗　丹
责任印制：高春晓

出版发行：中国铁道出版社有限公司(100054，北京市西城区右安门西街 8 号)
网　　址：https://www.tdpress.com
印　　刷：北京联兴盛业印刷股份有限公司
版　　次：2025 年 4 月第 1 版　2025 年 4 月第 1 次印刷
开　　本：787 mm×1 092 mm 1/16　印张：18.5　字数：377 千
书　　号：ISBN 978-7-113-32162-8
定　　价：148.00 元

版权所有　侵权必究

凡购买铁道版图书，如有印制质量问题，请与本社读者服务部联系调换。电话：(010)51873174
打击盗版举报电话：(010)63549461

高速铁路基础研究与技术创新丛书

编 辑 组

组　长: 王　滨

副组长: 杨新阳

策　划: (以姓氏笔画为序)

王　健　王风雨　王明容　亢嘉豪　田　甜　朱敏洁　刘　霞
江新锡　李小军　李润华　李嘉懿　杨　哲　时　博　邱金帅
张　婕　陈小刚　金　锋　徐　艳　徐　清　黄　璐　曹艳芳
崔忠文　傅希刚　曾露平　熊安春　黎　琳　薛丽娜

编　辑: (第三期,以姓氏笔画为序)

王明容　王晓阳　王熙文　白小玉　冯海燕　朱荣荣　朱敏洁
刘　霞　李纯一　李润华　张　瑜　胡娟娟　秦绪涛　袁文东
聂宏伟　夏　伟　黄　璐　曹艳芳　曾丽辰　薛丽娜　魏　娟

统　筹: 李小军　刘　霞

序

我国高速铁路起步晚、发展快、后劲足，经过几代人的不懈努力，通过原始创新、集成创新、引进消化吸收再创新，成功地走出了一条符合中国国情路情、具有中国特色的自主创新之路。我国已系统掌握各种复杂地质和气候条件下高速铁路建造成套技术；在工务工程、列车运行控制、牵引供电、动车组等高速铁路核心技术方面实现自主化；形成了复杂路网条件下处理跨线运行的运营管理成套技术，构建了人防、物防、技防三位一体的主动安全保障机制。我国已成为全球高速铁路运营里程最长、在建规模最大、运营速度最快、技术体系最全、运营和管理经验最丰富的国家。我国高速铁路技术已走在世界前列，成为推动世界高速铁路发展的重要力量。

为贯彻落实中共中央、国务院《交通强国建设纲要》，推进国铁集团《新时代交通强国铁路先行规划纲要》的落地，系统总结、梳理我国高速铁路各领域前沿理论和技术，向我国乃至世界高速铁路科研工作者和工程技术人员提供一套前沿性的参考书，中国国家铁路集团有限公司铁道出版社公司特组织编著出版“高速铁路基础研究与技术创新丛书”。

丛书以习近平新时代中国特色社会主义思想为指导，以国家自然科学基金课题、国家基金委-国铁集团高铁联合基金课题、国家“973”课题、国家重点研发计划课题等科研成果为支撑，从高速铁路前沿研究、补短板技术、核心技术、技术发展趋势等方向组织选题，涵盖动车组、供电、通信与信号、列控与检测、工程勘察与设计、智能建造、运营与管理、现代信息技术、安全和维护等领域，规模为100册，是全面系统论述我国高速铁路基础研究与技术创新成就的大型系列原创性科技著作。

丛书力求突出制高点、原创性、权威性、全覆盖特色。丛书各册内容以作者团队长期从事高速铁路科学研究的成果为依托，多数成果居于国内领先水平甚至世界先进水平，多种成果荣获国家科学技术奖一等奖、二等奖，国家技术发明奖一等奖、二等奖，茅以升科学技术奖，詹天佑铁道科学技术奖，铁道科技进步奖等奖项，丛书内容体现了我国当今最新、最前沿以及展现未来发展趋势的高速铁路相关研究成果和应用技术。丛书包括动车组、供电、工程施工与组织等十个系列，基本实现高速铁路各领域全覆盖。

丛书由编委会总负责。编委会阵容强大，认真负责。编委会各成员都是长期从事我国高速铁路科研、技术、生产和管理的一流专家学者，是所从事领域的翘楚，其中包括高速铁路及其相关领域的四位院士。编委会多次开会商讨丛书的体系、内容特色、作者条件及质量保障机制；分工负责，精心审订和修改各册编写提纲；多次遴选选题，先从150多个选题意向中遴选出100个选题，后又剔除了内容特色不太鲜明的8个选题，还对10多个选题提出了较大的改进意见，补充了8个关键技术和弥补技术空白的选题；最后邀请专人对各册内容进行审定，从而保证了各册内容的正确性和先进性。

2021年年底，国家新闻出版署经过严格评审，“高速铁路基础研究与技术创新丛书”(100册)成功入选“‘十四五’时期国家重点出版物出版专项规划——重大出版工程”。这是对本丛书项目的认可，也是对编委会、作者和编辑等人员前期工作的认可，更是一种鞭策。我们相信，本丛书的出版，将助力于《交通强国建设纲要》的贯彻落实，推动我国乃至世界高速铁路事业的发展，也将为铁路领域的科研工作者、工程技术人员、管理人员，以及高校相关专业师生提供一套高水平、原创性、权威性、全覆盖的大型高铁科技精品著作。

中国工程院院士

“高速铁路基础研究与技术创新丛书”编委会主任 卢春房

2022年2月

前　言

本书为“高速铁路铁路基础研究与技术创新丛书”之分册，按丛书要求，力图体现牵引供电中同相供电、双边供电、贯通供电、智能供电等方面的制高点、前沿性、原创性特色。

本书结合作者近二十年的学术和科研成果撰写而成，共分12章。

第1章首先论述我国电气化铁路取电的电网概况，特别是它对铁路的供电方式，然后论述了电气化铁路牵引供电方式，引出电分相的取舍问题以及同相供电概念，介绍设计要求。

第2章是全书的基础部分，重点介绍交-直-交型电力机车和动车组电传动系统及其牵引和制动特性，并介绍基于此的牵引计算相关内容。

第3章重点论述负序。负序，是电网对电气化铁路关注的一个最主要的电能质量指标，并且由于电气化铁路的单相属性，是电网中产生负序电流、造成三相电压不平衡的主要根源，也就成为一个需要持续关注的课题。负序对电网及其元件会产生许多不良影响，根据国家标准的规定，必须加以限制。

第4章论述负序治理。通过提出和分析全负序相量图，构造异相和单相综合补偿模型，实现一个最关键的提升：将异相供电的换相治理负序阶段提升到同相（不换相）治理负序的新阶段，也为同相供电打下理论基础。

第5章论述牵引变电所同相供电。借助第4章单相（同相）综合补偿模型，首先研究牵引变电所无功型同相补偿方法，提出了满足负序（不平衡）限值的最小补偿容量方案和采用标准联结组的组合式补偿方案，进一步借助全负序相量图及其原理，提出基于有功型补偿的同相供电方法，重点研究了单相组合式和单三相组合式同相供电方案及其设计步骤和容量选取，还讨论了无功型和有功型同相供电各自的特点。应该指出的是，与以往铁道电气化专业多涉及无源元件不同，这里无功型同相补偿涉及交-直变流器，有功型同相补偿涉及交-直-交变流器，都是由电力电子器件构成的有源型装置，因此专门增加了作者团队研制的同相供电交-直-交变流器的数学建模与控制系统方面的内容。同相供电可以用最小的代价（补偿容量）来满足电网对负序的限制要求，同时消除铁路电分相（列车断电区），实现双赢。

第 6 章研究双边供电、贯通供电和智能供电。这是牵引变电所同相供电的技术延伸，以期消除分区所处的电分相，并进一步在全线消除电分相和列车断电区，同时解决对电网的影响。与单边供电相比，双边供电和贯通供电对电网产生的负序及其影响的性质没有改变，但双边供电的合环需要满足电网规定，合环后由于牵引网作为支路并入电网节点，将改变电网拓扑结构，可能会在牵引网中增生穿越功率。穿越功率的发电分量与牵引变电所剩余再生功率的性质相同，因此可以在牵引变电所统一加以利用和解决，考虑到还可以增加新能源发电和储能装置接入等其他功能配置，因此提出按需配置的、具有多功能的供电方案，带有智能性，称为智能供电。

第 7 章依据牵引供电系统电压标准规定，介绍交-直-交型电力机车和动车组的网压—轮周功率关系，给出牵引供电系统电压损失计算方法，进而讨论网压水平与改善措施，使网压水平保持在规定范围内，保证列车功率的正常发挥。

第 8 章论述 AT 供电方式。这里改用两相对称分量法推导 AT 供电等效电路并进行供电容量、容量利用等方面的电气分析，提出新的同相 AT 供电方案，导出其等效模型并进行电气分析，最后还讨论了 AT 短回路的钢轨电位问题。

第 9 章论述基于计算机软件平台的过程仿真和寻优设计，也为未来实现人工智能设计奠定基础。

第 10 章提出牵引网分段供电和对应的分段保护方案，同时尚能对牵引网上各供电分段的列车运行状态进行智能辨别。牵引网分段保护与测控系统也是智能供电的重要组成部分。

第 11 章论述新能源利用和零碳贯通供电，包括牵引变电所绿电接入方式，贯通供电系统的绿电接入及其零碳控制策略，新能源接入的智能牵引变电所以及储能装置控制系统。利用铁路沿线光伏白天发电的特点，促进牵引供电系统与电网发用电的峰谷互补和零碳融合。

第 12 章在研究我国干线铁路工频单相 25 kV 交流制和城轨交通 1 500 V 直流制后，提出和论述轨道交通牵引供电和机车车辆工频交流 3 kV 新制式和实现无人驾驶的智能供控系统新制式，以期引领未来发展。

还需要说明的是，谐波是电网对电气化铁路关注的另一个主要电能质量指标。虽然随着交-直型电力机车的停产和逐步淘汰，交-直-交型电力机车和动车组的普及，较低次谐波的含量和直接影响大大降低，但是更高次谐波和与谐波相关的谐振问题依然存在且不可忽视，因为谐振会引起系统元件故障，甚至进一步造成谐波超标，因此，本书在附录中专门讨论谐波、谐振与抑制问题。值得注意的是，虽然谐振的建模、分析显得非常复杂，但使用阻波高通滤波器来保持高功率因数并进行滤波和抑制谐振是非常简单、有效的。

成书过程中，石中年、陆阳、郭育华、佟来生提供了电力机车、动车组方面的资料，于国旺、李鲲鹏、李喆、胡亮提供了同相供电现场运行资料和数据，李晋、黄足平、魏宏伟、郑励耘、董志杰、黄文勋等提供了同相供电有关设计资料，杨宏伟提供了牵引变压器有关资料，牵引供电团队吴积钦提供了电分相、电分段方面的资料，贺建闽提供了 AT 短回路电流分析部分资料，郭锴、马庆安提供了部分异相 AT 供电方面的资料，解绍锋、王辉（博士后）、张戬（博士后）、刘炜、陈民武、范红静（博士生）、宋梦容、彭友（博士生）等提供了部分系统仿真和实测方面的资料，吴波提供了同相供电变流器、储能装置变流器及其控制方法方面的资料，王帅（博士后）、易东提供了第 10 章部分资料，黄小红提供了第 11 章部分资料，张伟鹏参与 12.3 节初稿撰写，李子晗、周福林、李书谦、杨振坤提供了阻波高通滤波器设计和应用方面的资料，张戬还负责改图、画图和校对，对此，作者一并表示感谢！

钱清泉院士一直关心本书的撰写，亲自担任本书主审并给予指导，在此再次表示深深的谢意！

因水平所限，书中难免存在不足，望同仁与读者不吝指正。

出版本书，也是为了纪念我的导师、我国铁道电气化事业创始人曹建猷院士 107 周年诞辰！他虽然离开我们 27 年了，但他敢于创新、善于创新的精神永远激励我们奋勇前进！

我坚信，中国电气化铁路会不断进取，迎难而上，取得更加辉煌的业绩，对世界有所贡献，迎接更加美好的明天！

2024 年 10 月

目　录

第1章　绪　　论

1.1　电力系统概述

1.1.1　电力系统简介

电力系统是电力工业的基本形态，它是发电、输电、变电、配电、用电的发电机、变压器、变流器、电力线路及各种用电设备等联系在一起组成的整体[1-3]。发电机把机械能转化为电能，电能经过变压器、变流器和输电线、配电线输送并分配到用户，经电动机、电炉和电灯等设备又将电能转化为机械能、热能和光能等。如果把发电厂的动力部分（如火电厂的锅炉、汽轮机、热力网和用热设备，水电厂的水轮机和水库，核电厂的核反应堆和汽轮机等）包括进来就称为“动力系统”。电力系统中除发电机和用电设备外的部分称为“电力网”，简称电网。所以说电网是电力系统的一个组成部分，而电力系统又是动力系统的一个组成部分。

现代电力系统都是三相的，但通常为了简单、清晰，将其接线图画成单线图。动力系统、电力系统和电网如图 1-1 所示。

由于电能与国民经济各部门及人民日常生活关系密切，同时目前电能还不能大量就地储存，所以对电力系统运行有以下基本要求。

1. 保证供电可靠性

按电力负荷的种类及要求供电的连续性，一般将负荷分为三级：

一级负荷——对此类负荷中断供电，将导致人身生命危险，损坏设备，产生大量废品，给国民经济带来重大损失，使公共生活发生混乱。电力牵引属于一级负荷。

二级负荷——对此类负荷中断供电，会造成大量减产，工业企业内部交通运输停顿，严重影响人民正常生活。

三级负荷——不属于一、二级负荷，停电影响不大的其他负荷。

一级负荷应由两个独立电源供电，其中任一电源容量都应在另一电源发生故障时，保证一级负荷的全部电力供应。二级负荷一般用电源加备用电源供电，备用电源比电源低一个电压等级。三级负荷一般由单回路供电。

2. 保证良好电能质量

主要的电能质量指标是频率、电压及波形。

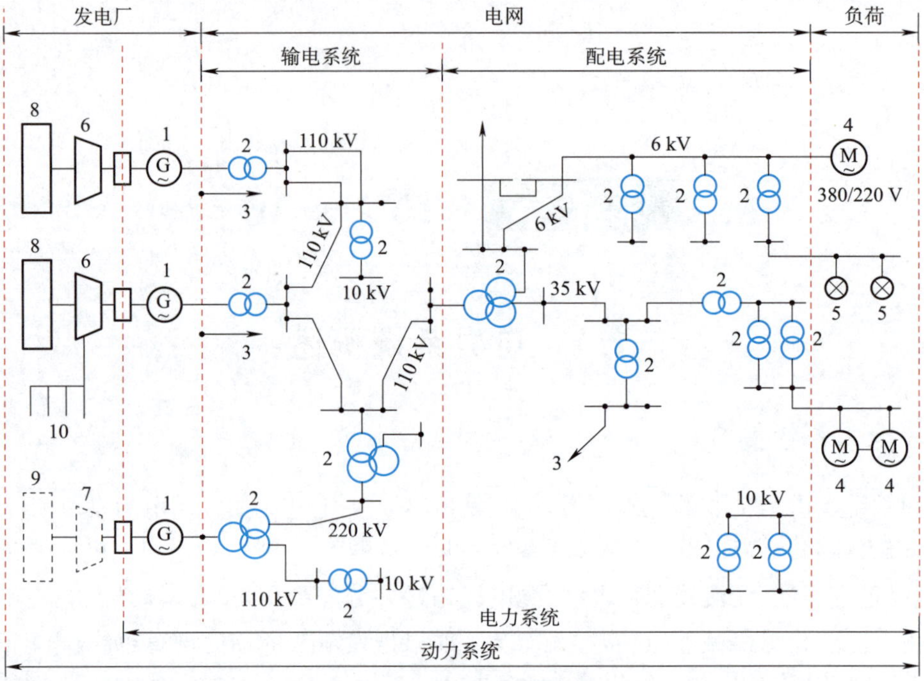

1—发电机;2—变压器;3—负荷;4—电动机;5—电灯;6—汽轮机;7—水轮机;8—锅炉;9—水库;10—热力网。

图 1-1 动力系统、电力系统和电网

(1)频率。我国额定频率为 50 Hz。《电能质量 电力系统频率偏差》(GB/T 15945—2008)规定:"电力系统正常运行条件下频率偏差限值为±0.2 Hz。当系统容量较小时,偏差限值可以放宽到±0.5 Hz。"

(2)电压。《电能质量 供电电压偏差》(GB/T 12325—2008)规定:"35 kV 及以上供电电压正、负偏差绝对值之和不超过标称电压的 10%。"《电能质量 三相电压不平衡》(GB/T 15543—2008)对不平衡度限值作出了规定:①电力系统公共连接点电压不平衡度限值为:电网正常运行时,负序电压平衡度不超过 2%,短时不得超过 4%。②接于公共连接点的每个用户引起该点负序电压不平衡度的允许值一般为 1.3%,短时不超过 2.6%。根据连接点的负荷状况以及邻近发电机、继电保护和自动装置安全运行要求,该允许值可作适当变动,但必须满足①的规定。

(3)波形。电力系统负荷中大量整流设备及非线性用电设备会产生高次谐波,使电力系统正弦波形发生波形畸变,对电力系统本身及用户造成很多不良影响。《电能质量 公用电网谐波》(GB/T 14549—1993)给出了各电压等级下电网公共连接点(PCC)电压波形畸变率限值,2000 年颁布的中华人民共和国国家标准化指导性技术文件《电磁兼容 限值 中、高压电力系统中畸变负荷发射限值的评估》(GB/Z 17625.4—2000)等同采用 IEC 61000-3-6:1996 这个文件。

电网影响电气化铁路的主要电能质量指标是供电电压偏差。电气化铁路[4-5]对电网产生影响的电能质量问题主要是负序(电压不平衡)和谐波(波形)[6-7]。

针对电气化铁路这样的典型单相负荷,负序问题不可回避[4-6],而且随着列车速度提高、运量加大和单列功率增加,负序也随之增加,并且还有剩余再生制动功率产生的负序问题。通过负序分析和负序治理技术研究产生新的解决方案,这就是同相供电,将在第 4 章、第 5 章详细讨论。

随着谐波含量比较丰富的交-直型电力机车的停产、逐步退役和交-直-交型电力机车、动车组的普及,电气化铁路的谐波问题已经得到极大改善,但是谐振问题仍时有发生,还应引起重视,这些内容列于附录 A,供参考。

1.1.2　电力系统元件参数和短路容量

发电机、变压器和输电线是构成电力系统的主要元件。各元件的等值电路及其参数计算是分析电力系统[1-3]及牵引供电系统[4]的基础。

1. 发电机

厂家提供的发电机参数通常有:额定(线)电压 U_N(kV)、三相额定容量 S_N(MV·A)及次暂态电抗的标幺值 $X''_G\%$。则发电机电抗 X''_G(Ω)的有名值为

$$X''_G=\frac{X''_G\%}{100}\cdot\frac{U_N^2}{S_N} \tag{1-1}$$

2. 变压器

双绕组变压器等值电路如图 1-2 所示。

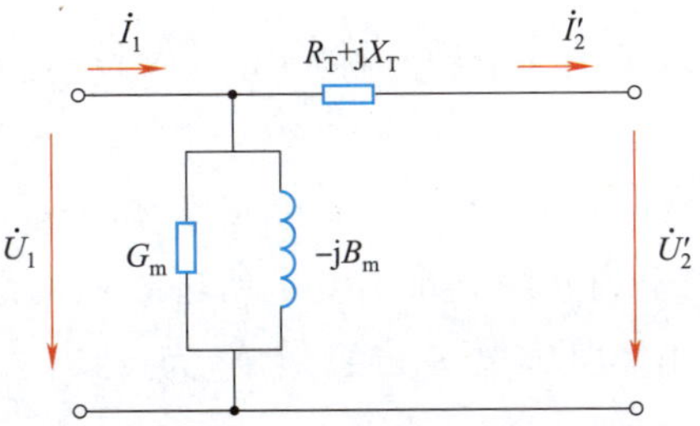

图 1-2　双绕组变压器等值电路

已知变压器参数一般为额定容量 S_N(MV·A)、额定线电压 U_N(kV),以及短路电压百分值 $U_d\%$、空载电流百分值 $I_0\%$和三相有功空载损耗 P_0(kW)、短路损耗功率 P_k(kW),则变压器短路电抗 X_T(Ω)和电阻 R_T(Ω)分别为

$$\begin{cases}X_T=\dfrac{U_d\%}{100}\cdot\dfrac{U_N^2}{S_N}\\[2ex] R_T=\dfrac{P_k}{1\,000}\cdot\dfrac{U_N^2}{S_N^2}\end{cases} \tag{1-2}$$

并联电导 G_m(S)和电纳 B_m(S)分别为

$$\begin{cases} G_m = \dfrac{P_0}{U_N^2} \times 10^{-3} \\ B_m = \dfrac{I_0\%}{100} \cdot \dfrac{S_N}{U_N^2} \end{cases} \tag{1-3}$$

由于 R_T、G_m、B_m 的值均相对很小,故变压器表现出的主要是短路电抗 X_T,即电抗部分。在不影响计算精确度的情况下可仅计 X_T 的值。

对三绕组变压器电抗百分值,是一个绕组开路,另外两个绕组按双绕组变压器的关系得到的,通常给出的双绕组短路电压百分值分别记为 $U_{d1\text{-}2}\%$、$U_{d2\text{-}3}\%$、$U_{d1\text{-}3}\%$,则有

$$\begin{cases} U_{d1}\% = \dfrac{1}{2}(U_{d1\text{-}2}\% + U_{d1\text{-}3}\% - U_{d2\text{-}3}\%) \\ U_{d2}\% = \dfrac{1}{2}(U_{d1\text{-}2}\% + U_{d2\text{-}3}\% - U_{d1\text{-}3}\%) \\ U_{d3}\% = \dfrac{1}{2}(U_{d2\text{-}3}\% + U_{d1\text{-}3}\% - U_{d1\text{-}2}\%) \end{cases} \tag{1-4}$$

3. 输电线

通常给出的参数为电网线电压 U_N(kV)、每千米电抗 z(Ω/km)、线路长度 L(km),则输电线阻抗参数 Z(Ω)为

$$Z = z \cdot L \tag{1-5}$$

在需要涉及对地导纳时,要将大地影响考虑进去,可参考文献[4]。更严格的还要考虑分布参数。

4. 电力系统短路容量

电力系统短路容量是选择牵引变电所一次侧电气设备所必需的,它也是估计电力系统负荷能力的重要依据。

在将电力系统元件的电抗归算到同一基准电压 U_B 和基准容量 S_B 后,便可以应用等效发电机原理将网络化简,得出电力系统到牵引变电所进线点的总电抗标幺值 $X_{*\Sigma}$。电力系统在牵引变电所进线点的三相短路容量 S_d(MV·A)为

$$S_d = \frac{S_B}{X_{*\Sigma}} \tag{1-6}$$

反过来,在已知系统短路容量的情况下,也可得出从牵引变电所看进电力系统的总电抗标幺值为

$$X_{*\Sigma} = \frac{S_B}{S_d} \tag{1-7}$$

有名值 X_Σ(Ω)为

$$X_\Sigma = \frac{U_B^2}{S_d} \tag{1-8}$$

电力系统的短路容量同电力系统的发电容量有关，还同负荷中心所在地点有关。一般电力系统的发电容量越大，短路容量越大；负荷中心距离电力系统电源越远，短路容量越小。

短路容量是计算电气化铁路负序(不平衡)和电压损失的重要数据。

5. 电力系统数学模型

在已知电力系统各元件的参数和等值电路的基础上，按照它们的电气连接关系互连起来，便构成了电力系统的等值电路，又叫网络模型。但这时存在一个电压等级的归算问题，因为每一个元件在不同电压等级下所显现的电气参数值是不同的，所以不同电压等级的等值电路不能直接连接，必须归算到同一电压等级下进行分析。

可按式(1-9)～式(1-11)进行归算：

$$Z=Z'(k_1\cdot k_2\cdot \cdots \cdot k_n)^2 \tag{1-9}$$

$$U=U'(k_1\cdot k_2\cdot \cdots \cdot k_n) \tag{1-10}$$

$$I=\frac{I'}{k_1\cdot k_2\cdot \cdots \cdot k_n} \tag{1-11}$$

式中 Z',U',I'——归算前的值；

Z,U,I——归算后的值；

$k_1,k_2,\cdots,k_n$——基准级与待归算级之间所有变压器变比。

第3章研究负序在电力系统中的分布时会用到这些知识。

1.2 电力牵引及其供电系统的构成

电力牵引按其牵引网供电的电流制可分为工频单相交流制、低频单相交流制和直流制。我国干线电气化铁路均采用工频单相交流制[4]，市域铁路和城市快轨也选择工频单相交流制，而地铁、轻轨、电车等城市轨道交通和矿山运输均采用直流制，没有低频单相交流制。

直流制发展最早，至今各国铁路仍在应用。牵引网电压有750 V、1 200 V、1 500 V、3 000 V不等。由于直流牵引电动机额定电压受到整流条件的限制，牵引网电压很难进一步提高，这就要求沿牵引网输送大量电流来供应电力机车，直流制通常由三相电网供电，在牵引变电所中降压并整流为直流输入牵引网。因电压低，牵引电流大，因此接触网一般要使用两根铜接触导线和铜承力索，甚至增加加强线。牵引网电压低，所以送电距离也短。由于这些限制，许多国家的干线铁路在20世纪50年代后期逐渐改用工频单相交流制[4-5]。

继直流制之后出现的是低频($16\frac{2}{3}$ Hz)单相交流制。这种电流制在电力机车上采用交流整流子式牵引电动机，在德国及其周边个别国家中使用至今。交流容易变压，因此有可能在牵引网中使用更高的电压供电，一般是11 kV或15 kV，在电力机车上降压供给低电压的交流整流子式牵引电动机。

低频单相交流制的出现，与力图提高牵引网电压以降低接触网中的有色金属用量有关。应用低频，一方面是由于西欧电力工业发展的初期就存在低于 50 Hz 的频率；另一方面，交流整流子式牵引电动机因为存在感应电势而对整流过程造成困难，不适宜在较高的频率下运行。因此，1950 年之前，$16\frac{2}{3}$ Hz 频率的铁路在以德国为首的一些国家中得到发展。而工业国的电网很快就采用了 50 Hz 频率，成为电力工业标准频率，简称工频，所以低频制电气化铁路须自建专用的低频率发电厂，或者从国家电网取电，经牵引变电所降压、变频然后再输入牵引网，使得投资巨大[4]。

工频单相 25 kV 交流制是 1953 年法国铁路在埃克斯·累·班—里亚罗什休尔伏龙区段应用整流式交流电力机车获得成功之后许多国家都相继采用的最广泛的电流制。尽管在此之前，1932 年匈牙利在布达佩斯—黑基也什霍洛姆铁路上研制采用了工频单相 16 kV 交流制电力牵引，之后 1954 年日本在仙山—松岛间试建了一段工频单相 20 kV 交流制电气化铁路，1955 年苏联在奥热列利耶—巴维列兹区段修建了一条工频单相 20 kV 交流制电气化铁路，但后来，苏联、日本、印度、南斯拉夫、保加利亚等国家都采用了法国率先研制的工频单相 25 kV 交流制。工频单相 25 kV 交流制得到了广泛采用。

工频单相 25 kV 交流制电力机车经降压后用整流器整流来供给直流牵引电动机，称为交-直型机车，由于频率提高，牵引网阻抗加大，牵引网电压也相应地提高。采用工频制消除了低频制的两个主要缺点：与电力工业并行的非标准频率和构造复杂的交流整流子式牵引电动机。这就使供电系统的结构和设备大为简化，并且直流牵引电动机也远比交流整流子式牵引电动机运行可靠。后来又发展了采用交流牵引电动机的交-直-交型电力机车和动车组，这是划时代的进步。

工频单相交流制的一个主要问题是，由于单相牵引负荷接入三相电网，在三相电网中引起负序电流；另外，交流牵引网电流会产生电磁干扰，特别是对邻近通信线的干扰，称为通信干扰，在电气化铁路的设计中都应根据实际需要加以考虑。

西南交通大学（原唐山交通大学）曹建猷院士曾于 1956 年 11 月 25 日在《人民日报》发表《我国铁路电气化的途径》一文，率先主张我国干线铁路采用工频单相 25 kV 交流制，得到国家认可，终止了已经开始的、苏联援建的干线铁路直流 3 kV 制式电气化设计，使我国一开始就站在了世界铁路电气化的最前沿。1961 年 8 月 15 日，我国第一条电气化铁路宝（鸡）成（都）线宝凤（州）段通车，正式标志着中国电气化铁路开启了新纪元。

现代电力牵引都由电网供电，实质上是取用经变换的单相电。我国电气化铁路都采用工频（50 Hz）单相交流制，《轨道交通　牵引供电系统电压》（GB/T 1402—2010）规定："牵引供电系统标称电压为 25 kV（最高持续电压 27.5 kV）。"

电力牵引的供电系统称为牵引供电系统。

牵引供电系统由牵引变电所和牵引网组成，其构成简化示意如图 1-3 所示。相对牵引变电所而言，通常把为其供电的电网称为外部电源或电源，也称高压系统，因此牵引变电所的主要作用就是降压。

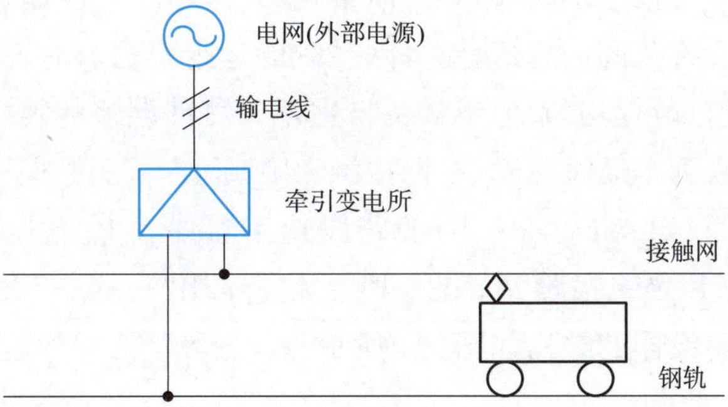

图 1-3　牵引供电系统的构成简化示意

电网与输电线：它们为电气化铁路提供电源，其电压一般为 110 kV、220 kV，也有 330 kV。电气化铁路是一级负荷，故要求外部电源有足够的容量和较高的可靠度，规定由两路独立电源供电。电网通常能满足这些要求，并具有经济性。

牵引变电所：将电网供应的电能转变为适于电力牵引及其供电方式的电能，起到降压、变换作用，其中的核心元件是牵引变压器，亦称主变压器，简称主变，并设有备用。与地方变电站相比，电气化铁路变电站绝大多数情况下是用于提供列车牵引用电，作为区别和行业习惯，而称为牵引变电所。其主变次边设置牵引母线，在牵引母线和接触网之间设置馈线，将电能引向电气化铁路。

牵引网：由接触网、回流网组成的供电网的总称，完成对电力机车的送电任务。接触网是一种特殊的输电线，架设在铁路上方，机车受电弓与其滑触受电。回流网包括钢轨（地）、回流线以及横向回流连线，其中钢轨既支持列车运行，又是导线，由于轨与地通常都是非绝缘的，故通常轨、地以及与之并联的回流线一起接受机车牵引电流的回流；回流连线是指轨、地以及与之并联的回流线之间的和牵引变电所处的横向连线，在牵引变电所回流连线将轨、地以及回流线与牵引变压器指定端子相连，有时分为地回流连线、轨回流连线和回流线回流连线，这些连线与馈线一起组成牵引端口的端子线；回流线是指牵引网的直接供电＋回流线方式的导线，是纵向的，与钢轨并联，悬挂于接触网的田野侧，起到减小阻抗、增强回流的作用，AT 供电方式的负馈线 F 也是一种回流线，详见 1.4 节。

供电分区/供电臂：牵引变电所向上行或下行接触网正常供电的范围。单边供电时，是指由牵引变电所馈线到接触网末端的供电线路，因此也称为供电臂；双边供电时，是指由牵引变电所馈线到分区所的供电线路。

电分段：将每个供电臂细分成若干个电气上互相绝缘的分段，称为电分段[8]。相邻两个分段的接触网之间要串入分段器并旁接隔离开关或负荷开关。电分段提高了供电的可靠性

和灵活性，能够缩小停电范围，不仅方便局部接触网的维修，也方便电气化专用线路的货物装卸。电分段不会中断向列车供电。分段器有器件式（分段绝缘器）和绝缘锚段关节式两种，前者称为器件式电分段，后者称为关节式电分段。器件式电分段具备自主熄灭弓网燃弧的能力，长度较短，串接于接触网，属于集中质量块，列车通过速度超过一定限度时，弓网动态接触力会出现超过允许范围的峰值，对弓网系统的运行寿命具有不利影响。绝缘锚段关节式电分段较长，质量分散且均匀，但不具备自主熄灭弓网燃弧的能力。工程实践中，接触网电分段的具体形式视列车通过速度、弓网接触力限制、路段长度等因素综合选定。通常情况下，速度目标值较低（如＜160 km/h）的路段选用器件式电分段，速度目标值较高（如≥160 km/h）的路段选用绝缘锚段关节电分段。本书中用“—||—”表示电分段。

常用器件式分段绝缘器的结构如图 1-4 所示[8]。分段绝缘器的电气性能应满足接触网的绝缘要求。

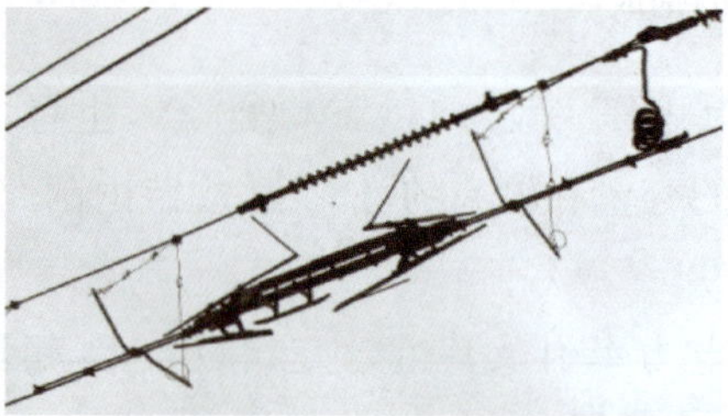

(a)绝缘滑道式分段绝缘器 A

(b)单向分段绝缘器

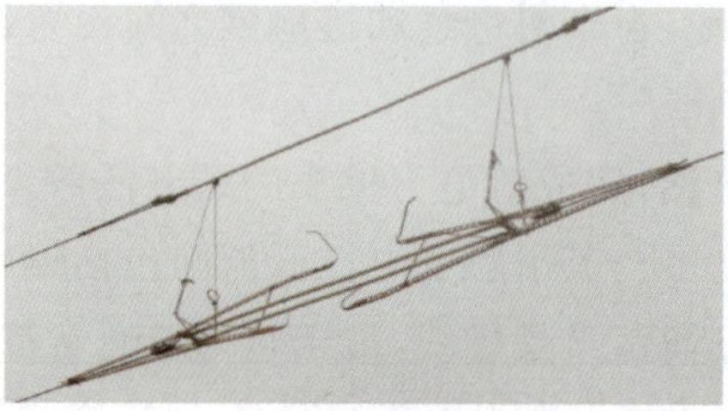

(c)绝缘滑道式分段绝缘器 B

(d)菱形分段绝缘器

图 1-4　常用器件式分段绝缘器

电分相/中性段：两个不同标称电压或相位的供电分区接触网之间插入的绝缘隔离设施。通常为减轻牵引变电所对电力系统的负序及其影响，将各供电分区轮换对应接入三相中的某一相(线)，这个过程称为换相。换相的供电分区接触网之间必须设置电分相/中性段，列车不降弓，但需断电通过，形成列车断电区。电分相亦有器件式和关节式之分。器件式电分相使用分相绝缘器，中性段较短，串接在接触网中，并使列车受电弓光滑过渡，由于分相绝缘器较重，属于集中质量块，会引起弓网磨耗加大，只适用于普速铁路，并且须设置“断”“合”字标志，列车通过时主断路器必须断开，即断电通过电分相。我国时速 200 km 以上的高速铁路均采用关节式电分相，全称是带中性段的绝缘锚段关节式电分相，中性段较长，在不借助地面控制的自动过分相装置时，机车仍然须断电通过电分相。电分相一般设在牵引变电所出口和分区所处的接触网上，其中牵引变电所出口的两个供电分区是异相供电，因此必须在接触网上进行绝缘隔离[8]，详见 1.4.3 节。本书中用符号"——‖——"表示电分相。

分区所：将接触网分割成不同供电分区的设施。通常设在两相邻牵引变电所的供电分界处，或供电分区末端，可通过开关设备实现相邻供电分区的不同运行方式。

越区供电：一个供电分区向相邻供电分区供电。一般是在一座牵引变电所故障退出或检修退出时，左右相邻的两座牵引变电所分别向其左右两个供电分区供电。《铁路电力牵引供电设计规范》(TB 10009—2016)规定："越区供电属于非正常运行状态，牵引变压器容量、接触网电压水平等不能满足正常行车需要，对这种运行状态必须对行车量或列车运行速度加以限制，仅保证客车或军用列车等重要列车通过，而不再保证线路的最大通过能力。"

电力机车(动车)：安装牵引电机并通过牵引电机及其变换和控制系统牵引列车(拖车)运行的动力车辆，牵引时将电能转化为可用机械能，制动时将机械能转化为电能[9]。

1.3 外部电源的供电方式

外部电源的供电方式是指电网与牵引变电所的连接方式，它取决于用电负荷等级和电网的分布情况。《铁路电力牵引供电设计规范》(TB 10009—2016)规定："铁路电力牵引供电系统为一级负荷，牵引变电所应有两路电源供电，当任一路故障时，另一路仍应正常供电。"其中两路电源可来自不同的地区变电站或同一地区变电站的不同母线或同一母线的不同分段。

外部电源的供电方式以保证供电可靠性为原则，同时注意电源容量及经济性。外部电源对牵引变电所的供电方式主要有以下几种。

1.3.1 环形(双侧)单回路供电方式

环形(双侧)单回路供电是牵引变电所在一次侧与电网连成环形网，如图 1-5 所示。这种方式比较经济，也可较好地满足供电可靠性要求，当任一路输电线或一侧电源故障时都不影响牵引变电所的正常供电。

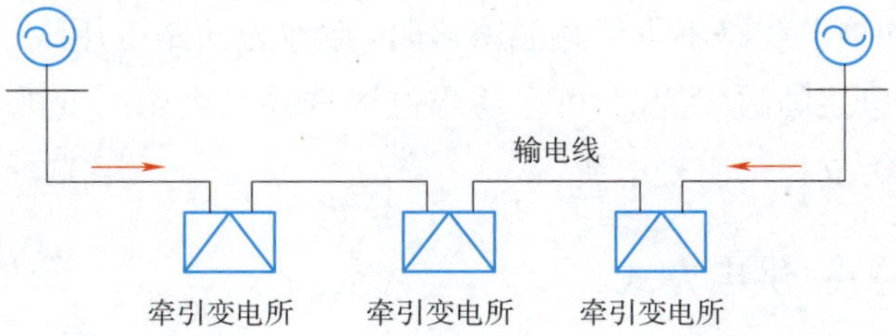

图 1-5 环形(双侧)单回路供电方式

1.3.2 环形(双侧)双回路供电方式

这种供电方式中,电源来自电网的两个地区变电站,给铁路供电的输电线是联络这两个地区变电站的通路。根据可靠性的要求,采用双路输电线,各路输电线的容量应不小于相关牵引变电所容量之和。环形(双侧)双回路供电方式如图 1-6 所示,牵引变电所 1 和牵引变电所 3 采用了环形(双侧)双回路供电方式,牵引变电所 2 采用了环形(双侧)单回路供电方式。

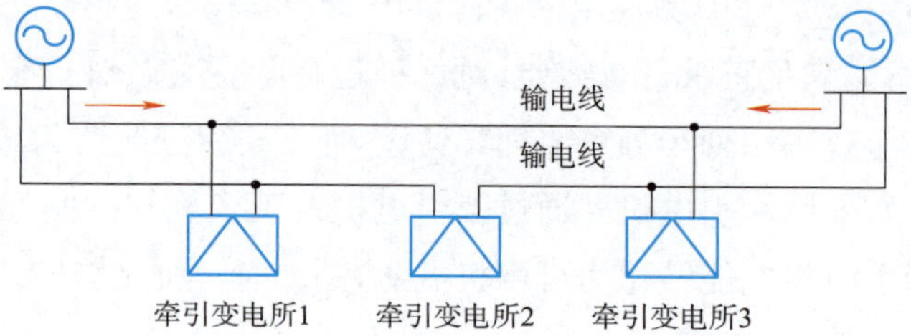

图 1-6 环形(双侧)双回路供电方式

很明显,牵引变电所 1 和 3 的供电可靠性更好。尽管如此,当一路输电线或一侧电源分别故障时仍不会导致牵引变电所 2 失电。

1.3.3 单电源(单侧)双回路供电方式

单电源(单侧)双回路供电方式是由一个地区变电站给多个牵引变电所供电,为保证供电可靠性,应采用双回路或双回输电线,如图 1-7 所示。

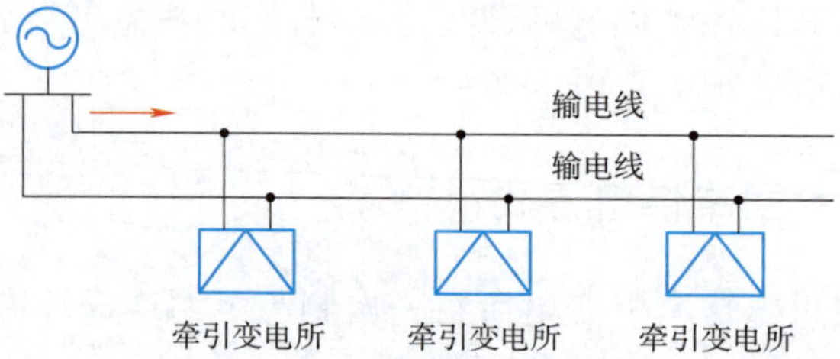

图 1-7 单电源(单侧)双回路供电方式

当给铁路供电的输电线路不负担其他用户时,常称为铁路专用线。当铁路专用线较长时,为缩小一次侧输电线的故障范围,可在适当位置选择一个牵引变电所,在此对输电线进行分段,此时此处称为支柱牵引变电所。

1.3.4 树形(辐射式)供电方式

当几个牵引变电所距离电源较近并且比单侧或双侧供电更经济时,或者其他电源选择困难时，可采用树形供电方式，也称辐射式供电方式，如图1-8所示。我国西北地区，地广人稀，电网对铁路牵引变电所多进行树形供电。

应当指出，国内现行电网模式中，有更高一级电网时，往往不再使低一级电网合环运行。因此，在目前500 kV（西北地区750 kV）电压等级广泛形成的情况下，当采用110 kV或220 kV电源给铁路供电时，就较少采用环形（双侧）供电方式，而多用单侧供电方式或带有备用开关的双侧供电方式及树形供电方式等。另外，实际电网的电源点与牵引变电所的布局是各式各样的，对于一条电气化铁路来说，外部电源的供电方式也往往是多样的。图1-9、图1-10给出的就是两个实例。

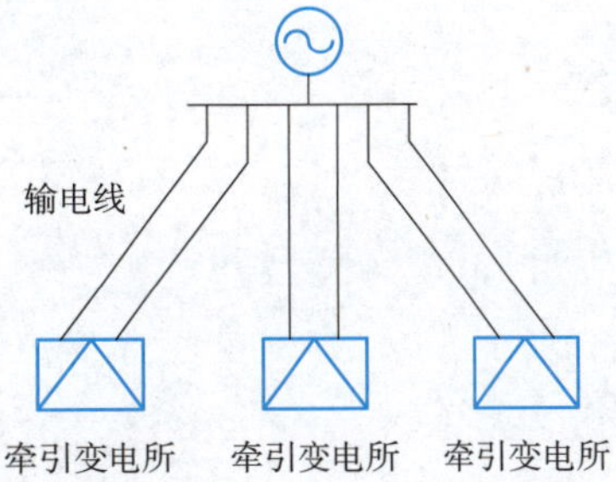

图1-8 树形（辐射式）供电方式

图1-9是陕西电网对三个牵引变电所进行单侧供电的情况，形成铁路专用线；图1-10是四川电网与宝成线上两个牵引变电所的供电图，当备用开关合上时便是环形供电，否则就是单路输电线的单侧供电方式。

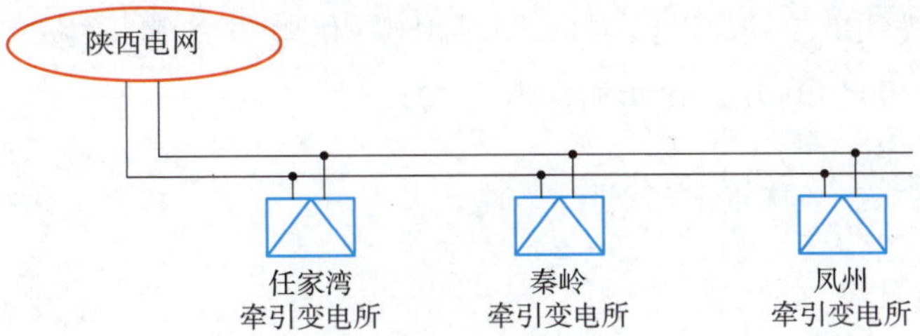

图1-9 实际外部供电方式之一

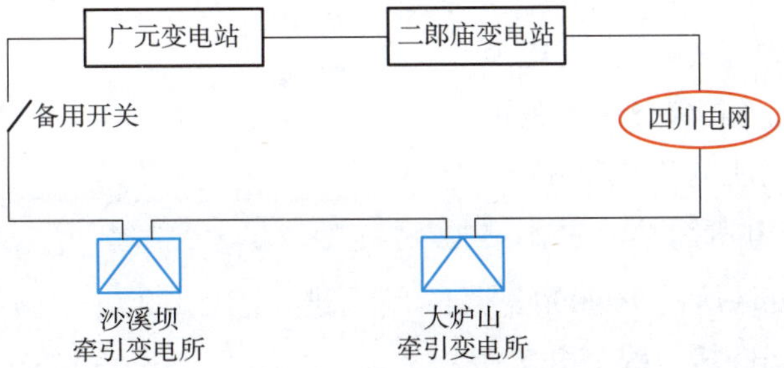

图1-10 实际外部供电方式之二

综上可见，电网输电线常用的接入牵引变电所的方式有双T形和桥形两种，如图1-11所示。双T形接入方式的特点是电网的（非牵引）负荷潮流不进入牵引变电所，如图1-7和图1-9所示实例，而桥形接入方式则允许电网负荷潮流穿过牵引变电所高压母线，如图1-5所示的环形（双侧）单回路供电（也称手拉手方式）和图1-10所示的实例。也有T形和桥形结合的接入方式[10]。

图 1-11 进线接入方式

1.4 牵引网的供电方式

牵引网的供电方式是由牵引网所完成的特殊供电功能的技术要求和经济性能决定的，基本上可以按分区所运行状态、牵引网设备类型以及牵引变电所的变换关系等进行分类。按分区所的运行状态，通常分为单边供电、双边供电两种方式。按牵引网设备类型，可分为直接供电方式、BT(booster transformer，吸流变压器)供电方式、AT(auto transformer，自耦变压器)供电方式和 CC(coaxial cable，同轴电缆)供电方式等。按牵引变电所的变换关系，可分为换相(异相)供电方式和同相供电方式。

1.4.1 按分区所运行状态的分类

1. 单边供电方式

单线区段的单边供电如图 1-12 所示。这时各牵引变电所相互独立，机车只从相关的单个牵引变电所取电。对于有两个异相牵引端口的牵引变电所，通常在牵引变电所出口两馈线相连的接触网上和分区所处的接触网上设电分相，分区所的纵向断路器 K_1 打开。当某一牵引变电所因故障退出或检修退出时，可将两端分区所的纵向断路器 K_1 闭合进行越区供电。当不进行越区供电时，可以大大简化分区所设备，甚至取消分区所。

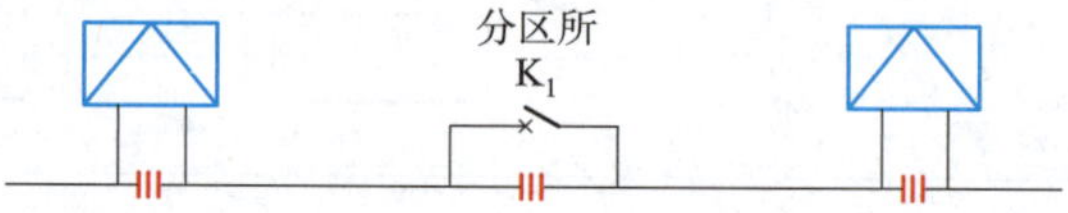

图 1-12 单线区段的单边供电

复线区段的单边供电如图 1-13 所示，可有多种方式。图中虚线表示上下行并联线。当不考虑上下行并联线且横向断路器 K_2、K_3 断开时为上、下行独立供电方式，供电臂可采用两相不同的电压，也可采用同相电压(通常如此)，其故障方式与单线单边供电相同，继电保护也简单。缺点是牵引网电压损失、电能损失较大，电压水平波动也大，运行过程中，上、下行接触网之间易出现较大的电压差。当考虑上下行并联线且 K_2、K_3 闭合时为全并联供电方式，牵引网电压损失和电能损失最小，电压水平也好，但并联线处使上、下行供电臂相互关联，任一处故障都会导致上、下行供电臂停电，故障区域大。为缩小故障区域，则须采取特别的分段及保护措施，但需增加相应的保护、控制设备，应权衡利弊决定是否采用。当不考虑上下行并联线且 K_2、K_3闭合时为末端并联供电方式，其介于上、下行独立供电和全并联供电之间，克服了上、下行分开供电的某些缺点，利用了全并联供电的某些优点，是一种相对最优的方式，在我国广泛采用。为尽可能缩小故障区域，或为接触网检修之方便，就需要故障时自动地（如通过远动装置）使上、下行分开，末端的并联须通过横向断路器 K_2、K_3完成，而这就要设置分区所，并设置与并联断路器有关的设备和仪器。

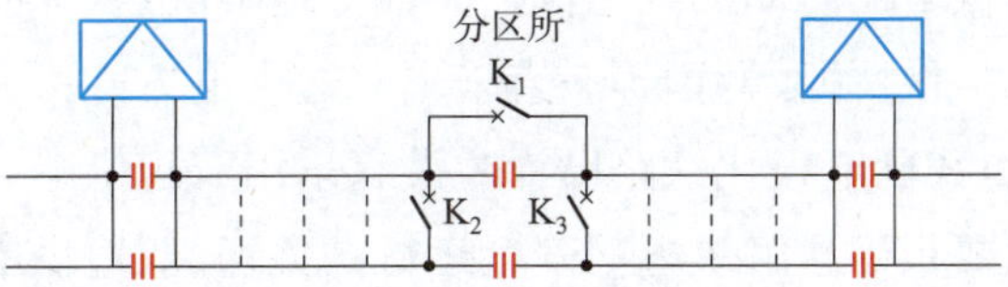

图 1-13 复线区段的单边供电

2. 双边供电方式

双边供电，顾名思义，机车不像单边供电那样仅从相关的单个牵引变电所取电，而是从相邻的两个变电所取电，这是由分区所的纵向断路器 K_1闭合而实现的。单线区段的双边供电如图 1-14 所示[5]。

当任一供电臂故障时，为缩小故障及影响范围，保证另一臂正常供电，则需要通过继电保护自动使断路器 K_1分闸；当接触网分区进行停电维修时，也需要（通过远动）进行断路器 K_1分合操作。双边供电时，两相邻牵引变电所之间要设置分区所。

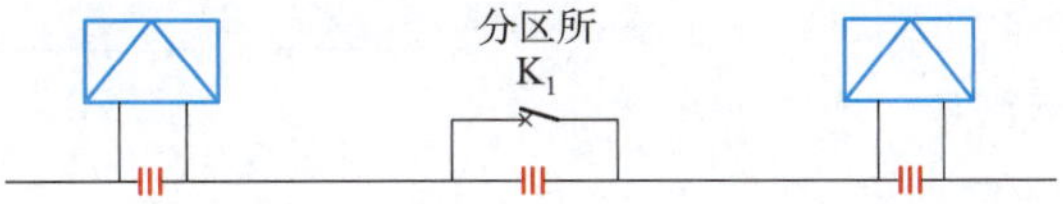

图 1-14 单线区段的双边供电

复线区段的双边供电也是通过分区所的纵向断路器 K_1连接而完成的。闭合图 1-13 中分区所的纵向断路器 K_1就能进行双边供电，如图 1-15 所示。

双边供电的优点是机车的电流来自两个不同的供电点，因此减轻了牵引网输送电能的负担，网上电压损失和电能损失都能减少，网压水平也相应改善。双边供电还能减轻对沿线通信线路或设备的电磁感应干扰。实现双边供电起码应满足两个条件：

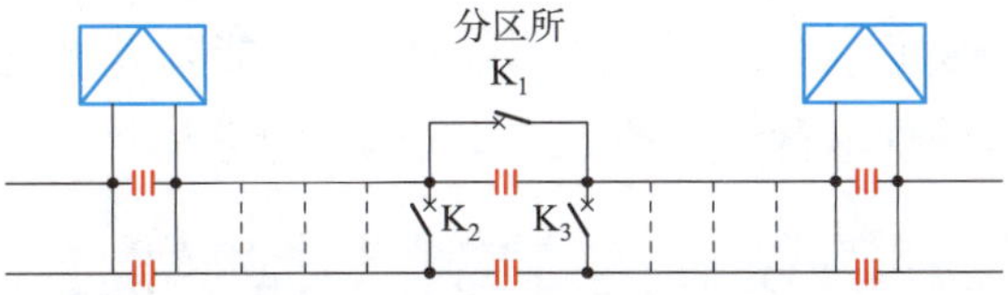

图 1-15 复线区段的双边供电

（1）两相邻牵引变电所需由同一电网供电，以确保有相同的频率；

（2）分区所两侧的供电臂应同相，否则将造成异相短路。

另外，无牵引负荷（空载）时，双边供电的两边牵引端口电压幅值和相位的差异会在牵引网中造成一个电流分量，称为均衡电流，对应的功率称为穿越功率。两边牵引端口电压的波动会使均衡电流波动。均衡电流会在牵引网中造成额外功率损失，但份额很小。牵引负荷增加到大于均衡电流时，均衡电流（穿越功率）会被“淹没”。

双边供电使牵引网的复杂程度增加，相应地也对继电保护提出了许多特殊要求，一种新的低电压启动的纵差保护能很好地解决这一问题[11]。

俄罗斯、韩国等一直采用双边供电方式[5]。而由于 1.3.4 节提到的我国电网的管理现状，我国电气化铁路设计时没有采用双边供电，但应该看到，随着研究的深入和技术的发展，只要很好地解决电网安全运行的关切，双边供电会有新的突破，本书后面会详细讨论。

1.4.2 按牵引网设备类型的分类

1. 直接供电方式

直接供电方式是一种最简单的供电方式，有两种形式。一种称为基本型（direct feeding，DF），如图 1-16 所示，其牵引网仅由接触网 T 和钢轨 R 组成，回流网由轨地组成，该方式结构最简单，投资最小，但钢轨电位较高，对通信线的感应干扰最大。基本型直接供电方式在法国、英国、俄罗斯等国家都广泛应用。

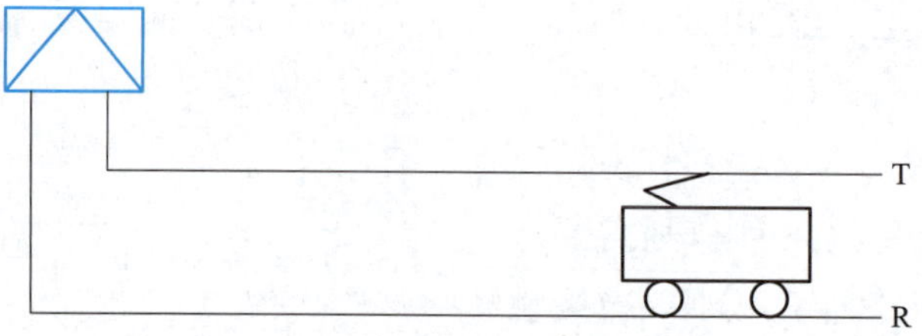

图 1-16 直接供电方式（基本型）

二是改进型，即在钢轨 R 上并联回流线 R′，架空悬挂于接触网的田野侧，其并联点一般相距 5～6 km，又称为直接供电＋回流线方式（direct feeding with negative feeder，DN），如图 1-17 所示。此时回流网由轨地和回流线组成。回流线能使钢轨电位大为降低，因屏蔽作用，使通信线的干扰得到较好抑制，能降低感应干扰 30%左右。该方式还能降低牵引网阻抗，使供电臂延长约 30%，我国广泛采用。

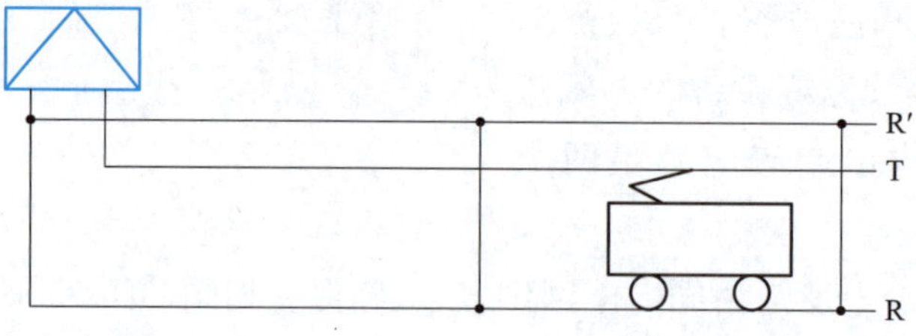

图 1-17 直接供电＋回流线方式

2. BT 供电方式

BT 供电方式分为有回流线形式和无回流线形式两种，分别如图 1-18 和图 1-19 所示。前一种称为 BT—回流线方式，后者称为 BT—钢轨方式，其中 BT 一侧都是串入接触网的，间隔为 1.5～4 km，用以吸回地中电流，减少通信干扰。BT 方式增加了牵引网结构的复杂性，提高了造价，因牵引网阻抗变大，供电臂长度将减小，约为直接供电（基本型）方式的3/4。另外，因存在 BT 分段（火花间隙 G），所以不利于高速、重载等大电流运行，但 BT 方式的钢轨电位低，抑制通信干扰的效果很好，其中 BT—回流线方式比 BT—钢轨方式效果好。

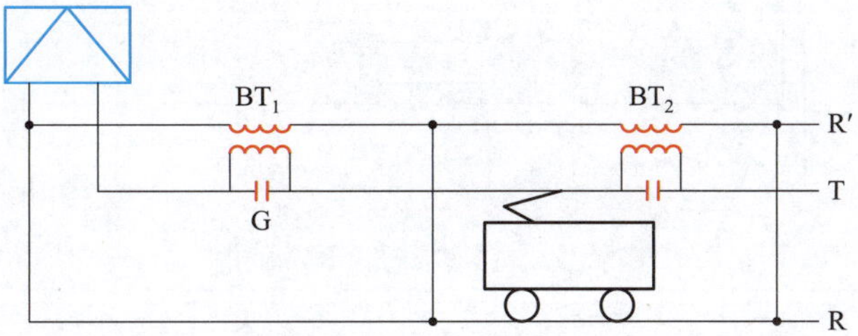

图 1-18　BT 供电方式（BT—回流线方式）

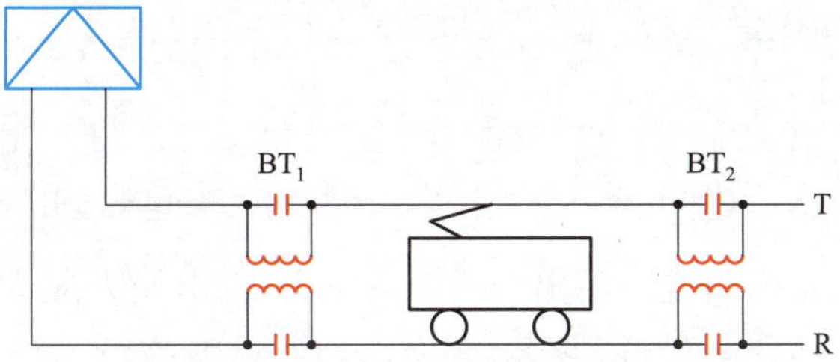

图 1-19　BT 供电方式（BT—钢轨方式）

日本东海道新干线采用 BT—回流线方式，英国、法国、瑞典两种方式都有应用，挪威只采用 BT—钢轨方式。我国曾经采用的 BT 方式均为 BT—回流线方式，但由于 BT 故障率高，BT 供电方式已不再使用。BT 退出后，BT—回流线方式就成为直供—回流线方式（改进型），BT—钢轨方式便成为直供方式（基本型）。

3. AT 供电方式

AT 供电方式如图 1-20、图 1-21 所示，这里的回流线为负馈线 F。AT 并联于牵引网中，不仅克服了 BT 串入网中产生 BT 分段的缺陷，还使供电电压成倍提高，牵引网阻抗大大减小，供电距离增长到直接供电方式的 170％～200％，网上电压损失和电能损失减小，因此，AT 供电方式是一种适于高速、重载等大电流运行的优秀供电方式。一般 AT 间隔为 10～12 km。AT 供电方式的钢轨电位较低，抑制通信干扰的效率与 BT—回流线方式相近。虽然 AT 供电方式的投资要高一些，但可以显著减少牵引变电所和外电接口数量，节约外部电源投资。AT 供电方式最早在日本鹿儿岛线的八代—西鹿儿岛区间上应用，后来法国、美国（25 Hz）、俄罗斯、中国等相继采用。

现行 AT 供电方式又分为 55 kV 模式和 2×27.5 kV 模式。55 kV 模式是日本率先采用，2×27.5 kV 模式是法国率先采用。55 kV 模式如图 1-20 所示，AT_1 设置在牵引变电所内,其他 AT 设置在线路的 AT 所中。对接触网 T 和负馈线 F 实施 50 kV(最高持续 55 kV)供电。2×27.5 kV 模式如图 1-21 所示,省去了牵引变电所内的 AT,对接触网 T、轨(地)R 和负馈线 F 实施 2×25 kV(最高持续 2×27.5 kV)供电,AT 设置在 AT 所中。

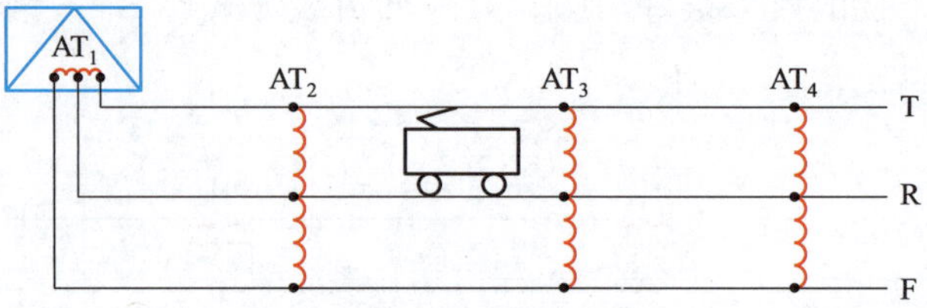

图 1-20　55 kV 模式 AT 供电

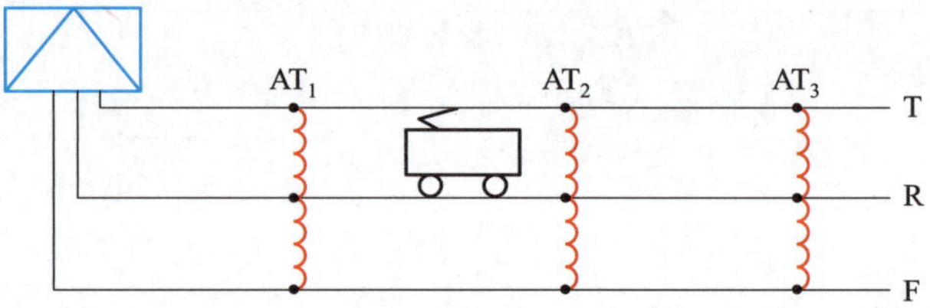

图 1-21　2×27.5 kV 模式 AT 供电

55 kV 模式的优点是牵引变电所出口供电容量大,供电能力强,缺点是牵引变电所内的设备复杂;2×27.5 kV 模式的优点是牵引变电所内的设备简单,缺点是牵引变电所出口供电容量小,供电能力受到直接供电成分的影响而降低。为了克服 2×27.5 kV 模式对首端供电能力的制约,同时避免 55 kV 模式在牵引变电所设置 AT 的限制,可以取长补短,提出一种新的 AT 供电方式,特别适于同相供电,如图 1-22 所示,形成同相供电系统[11-14]。同相 AT 供电系统中,牵引变电所分别从牵引 T 母线 TB、F 母线 FB 引出正供线 TL 和负供线 FL 向最近的 AT 所供电;AT 所中设置 AT、母线、开关等,详见第 8 章。

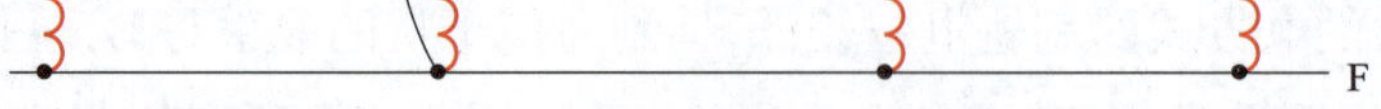

图 1-22　同相 AT 供电方式

同相 AT 供电方式的牵引变电所和 AT 所可以相对独立选择各自的位置。

4. CC 供电方式

CC 供电方式将同轴电力电缆(CC)沿铁路线路埋设,内部芯线作为供电线与接触网 T

连接,外部导体作为回流线与钢轨 R 相接,每隔 5～10 km 做一个分段,如图 1-23 所示。CC 供电方式的优点:供电线与回流线在同一电缆中,间隔很小,而且同轴布置,使得互感增大,甚至接近自感,因此 CC 的阻抗非常小,并且比接触网和钢轨的阻抗小得多,于是牵引电流和回流几乎全部从 CC 中流过;电缆芯线与外层导体电流相等、方向相反,二者形成的磁场相互抵消,对邻近的通信线路几乎无干扰,吸流效果和抑制通信干扰的效果均优于 BT 和 AT 供电方式。CC 供电方式的牵引网阻抗和供电距离与 AT 供电方式相近,钢轨电位较低,接触网结构较简单,对净空要求低,适于重载、高速等大电流运行。CC 原来的造价太高,限制了它的广泛应用,一般只在重要城市用地紧张区段、桥隧的低净空区段等特殊场合采用。日本于 1987 年在东海道新干线和 1991 年在东北新干线的东京地区使用,我国进行过研究和试验。现在,随着电缆绝缘材料造价的大幅下降,CC 供电方式的经济性得到改善,其实用性会得到提升。

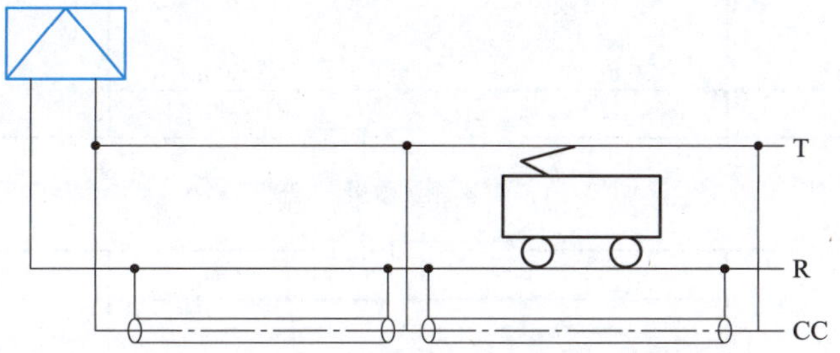

图 1-23　CC 供电方式

1.4.3　按牵引变电所变换关系的分类

1. 换相供电方式

电气化铁路是最典型的单相负荷,对电力系统影响最严重的就是负序问题。为了减轻负序影响,或者使负序达标,一个简单的办法就是将各个供电分区(供电臂)经牵引变电所 SS 的牵引变压器,采用一定的规则轮换接入电网三相中的一相。换相供电方式如图 1-24 所示,从左至右,牵引变电所所供的各个供电臂分别对应电网的 AB、BC、BC、CA、CA、AB 相。为防止相邻异相供电臂短路,变电所 SS 出口处就必须设置电分相/中性段,而单边供电时,分区所 SP 处也应设置电分相。这里假设牵引变电所的两台单相牵引变压器连成 Vv 接线(详见第 3 章),分区所 SP 两侧的电压相位相同。

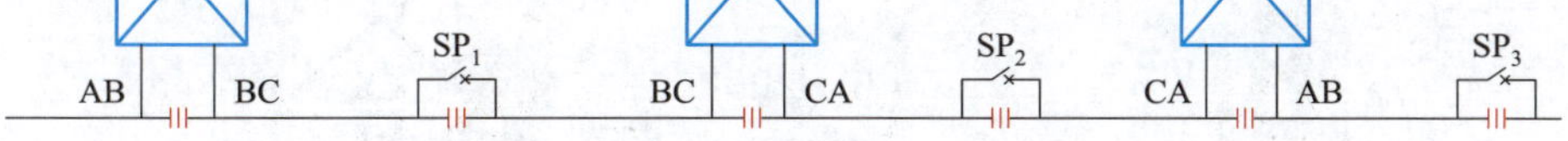

图 1-24　换相(异相)供电方式

这里,牵引变电所将电网三相供电变换为两个牵引端口的牵引供电,且使用不同的相别,实现三相-两相变换,故又称为异相供电方式[4-5]。

电分相是换相(异相)供电方式中不可或缺的。如前所述,电分相有器件式和关节式之分。普速铁路多采用器件式电分相,高速铁路均采用关节式电分相[8,15]。

我国电气化铁路的电分相/中性段按列车不降弓通过进行设计,相邻供电臂均不允许被经过的受电弓滑板短接。

器件式电分相一般采用分相绝缘器来实现,中性段比较短,但应≥30 m,以避免电力机车过分相时引起相间短路。图 1-25 为由三组分段绝缘器串联组成的器件式电分相及其预告信号标识的平面布置,图 1-26 是现场图片。

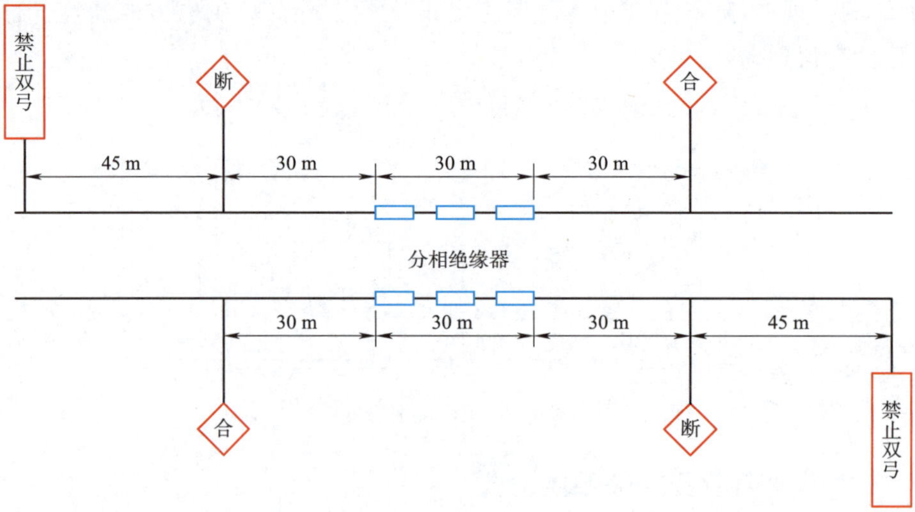

图 1-25 电分相标识牌安装位置示意

图 1-26 器件式电分相及其预告信号标识

为了使电力机车顺利通过中性段，需要在来车方向设置预告信号标识，提醒司机按照信号要求进行相应的操作。预告信号标识有：

“禁止双弓”——设置于距分相绝缘器 75 m 处，不允许具有电气连接的前后两架受电弓同时升起通过；

“断”——设置于距分相绝缘器 30 m 处，操作规程规定，接近电分相时，列车需要退级、关闭辅助机组、断开主断路器，即列车在不受流情况下利用惯性通过电分相；

“合”——设置于距分相绝缘器 30 m 处，通过电分相后，进行与“断”相反的一系列操作，使列车恢复受流。

“断”“合”标识之间的区段就是过分相时的列车断电区。

由于分相绝缘器较重，易引起较大弓网磨耗，只适用于低速线路的接触网。在我国时速 200 km 以上接触网均采用带中性段的绝缘锚段关节式电分相。

绝缘锚段关节式电分相又可分为长中性段和短中性段两种。图 1-27 为京津城际铁路接触网使用的长中性段电分相。

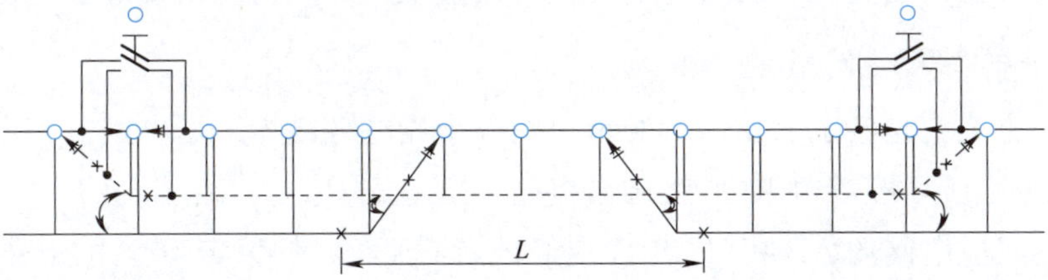

图 1-27　京津城际铁路接触网使用的长中性段电分相

在图 1-27 中，依靠两个五跨绝缘锚段关节与两侧的接触网实现电气隔离。电分相的中性段长度 L 约为 220 m，当两架受电弓的间距不超过中性段长度时，不管受电弓之间有无电气连接，均能满足列车双弓取流的运行需要。

与上述长中性段不同，图 1-28 所示的电分相是利用两个四跨绝缘锚段关节实现两侧接触网的电气隔离，属于短中性段的，其长度约为 50 m。受电弓间距小于 50 m（有或无电气连接）或大于 150 m（无电气连接）时，电气列车均可正常通过。

电分相中性段的设计需要考虑取流受电弓的数量以及受电弓在车辆上的布置。

与隔离开关（常开）配合使用，电分相可以与两侧接触网实现电气连接。正常运行时，中性段不带电，列车断电依靠惯性通过。当列车因故停在中性段时，可以将前进方向的接触网隔离开关闭合，使中性段与前方的接触网相连接，列车可以受流并重新起动，驶离中性段后，闭合的隔离开关需要恢复到常开状态。

在某些运营模式下，如牵引变电所需要越区供电时，可以将两个隔离开关闭合，于是，中性段接触网与两侧的接触网电气连接在一起，中性段消失。

不宜把电分相设置在线路的长大坡道上，也不宜设置在列车通常停车的位置或起动处，

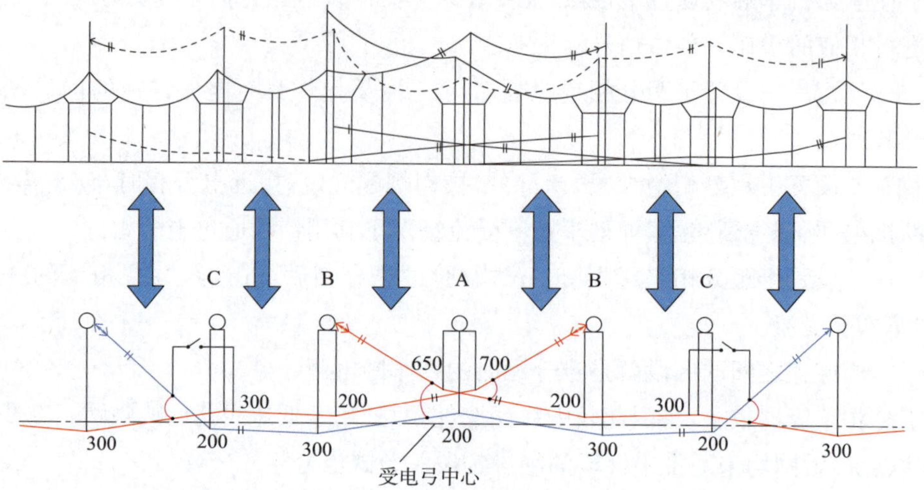

图 1-28　郑西高速铁路接触网使用的短中性段电分相

如靠近车站的区段或信号机的前面。电分相的设置还应尽量避免架设过长的供电线。

2. 同相供电方式

同相供电方式就是各牵引变电所的牵引网各个供电分区均采用电网三相中的同一相来供电，再加上分区所实施双边供电，就构成贯通供电方式[11-14]，如图 1-29 所示。牵引网的各个供电分区均对应电网的 AB 相(或者 BC 相，或者 CA 相)，假设牵引变电所 SS 采用单相牵引变压器，分区所 SP 的开关可以闭合，进行双边供电，详见第 6 章。

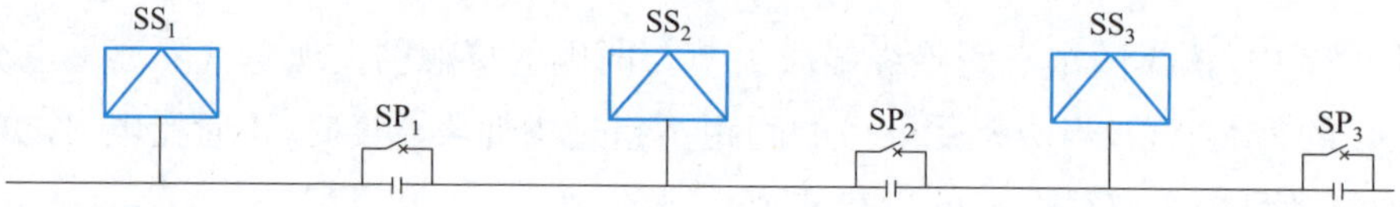

图 1-29　同相供电方式

这里，牵引变电所将电网三相供电变换为一个牵引端口的牵引供电，实现三相—单相变换[12-13]。

显然，对铁路而言，这是结构最简单、投资最经济的供电方式，也是技术性能最佳的供电方式，可以全线不设电分相(原来的牵引所出口处电分相改为电分段或中性段带电的双分段构造，后者可用于避免前方短路故障后后方列车驶来误入故障段而造成二次短路跳闸、扩大故障范围的问题，图 1-29 中省略)，没有断电区，保证列车安全、顺畅运行，因此也是最理想的，但面对的将是负序问题、穿越功率问题以及故障判别与继电保护等新的问题，这也正是铁路需要研究解决的课题，涉及电气化铁路发展的关键技术[16]，本书后面逐项讨论。

1.5 电分相的取舍

由1.4节可知，换相(异相)供电是减轻电气化铁路牵引负荷在三相电力系统产生负序及其影响的一种简单且常用的手段，而电分相是换相供电的产物。列车通过电分相时须断电，会增加列车运行时间，产生暂态过电压、影响弓网状态、降低供电可靠性等一系列问题甚至可能造成掉车事故[17-22]，由于相邻供电臂被隔断，同一供电臂的列车减少，不利于列车制动的再生电能被牵引列车吸收，尤其在复杂艰险山区、大坡道、重负荷铁路，电分相问题日益严重，实施同相供电，减少或取消电分相受到业内广泛关注。取消电分相可以取得如下益处：

(1)避免线路为电分相设置缓坡，有利于优化线路纵断面、节省工程投资、降低工程风险。

(2)信号机布点、列控数据设置不再受电分相的影响，更有利于按运输需要设置信号机，消除对线路能力的限制。

(3)避免列车过电分相产生的惰行工况，解决了列车过电分相产生的失去动力的“掉速”问题，节省列车运行时间。

(4)司机不再需要关注通过电分相时列车的分合闸状态，降低劳动强度，有利于安全行车。

(5)能够实现以邻近两座牵引变电所为主、多座牵引变电所同时为列车供电，有利于提高网压和供电能力、延长供电臂、降低牵引变压器安装容量、节省运营成本。

(6)供电臂的延长有利于列车再生能量更好地被牵引列车吸收，绿色环保，可以降低铁路用电量、节省电费，增强经济性。

(7)牵引变电所选址也不再受到电分相位置的限制，选址更加灵活，还有利于优化选址，降低建设成本。

后面会看到，在变电所同相供电、分区所双边供电基础上实现贯通供电可以最大程度上取消电分相，消除列车断电区，但贯通供电需要在同一电网内完成，而在不同电网之间、不同铁路局之间的接触网上仍然需要设置“电分相”进行分割。

显然，取消电分相给铁路带来益处的同时，涉及电网的负序、穿越功率等问题必须得到关注和解决，以实现铁路、电网的双赢。

1.6 牵引供电系统电压

从经济运行和技术条件出发，电力系统划分为多种电压等级，以标称电压表示，如220 kV、110 kV、35 kV等。电气化铁路牵引负荷的剧烈变化使牵引母线和牵引网上的电压波动较大，考虑牵引供电系统自身运行和电力机车、动车组的生产与运行[9]，都需要根据铁路行业特点对电压作出规定。

国家铁路局发布的行业标准《铁路电力牵引供电设计规范》(TB 10009—2016)中，在牵引供电工程设计方面，对干线铁路交流工频牵引供电系统牵引母线电压、接触网电压及电力机车、动车组受电弓电压有如下规定："电力牵引变电所牵引侧母线的额定电压为 27.5 kV，自耦变压器供电方式为 2×27.5 kV；电力机车、动车组受电弓和接触网的标称电压为 25 kV，短时(5 min)最高电压为 29 kV；高速铁路、城际铁路接触网最低工作电压为 20 kV，其他铁路接触网最低工作电压为 19 kV。"

《轨道交通　牵引供电系统电压》(GB/T 1402—2010)规定的电压见表 1-1。

表 1-1　标称电压及其容许的极限值

牵引供电系统	最低非持续电压 U_{min2}/V	最低持续电压 U_{min1}/V	标称电压 U_n/V	最高持续电压 U_{max1}/V	最高非持续电压 U_{max2}/V
交流方均根值	17 500	19 000	25 000	27 500	29 000*
* 考虑到现场实际，推荐设备可以承受的最高非持续电压为 30 500 V。					

电压应满足以下要求：

(1)U_{min1} 和 U_{min2} 之间的持续时间不超过 2 min。

(2)U_{max1} 和 U_{max2} 之间的持续时间不超过 5 min。

(3)变电所在空载条件下的母线电压应小于或等于 U_{max1}。只要有列车，其受电弓应符合表 1-1 的要求。

(4)在正常运行情况下，电压应在 $U_{min1} \leqslant U \leqslant U_{max2}$ 范围内变化。

(5)在非正常运行情况下，电压如果处于区间 $U_{min2} \leqslant U \leqslant U_{min1}$，将不会造成任何损失和破坏。

(6)如果电压处于 U_{max1} 和 U_{max2} 之间，在紧接着的一个非特定时间内，电压应不高于 U_{max1}。

(7)只有在非持续情况下，电压才会处于 U_{max1} 和 U_{max2} 之间，例如以下情况：

①再生制动；

②电压调节，如机械抽头调整。

(8)最低运行电压：在非正常运行情况下，U_{min2} 是能维持列车运行的极限最低接触网电压。

国产电力机车和动车组均应遵循表 1-1 的规定。

1.7　牵引供电系统设计概述

在铁路大中型建设项目的决策阶段应进行预可行性研究和可行性研究，设计阶段分两步，即初步设计和施工图。预可行性研究文件是项目立项的依据，按铁路建设的长远规划，经现场踏勘后编制；可行性研究文件是项目决策的依据，根据批准的项目建议书，采用初测资料编制，可行性研究的工程数量和投资估算要有较高精度；初步设计文件是项目建设的主要依据，根据批准的可行性研究文件，采用定测资料编制，初步设计文件经审查、修改、批准后，作为控制建设总规模和总概算的依据，满足工程招标、设备采购、征用土地和进行施工准备的需要；施工图是工程实施的依据，根据已审批的初步设计和补充定测资料编制。牵引供电系统在各阶段都有设计内容，但主要集中在可行性研究和初步设计阶段[23]。

1.7.1　供电系统设计的任务

预可行性研究阶段，牵引供电系统设计应提出主要设计原则和主要工程内容，并说明外部电源条件以及需由有关部门协作配合的意见，然后进入可行性研究、初步设计和施工图三个阶段。

1. 可行性研究阶段的任务

可行性研究阶段，牵引供电系统设计主要解决以下几个问题：

(1)牵引网供电方式；

(2)牵引变电所、分区所、电力调度所分布方案；

(3)牵引变压器类型和容量；

(4)接触网悬挂类型及接触线、供电线等各种导线的选择；

(5)无功补偿及滤波装置；

(6)供电方案比选及主要技术经济指标；

(7)有关外部电源情况；

(8)外部电源对牵引变电所的供电方案；

(9)分省区的需要功率及用电量；

(10)负序电流、高次谐波对电力系统影响的估计；

(11)绘制牵引供电设施及供电方案示意图和牵引网供电方式示意图。

2. 初步设计阶段的任务

初步设计阶段，根据可行性研究鉴定意见，修改、补充供电方案，补充各项计算，主要内容如下：

(1)牵引网供电方式;

(2)牵引变电所、开闭所、分区所、AT 所、电力调度所分布方案;

(3)牵引变压器类型和容量;

(4)接触网悬挂类型及接触线、供电线等各种导线的选择;

(5)牵引网电压水平及补偿措施;

(6)牵引能耗及电能损失计算;

(7)接触网的供电及运行方式;

(8)无功补偿及滤波装置;

(9)设计方案主要技术指标;

(10)外部电源对牵引变电所的供电方案;

(11)分省区的需要功率及用电量;

(12)绘制牵引供电设施及供电方案示意图、牵引网供电方式示意图和吸—回装置或自耦变压器分布图。

3. 施工图阶段的任务

施工图阶段,牵引供电系统设计主要解决以下两个问题:

(1)根据初步设计审批意见校核供电方案,进行各项技术指标计算;

(2)配合建设、运营单位与电力部门协调、落实外部电源供电方案。

1.7.2 设计步骤

具体设计程序要根据具体情况来决定,不能一概而论。一般可按以下几个步骤进行:

1. 接受任务

根据设计任务书(用户需求书),深入了解设计任务的政治、经济意义,了解建设单位要求的铁路运输能力、建设时间等。同时,根据项目的总体安排和相关专业的要求,明确电气化范围、牵引定数、机车类型、列车追踪间隔、信号闭塞方式等。

2. 收集资料

(1)经济行车资料,包括(初)近、远期客货列车对数及客货列车流图,货物列车质量,区段货流密度,机车类型及技术参数,支线是否电气化,邻线技术条件和牵引计算结果等。

牵引计算结果是重要的原始资料,主要包括:

①列车区间运行时分 t,带电运行时分 t_g;

②列车区间牵引能耗 A;

③电气化区段列车上、下行单位(每千米)能耗,上、下行平均技术速度;

④牵引电机温升检查结果(必要时);

⑤列车运行曲线图,包括 v-l 曲线、t-l 曲线和列车电流曲线(i-l 曲线)。

(2)线路平、纵断面图和车站平面图,(初)近、远期开站顺序及技术作业站,机车交路及机务设备分布,通信防干扰要求等。

(3)电力系统资料,包括现状及近、远期电力系统规划地理接线图,输电线路图,牵引变电所高压侧的系统最大和最小运行方式下的短路容量及系统网络的正、负和零序阻抗图。

3. 现场调查研究

主要指既有电气设备状况及运行情况调查,新设牵引变电设施所址踏勘等。

为了使调查较有针对性,事前应根据已收集的资料,提出几个可能的供电方案,以便深入了解情况和征求现场有关部门的意见。

4. 方案比选

根据收集的资料和调查研究的结果,经过初步分析,提出2～3个可供比较的供电方案。对每一个方案,进行各项技术经济指标的计算。经过技术、经济等方面的综合比较,提出一个推荐方案。

5. 提供资料

按推荐方案,提供计算通信线路的危险影响、干扰影响及选择有关信号设备的牵引网干扰电流阶梯曲线;提供牵引变电和接触网专业设计所需的牵引变压器类型和容量、设备选择所需的电流、牵引网主要线材配置建议、牵引网补偿措施、无功补偿装置容量(必要时)、牵引网供电方式示意图等资料;提供继电保护需要的供电臂瞬时最大电流及短路电流。

6. 编制完成设计文件

编制完成各阶段的设计文件。

7. 外电配合

向电力部门提供近、远期牵引负荷总容量;与电力部门共同商定牵引变电所一次侧接线方式;配合电力部门计算牵引负荷引起的负序电流及谐波影响,必要时研究和提出相应的解决办法;落实电力系统向牵引变电所的供电方案。

上述步骤,不是截然分开、按步进行的,往往是一个逐步收集资料,多次现场调查和反复计算、分析比较、认识深化的过程。只有这样,才能最后做出一个好的设计来。

1.7.3 设计原则

根据我国电气化铁路设计、运行经验,主要设计原则有以下几点:

(1)牵引供电能力必须满足铁路运输的需要,并具备适应远期发展的条件。

牵引变电所的分布应由供电计算并综合考虑下列因素确定:

①布点应按远期需要考虑;

②靠近负荷中心;

③满足接触网最低电压水平的要求；

④牵引变电所的供电范围应考虑运营管理机构的管辖范围，供电范围不应跨铁路局；

⑤向邻线及支线供电方便；

⑥外部电源工程量小。

对于高速铁路与重载电气化铁路，牵引变电所的布点还应充分考虑牵引网线材配置的可行性，牵引变电所越区供电能力，以及牵引变电所接入公共电网的可能性。

(2)每一个牵引变电所采用两路独立电源供电，两路电源互为热备用。牵引负荷较小的一般铁路，在电力系统短路容量满足要求时，可采用 110 kV 电源供电，在电力系统薄弱地区，应加强电网能力或采用更高电压等级供电；高速铁路和重载铁路，原则上采用 220 kV 电源供电，极个别不具备 220 kV 电源条件的，应要求 110 kV 电源具有较大的系统短路容量。

(3)牵引变压器采用固定备用方式，正常工作时一台运行、另一台备用。变压器的安装容量按交付运营后第五年运量确定，并按远期运量预留条件。在满足系统负序要求的前提下优先采用单相牵引变压器。

(4)牵引供电系统牵引母线电压、接触网电压及电力机车、动车组受电弓电压应符合 TB 10009—2016 规定。

(5)牵引网供电方式的选用应综合铁路、电力系统、铁路内外通信线路防护要求等技术、经济因素比较确定。

(6)牵引变电所一次侧平均功率因数按不低于 0.9 设计。

(7)为减轻对电力系统的负序影响，应采取换相或其他负序治理措施。

其他设计问题，如牵引变压器的类型，牵引网供电、分段方式，是否设置分区所、开闭所，是否考虑邻线实现电气化等，需根据电气化区段具体条件和科学技术发展情况或根据方案比选方能决定。

思考题

1.1　说明动力系统、电力系统及电网的概念和区别。

1.2　说明牵引供电系统的构成及各组成部分及其作用。

1.3　简述电网对铁路牵引变电所的供电方式并比较其优缺点。

1.4　简述牵引网单边供电、双边供电方式以及直供+回流线、AT 供电和 CC 供电方式的要点及其特点。

1.5　简述换相(异相)供电和同相供电的要点及其特点。

1.6　取消电分相能带来哪些益处？

第2章　牵引负荷

2.1　概　　述

电力机车或动车组都使用电传动系统来进行电能(电功率)和机械能(机械功率)的相互转化[9]。牵引工况时,电传动系统将牵引网的电能转化成列车机械能,即通过牵引力拉动列车移动来做功,制动工况时,又将列车制动力做功的机械能转化为电能反馈到牵引网,称为再生,故制动工况也称为再生制动工况。在这个过程中,将牵引网上电力机车或动车组的功率 s 或电流 i 称为牵引负荷。牵引时的牵引负荷视为正,再生时的牵引负荷视为负。

电传动系统的核心可控元件是牵引变流器,它决定列车的牵引与(再生)制动工况。早期生产的电力机车采用交流-直流型牵引变流器和直流电机,称为交-直型电力机车,现在生产的电力机车或动车组都采用交流-直流-交流型牵引变流器和交流电机,称为交-直-交型电力机车或动车组[9,24-25]。

几十年的实践表明,根据我国具体条件和走自己发展的道路而设计制造的电力机车,质量和性能不断提高。首先,韶山系列的交-直型国产电力机车型号非常丰富,如 SS_1、SS_3、SS_4、SS_7、SS_8、SS_9 以及应用 8K 机车技术改造 SS_3 机车试制成功的 SS_6 机车等,运行可靠,操纵方便,能满足运输需要,电力机车功率大,速度快,检修率低,这是蒸汽机车和内燃机车都无法做到的。这类电力机车使用的电机为直流电机,这种方式在电机控制上具有独特的优势。直流电机的磁场电流和电枢电流能够独立调节,这使得其启动特性和转矩特性更为理想。此外,直流电机在启动瞬间能够提供强大的扭矩,有助于机车迅速加速。然而,直流电机也有其固有的缺点:一是功率因数低,效率低;二是其结构中包含电刷和换向器这种机械构造,在运行过程中容易产生火花现象,这不仅会影响电机的使用寿命,还会对周围环境造成不良影响,火花现象还可能引发火灾等安全隐患,故不适于高速运行。因此,随着列车运行速度的提升,直流电机越发不能适应。

与此同时,随着微电子技术的迅速发展,交流传动技术成为当今世界机车技术的代表。我国铁路在交流传动技术方面的研究开始于 20 世纪 70 年代末,其间进行过 300 kW 和 1 000 kW 交-直-交电传动地面试验系统的研究。在此基础上,吸收国外交-直-交传动电力机车的先进技术,结合中国传统交-直传动电力机车的特点,株洲电力机车厂和株洲电力机车研究所于1991年开始研究设计AC4000型交-直-交型电力传动电力机车，1996年试制成功第一台机车，功率4 000 kW，最高速度120 km/h。2000年，又研制出DJ型交流传动高速客运电力机车，机车持续功率4 800 kW，最高速度220 km/h。2004年，由大连机车车辆厂设计生产的SSJ_3型交流传动电力机车，机车额定功率可达7 200 kW。

目前，韶山系列的交-直型国产电力机车均已停产，逐步取而代之并开始广泛应用的是国产和谐系列交-直-交型电力机车。

现代电力机车和动车组均为交-直-交型。我国重载铁路和普速铁路的列车采用电力机车来牵引，并且所用电力机车一般不超过2节，属于动力集中型；高速铁路则采用动车＋拖车的动车组方式，其中动车一般大于2节，属于动力分散型。

自日本新干线1964年正式开通后，法国、德国等西欧发达国家争相发展高速铁路，其中高速动车组的动力配置方式逐步走向统一，最终形成了以动力分散型交流三相异步电机驱动的传动模式。日本一开始就采用了动力分散的配置方式，而法国的TGV和德国的ICE1、ICE2起初采用动力集中配置方式，随着速度提高到300 km/h以上，黏着问题尤为突出，动力分散型动车组的优越性更为明显，法国和德国也开始转向动力分散型动车组开发，并研制出新一代高速动车组AGV和ICE3。动车组牵引电机也有直流电机、同步电机和异步(感应)电机之分。日本新干线400系以前主要采用相控调压的直流串励电机牵引，400系开始采用逆变器驱动的异步电机，法国TGV一直用逆变器驱动的同步电机，后来AGV则采用了先进的永磁同步电机，德国ICE一开始就采用了四象限整流器加逆变器驱动的异步电机牵引方案。随着电力电子技术、电机控制技术及微电子技术的发展，四象限脉冲整流器加电压型逆变器驱动三相异步电机技术方案被认为是一种性能优良的传动方案，被现代高速动车组和大功率机车普遍采用。

三相异步电动机具有轻量化、小型化的特点，还拥有较大的电机功率，同时，交-直-交型牵引传动技术具有良好的牵引和制动性能，功率因数接近1，运行效率更高，谐波干扰也较小。这些特性还大大提高了系统的稳定性和可靠性。此外，交-直-交传动系统操作简便，维护工作量小，具有良好的模块化设计，能够更好地适应不同的运行环境和需求。这些优点使得交-直-交传动技术在现代机车和动车组中得到了广泛应用。

我国高速铁路及动车组发展晚，但起点高，成就大。从2004年起，我国开始引进世界最先进、时速200 km以上的高速动车组技术：青岛BSP公司受让加拿大庞巴迪公司技术制造生产CRH1型动车组，四方机车车辆股份有限公司受让日本川崎重工技术制造生产CRH2型动车组，唐山机车车辆厂受让德国西门子公司技术制造生产CRH3型动车组，长春轨道客车股份有限公司受让法国阿尔斯通公司技术制造生产CRH5型动车组，后通过技术创新，列车运行速度不断提升，达到350 km/h[9]，还研制出新一代复兴号动车组，冲击400 km/h新纪录，引领世界。

现代交-直-交型电力机车和动车组的一个突出优点是不再采用原来交-直型电力机车的

电阻制动，而是采用再生制动进行发电，把列车制动的机械能转化为电能返送到牵引网上并加以利用，更加绿色环保。

电力机车和动车组由于受运行图及牵引质量、线路状况、司机操作情况等因素的影响，列车运行过程又包括起动、加速、减速、惰行、制动等多种工况，牵引负荷会在正负之间和较大范围内变化，加上线路上列车密度及种类的变化，又使馈线上总牵引负荷的变化产生随机性。因此，进行牵引负荷的精确计算是复杂而困难的，只能把握牵引负荷的主要规律。

本章主要介绍电力机车/动车电传动系统、运行特性（牵引特性、制动特性）、馈线电流计算等内容。

2.2　电力机车、动车及运行特性

交-直-交型电力机车和动车的电传动系统的基本构成是一样的[9,24-25]，如图 2-1 所示，包括车载受电弓、电流互感器、电压互感器、主断路器、主变压器（牵引变压器）、牵引变流器、异步牵引电机、控制系统、齿轮箱、轮对等，主要是主变压器、牵引变流器和异步牵引电机。牵引工况下，列车通过受电弓从单相 AC 25 kV 接触网上取得电能，经过主断路器送给主变压器，主变压器将电压降至 900～1 800 V 后供给牵引变流器，实现交-直-交变换，即将单相交流变换成电压幅度和频率可调的三相电源驱动异步牵引电机，牵引电机输出的转矩和转速通过齿轮箱变换后传给轮对，转换成轮缘牵引力和线速度；制动工况下，轮对制动力推动牵引电机发电，牵引变流器将三相交流电经交-直-交变换为工频单相交流电，再由主变压器再生至牵引网。电传动系统在控制系统的控制下，可以方便地实现牵引工况和再生制动工况的双向转化。

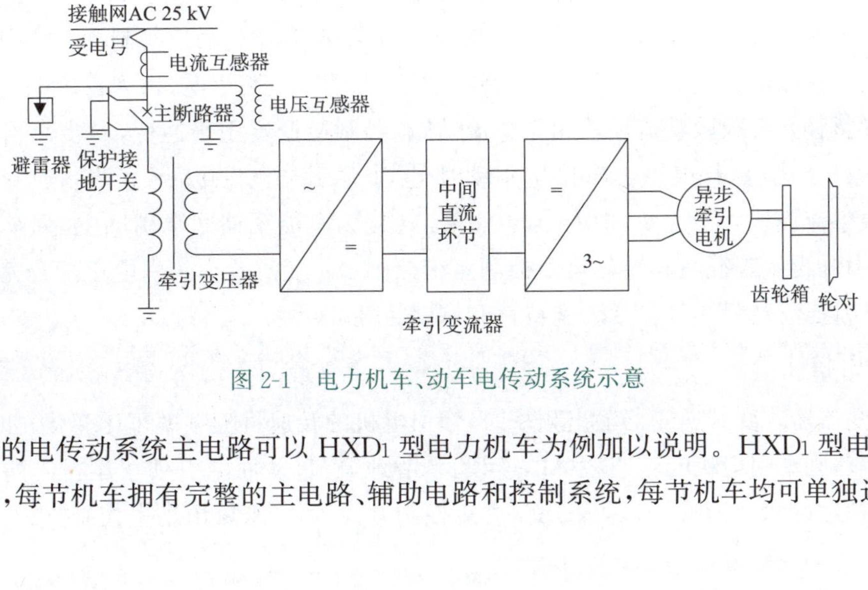

图 2-1　电力机车、动车电传动系统示意

具体的电传动系统主电路可以 HXD_1 型电力机车为例加以说明。HXD_1 型电力机车为双节设置，每节机车拥有完整的主电路、辅助电路和控制系统，每节机车均可单独运行，其中

主变压器和牵引变流器构成主电路，如图 2-2 所示。

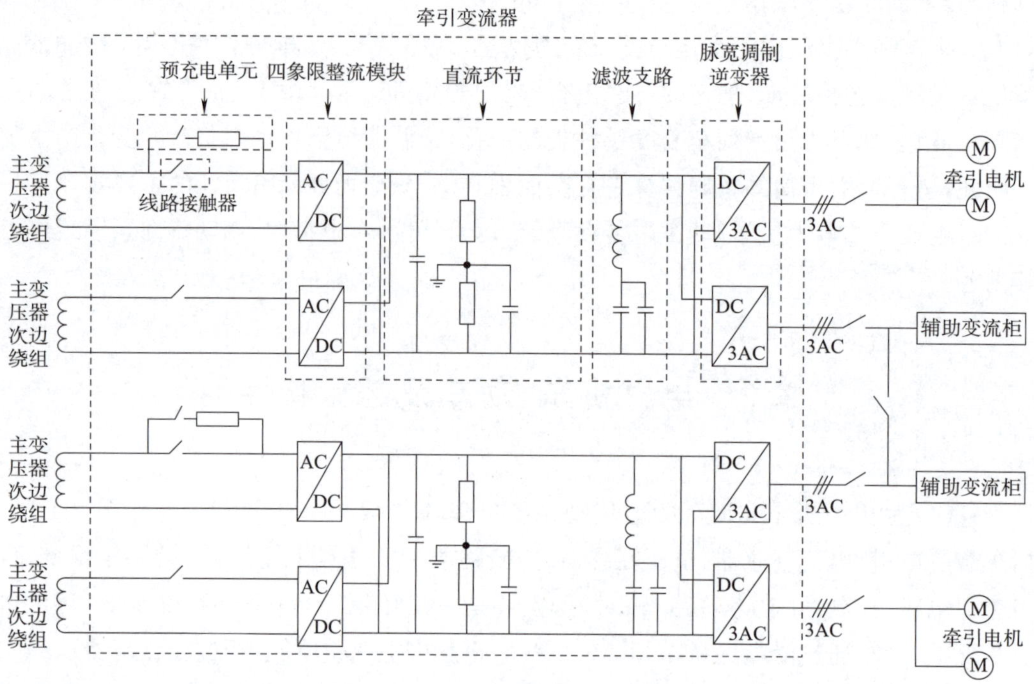

图 2-2　HXD1 型电力机车电传动系统主电路

牵引变流器由四象限整流模块、直流环节和脉宽调制（PWM）逆变器构成。其中，主变压器次边的 4 个牵引绕组连接 4 组四象限整流模块，再向两个独立的中间直流电压环节充电，每台中间直流环节供两个脉宽调制逆变器，再向 1 台转向架上的 2 台三相异步牵引电机供电。

列车运行分牵引、惰行、制动、停车等多种工况。列车的制动分空气制动（机械制动）和再生制动（电制动）两种，运行中首选再生制动，只有低速时才启动空气制动。牵引和再生制动工况下主电路、辅助电路都工作，惰行、停车时只有辅助电路用电，称为自用电。

牵引运行时，四象限整流模块用于整流，脉宽调制逆变器用于逆变，异步牵引电机牵引列车运行，处于用电（耗电）状态；再生制动时，异步牵引电机发电，脉宽调制逆变器用于整流，四象限整流模块用于逆变，把列车的机械能转化为电能反馈回牵引网上，列车处于发电状态。牵引和再生工况及其转化均由控制系统控制牵引变流器与牵引电机配合完成。

下面讨论运行特性[9]，包括牵引特性和制动特性。

1. 牵引特性

牵引变流器改变其逆变器输出频率时，牵引电机的转速将随频率正比变化，如果频率可以连续调节，则牵引电机的转速就可以连续、平滑地调节，从而牵引列车运行。列车牵引过程分起动和运行两个阶段。起动采用恒力矩控制方式，运行采用恒功率控制方式。其中，恒功率控制又分为第一恒功率和第二恒功率两种控制模式。对应列车牵引运行时牵引电机主要物理量转矩 T、频率 f、电压 U 与角速度 ω 的关系曲线如图 2-3 所示。

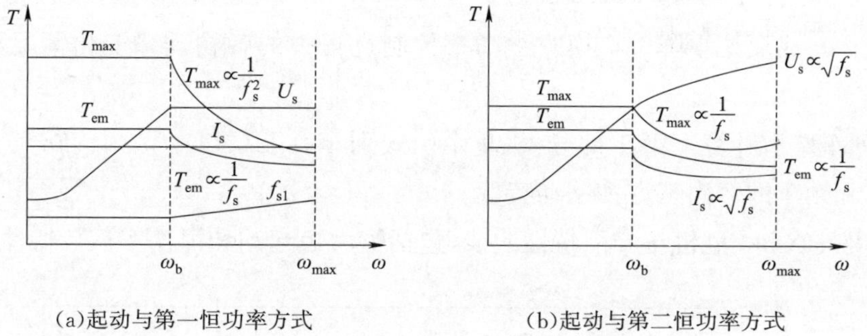

图 2-3　牵引运行过程牵引电机主要物理量变化曲线

(1)恒力矩起动阶段

我们知道,列车牵引力与牵引电机的力矩成正比。为保证列车起动过程快速且平稳,须保持列车起动加速度不变,在列车重量给定的情况下,保持牵引力恒定,这就是恒力矩起动。

若定子和转子电阻可忽略不计,电机电势接近电压,即 $E_s \approx U_s$,牵引电机力矩为

$$T_{em}=k\left(\frac{U_s}{f_s}\right)^2 f_{s1} \tag{2-1}$$

式中　T_{em}——牵引电机力矩,N·m;

k——由电机结构等决定的系数[9];

U_s——恒电压,V;

f_s——定子频率,Hz;

f_{s1}——滑差频率,Hz。

为了使起动电流最小,起动阶段要控制电机磁通 ϕ_s 保持恒定。恒磁通 ϕ_s 是通过控制恒电压频率比 U_s/f_s 或恒电势频率比 E_s/f_s 恒定实现的。此阶段除磁通 ϕ_s、力矩 T_{em}、最大力矩 T_{max} 恒定外,定子电流 I_s 和滑差频率 f_{s1} 也恒定,如图 2-3 所示。

(2)恒功率运行阶段

电机角速度达到基速 ω_b 后,转入恒功率阶段。此时,根据式(2-1)可得电机的输出功率为

$$P=T_{em}f_s=k\frac{U_s^2 f_{s1}}{f_s} \tag{2-2}$$

由此可以知,恒功率控制有两种控制模式:

第一恒功率模式,即恒电压 U_s 和恒滑差率 $s=\frac{f_{s1}}{f_s}$ 控制。此时定子电流 I_s 不变,力矩 T_{em} 与定子频率 f_s 成反比下降,滑差频率 f_{s1} 与定子频率 f_s 成正比增加。该模式恒功率控制过程中的各物理量变化情况如图 2-3(a)所示。

第二恒功率模式，即恒电压平方与频率比$\frac{U_s^2}{f_s}$和恒滑差频率f_{s1}控制。此时电压U_s随定子频率的平方根$\sqrt{f_s}$成正比增加，力矩T_{em}与定子频率f_s成反比下降，定子电流I_s与定子频率的平方根$\sqrt{f_s}$成反比下降。该模式恒功率控制过程中的各物理量变化情况如图 2-3(b)所示。

根据《列车牵引计算　第 1 部分：机车牵引式列车》(TB/T 1407.1—2018)可以获得各型电力机车和动车的牵引特性和制动特性。

图 2-4 是 HXD1C 型机车牵引特性曲线，包括恒力矩起动和恒功率运行特性。

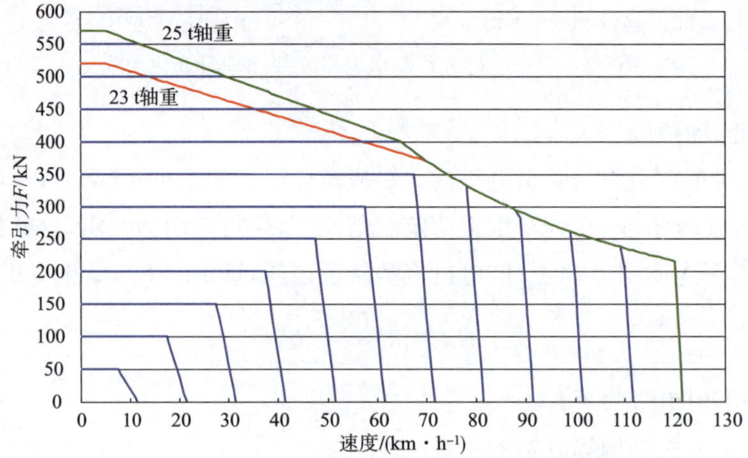

图 2-4　HXD1C 型电力机车牵引特性曲线(外包络线)

HXD1C 型电力机车牵引力 F(kN)公式为

$$F(\text{取最小值})=\begin{cases}570(25\ \text{t 轴重时})\\520(23\ \text{t 轴重时})\\570-\dfrac{570-400}{65-5}\times(v-5)(25\ \text{t 轴重时})\\520-\dfrac{520-370}{70-5}\times(v-5)(23\ \text{t 轴重时})\\\dfrac{3.6\times7\ 200}{v}\\50n\\\dfrac{10n+1.5-v}{4}\times n\times50\end{cases}\tag{2-3}$$

式中　$n=0\sim12$，手柄级位(由于是无级调速，可以根据设定速度÷10 来确定 n 值)；

$v=0\sim121.5$ km/h。

根据机车牵引特性，还可作出牵引网侧的机车牵引电流—速度特性 $i=f(v)$ 曲线，

HXD1C 型电力机车的牵引电流—速度特性 $i=f(v)$ 曲线如图 2-5 所示。

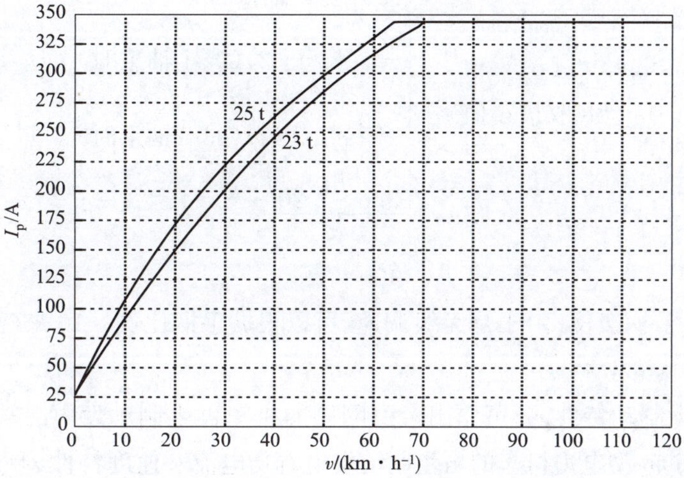

图 2-5　HXD1C 型电力机车牵引用电有功电流—速度特性 $i=f(v)$ 曲线

2. 再生制动特性

与牵引特性对应，再生制动特性也包含恒功率控制与恒力矩控制，特性曲线如图 2-6 所示。

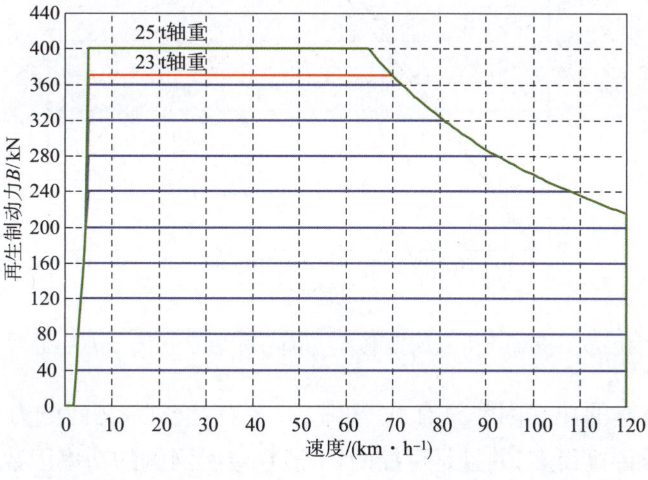

图 2-6　HXD1C 型电力机车再生制动特性曲线(外包络线)

HXD1C 型电力机车再生制动力 B(kN)公式为

$$
B(\text{取最小值})=\begin{cases}400(25\ \text{t 轴重时}) \\ 370(23\ \text{t 轴重时}) \\ \dfrac{400}{5}\times(v-2)(25\ \text{t 轴重时}) \\ \dfrac{370}{5}\times(v-2)(23\ \text{t 轴重时}) \\ \dfrac{3.6\times 7\ 200}{v} \\ 40n\end{cases} \tag{2-4}
$$

式中　$n=0\sim10$，手柄级位（由于是无级调速，可以根据手柄比例×10 来确定 n 值）；

$v=0\sim120$ km/h。

根据机车再生制动特性，还可作出牵引网侧的机车再生制动发电有功电流—速度特性 $i=f(v)$ 曲线，HXD1C 型电力机车的再生制动发电有功电流—速度特性 $i=f(v)$ 曲线如图 2-7 所示。

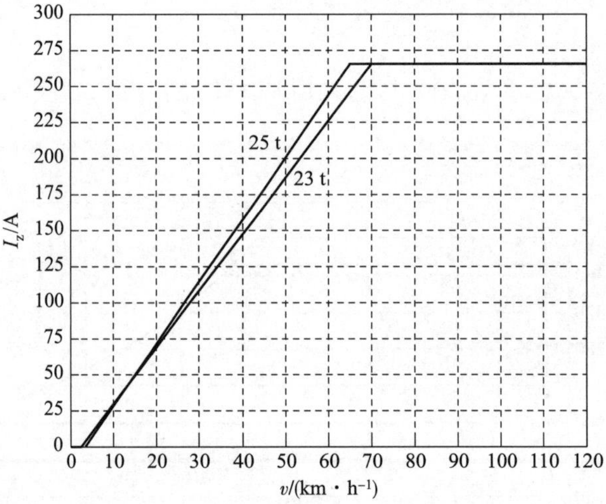

图 2-7　机车再生制动发电有功电流—速度特性 $i=f(v)$ 曲线

交-直型电力机车的功率因数只有 0.8（滞后）左右，交-直-交型电力机车和动车的牵引用电功率因数 $\cos\varphi$ 要高得多，并且是可控的，一般在牵引网侧的功率因数 $\cos\varphi$ 可达 0.95～0.98（滞后），对应功率因数角 φ 为 18.19°～11.48°，甚至功率因数 $\cos\varphi$ 达到 1.0，对应功率因数角 φ 为 0°，再生制动发电的功率因数亦然。

2.3 牵引计算

牵引计算是根据电力机车、动车组类型、牵引质量及必要的线路条件等原始数据，为电气化铁路设计提供必要的结果的过程。

牵引计算假设牵引网给列车提供额定电压 25 kV。

牵引计算需要的原始数据主要有三个方面[4,26]：

(1)电力机车/动车组参数，包括电力机车/动车组类型、牵引质量及其牵引特性、制动特性；

(2)上、下行单列牵引质量；

(3)线路情况，如电气化区段总长度，最小曲线半径，上、下行坡道等。

要求提供的主要结果有：

(1)区间运行时分及带电(不含自用电)运行时分；

(2)区间上、下行能耗；

(3)速度—距离即 $v=f(l)$曲线，时间—距离即 $t=f(l)$曲线，牵引网列车取流—距离即 $i=f(l)$曲线等。

牵引计算中获得 $v=f(l)$、$t=f(l)$、$i=f(l)$曲线是牵引计算的关键。

$v=f(l)$曲线直接可从原始资料中获得，而 $t=f(l)$曲线可在 $v=f(l)$曲线基础上得到，即

$$t=f(l)=\int_0^l \frac{1}{v(s)}\mathrm{d}s \tag{2-5}$$

计算中可将计算总距离分为 n 等份，每份长 Δl，并取第 i 等份的平均速度为

$$v_i=\frac{1}{\Delta l}\int_l^{l+\Delta l} v(s)\mathrm{d}s$$

则式(2-5)成为

$$t=f(l)=\Delta l\sum_{i=1}^{n}\frac{1}{v_i} \tag{2-6}$$

当列车停车时，$v=0$，$t=f(l)$曲线中应在对应 l 处直接加上停车时分，也可用其他等效方法处理。可见 $t=f(l)$是一条非减单调曲线。图 2-8 给出了一组列车的 $v=f(l)$和 $t=f(l)$实例曲线。

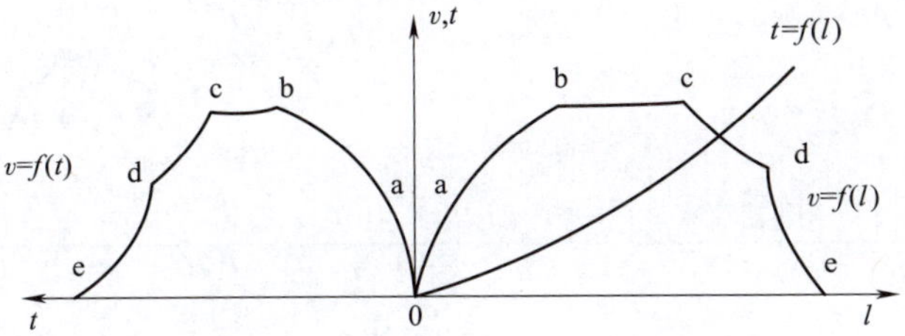

图 2-8　$v=f(l)$和 $t=f(l)$实例曲线

为进一步利用 $v=f(l)$ 曲线计算的方便，$v=f(l)$ 曲线各段（工况段）对应的工况应予以说明，如牵引、惰行、制动等，这样在牵引区段，结合牵引网侧机车牵引用电有功电流—速度特性 $i=f(v)$ 曲线（图 2-5），而在制动区段，结合牵引网侧机车再生制动发电有功电流—速度特性 $i=f(v)$ 曲线（图 2-7），最后得到 $i=f(l)$ 曲线如图 2-9 所示，曲线中不包含列车的自用电，$i=f(l)$ 的正值为牵引（用电）电流，负值为再生（发电）电流。

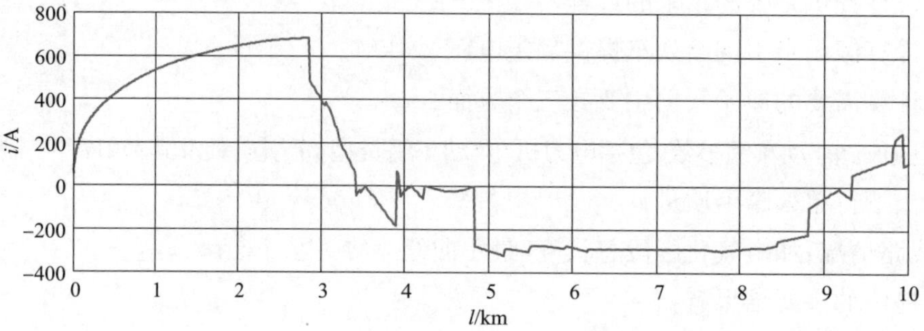

图 2-9　牵引工况＋再生工况 $i=f(l)$ 曲线的应用示例

由 $v=f(l)$ 曲线和 $t=f(l)$ 曲线所标明的各段工况，还可直接得到各区间的总运行时分、带电（牵引或再生制动）运行时分等结果。

为方便起见，牵引能耗和再生电能可按上、下行供电臂分别作出，即由 $t=f(l)$ 曲线和 $i=f(l)$ 曲线作出 $i=f(t)$ 曲线，再用积分求牵引能耗和再生电能。通过仿真作出的 $i=f(t)$ 曲线如图 2-10 所示，其中(a)是全工况，从牵引工况转再生工况，(b)是其中的牵引工况。

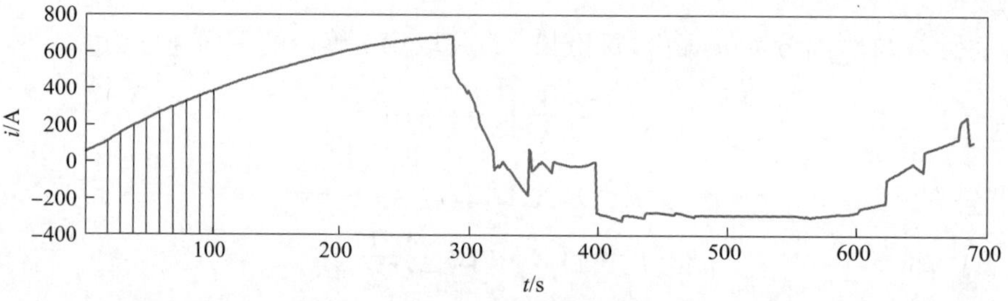

(a)牵引工况＋再生工况

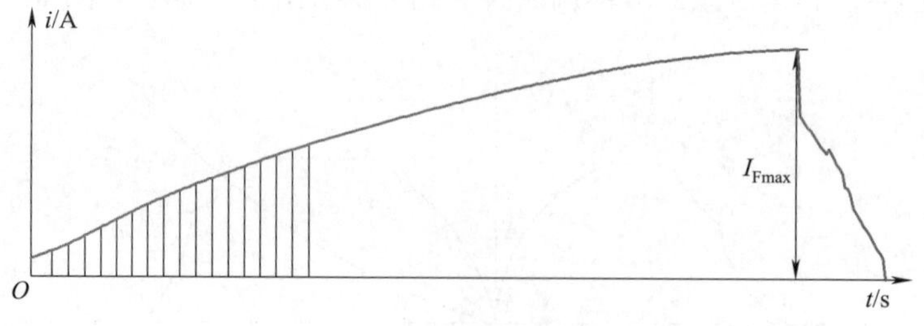

(b)牵引工况

图 2-10　列车 $i=f(t)$ 曲线

将牵引工况(正值)的牵引能耗与再生工况(负值)的再生电能分别计算。

积分步骤如下:以牵引工况为例,在时间坐标上将上行(或下行)供电臂上牵引工况的走行时分划分为 n 等份 Δt,如 $\Delta t=1$ min。每隔 Δt 从 $i=f(t)$ 曲线上读出对应的电流 $i_0, i_1, i_2, \cdots, i_n$,共得 $n+1$ 个对应的 i 值,于是列车通过上行(或下行)供电臂的牵引能耗 A_1(kW·h)为

$$A_1=\frac{n\Delta t}{60}\cdot\frac{U}{n+1}\sum_{k=0}^{n} i_k \tag{2-7}$$

式中,$U=25$ kV 为牵引网标称电压;Δt 单位是 min。

我国标准动车组 8 节编组设置两台辅助变流器,每台 260 kV·A,总共 520 kV·A,按 60%计得列车空调、照明等自用电为 312 kW,设列车在上行(或下行)供电臂运行时分为 t'(min),则自用电能耗 A_0(kW·h)为

$$A_0=\frac{t'}{60}\times 312 \tag{2-7$'$}$$

同样,在时间坐标上将上行(或下行)供电臂上再生工况的走行时分划分为 m 等份 Δt,如 $\Delta t=1$ min。每隔 Δt 从 $i=f(t)$ 曲线上读出对应的电流 $i_0, i_1, i_2, \cdots, i_m$,共得 $m+1$ 个对应的 i 值,同式(2-7)可计算出列车通过上行(或下行)供电臂的再生能耗(发电电度)A_{-1}。

列车通过上行(或下行)供电臂的总能耗 A 为

$$A=A_1+A_0-A_{-1} \tag{2-8}$$

列车通过上行(或下行)供电臂的带电运行平均电流为

$$I_g=\frac{60A}{t_g U} \tag{2-9}$$

式中 t_g——列车区间带电运行时分,min。

另外,可由总能耗及列车总重量和供电臂长度计算出单位能耗,即每万吨公里能耗,也可按区间分别计算得到各区间能耗,还可结合功率因数(如取 0.98)计算相应的视在能耗等。

每万吨公里能耗是考核司机驾驶水平的重要指标。

对应地,可以计算出再生电能,并且再生工况总的再生电能应扣除列车自用电能耗 A_0。

再生电能的利用效果与同一供电臂上同行的牵引列车有关,这将在 2.4 节继续讨论。

2.4 馈线电流

在牵引供电系统中,馈线电流是确定牵引变压器、接触网导线等主设备容量的主要数据。由于用途或场景不同,精度要求也有所不同,在设计过程中,馈线电流经常采用不同的方法获得,如“负荷过程法”“同型列车法”“概率分布法”,下面一一介绍。

2.4.1 负荷过程法

负荷过程法即利用牵引计算和运行图作出关于某供电臂在周期 T(一般为 1 天)内馈线的电流—时间曲线,称为日负荷电流曲线,即 $i=f(t)$曲线,再进一步加工。

运行图是行车组织的重要数据。虽然利用运行图作出负荷过程是复杂的,但却是相对最精确可信的,现在采用计算机过程仿真实现[27-31]。

图 2-11 为某单线一供电臂 4 个区间的列车运行图。图中表示从 18:00 到 20:30 两个半小时内供电臂上列车的运行情况。横轴表示时间,纵轴表示里程,沿线车站分别为 A、B、C、D、E。变电所设在 A 站,其下行供电臂末端在 E 站。下行列车编号为单号,上行列车编号为双号。图中运行曲线的横折线表示列车停车会让时间,如上行 1206 次在 C 站与下行 23 次会让。1206 次于 18:27 离开 E 站上行,18:43 到达 C 站停车与 23 次会让,共停车 9 min 再向上行,并于 19:12 通过 A 站。

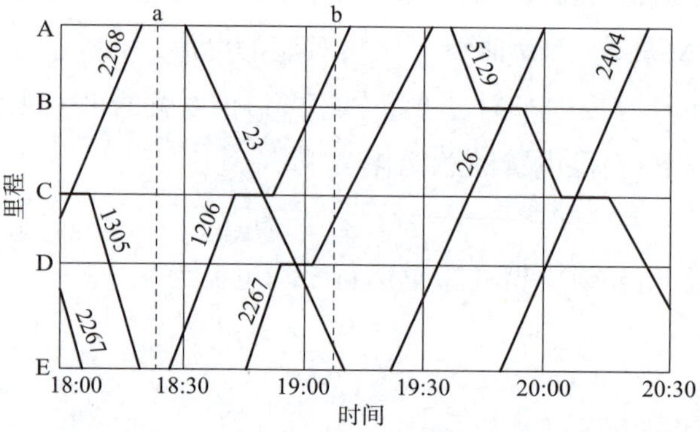

图 2-11　某单线一供电臂 4 个区间的列车运行图

为精确而又不至于太复杂,可分别对上、下行的货车、客车(或等值货车)作出牵引计算,这样就得到 4 组 $i=f(l)$或 $i=f(t)$曲线,根据运行图可查出所讨论时间 T 内任一时刻 t 供电臂上的列车数及牵引取流(用电)和再生(发电)情况,当认为各机车功率因数相同时,馈线电流即为供电臂上各列车电流之和,即

$$i_F=i_1+i_2+\cdots+i_m \tag{2-10}$$

这里的 i 都是即时值,即随时间变化的有效值。从运行图中易见,首先列车数 m 是变化的,如时刻 a 供电臂上无列车,这时 $m=0$,$i_F=0$(未计自用电,下同),而时刻 b 则有 3 列列车,此时 $m=3$。再者,对给定时刻,尽管 $m>0$,但有的列车可能处于非牵引工况,亦非再生制动工况,如惰行或停车会让等,这时相应列车的取流也为 0。就是说式(2-10)中 m 是一个变化的值,但无论如何,通过各个时刻的计算,就能得到馈线在 T 内的负荷过程,即 $t\in T$ 时间内的日负荷电流曲线 $i_F=f(t)$,如图 2-12 所示,也就是说,供电臂馈线日负荷电流(或功率)曲线是图 2-10 所示列车负荷曲线按照运行图的叠加,也称为日负荷过程。

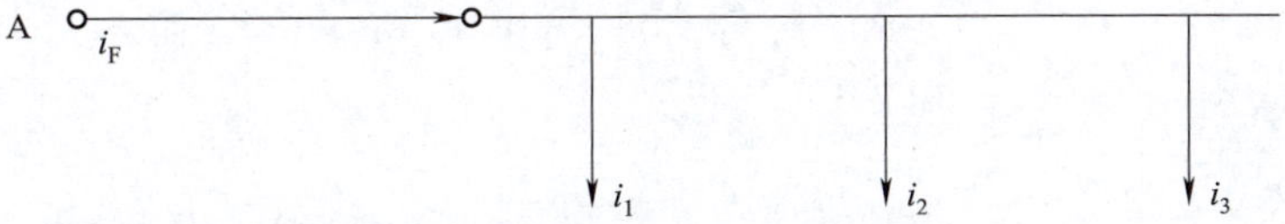

图 2-12　馈线 $i_F=f(t)$ 曲线举例

仿真得到的客运铁路某牵引变电所供电臂馈线日负荷(功率)曲线如图 2-13 所示,重载铁路某牵引变电所实测的馈线负荷曲线如图 2-14 所示,负荷电流曲线可由每时刻的功率除以牵引网电压得到。

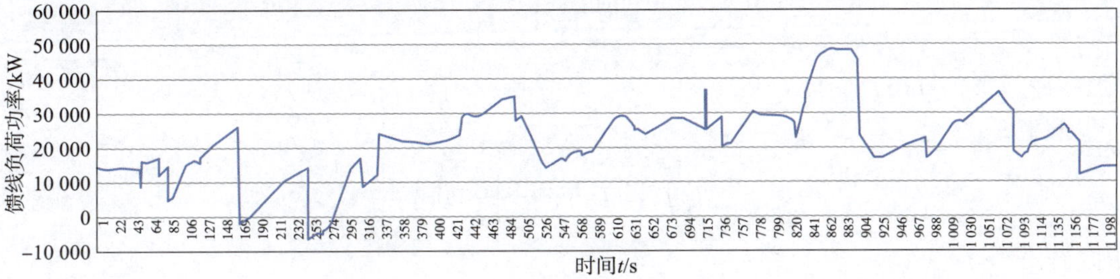

图 2-13　馈线负荷(有功功率)过程仿真

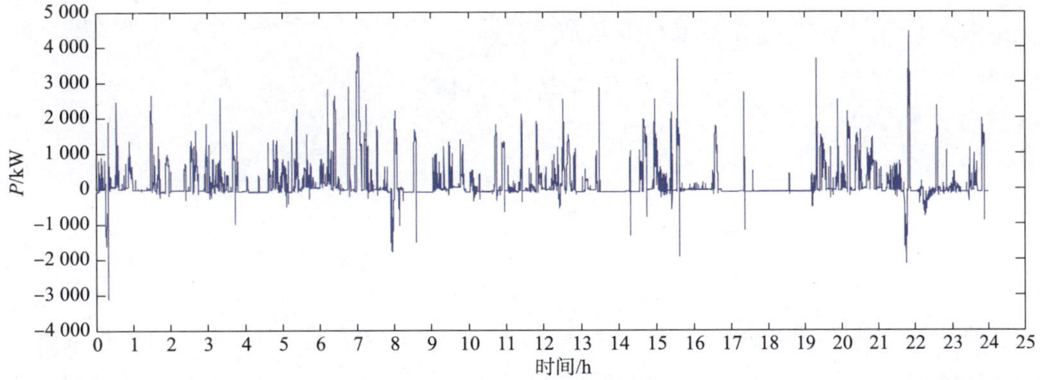

图 2-14　供电臂 213 馈线负荷(有功功率)过程

从图 2-13 和图 2-14 均可看出,日负荷过程中,主要是牵引工况(正值),也有再生工况(负值)。

下面以牵引工况为例,讨论牵引负荷数字特征。

最有用的数字特征是平均值(数学期望)和平均有效值(均方根值)。若全天 T 内总带电时间为 T_g,则定义馈线带电概率 p_F 和空载概率 p_0 分别为

$$p_F=\frac{T_g}{T},p_0=1-p_F \tag{2-11}$$

可分别按总带电时间和总讨论时间定义 i_F 有关的数字特征。如,带电平均电流

$$I_g \triangleq \frac{1}{T_g}\int_0^T i_F \mathrm{d}t \tag{2-12}$$

带电平均有效电流

$$I_{\varepsilon g} \triangleq \sqrt{\frac{1}{T_g}\int_0^T i_F^2 \mathrm{d}t} \tag{2-13}$$

全日平均电流

$$I \triangleq \frac{1}{T}\int_0^T i_F \mathrm{d}t \tag{2-14}$$

全日平均有效电流

$$I_\varepsilon \triangleq \sqrt{\frac{1}{T}\int_0^T i_F^2 \mathrm{d}t} \tag{2-15}$$

式中，$T=1\ 440\ \text{min}$。

由于

$$I_\varepsilon^2 T = I_{\varepsilon g}^2 T_g = \int_0^T i_F^2 \mathrm{d}t$$

所以有

$$I_{\varepsilon g}=\frac{I_\varepsilon}{\sqrt{1-p_0}}$$

进一步引入日有效系数 k_ε 和带电有效系数 $k_{\varepsilon g}$，即

$$k_\varepsilon=\frac{I_\varepsilon}{I},k_{\varepsilon g}=\frac{I_{\varepsilon g}}{I_g}$$

则有

$$I_{\varepsilon g}=k_{\varepsilon g} I_g \tag{2-16}$$

$$k_\varepsilon=\frac{k_{\varepsilon g}}{\sqrt{1-p_0}} \tag{2-17}$$

俄罗斯通常认为带电有效系数 $k_{\varepsilon g}=1.04\sim1.08$，多数情况下 $k_{\varepsilon g}=1.04$。我国普速铁路的统计值要大一些，一般 $k_{\varepsilon g}=1.10$，馈线空载概率一般为 $p_0=0.2\sim0.5$，故馈线日有效系数一般为 $k_\varepsilon=1.23\sim1.41$。单线偏高，复线偏低。

实际计算时，并不用连续的 $i_F=f(t)$，虽然它可由实测得到，但一是因为无法在现阶段准确得到这种表达式，再者牵引计算给出的 $i_F=f(t)$ 曲线本身就是按一定时间间隔得到的，因此，常采用离散量，如像式(2-7)计算列车牵引能耗那样处理。

牵引负荷的另一个重要数字特征是短时平均最大值，如 2 h 、10 min 平均最大值，95％概率值等。这些值的计算是根据实际用途而指定的，如用于校验牵引变压器或导线容量、负序影响、通信干扰等。

通过计算机仿真，从负荷过程得到短时平均最大值是方便的，详见第 9 章。

列车自用电可在式(2-14)、式(2-15)中逐一计入。

单边供电方式下，复线铁路的馈线电流总是上、下行电流的和，因此，复线负荷过程可由上、下行负荷过程相加得到，并且复线的负荷过程可按上、下行逐一完成。

双边供电时，不论是单线还是复线，列车 k 的牵引负荷 i_k 将根据其在供电臂的位置和两侧牵引网的阻抗进行分配，两侧各有一个分配系数，记左侧 1 的分配系数为 k_{k1}、右侧 2 的分配系数为 k_{k2}，$k_{k1}+k_{k2}=1$，则左侧馈线电流为

$$i_{F1}=k_{11}i_1+k_{21}i_2+\cdots+k_{m1}i_m$$

右侧馈线电流为

$$i_{F2}=k_{12}i_1+k_{22}i_2+\cdots+k_{m2}i_m$$

随着交-直-交型电力机车和动车组的普及，再生制动成为制动的首选。再生制动产生的电能是绿色电能，由同一供电臂上同行的牵引列车加以利用，不用增加任何专用设备和投资，是最经济、最合理的。

2.3 节讲到，再生电能的利用效果与同一供电臂上同行的牵引列车有关，同行车越多，利用率越高，显然，供电臂越长，同行车就越多，则利用率就越高。剩余再生电能则与电网的认知和对牵引变电所电量的计量方法有关，如果承认铁路发电对电网的贡献，就采取返送反计法，否则可能采取返送不计法甚至返送正计法。

铁路一方应采取措施用好自己的绿色电能，其中，同相供电是延长供电臂、提高再生绿能的有效方法。

高速铁路列车速度快，停站少，列车再生工况较少发生，而地铁等城市轨道交通列车速度慢，启停频繁，列车再生电能占牵引电能比例较大，可达 30%～50%[32]，一般不可忽略。

2.4.2 同型列车法

为简便地获得牵引负荷的数字特征，可用同型列车法简化计算过程。同型列车法，顾名思义，是认为供电臂上的列车同属某一种类型，并且只考虑列车的牵引工况，只考虑处于牵引工况的列车[5]。

已知供电臂列车带电运行的平均电流为 I_g，则馈线日平均电流 I_F 为

$$I_F=\frac{2Nt_g}{T}I_g \tag{2-18}$$

式中 N——通过供电臂的全日列车对数；

t_g——列车通过供电臂的带电走行时分，min；

T——全日时分，$T=1\ 440$ min。

对馈线平均有效电流的计算，可先写出即时电流，然后求其均方根。设供电臂的区间数为 n，则馈线即时电流

$$i_F=i_1+i_2+\cdots+i_n \tag{2-19}$$

当各区间列车都取流时，式(2-19)右端各电流均为非零值；当并非所有区间列车都带电

时，则只有取流列车的电流为非零值。取平方有

$$i_F^2 = \sum_{k=1}^{n} i_k^2 + 2\sum_{k=1}^{n-1}\sum_{l=k+1}^{n} i_k i_l \tag{2-20}$$

再进一步求全日平均值时应注意下列细节，在带电运行时间内自乘项如 i_k^2 的平均值即为带电运行时的均方电流 $I_{\varepsilon gk}^2$，i_k^2 在全日的平均值则为

$$\overline{i_k^2}=\frac{2Nt_{gk}}{T}I_{\varepsilon gk}^2=p_k I_{\varepsilon gk}^2 \quad k=1,2,\cdots,n \tag{2-21}$$

式中，t_{gk} 为区间 k 的带电走行时分；$2Nt_{gk}$ 为全日内区间 k 总带电走行时分，它与全日时分 T 之比，记为 p_k，可称为区间 l 的带电概率。互乘项中，如 $i_k i_l(k\neq l)$，由于区间 k 列车带电运行与区间 l 带电运行是相互独立的，故 $i_k i_l$ 的平均值为其各自平均值的积，即

$$\overline{i_k i_l}=\overline{i_k}\cdot\overline{i_l}=\frac{2Nt_{gk}}{T}I_{gk}\cdot\frac{2Nt_{gl}}{T}I_{gl}=p_k I_{gk} p_l I_{gl}$$

式中　I_{gk}——区间 k 的列车带电平均电流。

于是对式(2-20)求平均得

$$I_{\varepsilon F}^2 = \overline{i_F^2} = \sum_{k=1}^{n} p_k I_{\varepsilon gk}^2 + 2\sum_{k=1}^{n-1}\sum_{l=k+1}^{n} p_k I_{gk} p_l I_{gl} \tag{2-22}$$

式中，$I_{\varepsilon gk}=k_{\varepsilon g}I_{gk}$，$k_{\varepsilon g}$ 为带电期间的有效系数。

工程应用中还可进一步简化，一般情形可采用

$$I_{g1}=I_{g2}=\cdots=I_{gn},t_{g1}=t_{g2}=\cdots=t_{gn}=\frac{t_g}{n}$$

所以

$$p_1=p_2=\cdots=p_n=p=\frac{2Nt_g}{nT} \tag{2-23}$$

式(2-22)可简化为

$$I_{\varepsilon F}^2=npk_{\varepsilon g}^2 I_g^2+n(n-1)p^2 I_g^2=(npI_g)^2\left(1+\frac{k_{\varepsilon g}^2-p}{np}\right)$$

注意 $np=\frac{2Nt_g}{T}$，则由式(2-18)知，$npI_g=I_F$，故

$$I_{\varepsilon F}=I_F\sqrt{1+\frac{k_{\varepsilon g}^2-p}{np}} \tag{2-24}$$

按定义知馈线全日内电流有效系数

$$k_{\varepsilon F}=\sqrt{1+\frac{k_{\varepsilon g}^2-p}{np}} \tag{2-25}$$

式中　n——供电臂区间数；

　　　p——区间(平均)带电概率。

由于馈线电流总是各区间电流之和，故式(2-25)既适用于单线，也适用于复线。复线馈线有效电流计算时，则需以上、下行连发列车时在供电分区同时给电运行的最大列车数代替

单线计算中的区间数，应用式(2-23)、式(2-24)、式(2-25)。

根据馈线电流选择设备容量时，往往要区分正常运行和紧密运行。紧密运行时列车对数按连发列车对数计，若连发追踪间隔为 τ min(常用于复线)，则紧密运行计算列车对数为

$$N=T/\tau$$

如 $\tau=8$ min，复线 $N=180$ 对，单线 $N=180$ 列(90 对)。

同型列车法对于分析计算馈线电流的平均值、平均有效值这两个数字特征是有效和方便的，但要给出短时平均最大值则有困难，当然，采用基于运行图的计算机仿真技术可得出所有的和详尽的信息，详见第 12 章。

2.4.3 概率分布法

有许多因素使牵引负荷的变化具有随机性，因此，通常把牵引负荷过程作为随机过程处理，随机性的稳定表现是统计规律，其中，前面论述的平均值、平均有效值等数字特征是一个重要方面，另外概率分布也是一个重要方面。

获得馈线电流的概率分布有多种方法。例如，直接从实际运行中统计，从负荷过程的计算机仿真中统计，根据已知的各种数字特征和分布特征用数字方法加以拟合等。结合同型列车法，这里提出一种简单实用的馈线电流概率分布的获得方法。

从图 2-11 已看到，供电臂上不同时刻的列车数是变化的，但却是有统计规律的。瞬时负荷示意如图 2-15 所示，图中供电臂有三个区间，运行图下方是按时间间隔 1 min 统计的供电臂上走行列车的数目—时分分布。

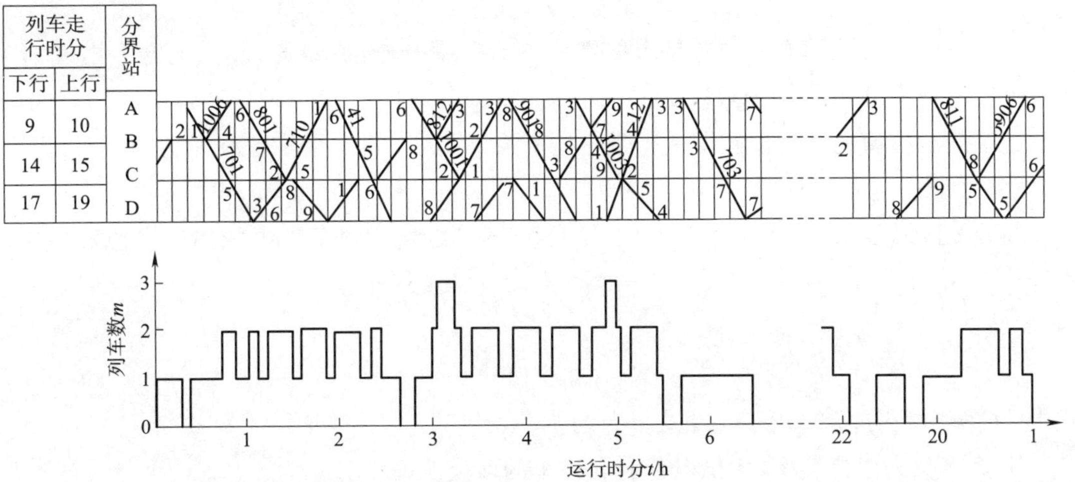

图 2-15 瞬时负荷示意

大量的统计和分析表明，虽然有多种形式编制的运行图，以及根据实际情况还要对运行图进行调整，但供电臂上出现的走行(含停站)列车数 m 具有较稳定的概率分布 $p(m)$，图 2-16、

图 2-17 便是两组典型的分布实例。由图不难得出相应的分布函数，其值在最大列车数 n 处取 1。

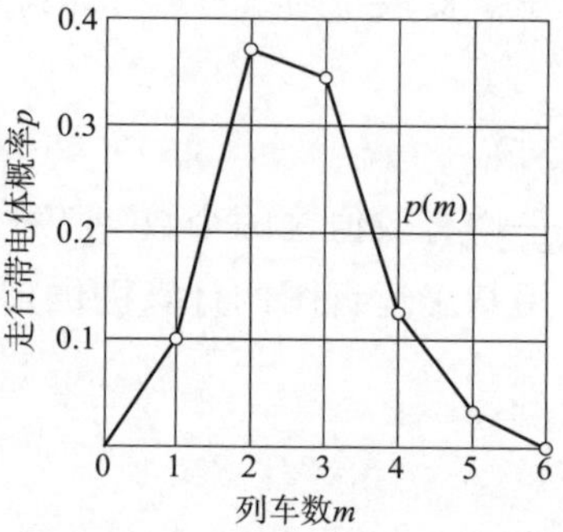

(a)夏季情况

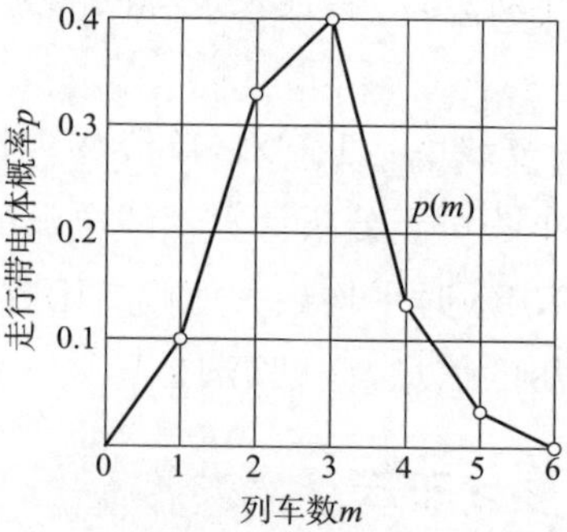

(b)冬季情况

图 2-16　复线区段供电臂走行列车数的概率分布

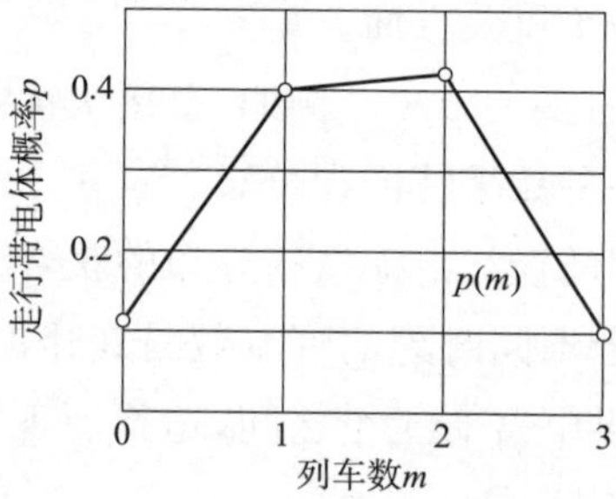

图 2-17　单线区段供电臂走行列车数的概率分布

供电臂上列车数的概率分布是求取馈线电流概率分布的基础。设供电臂上出现 m 个列车走行的概率已知为 $p(m)$，$m=1,2,\cdots,n$。认为各区间的走行时分和带电时间相同(如可取各区间相应值的平均值)，即走行带电概率为 p_g，列车带电平均电流为 I_g，相应无电(空载)概率为 $1-p_g$。

在 m 列列车出现(走行)的条件下，有 $k(k\leqslant m)$ 列走行列车带电的馈线电流和概率分别为

$$I_F=kI_g$$

$$p_{gk}^{(m)}=C_m^k p_g^k\ (1-p_g)^{m-k}$$

式中　$C_m^k p_g^k\ (1-p_g)^{m-k}$——二项式分布的概率，$k=0,1,2,\cdots,m$。

注意：$p_{gk}^{(m)}$ 为条件概率，而供电臂有 k 列车的取流及概率分别为

$$I_F=kI_g \tag{2-26}$$

$$p_k^{(m)}=p_{(m)}\,p_{gk}^{(m)}=p_{(m)}\,C_m^k p_g^k\ (1-p_g)^{m-k} \tag{2-27}$$

式中　$k=0,1,2,\cdots,m$；

$m=0,1,2,\cdots,n$。

考虑各种取流情况，则可展开式(2-26)和式(2-27)得到表2-1。

表2-1　馈线电流及其概率分布

带电列车数	馈线电流	概　　率
0	0	$p_0=\sum_{m=0}^{n}p(m)C_m^0p_g^0(1-p_g)^m$
1	I_g	$p_1=\sum_{m=1}^{n}p(m)C_m^1p_g^1(1-p_g)^{m-1}$
2	$2I_g$	$p_2=\sum_{m=2}^{n}p(m)C_m^2p_g^2(1-p_g)^{m-2}$
⋮	⋮	⋮
k	kI_g	$p_k=\sum_{m=k}^{n}p(m)C_m^kp_g^k(1-p_g)^{m-k}$
⋮	⋮	⋮
n	nI_g	$p_n=p(n)p_g^n$

不难证明，在表2-1中，有

$$\sum_{j=0}^{n}p_j=1$$

这是因为将表2-1的函数项展开后有

$$\begin{aligned}\sum_{j=0}^{n}p_j&=\sum_{j=0}^{n}\sum_{k=j}^{n}p(k)C_k^jp_g^j(1-p_g)^{k-j}\\&=p(0)C_0^0p_g^0q_g^0+p(1)\sum_{l=0}^{1}C_1^lp_g^lq_g^{1-l}+\cdots+p(j)\sum_{l=0}^{j}C_j^lp_g^lq_g^{j-l}+\cdots+p(n)\sum_{l=0}^{n}C_n^lp_g^lq_g^{n-l}\\&=\sum_{k=0}^{n}p(k)\sum_{l=0}^{k}C_k^lp_g^lq_g^{k-l}=\sum_{k=0}^{n}p(k)=1\end{aligned}$$

式中，$\sum_{l=0}^{k}C_k^lp_g^lq_g^{k-l}=1$是二项式分布的概率和。

根据表2-1，就能得出馈线电流的概率分布。

【例2.1】已知某复线区段上、下行供电臂共有6个区间，供电臂上出现0，1，2，…，6个列车的概率分别为$p(0)=0.03$、$p(1)=0.1$、$p(2)=0.37$、$p(3)=0.35$、$p(4)=0.12$、$p(5)=0.03$、$p(6)=0$，各区间走行时分分别为$t_1=10$ min、$t_2=11$ min、$t_3=9$ min、$t_4=9$ min、$t_5=11$ min、$t_6=14$ min，带电运行时分分别为$t_{g1}=7$ min、$t_{g2}=6$ min、$t_{g3}=6$ min、$t_{g4}=7$ min、$t_{g5}=7$ min、$t_{g6}=8$ min。试求馈线电流的概率分布。

解：由已知数据，可求出区间k带电概率$p_{gk}=t_{gk}/t_k$，求平均得$p_g=0.65$，代入表2-1计算，结果列于表2-2并示于图2-18，分布函数如图2-19所示。

表 2-2 例 2.1 的计算结果

带电列车数	0	1	2	3	4	5	6
馈线电流 i_F	0	I_g	$2I_g$	$3I_g$	$4I_g$	$5I_g$	$6I_g$
概率 p_k	0.127	0.332	0.354	0.152	0.031	0.004	0
累积概率 P	0.127	0.459	0.813	0.965	0.996	1.00	1.00

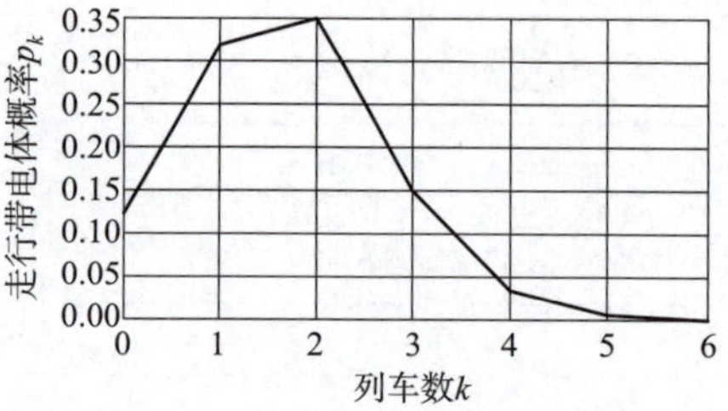

图 2-18 例 2.1 的概率分布

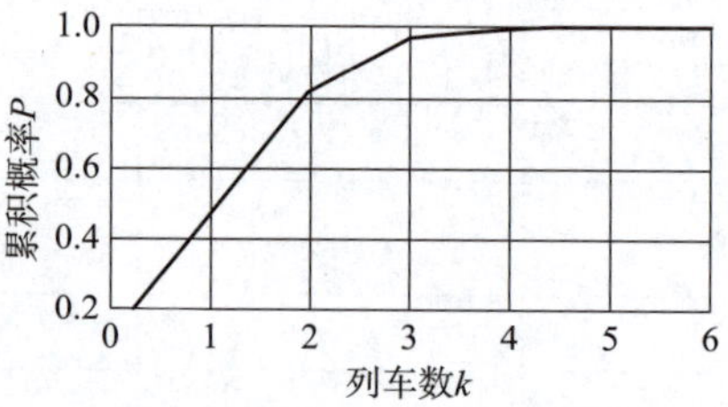

图 2-19 例 2.1 的概率分布函数(累积概率)

由表 2-1 或图 2-19 可以看出,多数(如概率不低于 95%)情况下馈线最大电流 $i_{Fmax} \leqslant 3I_g$,一般可以认为 $3I_g$就是馈线的最大电流。

用概率分布法也可求出馈线日平均电流、平均有效电流等。借助表 2-1 易得馈线日平均电流为

$$I_F = \sum_{k=0}^{n} kI_g p_k \tag{2-28}$$

馈线平均有效电流为

$$I_{\varepsilon F} = \sqrt{\sum_{k=0}^{n} (kI_g)^2 p_k} \tag{2-29}$$

馈线电流有效系数为

$$k_{\varepsilon F} = \frac{I_{\varepsilon F}}{I_F} = \frac{\sqrt{\sum_{k=0}^{n} k^2 p_k}}{\sum_{k=0}^{n} kp_k} \tag{2-30}$$

对例 2.1,$I_F=1.64I_g$,$I_{\varepsilon F}=1.927I_g$,$k_{\varepsilon F}=1.175$,其中 I_g为列车带电平均电流。

思考题

2.1 简述交直交型电力机车恒力矩起动和恒功率运行的控制原理和用途。

2.2 简述交直交型电力机车和动车组的电传动系统及其工作过程。

2.3 简述牵引计算过程。

2.4 馈线电流主要有几种计算方法?主要内容是什么?计算机仿真将采用哪种方法?为什么?

第3章　负序分析

牵引负荷是一种单相电力负荷，在三相电网中产生负序电流，破坏了电网的三相对称性，由于牵引负荷同时还具有随机波动性，所以给负序的分析带来了一些特殊问题。

需要注意，牵引负荷不在电网中产生零序电流。

3.1　牵引变电所的负序

3.1.1　负序电流的一般表达式

目前，国内外牵引供电系统中所采用的牵引变压器的接线方式多种多样[4-5,7]，而且还在不断出现新的接线方式。概括起来可分为四类，即纯单相 Ii 接线、Vv 接线、三相 YNd11 接线和三相—两相平衡接线。为通用起见，暂且撇开这些各式各样的具体接线方式，可以用系统变换[33-35]的方法研究牵引变电所的统一模型，同时将并联无功补偿（parallel reactive compensation，PRC）装置作为独立端口与牵引负荷端口分别考虑。

为了研究牵引变电所负序的一般表达式[13-14]，借用图 3-1 所示的系统，其中，牵引变电所原边电网的相电压、相电流分别为 $\dot{U}_A$、$\dot{U}_B$、$\dot{U}_C$ 和 $\dot{i}_A$、$\dot{i}_B$、$\dot{i}_C$，为了降低绝缘和便于管理，设 PRC 装置位于牵引变电所牵引侧，可把其端口与牵引负荷端口作统一标定，即设有 n 个端口且其电气量分别记为 $\dot{i}_p$，$\dot{U}_p$，$p=1,2,\cdots,n$。牵引变电所是连接两侧系统的变换元件。

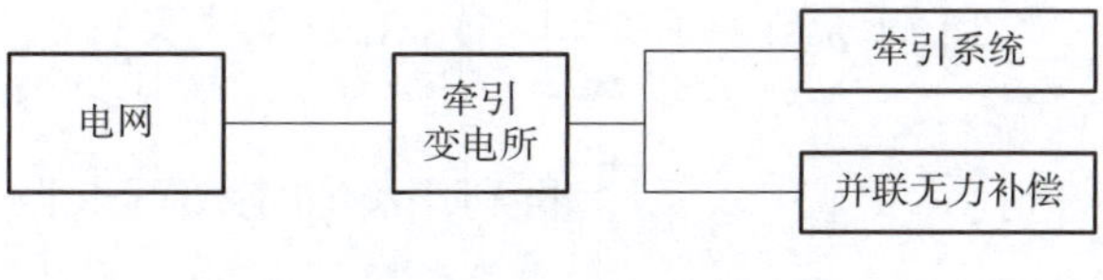

图 3-1　牵引变压器及两侧系统划分

若设电网足够强大，它提供三相对称的电压源，并取 $\dot{U}_A$ 为基准相量，则有

$$(\dot{U}_A \quad \dot{U}_B \quad \dot{U}_C)^T=(1 \quad a^2 \quad a)^T\dot{U}_A \tag{3-1}$$

式中，$a=e^{j120^\circ}=-\frac{1}{2}+j\frac{\sqrt{3}}{2}$。同时设牵引侧端口电压与一次侧线电压$\sqrt{3}U_A$ 之比为 k_p，即

$$k_p \triangleq \frac{U_p}{\sqrt{3}U_A} \tag{3-2}$$

设 $\dot{U}_p$ 滞后 $\dot{U}_A$ 的初相角为 Ψ_p，称为端口 p 的接线角，即

$$\dot{U}_p = U_p e^{-j\Psi_p} = \sqrt{3}U_A k_p e^{-j\Psi_p} \tag{3-3}$$

端口 p 的电流 $\dot{i}_p$ 滞后其端口电压 $\dot{U}_p$ 的相角 φ_p 为功率因数角，设滞后为"+"，则有端口电流表达式

$$\dot{i}_p = i_p e^{-j(\Psi_p + \varphi_p)} \tag{3-4}$$

由于牵引侧任一端口单独运行时都不在三相电网中产生零序电流，则由 $\dot{i}_p$ 造成的三相电流满足

$$\dot{i}_{Ap} + \dot{i}_{Bp} + \dot{i}_{Cp} = 0 \tag{3-5}$$

再由功率守恒原理（电压取共轭，忽略变压器内部损失）得

$$\dot{U}_A^* \cdot \dot{i}_{Ap} + \dot{U}_B^* \cdot \dot{i}_{Bp} + \dot{U}_C^* \cdot \dot{i}_{Cp} = \dot{U}_p^* \cdot \dot{i}_p \tag{3-6}$$

将式(3-1)、式(3-5)、式(3-6)联立得

$$\begin{pmatrix} 1 & 1 & 1 \\ 1 & -\frac{1}{2} & -\frac{1}{2} \\ 0 & \frac{\sqrt{3}}{2} & -\frac{\sqrt{3}}{2} \end{pmatrix} \begin{pmatrix} \dot{i}_{Ap} \\ \dot{i}_{Bp} \\ \dot{i}_{Cp} \end{pmatrix} = \begin{pmatrix} 0 \\ \sqrt{3}k_p \cos \Psi_p \\ \sqrt{3}k_p \sin \Psi_p \end{pmatrix} \dot{i}_p \tag{3-7}$$

式(3-7)两边左乘复数变换阵 $\begin{pmatrix} 1 & 0 & 0 \\ 0 & 1 & -j \\ 0 & 1 & j \end{pmatrix}$，可得

$$\begin{pmatrix} 1 & 1 & 1 \\ 1 & a^2 & a \\ 1 & a & a^2 \end{pmatrix} \begin{pmatrix} \dot{i}_{Ap} \\ \dot{i}_{Bp} \\ \dot{i}_{Cp} \end{pmatrix} = \begin{pmatrix} 0 \\ \sqrt{3}k_p e^{-j\Psi_p} \\ \sqrt{3}k_p e^{j\Psi_p} \end{pmatrix} \dot{i}_p \tag{3-8}$$

由式(3-8)求逆可得到 $(\dot{i}_{Ap} \quad \dot{i}_{Bp} \quad \dot{i}_{Cp})^T$，再利用叠加定理可求得 n 个单相端口电流共同作用时的原边三相电流

$$\begin{pmatrix} \dot{i}_A \\ \dot{i}_B \\ \dot{i}_C \end{pmatrix} = \frac{1}{\sqrt{3}} \begin{pmatrix} 1 & 1 & 1 \\ 1 & a & a^2 \\ 1 & a^2 & a \end{pmatrix} \begin{pmatrix} 0 \\ \sum_{p=1}^{n} k_p \dot{i}_p e^{-j\Psi_p} \\ \sum_{p=1}^{n} k_p \dot{i}_p e^{j\Psi_p} \end{pmatrix} \tag{3-9}$$

由此，利用对称分量法可分解出正序、负序电流，并将式(3-4)代入得正序、负序电流通用表达式

$$\dot{i}^{+}=\frac{1}{\sqrt{3}}\sum_{p=1}^{n}k_{p}i_{p}\mathrm{e}^{-\mathrm{j}\varphi_{p}} \tag{3-10}$$

$$\dot{i}^{-}=\frac{1}{\sqrt{3}}\sum_{p=1}^{n}k_{p}i_{p}\mathrm{e}^{-\mathrm{j}(2\Psi_{p}+\varphi_{p})} \tag{3-11}$$

用 $3\dot{U}_{\mathrm{A}}$ 乘以式(3-10)、式(3-11)的共轭复数可得通用三相系统的正序、负序(视在)功率表达式

$$\dot{s}^{+}=\sum_{p=1}^{n}s_{p}\mathrm{e}^{\mathrm{j}\varphi_{p}} \tag{3-12}$$

$$\dot{s}^{-}=\sum_{p=1}^{n}s_{p}\mathrm{e}^{\mathrm{j}(2\Psi_{p}+\varphi_{p})} \tag{3-13}$$

式中，$s_p=U_pi_p$ 为端口 p 的视在功率模值。

由式(3-10)～式(3-13)可得如下结论：

【结论 3.1】各端口负荷在三相系统造成的负序功率，不仅与各端口负荷的功率因数角 φ(负荷性质)有关，还因端口接线角 Ψ 不同而不同，即与负荷在各端口上的分布方式及牵引变压器的接线方式有关。

【结论 3.2】当单相端口负荷功率给定时，不论牵引变压器接线方式如何，不论如何变换所选端口，均产生相同模值的负序功率。换言之，为降低纯单相负荷产生的负序功率(或负序电流)而选择牵引变压器的接线方式是无效的。

对结论 3.2 可作以下说明。由式(3-13)可知，给定端口负荷 $\dot{s}_p=\dot{U}_p\dot{i}_p^{*}$ 产生的负序功率为

$$\dot{s}_{p}^{-}=s_{p}\mathrm{e}^{\mathrm{j}(2\Psi_{p}+\varphi_{p})} \tag{3-14}$$

这说明，另一端口 $l(p\neq l)$，只要 $s_p=s_l$，则负序功率

$$|\dot{s}_{p}^{-}|=|\dot{s}_{l}^{-}| \tag{3-15}$$

【结论 3.3】当两臂牵引负荷大小不等时，无论采用何种接线方式的牵引变压器，均不能自行彻底消除负序电流或功率，即此时恒有剩余负序电流存在。

证明：牵引变电所通常有两个相异相位的单相牵引端口，且端口电压模值相等，$k_1=k_2=k$，在式(3-11)中令 $\dot{i}^{-}=0$ 得

$$i_{1}\mathrm{e}^{\mathrm{j}(2\Psi_{1}+\varphi_{1})}=i_{2}\mathrm{e}^{\mathrm{j}(\pm180^{\circ}+2\Psi_{2}+\varphi_{2})} \tag{3-16}$$

显然，$i_1\neq i_2$ 时，Ψ_1，Ψ_2 的任何选择均不能使式(3-16)成立。只有当 $i_1=i_2$ 和 $\Psi_2=\Psi_1\pm90^{\circ}+\frac{\varphi_1-\varphi_2}{2}$ 时，才能使 $\dot{i}^{-}=0$。但对于随机波动性较大的牵引负荷，$i_1=i_2$ 的概率几乎不存在，换言之，只要有牵引负荷存在，就几乎总有剩余负序电流注入电网。

实际上两供电臂负荷的功率因数角差异较小，可以忽略，可假设 $\varphi_1=\varphi_2$，若选择接线角 $\Psi_2=\Psi_1\pm90°$，即两臂（牵引端口）电压等量垂直，则有

$$\dot{i}^-=\frac{k}{\sqrt{3}}(i_1-i_2)\mathrm{e}^{-\mathrm{j}(2\Psi_1+\varphi_1)} \tag{3-17}$$

式中　k——端口电压之比，同式(3-2)的定义。

因此孤立地看，当异相供电的两个牵引端口均为牵引工况时，三相—两相平衡接线牵引变压器，如 Scott、Le-Balance、变形 Wood-Bridge、Kübler 等均是减弱负序电流的最佳变换变压器。

3.1.2　全负序相量图

从式(3-11)中可分离出端口负荷 $\dot{i}_p$ 单独作用产生的负序电流分量 $\dot{i}_p^-$，即

$$\dot{i}_p^-=\frac{1}{\sqrt{3}}k_p i_p\mathrm{e}^{-\mathrm{j}(2\Psi_p+\varphi_p)} \tag{3-18}$$

因为 $\dot{i}_p^-$ 亦是以 $\dot{U}_\mathrm{A}^+$ 为基准相量，不过其中 Ψ_p 是端口 p 电压 $\dot{U}_p$（或取其反向标向相量）滞后 $\dot{U}_\mathrm{A}^+$ 的接线角，φ_p 则是端口 p 负荷的功率因数角，从式(3-18)中提取接线角 Ψ_p，人为定义一个单位相量 $\dot{U}_p^-$，即

$$\dot{U}_p^-=\mathrm{e}^{-\mathrm{j}2\Psi_p} \tag{3-19}$$

称之为单位负序电压。则式(3-18)可简记为

$$\dot{i}_p^-=\frac{1}{\sqrt{3}}k_p i_p\dot{U}_p^-\mathrm{e}^{-\mathrm{j}\varphi_p} \tag{3-20}$$

由此，可按下列步骤描绘一幅反映各端口负荷产生的负序电流的相量图，即参考相量 $\dot{U}_\mathrm{A}(\dot{U}_\mathrm{A}^+)$，由各端口接线角 Ψ_p 加倍即得该端口单位负序电压相量 $\dot{U}_p^-$，参考 $\dot{U}_p^-$，再按该端口负荷的功率因数角旋转即得其负序电流分量。由此得到的相量图能反映任意端口（接线角）及其负荷产生的负序分量的分布状况，故称之为全负序相量图，如图 3-2 所示。

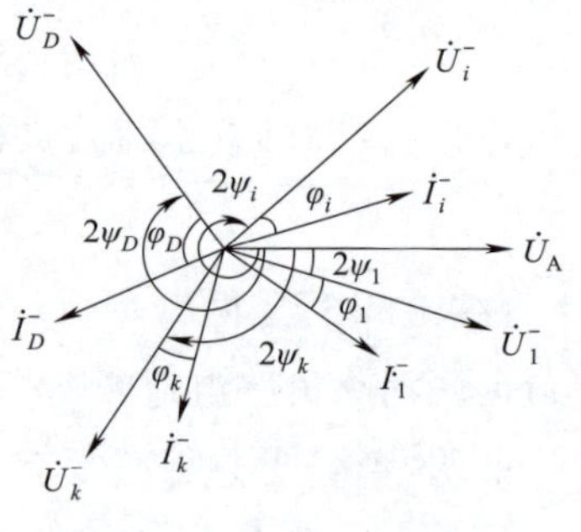

图 3-2　全负序相量图

全负序相量图可用于以下两个方面：

1. 牵引变电所合成负序电流（或负序功率）

通常用静态法求得平均负序电流，用动态法求得有效负序电流。

当认为各端口负荷相互独立时，用静态法求平均负序电流可直接对 $\dot{i}_p^-$ 的大小在所讨论时间 T 内求平均而得平均负序分量 $\dot{I}_p^-$，从而可在全负序相量图上直接合成得到 $\dot{I}^-$，即

$$\overline{\dot{i}_p^-}=\dot{I}_p^-=\frac{1}{\sqrt{3}}k_pI_p\mathrm{e}^{-\mathrm{j}(2\Psi_p+\varphi_p)} \tag{3-21}$$

式中，I_p为端口 p 在 T 时间内的平均负荷。由式(3-11)得合成负序平均值

$$\dot{I}^-=\sum_{p=1}^{n}\dot{I}_p^-=\sum_{p=1}^{n}\frac{1}{\sqrt{3}}k_pI_p\mathrm{e}^{-\mathrm{j}(2\Psi_p+\varphi_p)} \tag{3-22}$$

由式(3-22)可知，只要根据具体接线方式代入各端口接线角和其负荷功率因数角等，即可确定平均合成负序电流。

用动态法求有效合成负序电流，不能在全负序相量图上直接合成得到，通常需要经过以下几个步骤求得：

(1)由具体接线和有关端口的功率因数角确定全负序相量图中各即时负序分量 $\dot{i}_p^-$；

(2)选择适当的复平面坐标系(通常使一个坐标轴与一个负序分量重合)；

(3)把 $\dot{i}_p^-$ 分解为实部和虚部分量，分别把实部、虚部累加，求各自平方及其展开式，合并同类项；

(4)在时间 T 上求平均；

(5)开平方得有效合成负序电流 $\dot{I}_\varepsilon^-$。

【例 3.1】导出任意接线牵引变电所通用有效合成负序电流 $\dot{I}_\varepsilon^-$ 的表达式。

解：设牵引变压器有接线角为 $\Psi_p(p=1,2,\cdots,n)$的 n 个端口，端口 p 负荷功率因数角(滞后)为 $\Psi_p(p=1,2,\cdots,n)$，负荷 i_p的日平均值为 I_p，有效系数为 $k_{\varepsilon p}$，变比为 k_p，则

(1)作负序相量图，参考 $\dot{U}_{\mathrm{A}}$，如图 3-2 所示。

(2)选坐标使其实轴与 $\dot{U}_{\mathrm{A}}$ 重合。分解 $\dot{i}_p^-$ 得实部、虚部分别为

$$\mathrm{Re}[\dot{i}_p^-]=i_p^-\cos(2\Psi_p+\varphi_p)$$

$$\mathrm{Im}[\dot{i}_p^-]=-i_p^-\sin(2\Psi_p+\varphi_p)$$

(3)$|\dot{i}^-|^2=\dot{i}^-\cdot\dot{i}^{-*}=\left[\sum_{p=1}^{n}\mathrm{Re}(\dot{i}_p^-)\right]^2+\left[\sum_{p=1}^{n}\mathrm{Im}(\dot{i}_p^-)\right]^2$

$$=\sum_{p=1}^{n}i_p^{-2}+2\sum_{k=1}^{n-1}\sum_{l=k+1}^{n}i_k^-i_l^-\cos(2\Psi_k+\varphi_k-2\Psi_l-\varphi_l) \tag{3-23}$$

(4)考虑到 $i_p^-=\frac{1}{\sqrt{3}}k_pi_p$，则对式(3-23)求平均，且$\overline{i_p^2}=k_{\varepsilon p}^2I_p^2$，$\bar{i}_p=I_p$，又 i_k与 i_l相互独立，即$\overline{i_ki_l}=I_kI_l$，于是

$$(I_\varepsilon^-)^2=\overline{|\dot{i}^-|^2}=\left(\frac{1}{\sqrt{3}}\right)^2\left[\sum_{p=1}^{n}(k_pk_{\varepsilon p}I_p)^2+2\sum_{k=1}^{n-1}\sum_{l=k+1}^{n}k_kI_kk_lI_l\cos(2\Psi_k+\varphi_k-2\Psi_l-\varphi_l)\right]$$

(5)开平方得

$$I_{\varepsilon}^{-}=\frac{1}{\sqrt{3}}\left[\sum_{p=1}^{n}(k_p k_{\varepsilon p} I_p)^2+2\sum_{k=1}^{n-1}\sum_{l=k+1}^{n}k_k I_k k_l I_l \cos(2\Psi_k+\varphi_k-2\Psi_l-\varphi_l)\right]^{\frac{1}{2}} \quad (3\text{-}24)$$

即得本例结果。

应当指出，由于负荷的波动性，通常 $k_{\varepsilon p}>1$，则动态法得到的 I_{ε}^{-} 大于静态法得到的 I^{-}，只有当各端口负荷平稳、$k_{\varepsilon p}=1$ 时才有 $I_{\varepsilon}^{-}=I^{-}$，即 I^{-} 可由式(3-24)中令 $k_{\varepsilon p}=1$ 求得。

2. 导出实用的全负序相量图

首先考察几种常用接线方式牵引变压器的接线端口。

单相 Ii 接线牵引变压器只能取用一个线电压，即在牵引侧取 $\dot{U}_{AB}$、$\dot{U}_{BC}$、$\dot{U}_{CA}$ 或其反向 $\dot{U}_{BA}$、$\dot{U}_{CB}$、$\dot{U}_{AC}$ 中任意一个。

Vv 接线牵引变压器只能取用一对线电压，即在牵引侧取 $\dot{U}_{AB}$、$\dot{U}_{BC}$、$\dot{U}_{CA}$ 或其反向 $\dot{U}_{BA}$、$\dot{U}_{CB}$、$\dot{U}_{AC}$ 中任意一对。

YNd11 接线牵引变压器只能取用一对相电压，即在牵引侧取 $\dot{U}_A$ 和 $\dot{U}_B$、$\dot{U}_B$ 和 $\dot{U}_C$、$\dot{U}_A$ 和 $\dot{U}_C$ 中任意一对。

三相—两相平衡接线变压器通常取一个相电压和一个线电压给两个牵引端口供电，即在牵引侧取 $\dot{U}_A$ 和 $\dot{U}_{BC}$、$\dot{U}_B$ 和 $\dot{U}_{CA}$、$\dot{U}_C$ 和 $\dot{U}_{AB}$ 中任意一对，如图 3-3～图 3-5 所示。

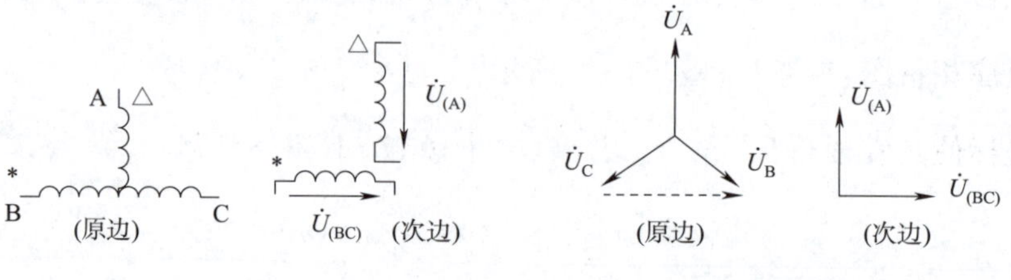

图 3-3 Scott 接线

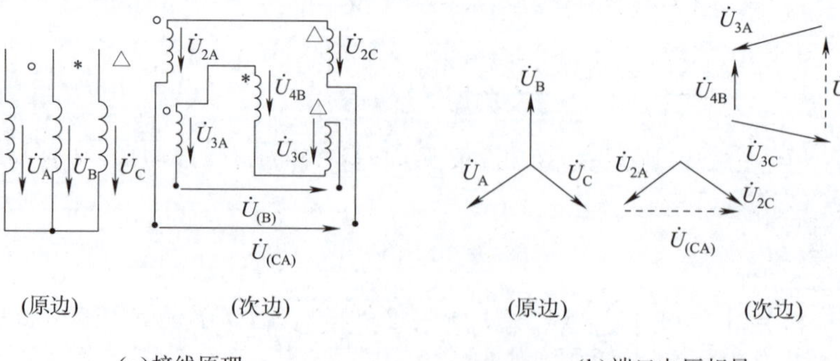

图 3-4 Le-Blance 接线

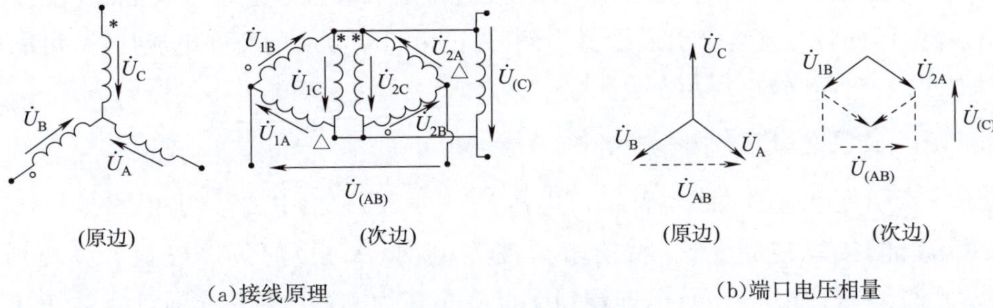

图 3-5　Wood-bridge 接线

可见，三个相电压和三个线电压能够全部覆盖以上各种接线。个别三相—两相平衡接线稍有不同，如 Kübler 接线很少用到，偶尔用到也可用图 3-2 的全负序相量图解之。由这样六个端口接线角 Ψ_p 可确定一组单位负序电压相量 $\dot U_p^-$，追加各端口负荷功率因数角即可确定相应端口负荷产生的负序电流分量。由此可得一张实用相角表，见表 3-1；一幅实用全负序相量图，如图 3-6 所示。

表 3-1　实用相角表

端口相别 p	A	B	C	AB	BC	CA
接线角 ψ_p	0°	120°	−120°	−30°	90°	−150°
$\dot U_p^-$ 滞后 $\dot U_A$ 的角度 $2\psi_p$	0°	−120°	120°	−60°	180°	60°
功率因数角 φ_p	$\varphi_{(A)}$	$\varphi_{(B)}$	$\varphi_{C)}$	$\varphi_{(AB)}$	$\varphi_{(BC)}$	$\varphi_{(CA)}$

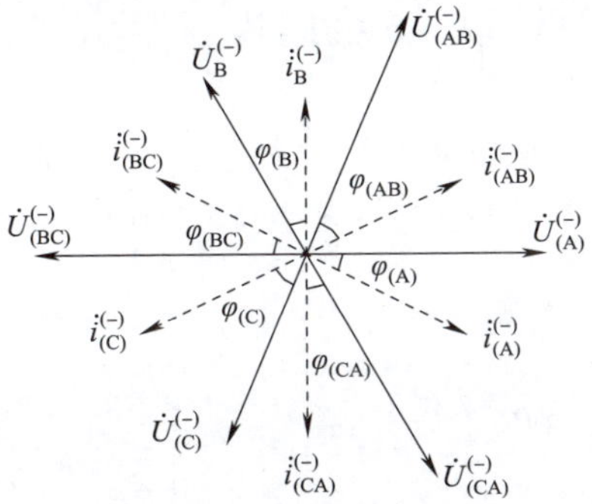

图 3-6　实用全负序相量图

有了实用全负序相量图，对于分析、计算常用牵引变电所的负序特性会更得心应手。

3.1.3　典型负序电流的计算

3.1.1 节和 3.1.2 节先抛开牵引变电所的具体接线方式，给出分析负序电流及负序功率的通用表达式。为贴近实际，又以最常用的 Ii、Vv、YNd11 和多见的三相—两相平衡接线牵引变压器为例总结出实用全负序相量图，目的就是既掌握一般理论又能解决实际问题。下面仍以最常用的各种接线牵引变压器为例，讨论牵引变电所的负序电流计算，可能有些重复，但具有实用、巩固之效。

1. YNd11 牵引变电所负序电流计算

YNd11 牵引变电所的两供电臂端口电压是 A、B、C 三相中的某两相，按式(3-11)只要得知每个端口的接线角和变比，就能求得注入电网(A 相)的负序电流。为更通用，设 YNd11 牵引变电所三相均有负荷，即端口 1、2、3 负荷为 I_1、I_2、I_3 并分别对应 A、B、C 三相，且变比 $k_T=\frac{1}{k_i}(i=1,2,3)$，则 $\varphi_1=0°$，$\varphi_2=120°$，$\varphi_3=240°$(或 $\varphi_3=-120°$)，那么由式(3-11)通用表达式得原边合成负序电流为

$$\dot{I}^-=\frac{1}{\sqrt{3}k_T}\left[I_1\mathrm{e}^{-\mathrm{j}\varphi_1}+I_2\mathrm{e}^{-\mathrm{j}(-120°+\varphi_2)}+I_3\mathrm{e}^{-\mathrm{j}(120°+\varphi_3)}\right] \tag{3-25}$$

显然，当次边三端口负荷大小和功率因数角相等时，式(3-25)的合成负序电流为 0，这就是对称负荷的情况。实际上，YNd11 牵引变电所只有两相牵引负荷，可由实际情形选择。

对于给定接线变电所及其实际负荷分布情况，亦可不直接套用式(3-11)，而按下列步骤推导：①将负荷臂端口电流分配到次边△绕组中；②归算到原边三相系统中；③用对称分量法求负序电流(如无特殊说明，均以 $\dot{U}_A$ 为基准相量)。

(1)负荷 $\dot{I}_a$ 单独作用，该端口对应原边 A 相，如图 3-7 所示。

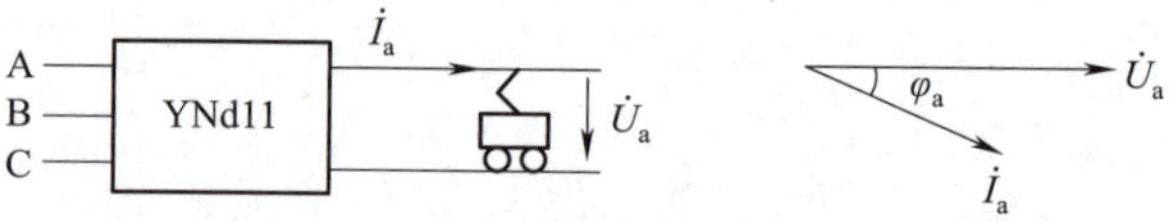

(a)工作原理图　　　(b)相量图

图 3-7　a 相负荷单独作用

则次边△绕组中的电流分布为

$$\begin{pmatrix}\dot{I}'_a\\ \dot{I}'_b\\ \dot{I}'_c\end{pmatrix}=\frac{1}{3}\begin{pmatrix}2\\ -1\\ -1\end{pmatrix}\dot{I}_a$$

以变比 k_T(原边线电压与次边端口电压之比)归算到原边。通常原边线电压为 110 kV，次边端口电压为 27.5 kV，即 $k_T=4$，注意△-Y 的变换，则

$$\begin{cases}\dot{I}_A=\dfrac{\sqrt{3}}{k_T}\cdot\dfrac{2}{3}\dot{I}_a=\dfrac{1}{2\sqrt{3}}I_a\angle{-\varphi_a}\\ \dot{I}_B=-\dfrac{\sqrt{3}}{k_T}\cdot\dfrac{1}{3}\dot{I}_a=-\dfrac{1}{4\sqrt{3}}I_a\angle{-\varphi_a}\\ \dot{I}_C=-\dfrac{\sqrt{3}}{k_T}\cdot\dfrac{1}{3}\dot{I}_a=-\dfrac{1}{4\sqrt{3}}I_a\angle{-\varphi_a}\end{cases}$$

用对称分量法得

$$\dot{I}_a^-=\frac{1}{3}(1\quad a^2\quad a)\begin{pmatrix}\dot{I}_A\\ \dot{I}_B\\ \dot{I}_C\end{pmatrix}=\frac{1}{4\sqrt{3}}I_a\angle{-\varphi_a} \tag{3-26}$$

(2)负荷端口对应B相时，即 $\dot{I}_b$ 单独作用，如图3-8(a)所示。

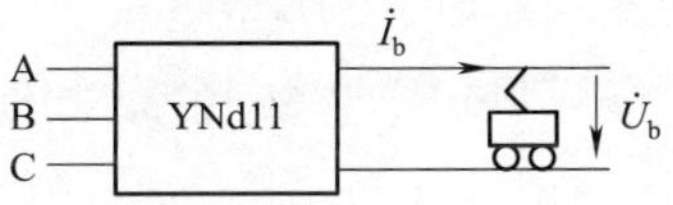

(a)工作原理图

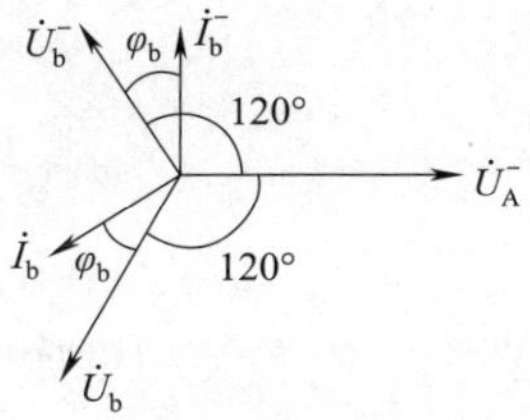

(b)正、负序相量图

图3-8　b相负荷单独作用

以 $\dot{U}_A$ 为基准相量，则有关相量如图3-8(b)所示，$\dot{I}_b=I_b\angle(-120°-\varphi_b)$。它在次边△绕组中的电流分布为

$$\begin{pmatrix}\dot{I}'_a\\ \dot{I}'_b\\ \dot{I}'_c\end{pmatrix}=\frac{1}{3}\begin{pmatrix}-1\\ 2\\ -1\end{pmatrix}\dot{I}_b$$

归算到原边得

$$\begin{pmatrix}\dot{I}_A\\ \dot{I}_B\\ \dot{I}_C\end{pmatrix}=\frac{\sqrt{3}}{k_T}\begin{pmatrix}\dot{I}'_a\\ \dot{I}'_b\\ \dot{I}'_c\end{pmatrix}$$

分解出负序分量

$$\dot{I}_b^- = \frac{1}{3}(1 \quad a^2 \quad a)\begin{pmatrix}\dot{I}_A \\ \dot{I}_B \\ \dot{I}_C\end{pmatrix}$$

整理得

$$\dot{I}_b^- = \frac{1}{4\sqrt{3}} I_b \underline{/(120° - \varphi_b)} \tag{3-27}$$

(3)负荷端口对应C相时，即 $\dot{I}_c$ 单独作用，如图 3-9(a)所示。

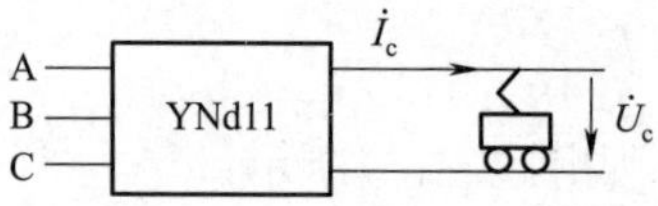

(a)工作原理图

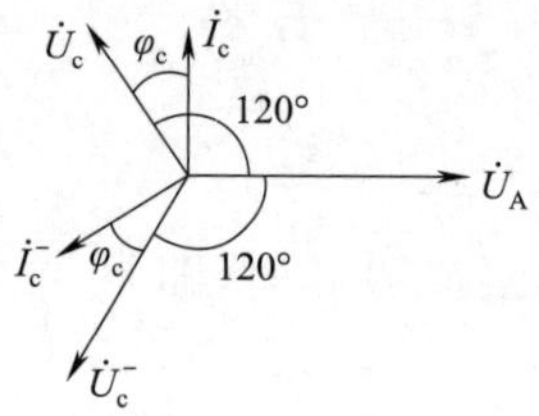

(b)正、负序相量图

图 3-9　c 相负荷单独作用

以 $\dot{U}_A$ 为基准相量，则有关相量如图 3-9(b)所示，$\dot{I}_c = I_c \underline{/(120° - \varphi_c)}$。它在次边△绕组中的电流分布为

$$\begin{pmatrix}\dot{I}'_a \\ \dot{I}'_b \\ \dot{I}'_c\end{pmatrix} = \frac{1}{3}\begin{pmatrix}-1 \\ -1 \\ 2\end{pmatrix}\dot{I}_c$$

归算到原边得

$$\begin{pmatrix}\dot{I}_A \\ \dot{I}_B \\ \dot{I}_C\end{pmatrix} = \frac{\sqrt{3}}{k_T}\begin{pmatrix}\dot{I}'_a \\ \dot{I}'_b \\ \dot{I}'_c\end{pmatrix}$$

分解出负序分量

$$\dot{I}_c^- = \frac{1}{3}(1 \quad a^2 \quad a)\begin{pmatrix}\dot{I}_A \\ \dot{I}_B \\ \dot{I}_C\end{pmatrix}$$

整理得

$$\dot{I}_{\mathrm{c}}^{-}=\frac{1}{4\sqrt{3}}I_{\mathrm{c}}\underline{/(-120^{\circ}-\varphi_{\mathrm{c}})} \tag{3-28}$$

这样就求得了次边端口分别由负荷作用时在原边产生的负序电流。实际变电所都是两负荷臂，用叠加定理不难对式(3-26)、式(3-27)、式(3-28)作相量相加得到。

由以上分析，对于 YNd11 接线牵引变压器，以 $\dot{U}_{\mathrm{A}}$ 为基准相量，次边端口作用产生的负序电流相角见表 3-2。

表 3-2　YNd11 接线牵引变电所负序电流相角

相别 p	A	B	C
负序分量相角 θ_p^-	$-\varphi_p$	$120^{\circ}-\varphi_p$	$-120^{\circ}-\varphi_p$

【例 3.2】已知三相 YNd11 接线牵引变电所，进线电压为 110 kV，两臂负荷为 $\dot{I}_{\mathrm{a}}$、$\dot{I}_{\mathrm{b}}$。求注入三相系统 A 相的负序电流。

解 1：使用式(3-11)的负序电流通用表达式求合成负序电流或直接用式(3-25)，$I_1=I_{\mathrm{a}}$，$I_2=I_{\mathrm{b}}$，$I_3=0$，$k_{\mathrm{T}}=4$，则

$$\dot{I}_{\Sigma}^{-}=\frac{1}{4\sqrt{3}}\left[I_{\mathrm{a}}\underline{/-\varphi_{\mathrm{a}}}+I_{\mathrm{b}}\underline{/(120^{\circ}-\varphi_{\mathrm{b}})}\right]$$

解 2：应用式(3-26)、式(3-27)和叠加定理直接得

$$\dot{I}_{\Sigma}^{-}=\dot{I}_{\mathrm{a}}^{-}+\dot{I}_{\mathrm{b}}^{-}=\frac{1}{4\sqrt{3}}\left[I_{\mathrm{a}}\underline{/-\varphi_{\mathrm{a}}}+I_{\mathrm{b}}\underline{/(120^{\circ}-\varphi_{\mathrm{b}})}\right]$$

2. Vv 和 Ii 接线牵引变电所负序电流计算

仍以 $\dot{U}_{\mathrm{A}}$ 为基准相量，供电臂电压取 $\dot{U}_{\mathrm{ab}}$、$\dot{U}_{\mathrm{bc}}$、$\dot{U}_{\mathrm{ca}}$ 中任一个。

(1)当负荷为 $\dot{I}_{\mathrm{ab}}$时，相关相量图如图 3-10 所示，$\dot{I}_{\mathrm{ab}}=I_{\mathrm{ab}}\underline{/(30^{\circ}-\varphi_{\mathrm{ab}})}$。

变换到原边的三相电流为

$$\begin{cases}\dot{I}_{\mathrm{A}}=\dot{I}_{\mathrm{AB}}=\dfrac{1}{k_{\mathrm{T}}}I_{\mathrm{ab}}\underline{/(30^{\circ}-\varphi_{\mathrm{ab}})}\\ \dot{I}_{\mathrm{B}}=-\dot{I}_{\mathrm{AB}}=-\dfrac{1}{k_{\mathrm{T}}}I_{\mathrm{ab}}\underline{/(30^{\circ}-\varphi_{\mathrm{ab}})}\\ \dot{I}_{\mathrm{C}}=0\end{cases}$$

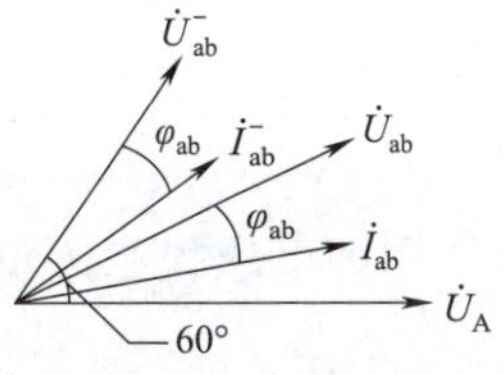

图 3-10　负荷为 ab 相时相关相量图

解出原边负序电流

$$\dot{I}_{\mathrm{ab}}^{-}=\frac{1}{3}(1\quad a^{2}\quad a)\begin{pmatrix}1\\-1\\0\end{pmatrix}\cdot\frac{1}{k_{\mathrm{T}}}\dot{I}_{\mathrm{ab}}=\frac{I_{\mathrm{ab}}}{\sqrt{3}k_{\mathrm{T}}}\underline{/(60^{\circ}-\varphi_{\mathrm{ab}})} \tag{3-29}$$

(2)当负荷为 $\dot{I}_{\mathrm{bc}}$时，相关相量图如图 3-11 所示，$\dot{I}_{\mathrm{bc}}=I_{\mathrm{bc}}\underline{/(-90^{\circ}-\varphi_{\mathrm{bc}})}$。

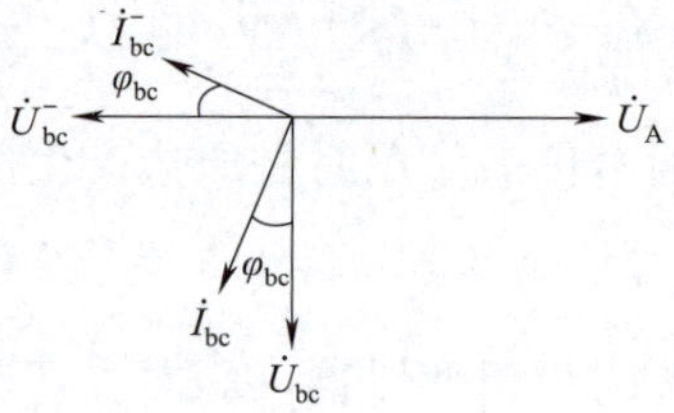

图 3-11　负荷为 bc 相时相关相量图

变换到原边三相电流为

$$\begin{cases}\dot{I}_A=0\\ \dot{I}_B=\dot{I}_{BC}=\dfrac{1}{k_T}I_{bc}\underline{/(-90^\circ-\varphi_{bc})}\\ \dot{I}_C=-\dot{I}_{BC}=-\dfrac{1}{k_T}I_{bc}\underline{/(-90^\circ-\varphi_{bc})}\end{cases}$$

同理分解出原边负序电流

$$\dot{I}_{bc}^{-}=\frac{1}{3}(1\quad a^2\quad a)\begin{pmatrix}0\\1\\-1\end{pmatrix}\cdot\frac{1}{k_T}\dot{I}_{bc}=\frac{I_{bc}}{\sqrt{3}k_T}\underline{/(180^\circ-\varphi_{bc})}\tag{3-30}$$

(3)当负荷为 $\dot{I}_{ca}$ 时，相关相量如图 3-12 所示，$\dot{I}_{ca}=I_{ca}\underline{/(150^\circ-\varphi_{ca})}$。

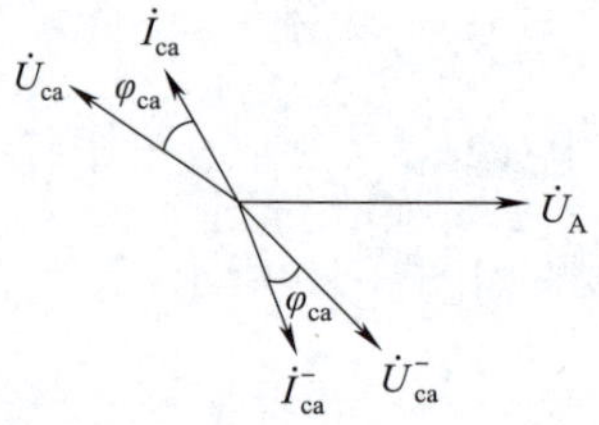

图 3-12　负荷为 ca 相时相关相量图

同理可求得原边负序电流

$$\dot{I}_{ca}^{-}=\frac{I_{ca}}{\sqrt{3}k_T}\underline{/(-60^\circ-\varphi_{ca})}\tag{3-31}$$

由以上分析可得，对于单相接线牵引变压器，以 $\dot{U}_A$ 为基准相量，其负序电流相角见表 3-3。

表 3-3　Vv 和 Ii 接线牵引变电所负序电流相角

相别 p	AB	BC	CA
负序分量相角 θ_p^-	$60^\circ-\varphi_p$	$180^\circ-\varphi_p$	$-60^\circ-\varphi_p$

Ii 接线牵引变电所可为上述三种情形中任一种，Vv 接线牵引变电所则是其中任意两种的组合。

3. 平衡接线变压器负序电流

以 Scott 接线变压器为例，如图 3-3 所示，设端口(A)的牵引负荷为 $\dot{I}_\alpha$，端口(BC)的牵引负荷为 $\dot{I}_\beta$，仍使用叠加定理。

(1)当 $\dot{I}_\alpha$ 单独作用时，以 $\dot{I}_\alpha^{(0)}$、$\dot{I}_\alpha^{(+)}$、$\dot{I}_\alpha^{(-)}$ 分别表示 $\dot{I}_\alpha$ 在一次侧 A 相产生的零序、正序、负序分量，则有

$$\begin{pmatrix}\dot{I}_\alpha^{(0)}\\ \dot{I}_\alpha^{(+)}\\ \dot{I}_\alpha^{(-)}\end{pmatrix}=\frac{1}{3}\times\frac{1}{\sqrt{3}k_{\mathrm{T}}}\dot{I}_\alpha\begin{pmatrix}1&1&1\\1&a&a^2\\1&a^2&a\end{pmatrix}\begin{pmatrix}-1\\-1\\2\end{pmatrix}=\frac{1}{\sqrt{3}k_{\mathrm{T}}}\dot{I}_\alpha\begin{pmatrix}0\\a^2\\a\end{pmatrix}=\frac{1}{\sqrt{3}k_{\mathrm{T}}}I_\alpha\begin{pmatrix}0\\1\underline{/-\varphi_\alpha}\\1\underline{/(-120^\circ-\varphi_\alpha)}\end{pmatrix} \tag{3-32}$$

从结果可知，由此产生的各序分量与三相接线变压器 $\dot{I}_a$ 单独作用时相同。

(2)当 $\dot{I}_\beta$ 单独作用时，以 $\dot{I}_\beta^{(0)}$、$\dot{I}_\beta^{(+)}$、$\dot{I}_\beta^{(-)}$ 表示 $\dot{I}_\beta$ 在一次侧 A 相产生的零序、正序、负序分量，则有

$$\begin{pmatrix}\dot{I}_\beta^{(0)}\\ \dot{I}_\beta^{(+)}\\ \dot{I}_\beta^{(-)}\end{pmatrix}=\frac{1}{3}\times\frac{1}{\sqrt{3}k_{\mathrm{T}}}\dot{I}_\beta\begin{pmatrix}1&1&1\\1&a&a^2\\1&a^2&a\end{pmatrix}\begin{pmatrix}\sqrt{3}\\-\sqrt{3}\\0\end{pmatrix}=\frac{1}{\sqrt{3}k_{\mathrm{T}}}\dot{I}_\beta\begin{pmatrix}0\\1\underline{/-30^\circ}\\1\underline{/30^\circ}\end{pmatrix}=\frac{1}{\sqrt{3}k_{\mathrm{T}}}I_\beta\begin{pmatrix}0\\1\underline{/-\varphi_\beta}\\1\underline{/(60^\circ-\varphi_\beta)}\end{pmatrix} \tag{3-33}$$

从结果可知，由此产生的各序分量与单相变压器 $\dot{I}_{ab}$单独作用时相同。

综合以上分析，由表 3-2 和表 3-3 的结果，也可得到图 3-6 所示的实用全负序相量图。

3.2 负序对电力系统及其元件的不良影响

负序对电力系统的不良影响主要表现在对发电机、异步电动机、变压器、输电线、反映负序分量的继电保护装置以及通信系统等方面[4,7,36]。

1. 负序对发电机的影响

(1)使发电机转子产生附加损耗和过热现象。在发电机定子回路中有不平衡负荷时，将产生负序电流，负序电流经过定子绕组时，形成负序旋转磁场，以同步转速 ω_{H}与转子的旋转

方向相反旋转。从定子向转子看去，这个负序旋转磁场以 $2\omega_H$ 即 2 倍同步转速切割转子。

负序旋转磁场以 2 倍同步转速（旋转方向与转子旋转方向相反）切割转子的阻尼部件（如槽楔、齿部、阻尼绕组）及励磁绕组，并在其中产生两倍频率（$2f_H$）的电流，称附加电流。由于附加电流流过转子，在转子中产生附加的损耗并发热，可用 I^2r 来计算，因此在槽楔和护环、槽楔和铁芯以及护环和铁芯等的接触面处电阻较高，感应涡流流过时会产生局部过热，破坏转子部件的机械强度，并因其温升过高影响励磁绕组的绝缘强度。

(2)使发电机组振动增加。负序旋转磁场产生 $2f_H$ 频率的附加交变磁场力矩，同时作用在转子转轴、定子铁芯及支持它们的机座上，从而引起附加 2 倍工频振动。长时间的振动将会引起金属疲劳和机械损坏。

因此，同步发电机容许的负序电流主要取决于以下三个条件：

①定子绕组的最大电流不得超过发电机的额定电流；

②转子上任何一点的温度不得超过该点金属材料或绝缘材料的容许温度；

③机组的振动不得超过容许值。

2. 负序电压对电动机的危害

输入电网的基波负序电流在电力系统内形成的基波负序电压加到异步电动机端点时，将在电动机中产生基波负序电流。异步电动机正、负序基波阻抗随转差率 s 的变化曲线如图 3-13 所示。正常运行时 s 很小（0.02～0.05），正序阻抗 Z^+ 很大，而负序阻抗 Z^- 很小。由图 3-13 可见，负序阻抗 Z^- 比电机不转时的启动阻抗 $Z^+_{s=1}$ 还小，故很小的负序电压就会在异步电动机中产生很大的负序电流。

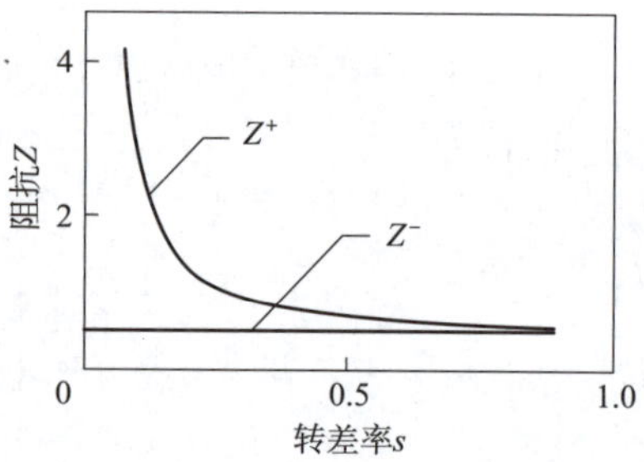

图 3-13 异步电动机正、负序基波阻抗随转差率 s 的变化曲线

一般异步电动机在额定电压 U_N 下的启动电流为 5～6 倍额定电流 I_N，设电动机外加负序电压 $U^-=(0.1\sim0.2)U_N$，则负序电流约为 $I^-=(0.1\sim0.2)\times(5\sim6)I_N=(0.5\sim1.2)I_N\approx I_N$，即可达 I_N 的水平。与电动机额定负载时的正序电流 $I^+=I_N$ 叠加，在最严重的情况下与一相电流同相时可达 $2I_N$，另两相为 I_N；在最轻情况下与一相电流反相时为零，而另两相为 $\sqrt{3}I_N$，均要使定子和转子绕组局部过负荷，绕组铜损局部增大，引起局部过热而烧毁。

同时，负序电流在定子绕组中产生的反向旋转磁场，在转子铁芯叠片中产生涡流，引起铁损增加，使转子发热。并产生反向制动转矩，降低电动机的出力和过负荷能力。

3. 负序分量对继电保护及自动装置的影响

以负序电流滤过器或负序电压滤过器为启动元件的继电保护和自动装置，如发电机的负序电流保护装置、变压器的复合电压启动过电流保护装置、线路的距离保护振荡闭锁装置、相差高频保护装置，以及故障录波器等，当遭受到电气化铁路产生的大量负序分量侵入时，可能引起保护误动作，引起电网的供电故障。

4. 负序电流限制系统设备的出力

负序电流流入系统的发电机、变压器等三相设备，与其原有的正序电流合成，形成该设备的三相不平衡电流。设负序不对称度为 $\alpha=\dfrac{I^-}{I^+}$，A 相正序、负序电流的相位差角为 $\theta_A=\theta_A^+-\theta_A^-$，$\theta_A^+$ 和 θ_A^- 为 A 相正序、负序电流的初相角，则 B 相、C 相分别为 $\theta_B=\theta_A+120°$ 和 $\theta_C=\theta_A-120°$，故三相电流分别为

$$\begin{cases}I_A=I^+\sqrt{1+\alpha^2+2\alpha\cos\theta_A}\\I_B=I^+\sqrt{1+\alpha^2+2\alpha\cos(\theta_A+120°)}\\I_C=I^+\sqrt{1+\alpha^2+2\alpha\cos(\theta_A-120°)}\end{cases}\tag{3-34}$$

可统一表示为

$$I=I^+\sqrt{1+\alpha^2+2\alpha\cos\lambda}\tag{3-35}$$

式中　I——三相电流；

λ——对应相正序、负序电流间的相位差角。

当 α 一定时，I 的大小取决于 $\cos\lambda$。$\cos\lambda$ 随 θ_A 的变化曲线如图 3-14 所示。三相 $\cos\lambda$ 的最大值曲线为图中余弦波顶线(实线)，在 0.5～1.0 之间按 A、C、B 三相周期变化。因此，三相中最大电流发生在 $-60°\leqslant\lambda\leqslant60°$ 的范围内，其值在式(3-36)范围内变化。

$$I^+\sqrt{1+\alpha^2+\alpha}\leqslant I_{max}\leqslant I^+(1+\alpha)\tag{3-36}$$

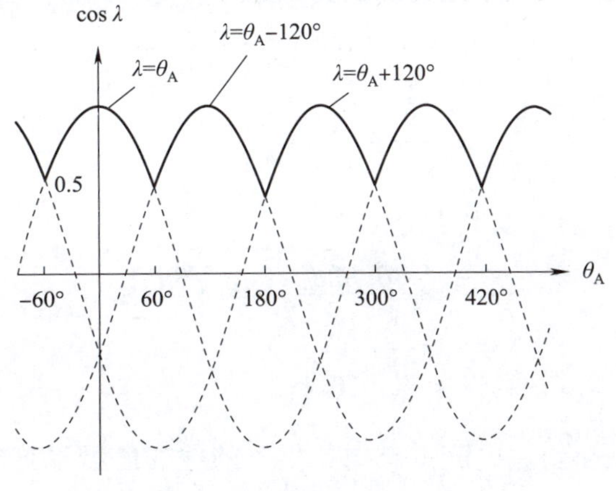

图 3-14　cos λ 三相最大值变化曲线

可见，有负序电流存在时，三相中的最大电流总是大于系统设备原有的正序电流，造成设备的过电流，迫使其减出力运行。也就是说，电气化铁路输入到电网的负序电流，占有了

电力系统设备的容量，其大小计算如下。

系统设备长期运行时，任一相的总电流不得超过该设备的额定电流。设进入设备的负序电流 I^- 与其额定电流 I_N之比为 β，并用不对称度 β 表示为

$$\beta=\frac{I^-}{I_N}=\frac{\alpha I^+}{I_N} \tag{3-37}$$

当负序电流在设备的某一相中与正序电流同相时，该相 $\beta=0$，则要受到该相额定电流的限制而降低设备的出力，负序电流占有设备的最大容量。由 $I^+ +\beta I_N=I_N$ 得设备输出允许的最大正序电流为 $I^+=(1-\beta)I_N$，故额定电压下设备最大出力降低为

$$S=(1-\beta)S_N \tag{3-38}$$

式中　S_N——设备的额定容量。

负序电流占用设备的容量为

$$\Delta S=\beta S_N \tag{3-39}$$

当负序电流在设备的某一相中与正序电流反相时，另两相 $\beta=\pm 60°$，则要受到另两相额定电流的限制而降低设备的出力，负序电流占有设备的最小容量。由 $\sqrt{I^{+^2}+\beta^2 I_N^2+\beta I^+ I_N}=I$ 解得允许最大正序电流 I^+，设备出力按 I^+ 的表达式降低为

$$S=\left(\sqrt{1-\frac{3\beta^2}{4}}-\frac{\beta}{2}\right)S_N\approx\left(1-\frac{\beta}{2}-\frac{3\beta^2}{8}\right)S_N \tag{3-40}$$

负序电流占有设备的容量为

$$\Delta S\approx\left(\frac{\beta}{2}+\frac{3\beta^2}{8}\right)S_N \tag{3-41}$$

取上述两种情况的平均值，则负序电流使设备出力降低量及其百分数为

$$\begin{cases}\overline{S}\approx\left(1-\dfrac{3\beta}{4}-\dfrac{3\beta^2}{16}\right)S_N\approx\left(1-\dfrac{3\beta}{4}\right)S_N\\[2ex]\dfrac{\overline{S}}{S_N}=\left(1-\dfrac{3\beta}{4}\right)\times 100\%\end{cases} \tag{3-42}$$

负序电流占有设备的平均容量及其百分数为

$$\begin{cases}\overline{\Delta S}\approx\left(\dfrac{3\beta}{4}+\dfrac{3\beta^2}{16}\right)S_N\approx\left(\dfrac{3\beta}{4}\right)S_N\\[2ex]\dfrac{\overline{\Delta S}}{S_N}\approx\dfrac{3\beta}{4}\times 100\%\end{cases} \tag{3-43}$$

实测表明，电气化铁路负序电流占有向其供电的主变压器平均容量的 10%以上，对于系统内受其影响的大型发电机，负序电流不对称度 $\beta=3\%$时，占有其平均容量能达到 2.5%左右。

5. 负序电流增大电网损耗

输入系统的负序电流在线路、变压器等设备中形成的三相电流如式(3-34)所示，最大电

流变化范围如式(3-36)所示，若设备的三相电阻值为 R，则三相不平衡损耗 ΔP 对于正序损耗 ΔP^+ 的相对值为

$$\frac{\Delta P}{\Delta P^+}=\frac{(I_A^2+I_B^2+I_C^2)R}{3(I^+)^2R}=1+\alpha^2 \tag{3-44}$$

可见，电网各设备的负序电流不对称度 α 越大，负序电流引起的网损越大。

总之，电气化铁路牵引负荷的负序会对电力系统及其元件产生不良影响，在有些方面，甚至产生较严重的危险性影响，应认真对待。

3.3　负序的限值及在电力系统中的分布计算

3.3.1　对负序的限制值

负序对电力系统的危害，主要表现为对发电机的影响。负序电流在发电机转子中感应电流，造成发电机转子附加发热。因此，一般制造厂对出厂的发电机都规定有负序电流限制。

(1)国家标准《旋转电机　定额和性能》(GB/T 755—2019)规定："连续运行情况，$I_{相max}\leqslant I_N$ 时，$\frac{I^-}{I_N}\leqslant 0.08$(可长期运行)；短时运行情况，$\left(\frac{I^-}{I_N}\right)^2 t\leqslant 20$ s(运行时间受限制)"。

国家标准《电能质量　三相电压不平衡》(GB/T 15543—2008)规定：(1)电力系统公共连接点电压(PCC)不平衡度限值为：电网正常运行时，负序电压平衡度不超过 2%，短时不得超过 4%。(2)接于公共连接点的每个用户引起该点负序电压不平衡度允许值一般为 1.3%，短时不超过 2.6%。根据连接点的负荷状况以及邻近发电机、继电保护和自动装置安全运行要求，该允许值可作适当变动，但必须满足(1)的规定。

3.3.2　电力系统负序网络模型

在一般计算条件下，可认为电力系统是一个对称系统，正序网络和负序网络之间没有耦合，它们均可用单相电路模型表示。

1. 电力系统各电气元件的负序阻抗

发电机：正序阻抗和负序阻抗不相等，其值可查阅相关资料。在一般近似计算中，可取其次暂态电抗 X''_d，即 $X_{F2}=X''_d$。由于发电机发出的是对称三相电势，所以在负序网络中，发电机负序电势为零。

变压器：负序阻抗和正序阻抗相等，即 $X_{T2}=X_{T1}$。

线路：负序阻抗和正序阻抗相等，即 $X_{L2}=X_{L1}$。

2. 负序网络模型

三相电力系统在A、B两相发生短路，如果把单相负荷用阻抗Z_f表示，如图3-15所示。其半值$Z_f/2$串入A相，另外半值$Z_f/2$串入B相。C相电流为零，所以也假设串入$Z_f/2$。那么，单相负荷电路便成为图3-15所示的对称三相电路，只是在A、B两相短路。

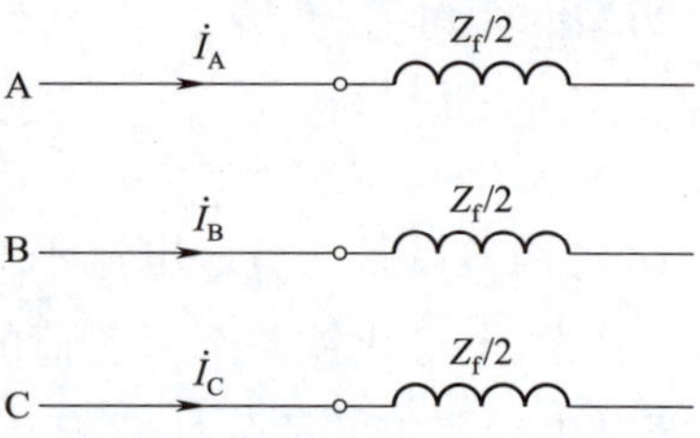

图3-15　单相负荷接入三相电力系统

考虑一个具体的电力系统，如图3-16(a)所示。正序电路和负序电路都是对称三相电路，所以它们都可以用一个相来代表所有三相，分别示于图3-16(b)和图3-16(c)，称为正序网络和负序网络。图中$\dot{U}_1$与$\dot{U}_2$分别表示负荷点的正序和负序电压。单相负荷是稳态过程，所以在图3-16(b)中发电机用恒压源$\dot{E}$和正序阻抗的串联来表示。图3-16(c)所示负序网络中发电机则用发电机负序电抗X_2表示。由于发电机中产生的是对称的三相电势，所以在负序网络中发电机负序电势为零，电抗为X_2。

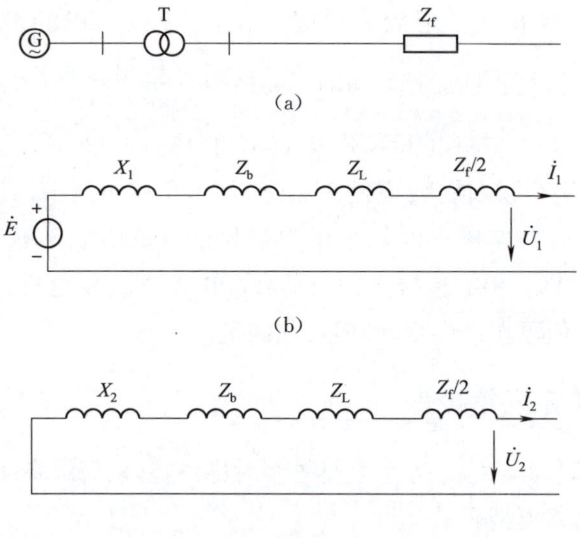

图3-16　电力系统及其正、负序网络

如前所述，单相负载造成正序电流与负序电流，模值上$I_1=I_2$，所以可有图3-17中的等值计算电路，称为复合序网。电路中$\dot{E}$是唯一的电源，它送出电流$\dot{I}_1$，经X_1、Z_b、Z_L和$Z_f/2$，然后进入负序网络，经X_2、Z_b、Z_L和$Z_f/2$流回。所以负序电流产生的电能损失也由发电机提供。正序网络和负序网络中的电压分布分别表示于图3-18(a)和图3-18(b)中。由于X_2中有电压损失，所以图3-18(b)中电压的起点略低于零。由图3-18可知，负荷点的正序电压

U_1等于发电机电压减去正序电路中的正序电压损失，而负序电压U_2则等于负序电路中的负序电压损失(包括X_2中的损失)。负序电压在负荷点最大，越接近电源越小。

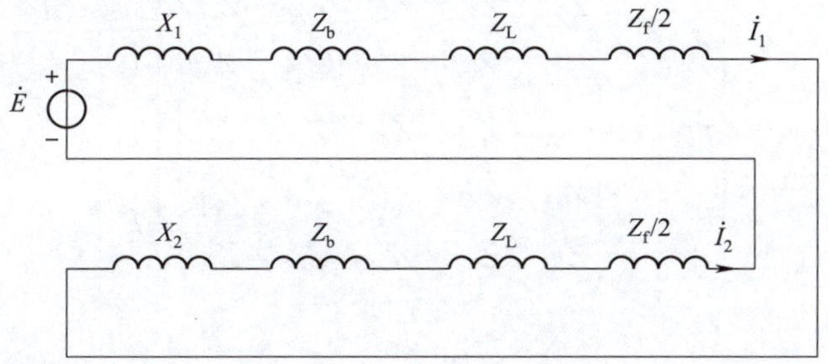

图 3-17　等效复合序网

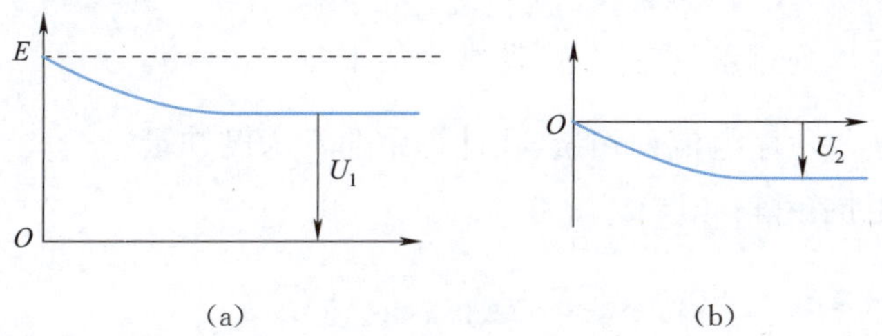

图 3-18　正负序网络中电压分布

以上复合序网中，$Z_f/2+Z_f/2=Z_f$即负荷阻抗。因此可以认为，正序电流通过单相负荷Z_f发生负序电流，在系统网络循环。所以从效果上可以把单个负荷看成一个负序电流源，其电流为I_2，其端电压为U_2，如图 3-17 和图 3-18 所示。负序电压在负荷点等于负序电流源端电压U_2，然后沿输电线下降，到发电机转子中下降为零。这个概念同样可适用于其他不对称的负荷状态，对实际处理负序问题非常方便。

3.3.3　负序网络的负序分配系数

定义：任一支路的负序电流与负序电流源注入电力系统的负序电流之比称为该支路的负序电流分配系数。在图 3-19 中，ij 支路的负序电流分配系数为

$$C_{ij}=\frac{\dot{I}_{ij}}{\dot{I}_2}\times 100\% \tag{3-45}$$

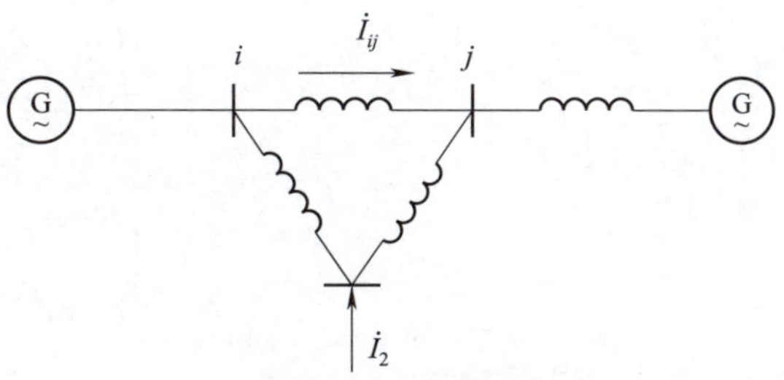

图 3-19　负序电流分配系数计算示意

有了负序电流的分配系数，且负序电流源注入电力系统的负序电流$\dot{I}_2$已知，则可求出支路负序电流。用节点阻抗矩阵法，可以方便地求出负序电流分配系数。

图 3-20 所示为 5 节点网络，各节点电压可用下列代数方程组表示

$$\begin{bmatrix}\dot{U}_1\\\dot{U}_2\\\dot{U}_3\\\dot{U}_4\\\dot{U}_5\end{bmatrix}=\begin{bmatrix}Z_{11}&Z_{12}&Z_{13}&Z_{14}&Z_{15}\\Z_{21}&Z_{22}&Z_{23}&Z_{24}&Z_{25}\\Z_{31}&Z_{32}&Z_{33}&Z_{34}&Z_{35}\\Z_{41}&Z_{42}&Z_{43}&Z_{44}&Z_{45}\\Z_{51}&Z_{52}&Z_{53}&Z_{54}&Z_{55}\end{bmatrix}\begin{bmatrix}\dot{I}_1\\\dot{I}_2\\\dot{I}_3\\\dot{I}_4\\\dot{I}_5\end{bmatrix}\tag{3-46}$$

式(3-46)可记为

$$\dot{\boldsymbol{U}}=\boldsymbol{Z}\dot{\boldsymbol{I}}\tag{3-47}$$

式中 $\dot{\boldsymbol{U}}$——节点电压列相量，在计算中通常为待求量；

$\dot{\boldsymbol{I}}$——节点注入负序电流列相量，在计算中通常为已知量；

$\boldsymbol{Z}$——节点阻抗矩阵。

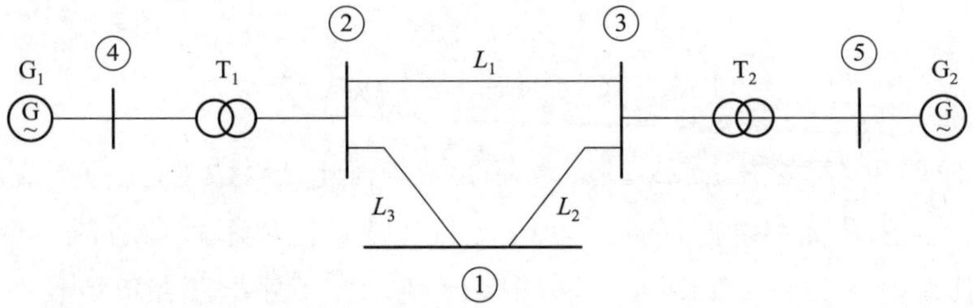

图 3-20 节点网络

若在节点①上注入单位电流，即 $\dot{I}_1=1$，其余节点电流为零，则式(3-46)为

$$\begin{cases}\dot{U}_1=Z_{11}\\\dot{U}_2=Z_{12}=Z_{21}\\\dot{U}_3=Z_{13}=Z_{31}\\\dot{U}_4=Z_{14}=Z_{41}\\\dot{U}_5=Z_{15}=Z_{51}\end{cases}\tag{3-48}$$

同理，可推出在 n 个节点的网络中，i 点注入单位电流(即 $\dot{I}_i=1$)，其余节点的电流为零[即 $\dot{I}_j=0(j\neq i)$]时，各节点电压的一般表达式为

$$\begin{cases}\dot{U}_1 = Z_{1i} = Z_{i1}\\ \dot{U}_2 = Z_{2i} = Z_{i2}\\ \dot{U}_3 = Z_{3i} = Z_{i3}\\ \vdots\\ \dot{U}_i = Z_{ii}\\ \vdots\\ \dot{U}_n = Z_{ni} = Z_{in}\end{cases} \tag{3-49}$$

n 个节点的矩阵式为

$$\begin{pmatrix}\dot{U}_1\\ \dot{U}_2\\ \vdots\\ \dot{U}_i\\ \vdots\\ \dot{U}_n\end{pmatrix} = \begin{pmatrix}Z_{11} & Z_{12} & \cdots & Z_{1i} & \cdots & Z_{1n}\\ Z_{21} & Z_{22} & \cdots & Z_{2i} & \cdots & Z_{2n}\\ \vdots & \vdots & & \vdots & & \vdots\\ Z_{i1} & Z_{i2} & \cdots & Z_{ii} & \cdots & Z_{in}\\ \vdots & \vdots & & \vdots & & \vdots\\ Z_{n1} & Z_{n2} & \cdots & Z_{ni} & \cdots & Z_{nn}\end{pmatrix}\begin{pmatrix}\dot{I}_1\\ \dot{I}_2\\ \vdots\\ \dot{I}_i\\ \vdots\\ \dot{I}_n\end{pmatrix} \tag{3-50}$$

可以看出，式(3-49)中的等号右端恰为式(3-50)中阻抗矩阵中的第 i 行或第 i 列的元素。其中，阻抗矩阵对角线元素 Z_{ii} 称为节点 i 的自阻抗，在数值上等于节点 i 注入单位电流、其他节点都在开路状态时，节点 i 的电压。因此，Z_{ii} 也可以看作当其他节点都开路时，从节点 i 向整个网络看进去的等值阻抗。只要网络有接地支路且节点 i 与电力网络相连接，则 Z_{ii} 必为一非零的有限数值。

阻抗矩阵非对角线元素 Z_{ij}，即节点 i 与节点 j 之间的互阻抗，在数值上等于节点 i 注入单位电流、其他节点都在开路状态时，节点 j 的电压。由于在同一个电力网络中，各节点之间总是互相有电磁的联系，包括间接的联系，因此当节点 i 向网络注入单位电流、其他节点开路时，所有节点的电压都不应为零(大地不作为电力网络的节点)，也就是说互阻抗 Z_{ij} 都是非零元素，所以阻抗矩阵是一个满矩阵，即阻抗矩阵中没有零元素。

根据阻抗矩阵的特性，利用图 3-21 求取负序电流分配系数。

设电源 G_1 和 G_2 接入网络内 A、B 节点，两个牵引变电所分别接入网络内 M、D 节点。利用叠加定理，分别计算两个牵引变电所对电力系统的影响。

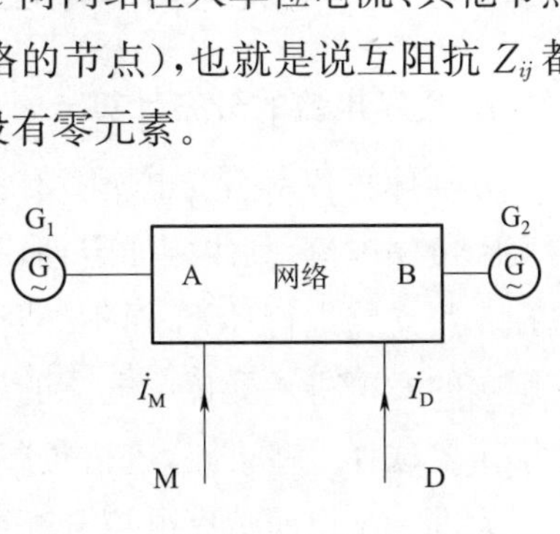

图 3-21　负序电流分配系数计算示意

如前所述，牵引变电所 D 向电力系统注入单位负序电流(即 $\dot{I}_D=1$)时，支路上的负序电流即为该支路相对于牵引变电所D的负序电流分配系数。对负序网络内任意支路 ij，根据阻抗矩阵的物理意义，当变电所D向电力系统注入负序电流 $\dot{I}_D$ 时，在支路 ij 的两端即节点 i 和节点 j 产生的负序电压为

$$\begin{cases}\dot{U}_{Di}=Z_{Di}\dot{I}_D^-\\ \dot{U}_{Dj}=Z_{Dj}\dot{I}_D^-\end{cases}\tag{3-51}$$

则支路 ij 的负序电流为

$$\dot{I}_{ij,D}^-=\frac{\dot{U}_{Di}-\dot{U}_{Dj}}{Z_{ij}^-}=\frac{Z_{Di}-Z_{Dj}}{Z_{ij}^-}\dot{I}_D^-\tag{3-52}$$

式中　Z_{ij}^-——负序网络中 ij 支路的阻抗。

则由牵引变电所D注入系统的负序电流，在 ij 支路上的分配系数为(计算时应取绝对值)

$$C_{ij,D}=\frac{I_{ij,D}^-}{I_D^-}\times100\%=\frac{Z_{Di}-Z_{Dj}}{Z_{ij}^-}\times100\%\tag{3-53}$$

同理，由牵引变电所M注入系统的负序电流，在 ij 支路上的分配系数为(计算时应取绝对值)

$$C_{ij,M}=\frac{I_{ij,M}^-}{I_M^-}\times100\%=\frac{Z_{Mi}-Z_{Mj}}{Z_{ij}^-}\times100\%\tag{3-54}$$

两个牵引变电所同时向系统注入负序电流，在 ij 支路上产生的合成负序电流为

$$\dot{I}_{ij}^-=\dot{I}_{ij,D}^-+\dot{I}_{ij,M}^-=C_{ij,D}\dot{I}_D^-+C_{ij,M}\dot{I}_M^-\tag{3-55}$$

若系统内有 n 个牵引变电所，且都向系统注入负序电流，则在任意支路 ij 上的合成负序电流可用叠加定理求得

$$\dot{I}_{ij}^-=\sum_{k=1}^{n}C_{ij,k}\dot{I}_k^-\tag{3-56}$$

在精确计算中，要考虑负序网中各支路的电阻成分，则 C_{ij} 通常为复数。

3.3.4　负序电流与负序电压的分布计算

1. 负序电流的分布计算

分别计算各牵引变电所对有关支路的负序分配系数，再计算出各牵引变电所注入系统的实际负序电流，利用叠加定理，就可得出各电流支路的负序电流。根据计算的主要目的，选择一些支路进行计算，而不必对全网络各支路负序电流进行计算。例如，对于校核系统内受影响的发电机承受负序电流的能力，首先应计算发电机支路的负序电流分配系数。其次，根据需要选择一些支路，进行负序电流分配系数的计算。

为进一步说明负序电流分配系数及支路负序电流的计算步骤和方法，现以图3-22所示的接有两个三相牵引变电所的电力系统为例进行说明。

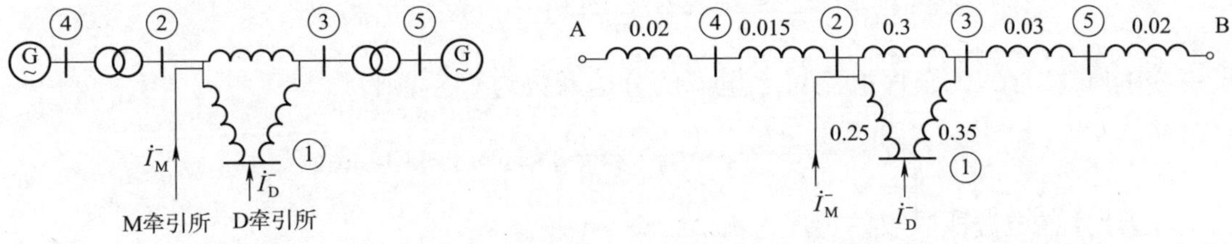

(a)系统接线图　　(b)等值电路图

图 3-22　接有牵引变电所的电力系统

(1)根据系统接线图,作出负序网络等值阻抗图,并给网络各节点编号。为简化计算,令各元件的电阻值均为零,线路及变压器的负序阻抗等于正序阻抗,发电机用其负序阻抗,等值电路图所标的数值均为基准容量为 100 MV·A 时的标幺值。在节点①及②上接有牵引变电所,分别向电力系统注入负序电流 I_D^- 和 I_M^-。

(2)已知牵引变电所 D 两供电臂电流分别为 $I_a=150$ A 和 $I_b=135$ A,其功率因数角 $\varphi_a=\varphi_b=0$。牵引变电所 M 两供电臂电流分别为 $I_a=110$ A 和 $I_c=130$ A,且 $\varphi_a=\varphi_c=0$。

利用式(3-26)～式(3-28)可直接计算出变电所 D 和变电所 M 注入系统 A 相的负序电流。

$$\text{变电所 D:}\ \dot{I}_D^-=\frac{1}{4\sqrt{3}}\times 150e^{-j0^\circ}+\frac{1}{4\sqrt{3}}\times 135e^{j(120^\circ-0^\circ)}\approx(11.8+j16.835)\text{A}$$

$$\text{变电所 M:}\ \dot{I}_M^-\approx(6.48-j16.211)\text{A}$$

(3)求阻抗矩阵。

$$\boldsymbol{Z}=\begin{pmatrix}0.166\,423 & 0.020\,468 & 0.020\,760 & 0.011\,696 & 0.008\,304\\ 0.020\,468 & 0.030\,702 & 0.006\,140 & 0.017\,544 & 0.002\,456\\ 0.020\,760 & 0.006\,140 & 0.041\,228 & 0.003\,509 & 0.016\,491\\ 0.011\,696 & 0.017\,544 & 0.003\,509 & 0.018\,596 & 0.001\,404\\ 0.008\,304 & 0.002\,456 & 0.016\,491 & 0.001\,404 & 0.018\,579\end{pmatrix}$$

(4)利用阻抗矩阵内各元素的数值,根据式(3-51)和式(3-52)即可求出负序电流的分配系数。首先计算两牵引变电所分别对电源 A 和 B 的负序电流分配系数。因 A 点和 B 点为参考点,故其电压为零。

牵引变电所 D 注入的负序电流对 A 电源的分配系数为 $C_{A,D}$,则

$$C_{A,D}=\frac{U_4-U_0}{Z_{04}}=\frac{0.011\,696}{0.02}\times 100\%=58.48\%$$

牵引变电所 D 注入的负序电流对 B 电源的分配系数为 $C_{B,D}$,则

$$C_{B,D}=\frac{U_5-U_0}{Z_{05}}=\frac{0.008\,304}{0.02}\times 100\%=41.52\%$$

牵引变电所 M 注入的负序电流对 A 电源的分配系数为 $C_{A,M}$,则

$$C_{A,M}=\frac{U_4-U_0}{Z_{40}}=\frac{0.017\,544}{0.02}\times 100\%=87.72\%$$

牵引变电所 M 注入的负序电流对 B 电源的分配系数为 $C_{B,M}$，则

$$C_{B,M}=\frac{U_5-U_0}{Z_{50}}=\frac{0.002\,456}{0.02}\times 100\%=12.28\%$$

(5)计算各电源所吸收的负序电流。

A 电源所吸收的负序电流为

$$\begin{aligned}\dot{I}_A^- &=C_{A,D}\dot{I}_D^-+C_{A,M}\dot{I}_M^-\\ &=[0.584\,8\times(11.8+j16.835)+0.877\,2\times(6.48-j16.211)]A\\ &=(12.584\,9-j4.375)A\end{aligned}$$

B 电源所吸收的负序电流为

$$\begin{aligned}\dot{I}_B^- &=C_{B,D}\dot{I}_D^-+C_{B,M}\dot{I}_M^-\\ &=[0.415\,2\times(11.8+j16.835)+0.122\,8\times(6.48-j16.211)]A\\ &=(5.695\,1+j4.998\,9)A\end{aligned}$$

2. 节点负序电压的计算

根据计算负序电流分配系数的方法可知，负序电流的注入点处负序电压相对最高，离负序电流源电气距离越大的节点，负序电压越低，至发电机处(即所选的参考点)负序电压为零。

为计算节点负序电压，一般把发电机的接地点选为参考点，在求出各支路的负序电流后，从参考点开始，逐点把网络展开，利用欧姆定律即可求出各节点的负序电压值。

思考题

3.1 说明从全负序相量图到实用全负序相量图的导出过程。

3.2 简述负序对电力系统及其元件的影响。

3.3 对 YNd11 接线牵引变压器，若令 $\Psi_\alpha=120°$，$\Psi_\beta=240°$，试分别写出电流、电压变换阵及其逆阵。

3.4 对 Vv 接线牵引变压器，若令 $\Psi_\alpha=90°$，$\Psi_\beta=210°$，试分别写出电流、电压变换阵及其逆阵。

3.5 若已知 YNd11 牵引变电所两供电臂负荷功率因数相同，负荷大小在变化，试推导注入电网总的负序电流大小与一次侧自由相电流大小的关系。

第4章 负序治理

第 3 章已述及，负序在电力系统中会造成不良影响，如额外占用系统及其设备容量、造成附加网损、引起系统电压不对称、降低发电机和电动机出力等，因此为提高电能质量，使电力系统安全、经济运行，负序应该加以治理。

式(3-11)所示一般负序电流表达式 $\dot{i}^{-}=\frac{1}{\sqrt{3}}\sum_{p=1}^{n}k_p i_p \mathrm{e}^{-\mathrm{j}(2\Psi_p+\varphi_p)}$ 描述了多个端口的负序电流合成特性，由此或进一步结合图 3-6 的全负序相量图可以得出负序的治理措施：

(1)就单个异相供电牵引变电所而言，三相 YNd11 接线和 Vv 接线的两个端口牵引负荷的负序电流按照 120°合成，设功率因数角 φ 相同，显然，合成负序电流的幅值不会大于任何一个端口的负序电流幅值，就是说，三相 YNd11 接线和 Vv 接线的异相供电牵引变电所有减轻负序的作用，而三相—两相平衡接线就更加特殊，两个端口牵引负荷的负序电流按照 180°合成，减轻负序更加有效，从治理负序的有效性上看，可称三相—两相平衡接线为特殊接线变压器。

(2)如果是两个及以上的异相供电牵引变电所，将各个牵引端口的相位进行轮换接入三相电网，合成负序自然就会减轻，称为换相连接。

(3)联系到图 3-1，在指定端口 p 增加并联无功补偿(PRC)装置，其功率因数角 $\varphi_p=\pm 90°$，即在式(3-11)中增加补偿项，使得牵引负荷的负序得以治理。

下面分别加以讨论。

需要说明的是，通常异相供电牵引变电所的两个牵引端口的负荷是相互独立的，如果一个端口的负荷可以根据另一个端口的负荷进行控制，此时可以将异相供电上升到同相供电，并可以使得合成负序减小，这时要用到有功型补偿装置，将在第 5 章讨论。

4.1 特殊接线牵引变压器

在第 3 章已经对 Scott 牵引变压器的负序特性进行了解析讨论，这里不再赘述。当然，利用全负序相量图同样可以获得此结果。其他三相—两相平衡接线牵引变压器，如 Kübler 接线、Le-Blance 接线、Wood-Bridge 接线等很少用到，偶尔用到也可用图 3-6 所示的全负序相量图解之。由这六个端口接线角Ψ_p可确定一组单位负序电压相量$\dot{U}_p^-$，追加各端口负荷功率因数角即可确定相应端口负荷产生的负序电流分量。但是，应该看到，以上分析是在牵引负荷处于牵引工况下进行的，假如牵引变电所两臂负荷分别处于牵引和再生制动工况下，这里设接线角为Ψ_1的供电臂 1 为牵引工况，接线角为Ψ_2的供电臂 2 为再生工况，则由式(3-11)得

$$\dot{i}^- = \frac{1}{\sqrt{3}}k\left[i_1 e^{-j(2\Psi_1+\varphi_1)} + i_2 e^{-j(2\Psi_2+180°+\varphi_2)}\right] \tag{4-1}$$

式中　φ_1——牵引工况下的负荷功率因数角(滞后为正)；

φ_2——再生制动工况下的负荷功率因数角(滞后为正)。

此时，$\Psi_2=\Psi_1\pm 90°$，可见一个供电臂牵引而另一个供电臂再生时，两臂负序电流将互相叠加，即采用三相—两相平衡接线的牵引变电所两臂负序的叠加将增大而非削弱。

4.2　牵引变电所换相连接

为整体减少进入电力系统的负序分量，电气化区段的各种接线的牵引变电所几乎无一例外地实行换相连接[4-5]，即轮换接入电力系统的不同相。

4.2.1　单相接线牵引变电所换相连接

单相接线牵引变电所的换相连接方式如图 4-1 所示。变电所Ⅰ、Ⅱ、Ⅲ分别接入电网的 CA、AB、BC 相，因此，接触网对地电压分别表示为$\dot{U}_{ca}$、$\dot{U}_{ab}$、$\dot{U}_{bc}$。三个变电所形成一个循环，变电所Ⅳ又开始一个新的循环。若三个变电所的牵引负荷相等，则三相负载平衡，负序电流将只在三个变电所之间的输电线形成的局部电路中环行而不进入电网。实际中，由于牵引负荷的随机变化使三个变电所的负荷电流不断变化，将随时在电网中产生负序电流，但其数值将由于换相连接而大大减小。

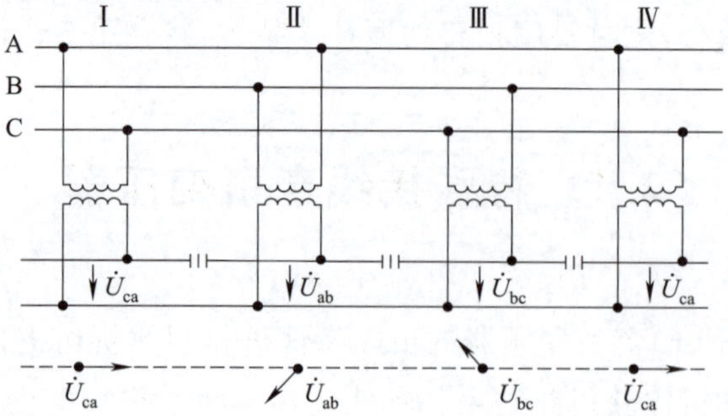

图 4-1　单相接线牵引变电所换相连接(1)

在牵引供电系统设计时，一般力求电气化区段牵引网三相供电分区牵引能耗大致相等，以尽可能减少负序电流进入电网。

图 4-1 所示电路有一个缺点，即两相邻供电分区之间接触网上的分相绝缘器将承受 $\sqrt{3}$ 倍牵引网电压。如对于变电所Ⅰ和Ⅱ之间的分相绝缘器，其承受的电压将是 $\dot{U}_{ca}$ 和 $\dot{U}_{ab}$ 的相量差，绝对值为 $\sqrt{3}U_{ab}$。所以若条件允许，在实际中常采用的是改变接法使牵引网电压每六个变电所形成一个相位循环，如图 4-2 所示，相邻两供电分区的电压相位差为 60°，接触网上两相供电分区的电压相量差为牵引网电压。但就电网的负序而言仍然是每三个变电所形成一组对称连接。

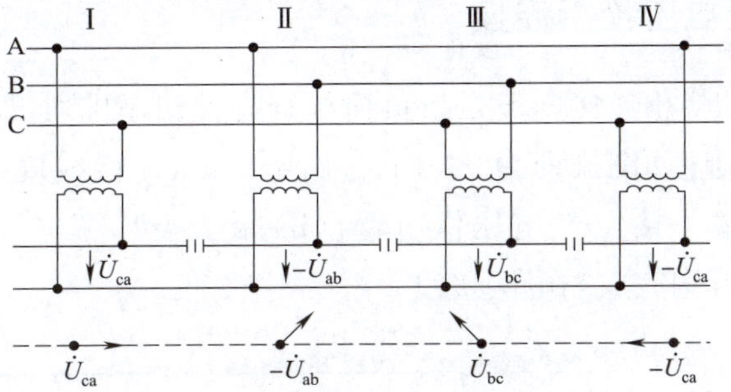

图 4-2　单相接线牵引变电所换相连接(2)

4.2.2　Vv 接线牵引变电所换相连接

Vv 接线方式可由两台单相变压器构成，也可在三铁芯上绕制两套单相绕组完成，其换相连接方法如图 4-3 所示。图中变电所Ⅱ两边供电分区，左边同变电所Ⅰ，右边同变电所Ⅲ。仍保证变电所两边供电分区的分相绝缘器所承受电压值等于牵引网电压。

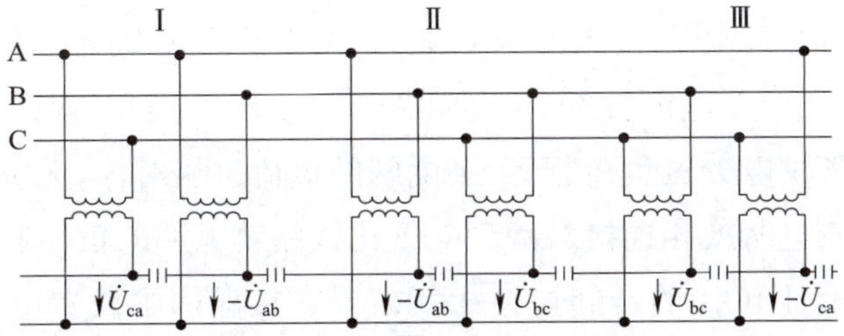

图 4-3　Vv 接线变电所换相连接

现行设计要求两相邻牵引变电所间的供电分区同相，所以图 4-3 中变电所Ⅱ左边供电分区接触网对地电压也要求为 $-\dot{U}_{ab}$，为了三相对称，右边供电分区必须有电压 $\dot{U}_{bc}$。所以 Vv 接线的变电所由以下步骤完成换相：

(1)按对称要求规定供电分区电压顺序为$\dot{U}_{ca}$、$-\dot{U}_{ab}$、$\dot{U}_{bc}$、$-\dot{U}_{ca}$等，两相邻变电所间的供电分区的电压相同；

(2)所有变电所变压器副边以同名端接地；

(3)最后完成原边与电网的接线。

图4-3中三个变电所的接线就是按以上原则得到的。三个变电所共倒了三次相，所以同单相变电所一样，对于电网而言，是三个变电所形成一个完整的换相循环，但就负序而言，任意$\pm U_{ca}$、$\pm U_{ab}$、$\pm U_{bc}$的三个供电分区就可完成一组对称连接。换言之，三个Vv接线变电所换相后完成两组对称连接。

4.2.3 三相牵引变电所换相连接

三相牵引变电所的换相连接一般是按负荷相别进行相序排列，如图4-4所示。牵引网电压在各供电分区的顺序如图排列为c、－a、－a、b、b、－c。接线规则为：①变压器次边的(c)端子接地；②(a)端子接"＋"电压供电臂，(b)端子接"－"电压供电臂；③原边按照YNd11接线变压器展开图完成与电网接线。

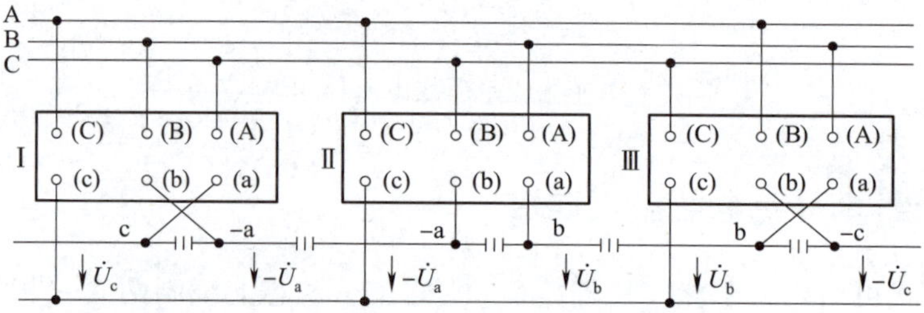

图4-4 YNd11牵引变电所换相连接

这里分析图4-4中的变电所Ⅰ的接线。已知两供电臂负荷相分别为c、－a，根据以上接线规则可知变压器原边(A)端子接入电网C相，(B)端子接入电网B相，(C)端子接入电网A相。按此方法确定其余变电所接线，可得如图4-4所示的换相连接。三个牵引变电所形成一个完整循环，若各供电分区负荷相等，则电网的负荷三相对称，无负序电流注入系统。

实践证明，牵引变电所换相连接对减少电气化铁路对电网的负序影响是十分有效的，但也是有限的，运行中是不可控的，同时，换相就需要在接触网中设置电分相，造成列车断电区，这又反过来制约牵引供电的连续性和可靠性。

4.3 并联无功补偿

交-直型电力机车的停产和交-直-交型电力机车、动车组的发展使得牵引负荷无功功率大(功率因数低,约为 0.8)、谐波电流含量高引起的电网关注的电能质量问题得到了很好解决,随着交-直-交型电力机车和动车组的单车功率加大以及行车密度提升,负序问题反而有所增加,需要重点关注。

并联无功补偿(PRC)是一种利用并联无功元件,如并联电容器、并联电抗器,来补偿无功(提高功率因数)以及补偿(治理)负序使其达标的方法[13-14]。

4.3.1　牵引变电所无功功率、负序功率综合补偿的概念与要求

电气化铁路牵引负荷的功率因数已经很高,接近于 1,即无功功率问题已经得到解决,一般不用专门为此设置 PRC 装置。电气化铁路电能质量的主要问题是负序。但是,负序功率的补偿还要兼顾无功功率的补偿,不可顾此失彼,即是说,在补偿负序功率的同时不能又造成无功功率增加、功率因数恶化。下面通过一例来说明。

【例 4.1】设 YNd11 接线牵引变电所两个牵引端口负荷相同,且功率因数 $\cos\varphi=1$。现于各端口设置 PRC,试用图 3-6 所示实用全负序相量图求解 PRC 使总的合成负序电流为零,即确定此时各端口 PRC 的分布方式、电流值及其性质(容性还是感性)。

解:假设两个牵引端口分别在(A)、(B)相,记其负荷分别为 $\dot{I}_{(A)}$、$\dot{I}_{(B)}$,对 YNd11 接线,只需用实用全负序相量图中三个负序相电压即可。若记 $\dot{I}_L^-$、$\dot{I}_{PRC}^-$ 分别为牵引负荷和 PRC 产生的合成负序电流,则能满足本例条件的共三种 PRC 分布方式,如图 4-5 所示,并总结于表 4-1。

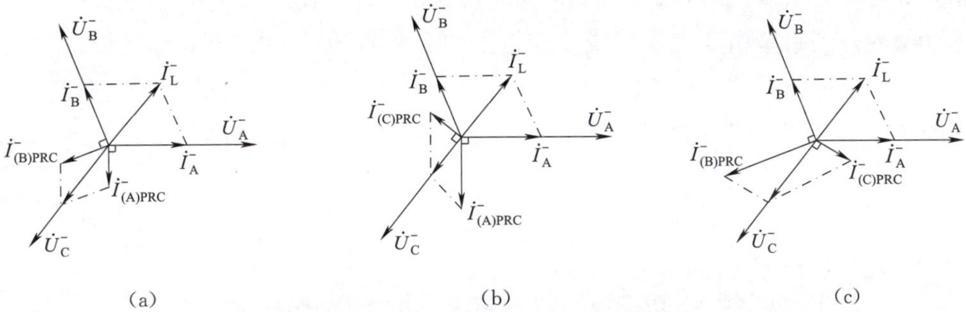

(a)方式一:PRC 设置在(A)、(B)相端口;

(b)方式二:PRC 设置在(C)、(A)相端口;

(c)方式三:PRC 设置在(B)、(C)相端口。

图 4-5　负序补偿举例

虽然三种分布方式都能满足 $\dot{I}_L^- - \dot{I}_{PRC}^- = 0$,但图 4-5(a)所示的方式一明显优于另外两种,原因在于:一是其 PRC 设备容量最小,仅为另外两种方式的 2/3;二是不使原有的功率因数恶化(读者可用全正序相量图作一分析)。故综合地看,应选用方式一。

表 4-1 三种 PRC 分布方式与结果

图别	图 4-5(a)	图 4-5(b)	图 4-5(c)
PRC 端口	(A)、(B)相	(C)、(A)相	(B)、(C)相
PRC 性质	(A)相并联电感 (B)相并联电容	(A)、(C)相均并联电感	(B)、(C)相均并联电容
PRC 电流	$I_{(A)PRC}=I_{(B)PRC}=\frac{1}{\sqrt{3}}I_{(A)}$	$I_{(A)PRC}=\frac{2}{\sqrt{3}}I_{(A)}$ $I_{(C)PRC}=\frac{1}{\sqrt{3}}I_{(A)}$	$I_{(B)PRC}=\frac{2}{\sqrt{3}}I_{(A)}$ $I_{(C)PRC}=\frac{1}{\sqrt{3}}I_{(A)}$
补偿后 $\cos\varphi$	$\cos\varphi=1$,纯阻性	$\cos\varphi=0.756$,感性	$\cos\varphi=0.756$,容性

从此例看出,即使在功率因数很高(达到 1)的情况下,负序补偿依然需要兼顾无功(功率因数)补偿,虽然可能并不需要通过补偿无功来提高功率因数,但单纯补偿负序可能会恶化无功、破坏(原来的)功率因数,如方式二、方式三;同理,补偿无功(功率因数)时也应兼顾负序补偿,不能在补偿无功、提高功率因数的同时又恶化负序。这种相互兼顾的补偿称之为无功、负序综合补偿。

另外可见,正负、负序相量图有明快、直观的特点,往往对于定性分析和一些特例的定量分析有其独到之处,但解析法却有概括力强、通用性好、便于分析计算等不可或缺的优点,下面重点讨论。

前面已经看到,异相供电牵引变电所,或者通过三相—两相平衡接线这种特殊方式,或者通过换相接入电网,都可以减轻负序,但一经投入运行,减轻负序的程度是不可控的,特别是不能满足国家标准限值时,就需要考虑动态可调的 PRC 来进一步治理。

尽管国内外现行牵引变电所接线方式是多种多样的,但可撇开其具体接线,抓住这些接线方式共同的电气特征来研究 PRC 关于牵引负荷无功、负序的综合补偿通用模型。

借助图 3-1 和 3.1 节中的推导,先看式(3-13)给出的三相电网的负序功率(容量)表达式

$$\dot{s}^{-}=\sum_{p=1}^{n}s_p \mathrm{e}^{\mathrm{j}(2\Psi_p+\varphi_p)}$$

式中 s_p——端口 p 的(视在)功率模值,$s_p=U_p i_p$,$p=1,2,\cdots,n$。

为了对 PRC 补偿负序的效果进行控制或期望其达到一定(如达标)的要求,则应对其补偿作用规定一个限值,需要定义负序补偿度,用 k_N表示。为给出 k_N的确切意义及表达式,先对式(3-13)进行必要的整理。考虑到异相供电的牵引变电所通常取用三相电中的两相,为不失一般性,不妨设 n 个端口中前 3 个为牵引负荷端口(可根据具体情况选择其中 2 个端口,令第 3 端口负荷为 0 即可),其余为 PRC 端口,于是可重写式(3-13)为

$$\dot{s}^{-}=\sum_{p=1}^{3}s_p \mathrm{e}^{\mathrm{j}(2\Psi_p+\varphi_p)}+\sum_{p=4}^{n}s_p \mathrm{e}^{\mathrm{j}(2\Psi_p+\varphi_p)} \tag{4-2}$$

若记牵引负荷产生的负序功率为 $\dot{s}_0^{-}$,则

$$\dot{s}_0^- = \sum_{p=1}^{3} s_p \mathrm{e}^{\mathrm{j}(2\Psi_p+\varphi_p)} \tag{4-3}$$

于是定义负序补偿度 k_N 为

$$k_N \triangleq \frac{\dot{s}_0^- - \dot{s}^-}{\dot{s}_0^-} = \frac{-\sum_{p=4}^{n} s_p \mathrm{e}^{\mathrm{j}(2\Psi_p+\varphi_p)}}{\sum_{p=1}^{3} s_p \mathrm{e}^{\mathrm{j}(2\Psi_p+\varphi_p)}} \tag{4-4}$$

即为设置 PRC 后负序补偿量(下降量)与原有负序功率的比值,或称之为 PRC 产生的反向负序功率合值(以削弱牵引负荷产生的负序功率合值)与牵引负荷产生的负荷功率合值的比值。为取得好的补偿效果,通常取 $k_N \in [0,1]$。其中 $k_N=0$ 对应无 PRC 情形,$k_N=1$ 时达到 PRC 的最好效果,即完全补偿负序。

由上可见:

【结论 4.1】各端口负荷在三相电网造成的负序功率不仅与各端口负荷的功率因数(负荷性质)有关,还因端口不同而不同,自然与负荷在各端口上的分布方式及牵引变压器的接线方式(接线角)有关。

注意:负序电流 $\dot{i}^-$(或功率 $\dot{s}_p^-$)与其端口电压的标向无关。

再看式(3-12)给出的三相电网的正序功率(容量)表达式

$$\dot{s}^+ = \sum_{p=1}^{n} s_p \mathrm{e}^{\mathrm{j}\varphi_p}$$

进一步将牵引负荷和 PRC 通过三相电网的正序功率 s^+ 分为有功功率 p^+ 和无功功率 q^+ 两部分,即 $\dot{s}^+ = p^+ + \mathrm{j}q^+$,且

$$\begin{cases} p^+ = \sum_{p=1}^{n} s_p \cos\varphi_p \\ q^+ = \sum_{p=1}^{n} s_p \sin\varphi_p \end{cases} \tag{4-5}$$

其中,有功功率 p^+ 与 PRC 无关,而无功功率 q^+ 可分为与牵引负荷相关和与 PRC 相关两部分。为了体现 PRC 对无功功率的补偿效果,可定义无功补偿度为

$$k_C \triangleq \frac{\sum \text{PRC(容性) 功率}}{\sum \text{牵引负荷(感性) 无功功率}}$$

同样,设前 3 个端口为牵引负荷端口,后面的 $n-3$ 个端口为 PRC 端口,则

$$k_C = \frac{-\sum_{p=4}^{n} s_p \sin\varphi_p}{\sum_{p=1}^{3} s_p \sin\varphi_p} \tag{4-6}$$

因为假设感性功率为正,在牵引负荷为感性情况下,各端口 PRC 无功功率总和应该为负,即表现为容性才能起到进一步提高功率因数的作用,或者保持原功率因数不变,但不应

使之恶化。

由此可得：

【结论 4. 2】(1)有功功率 p^+ 和无功功率 q^+ 的量值仅取决于端口负荷的性质(容性、感性等)及其大小的代数和，与牵引变压器的接线方式及所在端口的分布方式无关。

(2)对 PRC 端口，要么 $\varphi_p=-90°$，要么 $\varphi_p=90°$，$p=1,2,\cdots,n$，那么 PRC 占有的系统正序容量仅表现为无功功率，不论它们在端口上如何分布，其中容性和感性的无功功率相互削弱。

综上可知：

(1)降低无功功率的方法仅在于设置一定容量的总和为容性的 PRC 装置；

(2)降低负序功率则应同时考虑牵引变压器的接线方式(由接线角表达)、端口引出方式及 PRC 装置的性质(容性或感性)、容量及在各端口上的分布方式。

实际应用中，无功补偿度 k_C 往往由原功率因数 $\cos\varphi_0$ 和补偿后提高到的(要求的)功率因数 $\cos\varphi_C$ 确定，即

$$k_C=1-\sqrt{\frac{\cos^{-2}\varphi_C-1}{\cos^{-2}\varphi_0-1}} \tag{4-7}$$

其中，$\cos\varphi_C$ 是各端口牵引负荷功率因数的加权平均值，其权重是相应端口牵引负荷(平均值)占总牵引负荷(平均值)的比例，一般电力机车和动车的功率因数是非常接近的，可认为相同。

负序补偿度 k_N 根据国家标准限值来制定。联立式(4-3)和式(4-4)可得补偿后的剩余负序功率与牵引负荷负序功率的关系

$$\dot{s}^- = (1-k_N)\sum_{p=1}^{3} s_p e^{j(2\Psi_p+\varphi_p)} = (1-k_N)\dot{s}_0^-$$

取其模值有

$$s^-=(1-k_N)s_0^- \tag{4-8}$$

若已知电网短路容量 s_d(MV·A)和负序电压不平衡度允许值 u_ε(%)，则电网负序功率允许值 $s_\varepsilon=u_\varepsilon\times s_d/100$。

那么，满足国家标准应有

$$s^-\leqslant s_\varepsilon$$

将式(4-8)代入，则负序补偿度应满足

$$k_N\geqslant 1-\frac{s_\varepsilon}{s_0^-}\geqslant 0 \tag{4-9}$$

此时补偿后剩余负序就能满足国家标准要求。显然，在满足式(4-9)对应国家标准限值情况下，负序补偿度 k_N 越大，所需的 PRC 容量就越大，就越不经济，因此，只要满足式(4-10)即可。

$$k_{\mathrm{N}}=1-\frac{s_{\varepsilon}}{s_0^-}\geqslant 0 \tag{4-10}$$

即是说，若牵引负荷负序功率s_0^-大于电网负序功率允许值s_{ε}，则$k_{\mathrm{N}}>0$，才需要增设 PRC，对超标部分加以治理，否则$k_{\mathrm{N}}=0$，就无需增设 PRC。

这里，可以定义负序允许度 $k_{\mathrm{S}}=\frac{s_{\varepsilon}}{s_0^-}$，由式(4-10)可知，负序补偿度和负序允许度之和为 1，即 $k_{\mathrm{N}}+k_{\mathrm{S}}=1$。

4.3.2　异相供电牵引变电所综合补偿通用模型与分析

对给定异相供电牵引变压器接线方式，综合考虑 k_{N}、k_{C}就能方便地导出 PRC 对负序和无功实现综合补偿的计算模型。

在牵引负荷及其功率因数已知时，接线方式的确定又使接线角Ψ_p($p=1,2,\cdots,n$)成为已知，有效地利用 PRC 设备容量仍在于尽可能有效地补偿牵引负荷产生的负序功率，再兼补偿其无功功率，具体是：要求 PRC 产生的合成负序功率(或电流)与牵引负荷产生的合成负序共线反向，即$k_{\mathrm{N}}\in[0,1]$为实数，再兼顾无功补偿。为此，整理式(4-4)和式(4-6)并联立，先设各端口 PRC 均为容性，即令$\varphi_p=-90°$($p=4,5,\cdots,n$)，展开可得

$$\begin{pmatrix} 1 & 1 & \cdots & 1 \\ -\sin 2\Psi_4 & -\sin 2\Psi_5 & \cdots & -\sin 2\Psi_n \\ \cos 2\Psi_4 & \cos 2\Psi_5 & \cdots & \cos 2\Psi_n \end{pmatrix}\begin{pmatrix} s_4 \\ s_5 \\ \vdots \\ s_n \end{pmatrix}=\begin{pmatrix} k_{\mathrm{C}}\sin\varphi_1 & k_{\mathrm{C}}\sin\varphi_2 & k_{\mathrm{C}}\sin\varphi_3 \\ k_{\mathrm{N}}\cos(2\Psi_1+\varphi_1) & k_{\mathrm{N}}\cos(2\Psi_2+\varphi_2) & k_{\mathrm{N}}\cos(2\Psi_3+\varphi_3) \\ k_{\mathrm{N}}\sin(2\Psi_1+\varphi_1) & k_{\mathrm{N}}\sin(2\Psi_2+\varphi_2) & k_{\mathrm{N}}\sin(2\Psi_3+\varphi_3) \end{pmatrix}\begin{pmatrix} s_1 \\ s_2 \\ s_3 \end{pmatrix} \tag{4-11}$$

显然，式(4-11)中最多只能有三个端口的补偿变量是独立的，是可以唯一确定的，其余端口的补偿只能重复其功能而没有独立补偿作用。这里不妨选取 k、l、t 三个端口的补偿量s_k、s_l、s_t($k,l,t=4,5,\cdots,n$；$k\neq l\neq t$)，为求解方便，调整式(4-11)并作复数变换可得

$$\begin{pmatrix} 1 & 1 & 1 \\ \mathrm{e}^{-\mathrm{j}2\Psi_k} & \mathrm{e}^{-\mathrm{j}2\Psi_l} & \mathrm{e}^{-\mathrm{j}2\Psi_t} \\ \mathrm{e}^{\mathrm{j}2\Psi_k} & \mathrm{e}^{\mathrm{j}2\Psi_l} & \mathrm{e}^{\mathrm{j}2\Psi_t} \end{pmatrix}\begin{pmatrix} s_k \\ s_l \\ s_t \end{pmatrix}=\begin{pmatrix} k_{\mathrm{C}}\sin\varphi_1 & k_{\mathrm{C}}\sin\varphi_2 & k_{\mathrm{C}}\sin\varphi_3 \\ k_{\mathrm{N}}\mathrm{e}^{-\mathrm{j}(2\Psi_1+\varphi_1-90°)} & k_{\mathrm{N}}\mathrm{e}^{-\mathrm{j}(2\Psi_2+\varphi_2-90°)} & k_{\mathrm{N}}\mathrm{e}^{-\mathrm{j}(2\Psi_3+\varphi_3-90°)} \\ k_{\mathrm{N}}\mathrm{e}^{\mathrm{j}(2\Psi_1+\varphi_1-90°)} & k_{\mathrm{N}}\mathrm{e}^{\mathrm{j}(2\Psi_2+\varphi_2-90°)} & k_{\mathrm{N}}\mathrm{e}^{\mathrm{j}(2\Psi_3+\varphi_3-90°)} \end{pmatrix}\begin{pmatrix} s_1 \\ s_2 \\ s_3 \end{pmatrix} \tag{4-12}$$

这里假定给定牵引变压器接线方式所规定的 PRC 端口接线角能使补偿变量完备得解，即保证左边的接线系数阵行列式不为零。对此，显然要求 PRC 端口接线角满足$\Psi_k\neq\Psi_l\neq\Psi_t$。针对实际应用的异相供电牵引变压器，牵引侧有三个自然端口，两个牵引负荷端口和一个自由端口(通常称之为自由相)，于是为方便起见，就把 PRC 设在这三个端口上，并安排$\Psi_1=\Psi_4$，$\Psi_2=\Psi_5$，$\Psi_3=\Psi_6$。在一般情况下，往往其中一个端口的接线角由另外两个端口的

接线角及其电压相量确定。

下面，对两类常规使用的变压器接线方式的 PRC 方法及其特性加以讨论。

1. YNd11(或 Vv)接线方式

安排 s_1、s_4在(A)相，s_2、s_5在(B)相，s_3、s_6在(C)相，如图 4-6 所示，按第 3 章端口电压的规格化标向，取$\Psi_1=\Psi_4=0°$，$\Psi_2=\Psi_5=120°$，即$\dot{U}_B$滞后$\dot{U}_A$(反向标向亦可)。

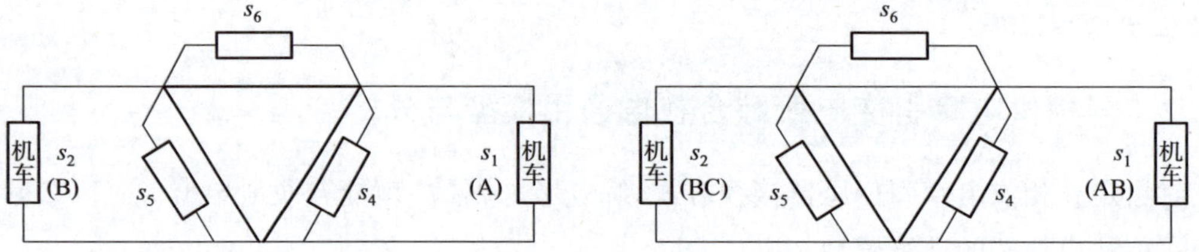

(a)YNd11 接线　　(b)Vv 接线

图 4-6　YNd11、Vv 接线 PRC 连接示意

不失一般性，取(A)、(B)两相为牵引负荷相，其中(A)相为超前相，(B)相为滞后相，(C)相为自由相，$s_3=0$。代入相关参数可从式(4-11)或式(4-12)中解得

$$\begin{bmatrix} s_4 \\ s_5 \\ s_6 \end{bmatrix}=\frac{1}{3}\begin{bmatrix} (k_C+2k_N)\sin\varphi_1 & k_C\sin\varphi_2+2k_N\cos(\varphi_2+150°) \\ k_C\sin\varphi_1+2k_N\cos(\varphi_1+30°) & (k_C+2k_N)\sin\varphi_2 \\ k_C\sin\varphi_1+2k_N\cos(\varphi_1+150°) & k_C\sin\varphi_2+2k_N\cos(\varphi_2+30°) \end{bmatrix}\begin{pmatrix} s_1 \\ s_2 \end{pmatrix} \tag{4-13}$$

由式(4-13)可知：对于可调 PRC，只要各端口补偿装置随着牵引负荷的变化按式(4-13)调整，其无功出力则能同时使无功补偿(k_C)和负序补偿(k_N)达到要求，且k_C、k_N可独立地加以选择而互不影响。

为了更直观地了解 YNd11(或 Vv)接线牵引变电所 PRC 在三个端口的分布特性，作如下处理是方便的：以牵引负荷总容量 s_1+s_2除式(4-13)，定义臂负荷比 $\eta=s_2/s_1$，其中 s_2为滞后相即时功率模值，s_1为超前相即时功率模值，可得各端口 PRC 相对补偿容量为

$$\begin{bmatrix} \beta_4 \\ \beta_5 \\ \beta_6 \end{bmatrix}=\frac{1}{3(1+\eta)}\begin{bmatrix} (k_C+2k_N)\sin\varphi_1+\eta[k_C\sin\varphi_2+2k_N\cos(\varphi_2+150°)] \\ k_C\sin\varphi_1+2k_N\cos(\varphi_1+30°)+\eta(k_C+2k_N)\sin\varphi_2 \\ k_C\sin\varphi_1+2k_N\cos(\varphi_1+150°)+\eta[k_C\sin\varphi_2+2k_N\cos(\varphi_2+30°)] \end{bmatrix} \tag{4-14}$$

当两臂牵引负荷变化时，臂负荷比 η 可能在$[0,+\infty)$区间上取值。考虑到交-直-交型电力机车和动车组牵引负荷功率因数极高，$\cos\varphi_1=\cos\varphi_2$，达到 0.98，远远大于 0.9 的要求，已经无需补偿，故可设 $\cos\varphi_C=0.98$ 保持不变，或者进一步假设 $\cos\varphi_1=\cos\varphi_2=1$，$\cos\varphi_C=1$(一者交-直-交型电力机车和动车组可以做到，二者可以在牵引端口专门增设 SVG 使得补偿后功率因数为 1)，由式(4-7)得无功补偿度$k_C=0$，式(4-14)可简化为

$$\begin{pmatrix}\beta_4\\ \beta_5\\ \beta_6\end{pmatrix}=\frac{k_N\sqrt{3}}{3(1+\eta)}\begin{pmatrix}-\eta\\ 1\\ \eta-1\end{pmatrix} \tag{4-15}$$

如果最大限度地补偿负序，即令 $k_N=1$，则由式(4-15)可绘出各端口 PRC 相对补偿容量的分布曲线，如图 4-7 所示。

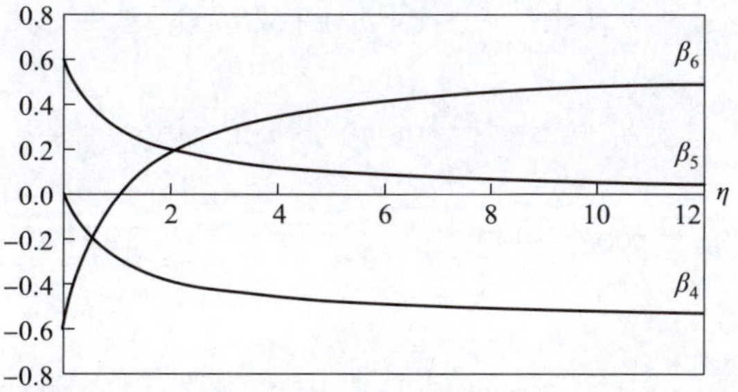

图 4-7 YNd11 或 Vv 接线端口 PRC 特性曲线

2. 三相—两相平衡接线方式

端口的 PRC 连接示意如图 4-8 所示。图中安排两个牵引端口分别对应三相电网的(A)相和(BC)相。

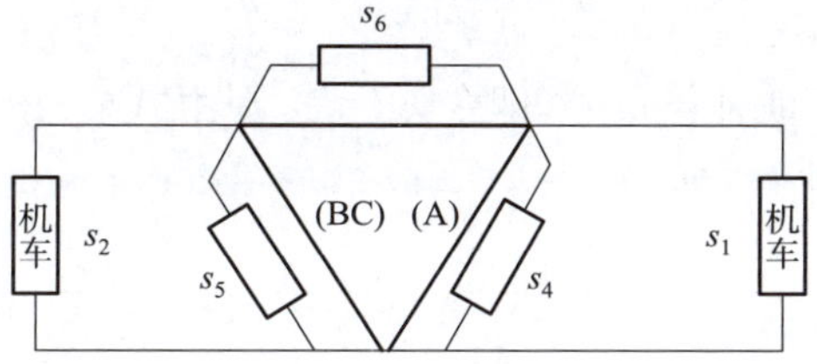

图 4-8 三相—两相平衡接线 PRC 连接示意

为通用起见，参考电压 $\dot{U}_{(A)}$，令 $\Psi_1=\Psi_4=\theta$，$\Psi_2=\Psi_5=90°+\theta$(滞后)，$\Psi_3=\Psi_6=-45°+\theta$，当然，按反向取 $\Psi_p\pm180°(p=1,2,\cdots,6)$ 亦可(读者可一试)，并取端口 1、2 为负荷相，端口 3 无牵引负荷，即 $s_3=0$，代入式(4-12)可得

$$\begin{pmatrix}1 & 1 & 1\\ 1 & -1 & \mathrm{j}\\ 1 & -1 & -\mathrm{j}\end{pmatrix}\begin{pmatrix}s_4\\ s_5\\ s_6\end{pmatrix}=\begin{pmatrix}k_C\sin\varphi_1 & k_C\sin\varphi_2\\ k_N\mathrm{e}^{-\mathrm{j}(\varphi_1-90°)} & k_N\mathrm{e}^{-\mathrm{j}(\varphi_2+90°)}\\ k_N\mathrm{e}^{\mathrm{j}(\varphi_1-90°)} & k_N\mathrm{e}^{\mathrm{j}(\varphi_2+90°)}\end{pmatrix}\begin{pmatrix}s_1\\ s_2\end{pmatrix}$$

求解得

$$\begin{pmatrix} s_4 \\ s_5 \\ s_6 \end{pmatrix} = \frac{1}{2}\begin{pmatrix} k_C\sin\varphi_1 + k_N(\sin\varphi_1 - \cos\varphi_1) & k_C\sin\varphi_2 + k_N(\cos\varphi_2 - \sin\varphi_2) \\ k_C\sin\varphi_1 - k_N(\sin\varphi_1 + \cos\varphi_1) & k_C\sin\varphi_2 + k_N(\cos\varphi_2 + \sin\varphi_2) \\ 2k_N\cos\varphi_1 & -2k_N\cos\varphi_2 \end{pmatrix}\begin{pmatrix} s_1 \\ s_2 \end{pmatrix} \tag{4-16}$$

式(4-16)与 θ 角无关,故如上分析适于任意三相—两相平衡接线变电所。同样,可给出三相—两相平衡接线方式中 PRC 在各端口的相对补偿值

$$\begin{cases} \beta_4 = \dfrac{1}{2(1+\eta)}\{k_C\sin\varphi_1 + k_N(\sin\varphi_1 - \cos\varphi_1) + \eta[k_C\sin\varphi_2 + k_N(-\sin\varphi_2 + \cos\varphi_2)]\} \\ \beta_5 = \dfrac{1}{2(1+\eta)}\{k_C\sin\varphi_1 - k_N(\sin\varphi_1 + \cos\varphi_1) + \eta[k_C\sin\varphi_2 + k_N(\sin\varphi_2 + \cos\varphi_2)]\} \\ \beta_6 = \dfrac{1}{(1+\eta)}k_N(\cos\varphi_1 - \eta\cos\varphi_2) \end{cases} \tag{4-17}$$

如果假设 $\cos\varphi_1 = \cos\varphi_2 = 1$,$\cos\varphi_C = 1$,则由式(4-7)得无功补偿度 $k_C = 0$,式(4-17)可简化为

$$\begin{cases} \beta_4 = \dfrac{k_N}{2(1+\eta)}(\eta - 1) \\ \beta_5 = \dfrac{k_N}{2(1+\eta)}(\eta - 1) \\ \beta_6 = \dfrac{k_N}{(1+\eta)}(1 - \eta) \end{cases} \tag{4-18}$$

同样地,如果最大限度地补偿负序,即令 $k_N = 1$,则由式(4-18)可绘出各端口 PRC 相对补偿容量的分布曲线,如图 4-9 所示。

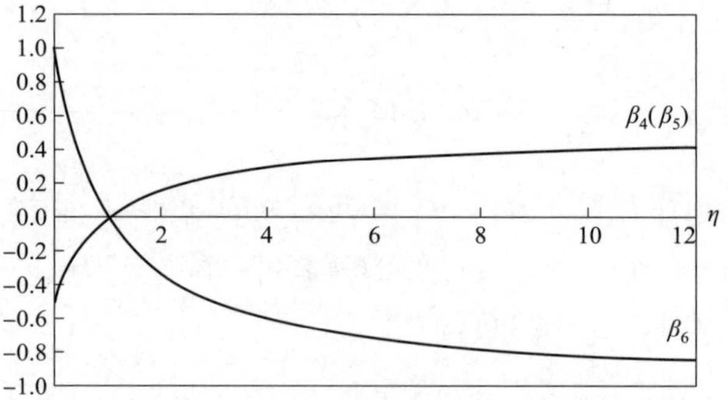

图 4-9　三相—两相平衡接线端口 PRC 特性曲线

从 YNd11(或 Vv)接线的式(4-15)、图 4-7 和三相—两相平衡接线的式(4-18)、图 4-9 均可看出,由于无功补偿度 $k_C = 0$,维持原来的功率因数不变,所以 PRC 总容性相对补偿容量(功率) $\sum_{p=4}^{6}\beta_p$ 恒为 0,而负序补偿度 $k_N = 1$,即负序得到完全补偿。这表明:综合补偿可以在

不影响原有极高功率因数基础上，将异相供电变电所换相后剩余负序功率进一步治理到任意满意的程度。

对于 YNd11（或 Vv）接线方式，PRC 装置相对容量最大值发生在 $\eta=0$ 时，根据式(4-15)得 $\sum_{p=4}^{6}|\beta_p|=\frac{2k_N}{\sqrt{3}}$，如果完全补偿负序，需 $k_N=1$，则 $\sum_{p=4}^{6}|\beta_p|=\frac{2}{\sqrt{3}}\approx 1.155$，即 PRC 装置容量最大值为牵引负荷容量的 1.155 倍；对于三相—两相平衡接线方式，PRC 装置相对容量最大值根据式(4-18)得 $\sum_{p=4}^{6}|\beta_p|=2k_N$，如果完全补偿负序，需 $k_N=1$，则 $\sum_{p=4}^{6}|\beta_p|=2$，即 PRC 装置容量最大值为牵引负荷容量的 2 倍。由此可得：

【结论 4.3】完全补偿负序时，YNd11（或 Vv）接线 PRC 装置容量最大值为牵引负荷容量 $\frac{2}{\sqrt{3}}\approx 1.155$ 倍，三相—两相平衡接线 PRC 装置容量最大值为牵引负荷容量的 2 倍，均大于牵引负荷容量。就最大值而言，三相—两相平衡接线付出的 PRC 容量代价高于 YNd11（或 Vv）接线，即是说，三相—两相平衡接线一旦失衡（$\eta=0$ 或 ∞），需要付出的 PRC 容量代价高于 YNd11（或 Vv）接线。

读者可以结合全负序相量图，设功率因数为 1，$\eta=0$，$k_N=1$，对应式(4-13)和图 4-6 画出 YNd11（或 Vv）接线 PRC 的负序相量图，对应式(4-16)和图 4-8 画出三相—两相平衡接线 PRC 的负序图。

异相供电变电所在换相情况下，如果负序仍然不能达标而需要治理，就需要在 3 个端口安装 PRC，采取双重治理措施，总体看，这是一项复杂、费用高的工程，并且变电所出口的电分相仍然存在，电分相影响铁路运力和行车安全，铁路一方无法从中获利。

4.3.3　单端口（单相）供电牵引变电所综合补偿模型

已经注意到了，异相供电变电所出口需要设置电分相，影响铁路运输，进一步补充负序还要付出安装 PRC 装置的代价，这就需要探讨消除电分相的方案，这就是单端口（单相）供电变电所及其综合补偿。

根据结论 4.3 并从经济性考虑，只考虑 YNd11 接线的单相供电及其综合补偿，不再考虑三相—两相平衡接线。

不失一般性，设牵引负荷在（A）相端口，令式(4-13)中 $s_2=0$ 便得

$$\begin{bmatrix} s_4 \\ s_5 \\ s_6 \end{bmatrix}=\frac{s_1}{3}\begin{bmatrix} (k_C+2k_N)\sin\varphi_1 \\ k_C\sin\varphi_1+2k_N\cos(\varphi_1+30^\circ) \\ k_C\sin\varphi_1+2k_N\cos(\varphi_1+150^\circ) \end{bmatrix} \tag{4-19}$$

同样，假设 $\cos\varphi_1=1$，$\sin\varphi_1=0$，$\cos\varphi_C=1$，即无功补偿度 $k_C=0$，令 $k_N=1$，式(4-19)可简化为

$$\begin{cases} s_4 = 0 \\ s_5 = \dfrac{s_1}{\sqrt{3}} \\ s_6 = -\dfrac{s_1}{\sqrt{3}} \end{cases} \tag{4-20}$$

在推导式(4-11)时已经假设 PRC 为容性,因此可知,在此情况下,YNd11 接线单相供电时,端口(A)无需 PRC,而端口(B)需要的容性 PRC 为$\frac{s_1}{\sqrt{3}}$,端口(C)需要的感性 PRC 为$\frac{s_1}{\sqrt{3}}$,综合补偿的连接示意如图 4-10 所示,负序相量图如图 4-11 所示。Vv 接线单相供电时,只要把端口(AB)、(BC)、(CA)与 YNd11 接线端口(A)、(B)、(C)对应即可,其他相同。

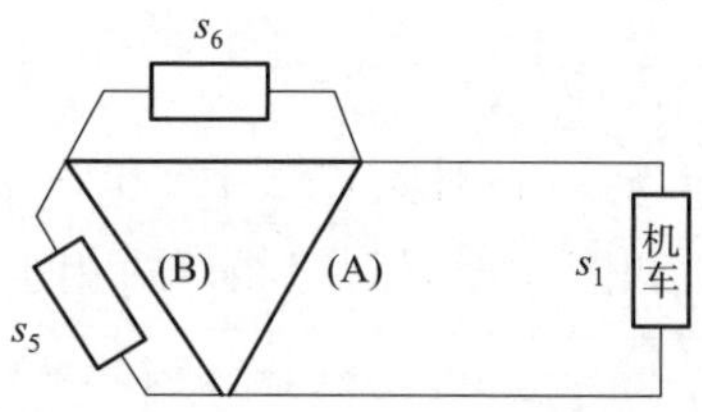

图 4-10　YNd11 接线单相供电的综合补偿连接端口示意

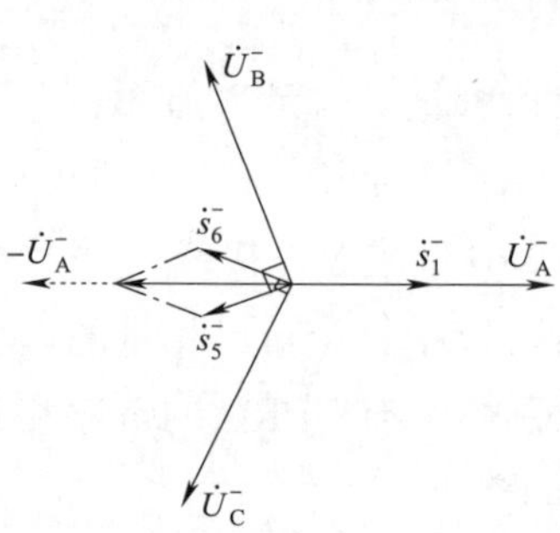

图 4-11　YNd11 接线单相供电的综合补偿相量图

由上可知,这里讨论的情形与结论 4.3 完全对应。从结论 4.3 已知:若维持原来的功率因数不变($k_C=0$)而完全补偿负序($k_N=1$)时,单相供电的三相—两相平衡接线 PRC 装置容量为牵引负荷容量的 2 倍,YNd11(或 Vv)接线 PRC 装置容量为牵引负荷容量$\frac{2}{\sqrt{3}}\approx 1.155$倍。虽然单相供电的综合补偿方案可以有效治理负序、取消牵引变电所出口处的电分相,实现电网、铁路双赢,但是,从图 4-11 中已能看出,端口 5 的 PRC 负序功率$\dot{s}_5^-$和端口 6 的 PRC 负序功率$\dot{s}_6^-$合成后来抵消端口 1 的牵引负荷的负序功率$\dot{s}_1^-$,显然,端口 5、6 的 PRC 容量之和s_5+s_6大于其合成值,即s_5、s_6并非 PRC 的最小补偿容量。那么,最小补偿容量是多少?

下面探讨单相供电最小 PRC 容量模型。

从结论 4.1、结论 4.2 可知,无功功率补偿只与 PRC 出力总和(代数和)有关,而与接线角(端口)无关,但负序补偿则不然,PRC 的出力及特性与接线角(端口)密切相关,这就是说:在对无功、负序功率的综合补偿中,为使 PRC 容量最小,应从取得对负序补偿的最佳利用入手,再兼顾无功补偿。

具体来说,就是展开式(4-4),要求每个端口的 PRC 装置产生的负序功率均与设置在端

口1的单相牵引负荷产生的负序功率共线且反向，同时追加式(4-6)所示无功补偿度k_C的约束，即得

$$\begin{cases}\begin{pmatrix}-\sin\varphi_4 & -\sin\varphi_5 & \cdots & -\sin\varphi_n\\ 1 & 1 & \cdots & 1\end{pmatrix}\begin{pmatrix}s_4\\ s_5\\ \vdots\\ s_n\end{pmatrix}=\begin{pmatrix}k_C s_1\sin\varphi_1\\ k_N s_1\end{pmatrix}\\ 2\Psi_4+\varphi_4=2\Psi_5+\varphi_5=\cdots=2\Psi_n+\varphi_n=\pm180°+\varphi_1\end{cases} \tag{4-21}$$

对于式(4-21)而言，最多只能得到一个两维、唯一确定的解，故只要选择任意两个端口设置PRC装置便可，例如选择端口k和端口l，且$k\neq l(k,l=4,5,\cdots,n)$，其余端口的PRC只能重复指定$k$、$l$端口PRC装置的功能，这样一来便有

$$\begin{cases}\begin{pmatrix}-\sin\varphi_k & -\sin\varphi_l\\ 1 & 1\end{pmatrix}\begin{pmatrix}s_k\\ s_l\end{pmatrix}=\begin{pmatrix}k_C s_1\sin\varphi_1\\ k_N s_1\end{pmatrix}\\ 2\Psi_k+\varphi_k=2\Psi_l+\varphi_l=\pm180°+\varphi_1\end{cases} \tag{4-22}$$

为使s_k和s_l唯一确定，要求$\sin\varphi_k\neq\sin\varphi_l$。PRC或为纯容性负载，相当于并联电容器($\varphi_C=-90°$)，或为纯感性负载，相当于并联电抗器($\varphi_L=90°$)，故$\varphi_k$、$\varphi_l$只能交替选取$\varphi_C$和$\varphi_L$。若选择$\varphi_k=\varphi_C=-90°$，$\varphi_l=\varphi_L=90°$，则端口$k$的补偿容量(功率)$s_C(=s_k)$和端口$l$的补偿容量(功率)$s_L(=s_l)$及其端口接线角可由式(4-22)求得为

$$\begin{cases}\begin{pmatrix}s_C\\ s_L\end{pmatrix}=\dfrac{1}{2}\begin{pmatrix}1 & 1\\ -1 & 1\end{pmatrix}\begin{pmatrix}k_C s_1\sin\varphi_1\\ k_N s_1\end{pmatrix}\\ \begin{cases}\Psi_C=135°+\dfrac{\varphi_1}{2}\\ \Psi_L=45°+\dfrac{\varphi_1}{2}\end{cases}\quad或\quad\begin{cases}\Psi_C=-45°+\dfrac{\varphi_1}{2}\\ \Psi_L=-135°+\dfrac{\varphi_1}{2}\end{cases}\\ \Psi_C-\Psi_L=90°\end{cases} \tag{4-23}$$

或者相反，选择$\varphi_k=\varphi_L=90°$，$\varphi_l=\varphi_C=-90°$，上述结果不变，请读者一试。

通常功率因数角变化不大，故Ψ_C、Ψ_L一经确定不必再调整，即变压器绕组的连接可固定不动，工程实现的难度仅在设计特殊的变压器和PRC及其控制上。这种特殊变压器有一个牵引负荷端口和两个接线角垂直的PRC端口，而后者的接线角须满足式(4-23)规定的与牵引负荷端口接线角的关系。在此基础上，令$k_N=1$，就能实现三相—单相负荷的完全对称补偿。

同样，假设$\cos\varphi_1=1$，$\sin\varphi_1=0$，$\cos\varphi_C=1$，即无功补偿度$k_C=0$，令$k_N=1$，由式(4-23)得

$$s_C=s_L=\frac{s_1}{2} \tag{4-24}$$

则 PRC 装置总容量

$$s_C + s_L = s_1 \tag{4-25}$$

于是可得:

【结论 4.4】若维持原来的功率因数不变($k_C=0$)而完全补偿负序($k_N=1$)时,单相供电需要两个 PRC 容量相等的端口,此时所需 PRC 容量之和最小且等于牵引负荷容量。

下面介绍一种不等边 Scott 接线的试验系统。

1979 年,新井浩一在《铁道技术研究报告》1131 卷《不等边スェット变压器单相负荷 3 相平衡法》一文中提出了一种不等边 Scott 变压器单相负荷的三相平衡方法[37]。不等边 Scott 变压器因与两相—三相平衡接线的 Scott 接线相比次边两直角绕组输出电压垂直但大小不等而得名,并且其斜边端口用于牵引,直角绕组用于连接 PRC,接线原理如图 4-12(a)所示。图中端口 $k(fo'')$ 并入并联电容器(实际应用中还要串入适量电抗器),端压为 $\dot{U}_k$,电流为 $\dot{i}_k$;端口 $l(eo'')$ 并入并联电抗器,端压为 $\dot{U}_l$,电流为 $\dot{i}_l$;斜边端口 1(fe)供出牵引负荷 $\dot{i}_1$,端压为 $\dot{U}_1$;设原边底绕组匝数为 n,次边端口 1(虚拟)匝数为 m,即变比为 $K_1=\dfrac{n}{m}$,绕组 fo'' 匝数为 $m\cos\theta$,绕组 eo'' 匝数为 $m\sin\theta$。根据图 4-12(a)可画出其端口电压相量图,如图 4-12(b)所示。

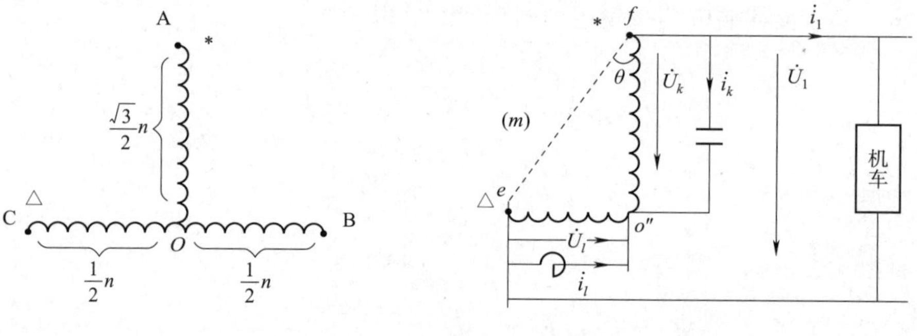

(a)接线原理图

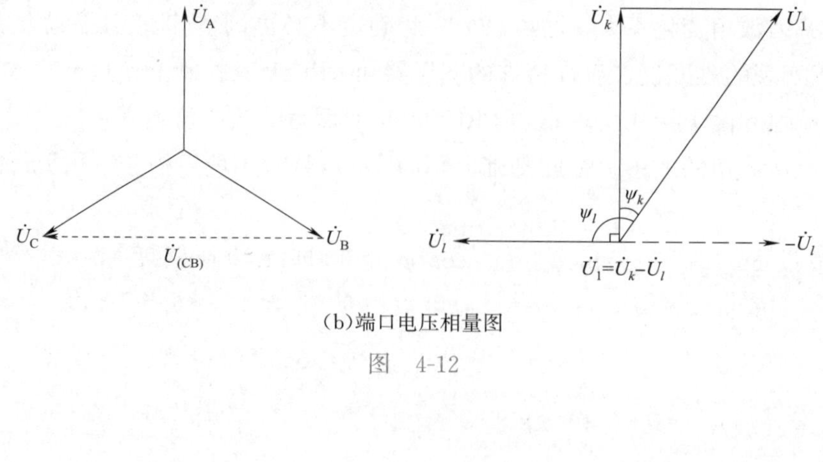

(b)端口电压相量图

图 4-12

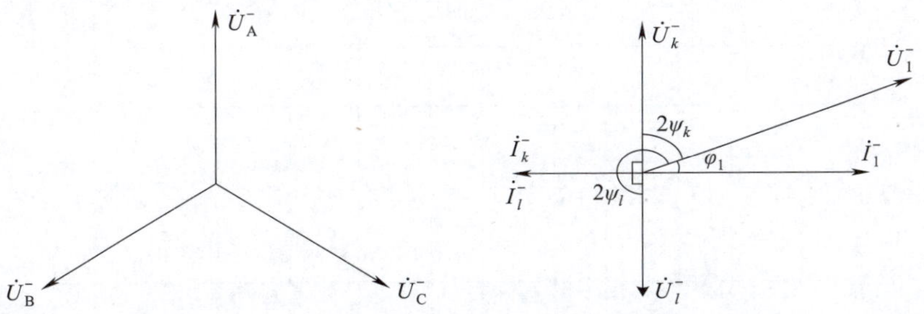

(c)端口负序相量图

图 4-12 不等边 Scott 接线

在日本,还对此做过现场试验和测试分析,当时采用传统无源器件,并且试验中做了简化,没有使用并联电抗器,所用并联电容器是分级调节的,结果表明是有效的,后来到了2009 年以后,又进一步研发了 GTO 补偿变流器,建设了仙台、新潟、长野和川内等新干线车辆段以及少数供电容量较小的干线铁路的不等边 Scott 接线变电所。

如果图 4-12 所示接线按照式(4-23)设计,端口补偿容量可以最小化。参考$\dot{U}_A$,即选择$\Psi_k=\Psi_C=0°$,$\Psi_l=\Psi_L=-90°$(超前并联电容端口 90°),牵引端口接线角 θ 为

$$\theta=\Psi_1=45°-\frac{\varphi_1}{2} \tag{4-26}$$

式中,φ_1为牵引负荷$\dot{i}_1$的功率因数角。

在日本,对于交-直型电力机车,选$\varphi_1=30°$,则 $\theta=\Psi_1=30°$;对于交-直-交型机车,选$\varphi_1=0°$,则 $\theta=\Psi_1=45°$。此时,两个直角绕组将相等,演变为等边 Scott,与常规 Scott 接线不同的是用斜边作为牵引端口。

结合图 4-12(a)和全负序相量图可以得到端口负序相量图,如图 4-12(c)所示,由此定性分析该系统的 PRC 负序补偿原理:与图 4-11 所示的 YNd11 接线端口的负序补偿分量需要120°叠加不同,此处端口 k、l 的 PRC 均产生与牵引负荷共线反向的负序分量,补偿容量得以实现最小化。

当然,读者也可对图 4-12(b)的端口电压进行相反标向,试看负序相量图结果如何。

思考题

4.1 在电气化铁路中,为降低负序可以采取哪些措施?说明其原理。

4.2 某电气化区段,设置 6 个纯单相牵引变电所,若采用如题图 1 所示的两种不同换相方式,当牵引网上无负荷时,牵引网电分相所承受的电压是多少?并绘出两种方式下电分相 1 处所承受电压的电压相量图。

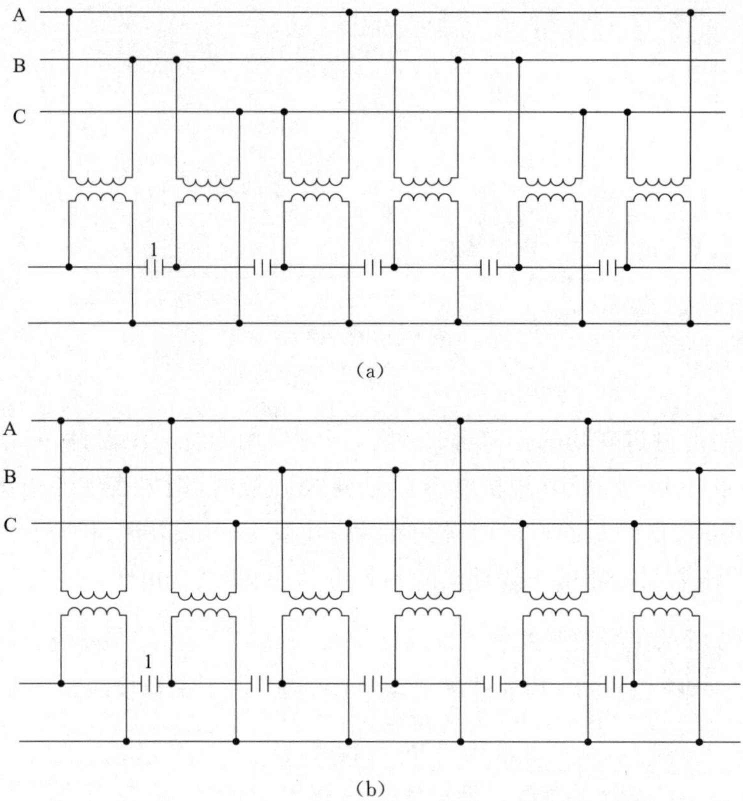

题图 1

4.3 如题图 2 所示,试完成如下牵引变电所 YNd11 牵引变压器与电网及牵引网的连接接线。

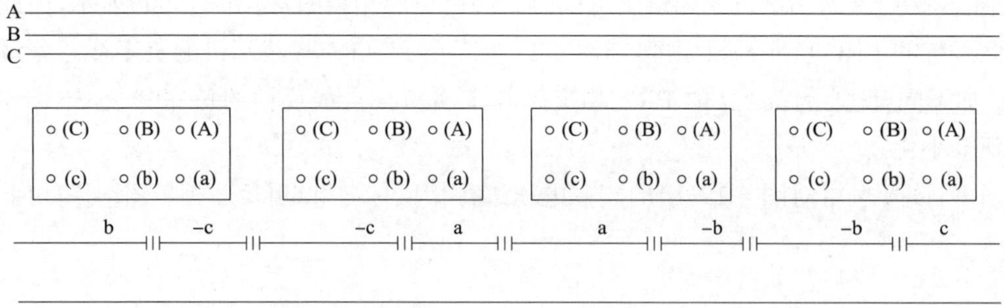

题图 2

4.4 解释负序补偿度的物理意义;叙述式(4-10)的含义。

4.5 结合第 3 章全负序向量图,设功率因数为 1,$\eta=0$,$k_N=1$,对应式(4-12)和图 4-6 画出 YNd11(或 Vv)接线 PRC 的负序图,对应式(4-15)和图 4-8 画出三相—两相平衡接线 PRC 的负序图。

第5章　同相供电

由第 4 章已知，为了减轻对电网的负序影响，现行电气化铁路牵引变电所采用了换相接入三相电网的方式，牵引变电所出口的两个牵引馈线使用不同的两相（如 A 相、B 相、C 相或 AB 相、BC 相、CA 相中的两相及其组合）给上下行牵引网供电，因此，属于换相（异相）供电，其间设置电分相，同时，采用单边供电，分区所处也设置电分相。电分相是列车断电区。

如果负序（三相电压不平衡）指标没有超标或者超标后可以有效、动态地治理并使其达标，就可以放弃换相，即取消电分相，消除电分相对列车和运输带来的不利影响和制约，实现铁路和电网的双赢，这就是牵引变电所同相供电。

同相供电也是针对现行单座牵引变电所广泛采用异相供电和一条线路上多个牵引变电所换相接入电网而言的。现行牵引变电所采用的三相 YNd11 接线变压器、Vv 接线变压器以及 Scott 等三相—两相平衡接线变压器等都属于异相供电；单相 Ii 接线牵引变电所属于同相供电，但是一条线路上多个单相 Ii 接线牵引变电所换相接入电网则属于异相供电。

文献[12]于 1988 年提出全线贯通同相供电初步方案和研究思路：牵引变电所同相供电和分区所双边供电。

牵引变电所同相供电首先是指牵引变电所采用相同相位向牵引网提供电能的供电方式，亦指在同一电网内，全线牵引变电所均采用相同相位向牵引网提供电能的供电方式，可以取消变电所出口处的电分相，消除列车断电区，同时治理负序使其达标。

分区所双边供电是指分区所的纵联断路器合闸，取消分区所处的电分相，消除列车断电区，实现对供电区间列车的两边供电。

贯通同相供电亦称贯通式同相供电，简称贯通供电，是两个及以上牵引变电所同相供电和分区所双边供电的组合。显然，贯通供电须在同一电网供电范围内进行。贯通供电可以取消全线电分相和列车断电区，相比既有异相供电，贯通供电可称为新一代牵引供电[11]。

本章重点讨论牵引变电所同相供电，双边供电和贯通供电在第 6 章讨论。

当负序超标时，同相供电需借助补偿装置加以治理，使负序达标。补偿装置按所用补偿功率形式可分为无功型[7,13-14]和有功型[11]两种。第 4 章讨论的 PRC 就是无功型的。

下面讨论有功型和无功型同相补偿方法和方案以及有功型同相补偿的设计方法与步骤，并进一步讨论有功型和无功型同相补偿的特点与应用。

5.1 变电所同相供电与并联无功补偿

实现同相供电的并联无功补偿(PRC)需要兼顾牵引变电所的无功和负序进行综合补偿,当以负序补偿为主时,综合补偿就是对称补偿[13-14,36-41]。随着交-直型电力机车的停产和逐渐退出,交-直-交型机车和动车组广泛运用,功率因数大大提高(接近 1),则已无需补偿无功,PRC 用于同相供电的重点是负序治理,因此方案也随之变化。

由第 4 章的单端口(单相)供电牵引变电所综合补偿模型已经看出 YNd11 接线和不等边 Scott 接线变压器都可以实现牵引变电所同相供电,但是,当功率因数极高(接近 1)和负序不超标时,则无需 PRC 来补偿负序,此时实现同相供电的 YNd11 接线变压器的容量利用率只有 75%,而不等边 Scott 接线变压器的容量利用率只有 $1/\sqrt{2}\approx70.7\%$,同时,YNd11 接线变压器和不等边 Scott 接线变压器进行单相供电时不仅结构显得复杂,而且从结论 3.2 可知,它们产生的负序功率模值不变,且与正序功率之比均为 100%,显然,此时应采用结构最简单和容量利用率最高的单相变压器。由此可知,当负序超标时,牵引变电所同相供电的实用方式应该是单相变压器和 PRC(及其补偿变压器)的结合。

5.1.1 PRC 的实现:静止无功发生器 SVG

牵引负荷是随时变化的,通过牵引变电所在三相电网产生的负序功率和负序电流也是随时变化的,《电能质量　三相电压不平衡》(GB/T 15543—2008)规定考核不平衡度的最大值和 95%概率大值,这就要求 PRC 的无功出力大小也随着治理目标而随时跟踪进行动态补偿。

可调 PRC 分为有源型和无源型两类。

静止无功补偿器 SVC(static var compensation)是电力系统中应用最广的一种无源型的可调 PRC 装置,其基本器件是并联电容器和并联电抗器,通过晶闸管开关来快速调节无功出力,主要用于冶金、采矿等冲击性负荷的补偿,随着电力电子技术和控制技术的发展,现在已经被有源型的静止无功发生器 SVG(static var generation)取代。SVG 调节速度更快,对负荷的动态跟随性更好,动态补偿效果更好,例如,一般而言 SVC 的响应时间约为 20~40 ms,而 SVG 的响应时间不大于 5 ms,同时,SVG 不受外部电源阻抗的影响,可以避免与电力系统发生谐振。

SVG 利用门极关断晶闸管(gate turn-off thyristor, GTO)或绝缘栅双极晶体管(insulated gate bipolar transistor, IGBT)等电力电子器件构成 H 桥形电路来动态控制和调节无功出力。单相和三相 SVG 的主电路拓扑分别示于图 5-1(a)、(b)。SVG 主要包括直流电容 C、逆变桥和并网电抗器 L,单相 SVG 逆变桥由 $T_1\sim T_4$ 构成,也称单相 H 桥变流器,三相 SVG 逆变桥由 $T_1\sim T_6$ 构成,也称三相 H 桥变流器。

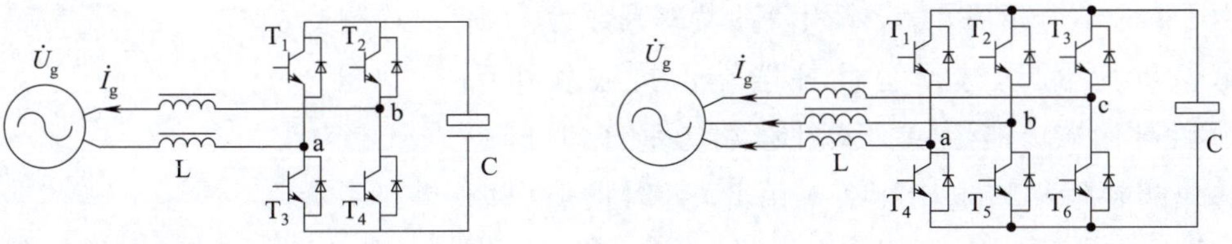

(a)单相 SVG　　(b)三相 SVG

图 5-1　单相和三相 SVG 主电路拓扑

SVG 的工作原理：通过控制逆变桥交流侧电压 $\dot{U}_{inv}$ 的幅值和相位，来控制并网电抗器 L 两端电压差 $\dot{U}_1$ 的幅值和相位，则可在电抗器 L 上产生相对于电网电压 $\dot{U}_g$ 滞后或超前 90°的无功电流 $\dot{I}_g$，实现快速、动态调节无功出力的目的。单相 SVG 和三相 SVG 工作原理分别如图 5-2(a)、(b)所示。注意，并网电抗器 L 的电流相位总是滞后其两端电压 $\dot{U}_1$ 相位 90°。

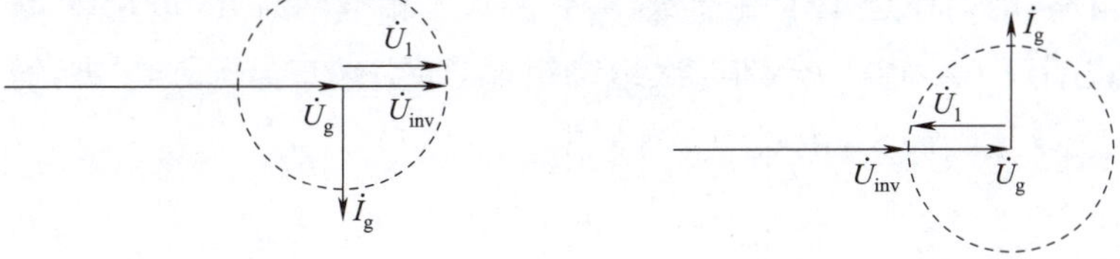

(a)滞后无功电流　　(b)超前无功电流

图 5-2　SVG 无功电流产生原理向量示意

SVG 可用来治理负序，补偿无功和稳定网压。

5.1.2　组合式补偿方案

用于同相供电的 SVG 只改变负序潮流，不改变(正序)有功潮流。从第 4 章分析已知，为了完备补偿负序，需要两个端口设置 SVG 来联合产生与牵引负荷相位相反的负序潮流，使合成负序达标。

仍设牵引负荷功率因数为 1，按照国标，若已知电网短路容量 s_d(MV·A)和负序电压不平衡度允许值 u_ε(%)，则负序功率允许值 s_ε 为

$$s_\varepsilon = u_\varepsilon \times s_d / 100 \tag{5-1}$$

对应的负荷功率最大值(或 95%概率大值)为 s，则负序补偿容量 s'_C 为

$$s'_C = s - s_\varepsilon \tag{5-2}$$

其中，$s'_C \leqslant 0$ 时表示无需补偿装置，即仅用单相牵引变压器便达标。

1. 最小补偿容量方案

对应第 4 章第 4.3.3 节单相供电最小 PRC 容量模型，可以构造基于单相牵引变压器的同相供电最小补偿容量方案。

由 4.3.3 节分析可知，设牵引负荷功率因数为 1，则参考牵引负荷端口，选择容性补偿端口接线角滞后 135°，感性补偿端口滞后 45°，两补偿端口垂直即可，通常还选择两补偿端口电压相等。由此，可以构造出如图 5-3 所示的接线方案，可谓变形 Scott 接线：原边绕组 TX 的 X 端子与原边绕组 RS 中点连接，与原边绕组 RS 对应的次边绕组 rs 馈出牵引端口，同名端如图标识，这样原边绕组 RS 和次边绕组 rs 构成单相接线变压器，用于同相牵引供电；次边绕组 t′x′的 x′端子与次边绕组 r′s′中点连接，r′端子与 t′端子形成的补偿端口 1 连接 SVG1，s′端子与 t′端子形成的补偿端口 2 连接 SVG2；原边绕组 TX 的匝数 n 与原边绕组 RS 的匝数 m 的关系为：$n=\sqrt{3}m/2$，次边绕组 t′x′的匝数 n' 与次边绕组 r′s′的匝数 m' 的关系亦为：$n'=\sqrt{3}m'/2$，RST 和 r′s′t′均构成等腰直角三角形，即当原边三个端子 R、S、T 接入三相电网时，次边端口 t′r′和 s′t′之间形成 90°夹角，次边端口 t′r′和 s′t′分别与次边绕组 rs（牵引端口）形成 45°夹角。此时，每一组 SVG 的计算容量 Q 达到最小，由式（5-2）得

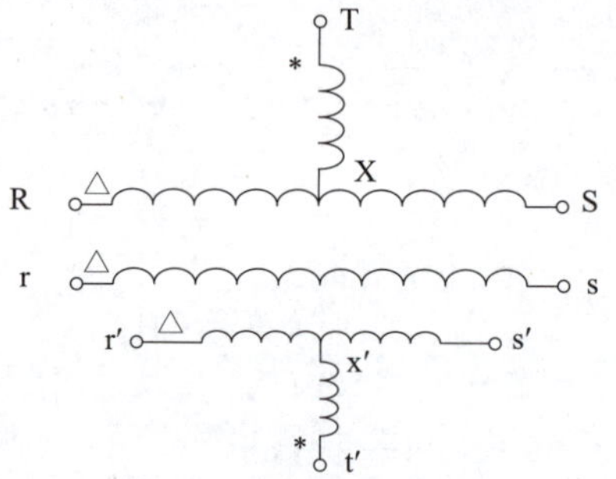

图 5-3 最小补偿容量接线变压器

$$Q=\frac{s-s_{\varepsilon}}{2} \tag{5-3}$$

或者等效地采用最小补偿容量的组合式方案，如图 5-4 所示。采用单相牵引变压器和双 T 接补偿变压器 MT 的组合，SVG1、SVG2 的容量仍然最小。

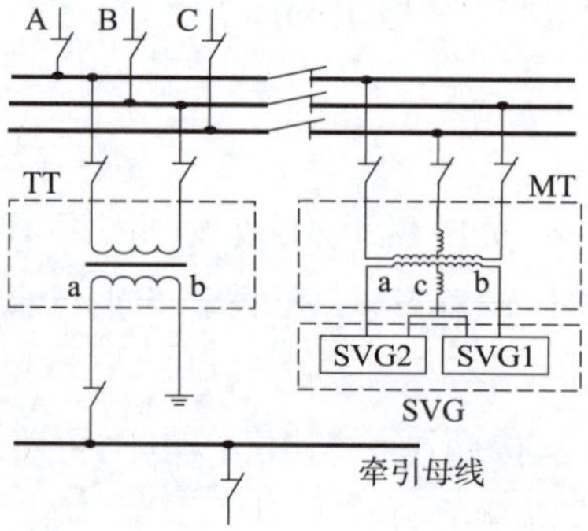

图 5-4 最小补偿容量组合式方案

2. 采用标准联结组的组合式补偿方案

若补偿变压器采用标准联结组的普通三相变压器与单相牵引变压器构成同相供电方案，其中补偿变压器分为两种：(1)补偿变压器 MT 采用 YNd 联结组，如图 5-5 所示，设单相牵引变压器连接电网 AB 相，则 SVG1 交流端口连接补偿变压器 MT 次边 a 相端口，SVG2 交流端口连接补偿变压器 MT 次边 b 相端口；(2)补偿变压器 MT 采用 Dd 联结组，同样，

SVG1交流端口连接补偿变压器MT次边ca端口，SVG2交流端口连接补偿变压器MT次边bc端口，如图5-6所示。每一组SVG的计算容量Q为

$$Q=\frac{S-S_{\varepsilon}}{\sqrt{3}} \tag{5-4}$$

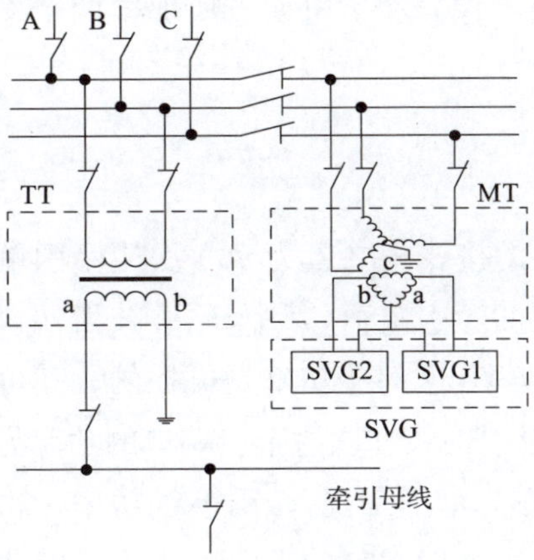

图5-5　采用YNd联结组的同相供电补偿方案接线示意

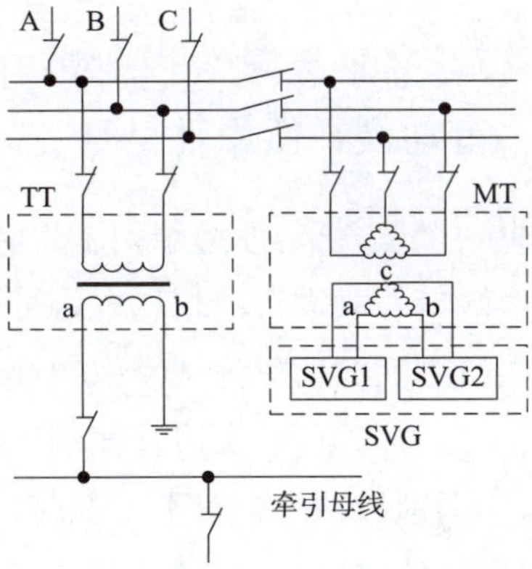

图5-6　采用Dd联结组的同相供电补偿方案连接示意

补偿变压器采用标准联结组的普通三相变压器的优点是通用化程度高，成本低，但比较式(5-3)与式(5-4)可知，所需SVG的容量将比最小容量大$(\frac{2}{\sqrt{3}}-1)\approx 15.5\%$，SVG的单价远高于变压器单价，而图5-3的变压器和图5-4的补偿变压器都需要专门制造，成本高于普通变压器。使用中应根据需要综合比选，择优选取。

组合式方案比较灵活，只有负序超标时才需要增加补偿变压器和SVG。注意：补偿变压器的容量是补偿负序而产生的，与正序潮流无关，因此可以作为专用电能质量治理装置，不计入正序那样的固定容量电费。

组合式方案还有一个优点是用于牵引变电所群的集中补偿[42]，进行PCC负序的集中治理，可以使得其他牵引变电所只设单相主变压器，其设备和结构大大简化，第6章详细讨论。

当然，既有线改造时，也可以利用既有牵引变压器，如YNd11，增加两个端口的SVG进行同相供电，如图4-10所示。

5.2　同相供电与有功型补偿装置

除了PRC治理负序外，在全负序相量图中还能看出，异相供电变电所的两个端口接线角相差120°时，只要均为牵引功率或均为再生功率，其合成负序不会比单个端口最大负序

更大，而两个端口接线角相差 90°时，只要均为牵引功率或均为再生功率，其合成负序是两个端口的负序之差，此时两个端口的负序相互削弱最直接。因此，可以利用端口接线角相差 90°的最佳负序特性来构造另一种同相补偿方案，即有功型补偿方案：将一个（牵引）端口有功功率的一部分转移到另一个（补偿）端口，实现牵引侧的负荷共担和三相侧的负序补偿。此时，接线角相差 90°的两个端口的负荷相互关联，而不像异相供电变电所那样两个端口的负荷相互独立。

5.2.1 有功型补偿原理

构想一个黑盒子：原边牵引端口和原边补偿端口的接线角之差为 90°，次边牵引端口和次边补偿端口并联进行同相供电，共同担负牵引馈线的牵引负荷，其中，原边补偿端口与次边补偿端口之间的功率为从牵引馈线分得的一部分功率，这部分功率是可控的。其可控性表现在：一是方向可控，次边补偿端口的功率方向与牵引馈线和次边牵引端口的功率方向保持一致，牵引馈线功率为牵引工况时，次边补偿端口亦为牵引工况，牵引馈线功率为再生工况时，次边补偿端口亦为再生工况；二是幅值可控，次边补偿端口的功率大小根据馈线功率的大小按比例分得。

实现有功型补偿的装置需要将次边补偿端口（与次边牵引端口同相）与原边补偿端口（与原边牵引端口垂直）连通，这就需要一个交流-直流-交流（AC-DC-AC）通道，即为单相交-直-交变流器，记为 ADA，来实现有功功率传递和补偿[11]。

设馈线牵引负荷功率为 s(MV・A)，功率因数为 1，次边补偿端口的功率为 s_A(MV・A)，次边牵引端口的功率为 s_T(MV・A)，则

$$s = s_T + s_A \tag{5-5}$$

原边牵引端口功率等于次边牵引端口功率 s_T，原边补偿端口功率等于次边补偿端口功率 s_A，原边补偿端口构成 90°接线，s_A 产生与 s_T 方向相反的负序功率，合成负序值 s^- 为

$$s^- = s_T - s_A \tag{5-6}$$

若已知电网短路容量 s_d(MV・A)和国家标准规定的负序电压不平衡度允许值 u_ε(%)，则由式(5-1)得负序功率允许值 s_ε，合成负序值 s^- 不能超过负序功率允许值 s_ε，取

$$s_\varepsilon = s^- = s_T - s_A \tag{5-7}$$

联立式(5-5)和式(5-7)，解得牵引端口的功率 s_T 和补偿端口的功率 s_A 分别为

$$\begin{pmatrix} s_T \\ s_A \end{pmatrix} = \frac{1}{2}\begin{pmatrix} 1 & 1 \\ 1 & -1 \end{pmatrix}\begin{pmatrix} s \\ s_\varepsilon \end{pmatrix} \tag{5-8}$$

由此可得负序相量关系，如图 5-7 所示。显然，补偿端口的负序补偿量 s_A^- 为补偿前后负序功率之差，即

$$s_A^- = s - s^- \tag{5-9}$$

将式(5-5)和式(5-6)代入得

$$s_{A}^{-}=2s_{A} \tag{5-10}$$

或者说，补偿端口的负序补偿能力（负序补偿量）是其补偿容量的2倍。

从式(5-8)可见，当电网足够强大或者牵引负荷较小时，只要 $s \leqslant s_{\varepsilon}$，则由式(5-8)计算的补偿端口的功率 $s_{A} \leqslant 0$，说明此时便无需补偿，只用牵引端口，亦即使用单相牵引变压器便可满足国家标准关于负序电压不平衡度的要求。从这个意义上说，牵引变电所采用单相牵引变压器就是同相供电的最简方式，如图5-8所示。

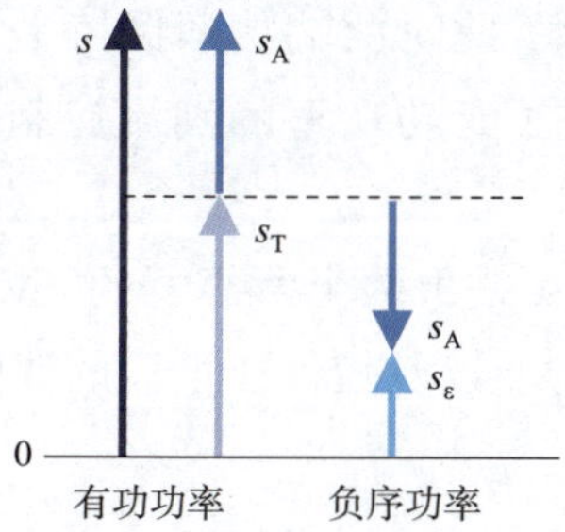

图5-7 牵引端口与补偿端口负序相量图

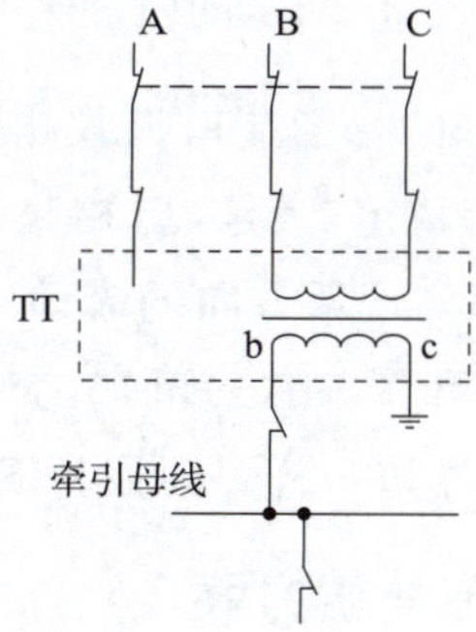

图5-8 单相牵引变压器实现的同相供电

当电网较弱或者牵引负荷较大时，会使得 $s > s_{\varepsilon}$，则由式(5-9)计算的补偿端口的功率 $s_{A} > 0$，就需要进行有功型补偿。

有功型补偿使用单相交-直-交变流器，也称为补偿变流器，图5-9是其中一个功率单元的拓扑结构，它主要包含：两个单相H逆变桥 $T_{M1} \sim T_{M4}$ 和 $T_{T1} \sim T_{T4}$，两个逆变桥之间的直流环节（公共直流电容）C，以及两个逆变桥交流侧各自的并网电抗器 L_{M} 和 L_{T}。

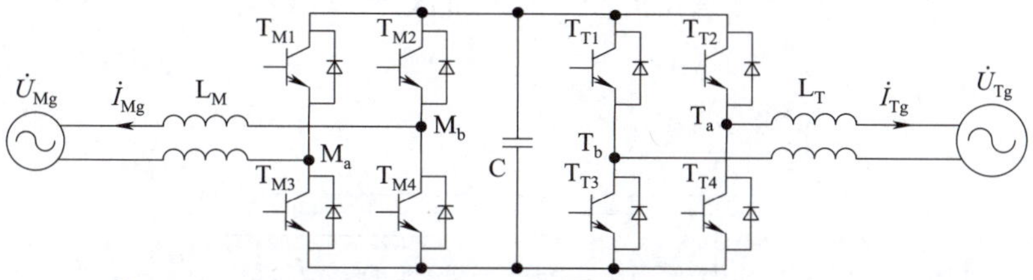

图5-9 单相交-直-交变流器功率单元拓扑

交-直-交变流器的工作原理：以图5-9中左侧H逆变桥为例，通过控制逆变桥交流侧电压 $\dot{U}_{Ma\text{-}Mb}$ 与补偿端口电压 $\dot{U}_{Mg}$ 相对的幅值和相位，间接控制并网电抗 L_{M} 两端电压差 $\dot{U}_{L}$ 和通过并网电抗 L_{M} 的电流 $\dot{I}_{Mg}$，$\dot{I}_{Mg}$ 滞后 $\dot{U}_{L}$ 90°，控制 $\dot{U}_{L}$ 的幅值和相位便可以使逆变桥交流侧产生与补偿端口电压 $\dot{U}_{Mg}$ 同相位或者反相位的有功电流 $\dot{I}_{Mg}$，如图5-10所示。当 $\dot{I}_{Mg}$ 与 $\dot{U}_{Mg}$ 同相位时，逆变桥向补偿端口输送有功功率；当 $\dot{I}_{Mg}$ 与 $\dot{U}_{Mg}$ 反相位时，逆变桥从补偿端口吸收有功功率。

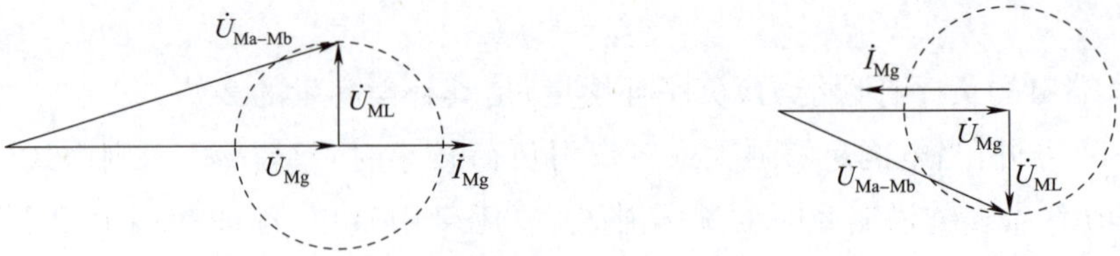

图 5-10 逆变桥有功电流控制相量示意

控制逆变桥 T_{M1}～T_{M4} 向电压为 $\dot{U}_{Mg}$ 的补偿端口输送有功功率时，同时控制逆变桥 T_{T1}～T_{T4} 从电压为 $\dot{U}_{Tg}$ 的补偿端口吸收相同大小的有功功率，此时两端功率保持平衡，公共直流电容 C 电压保持稳定，于是，单相交-直-交变流器实现了有功功率的潮流控制。相反，也可以控制有功功率实现反方向的流动。

比较图 5-9 和图 5-1(a)可知，交-直-交变流器 ADA 是由两个背靠背的 SVG 组成的，自然 ADA 的交流端口一样可以发挥 SVG 的无功补偿功能以及较低次谐波的滤除功能。

5.2.2 有功型补偿方案

至此，根据黑盒子特征——原边牵引端口与原边补偿端口的接线角垂直、次边牵引端口与次边补偿端口来共同担负牵引馈线的牵引负荷，可以构造两种组合式含有有功型补偿变流器的同相供电方案，即以牵引变压器接线方式中最简捷、最经济的单相牵引变压器为基础，实现补偿容量配置最小化的最佳匹配，从而取消牵引变电所出口处电分相，并补偿负序以满足三相电压不平衡度(负序)限值的电能质量要求。

1. 单三相组合式同相供电方案

牵引变电所的单三相组合式同相供电方案示意如图 5-11 所示。单三相组合式的名称意指单相牵引变压器 TT 与三相高压匹配变压器 HMT 之组合。

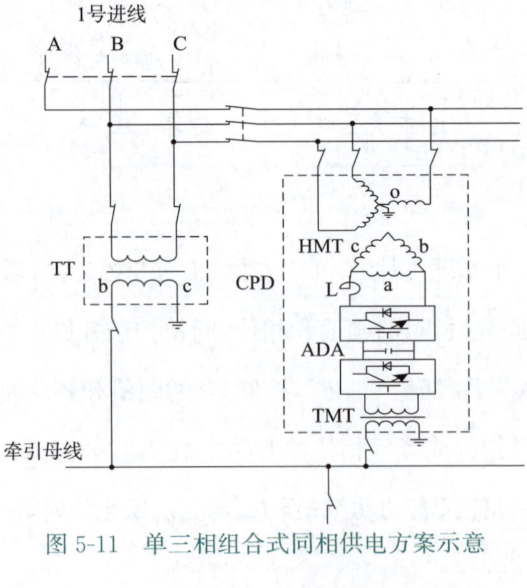

图 5-11 单三相组合式同相供电方案示意

单三相组合式同相供电变电所包括单相牵引变压器 TT 和同相补偿装置 CPD。同相补偿装置 CPD 包括高压匹配变压器 HMT、并网电抗器 L、交-直-交变流器 ADA、牵引匹配变压器 TMT。其中，单相牵引变压器 TT 连接电网的线电压，如图 5-11 中次边为 bc 相，三相高压匹配变压器 HMT 连接补偿变流器 ADA 的绕组为电网的相电压，如图 5-11 中为 a 相，显然，bc 相与 a 相的相位相差 90°。三相高压匹配变压器 HMT 次边 a 相绕组连接交-直-交变流器 ADA 输入端；交-直-交变流器 ADA 输出端连接牵引匹配变压器 TMT 原边，产生与牵引变压器 TT 相同相位和相同频率的电压；牵引变压器 TT 次边绕组和牵引匹配变压器 TMT 次边绕组均与牵引母线相接。

国铁集团立项支持的首座单三相组合式同相供电变电所在瓦日线沙峪建成，并于 2014 年 12 月 28 日投入科研试验运行，现场场景如图 5-12 所示。

图 5-12　瓦日线沙峪牵引变电所全景

2. 单相组合式同相供电方案

图 5-13 是牵引变电所采用单相组合式同相供电方案示意。单相组合式的名称意指单相牵引变压器与单相高压匹配变压器之组合。

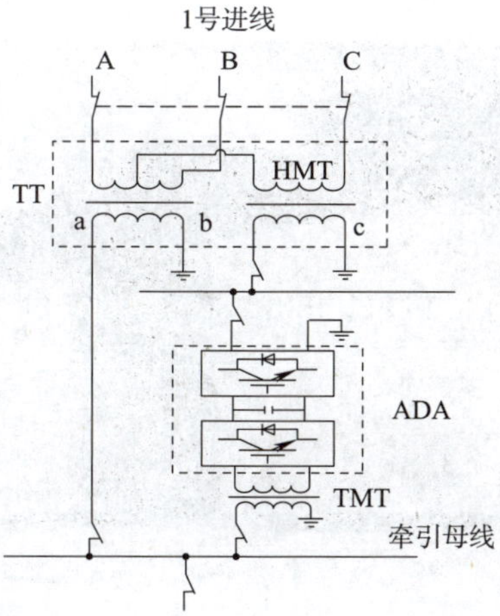

图 5-13　单相组合式同相供电方案示意

单相组合式同相供电牵引变电所包括牵引变压器 TT 和同相补偿装置 CPD;同相补偿装置 CPD 由高压匹配变压器 HMT、交-直-交变流器 ADA 和牵引匹配变压器 TMT 构成;牵引变压器 TT 和同相补偿装置 CPD 均为单相结构;高压匹配变压器 HMT 原边绕组的一端与牵引变压器 TT 原边绕组中点相接;牵引变压器 TT 原边绕组连接电网高压进线的同一线电压,如图 5-13 中为 AB 线电压(次边为 ab 线电压),即连接在三相中的 A、B 两相之间,高压匹配变压器 HMT 原边绕组的另一端 T1 连接三相中的另一相,如图 5-13 中为 C 相(次边为 c 相),显然,ab 相与 c 相的相位相差 90°;高压匹配变压器 HMT 次边绕组连接交-直-交变流器 ADA 输入端;交-直-交变流器 ADA 输出端连接牵引匹配变压器 TMT 原边,产生与牵引变压器 TT 相同相位和频率的电压;牵引变压器 TT 次边绕组和牵引匹配变压器 TMT 次边绕组均与牵引母线相接。

由式(5-9)可知,只要电网的负序功率允许值$s_\varepsilon>0$,牵引端口的功率(对应牵引变压器的计算容量)总是大于补偿端口的功率(对应同相补偿装置的计算容量),因此牵引变压器 TT 与高压匹配变压器 HMT 将构成不等边 Scott 接线,牵引变压器 TT 为 M 座(Main phase,主座),高压匹配变压器 HMT 为 T 座(Teaser,副座),这样就构成一种 M 座和 T 座绕组容量不等的特殊的 Scott 接线变压器。正常运行中,牵引变压器 TT(M 座)和同相补偿装置 CPD 共同给牵引馈线的牵引负荷供电,牵引变压器 TT(M 座)担负主要供电任务,同相补偿装置 CPD 担负辅助的供电任务,但主要担负负序治理任务,因此,同相补偿装置也称为同相供电装置。

通常,为了紧凑和便于安装,节省占地,不等边 Scott 接线变压器 M 座、T 座共箱制造使用,此时,交-直-交变流器 ADA 和牵引匹配变压器 TMT 组成同相供电装置 CPD。

国家发改委批准的"十二五"国家战略性新兴产业示范工程、首批两座单相组合式同相供电变电所在温州市域铁路 S1 线建成,并于 2018 年 10 月 1 日开通运行,同相供电装置采用风冷,运行场景如图 5-14 所示。温州市域铁路 S2 线也采用这种方式。

图 5-14　温州市域铁路 S1 线同相供电装置运行现场

粤港澳大湾区主干线——广州地铁 18 号线、22 号线 4 座变电所均采用单相组合式同相供电，2021 年 9 月 28 日投运，如图 5-15 所示，其中同相供电装置采用水冷模式、使用 3.3 kV 的 IGBT 元件。

图 5-15 广州地铁 18 号线和 22 号线现场

同相供电装置中的交-直-交变流器要完成两侧交流电压 90°的相位转换。

两种组合式同相供电方案特点列于表 5-1。

表 5-1 两种组合式同相供电方案特点比较

指　标	方　案	
	单三相组合式同相供电方案	单相组合式同相供电方案
适用场合	既有线改造、新线建设	新线建设
负序电流	可控，保证满足国标要求	可控，保证满足国标要求
优　点	高压侧有中性点，可大电流接地；YNd11 接线可提供三相电源	容量利用率高；牵引变压器和高压匹配变压器构成不等边 Scott 接线，方便共箱布置，集成度高，占地少
缺　点	YNd11 接线匹配变压器容量利用率稍低	高压侧无中性点，不可大电流接地

5.2.3 牵引变压器的过负荷能力

牵引变电所变压器容量的选择是根据变压器的负荷能力和过负荷能力以及运行条件来决定的[4]。

变压器的负荷能力是指在正常预期寿命下变压器可持续输出的容量，取决于变压器绕组的热点温度，由变压器绕组绝缘材料温度决定。绝缘纸的老化随着热点温度提高而加速，从而影响变压器的预期寿命。

若令绝缘材料的温度为 Q，变压器的使用年限（寿命）为 T，则两者的关系如图 5-16 所示，其中，Q 单位为℃，T 单位为年。由图可知，当绝缘纸温度 Q 为 98 ℃时，变压器使用年限 T 约等于 20 年。这也就是一般变压器的设计标准。低于 98 ℃时，使用年限迅速上升；高于 98 ℃时，使用年限急剧下降。一般遵循 6 ℃法则，即温度升高 6 ℃，变压器寿命缩短一半，温度减少 6 ℃，变压器寿命增加一倍。

变压器油的老化在温度超过 85 ℃后加剧。油面温度一般低于变压器绕组温度 10 ℃左右。所以按设计标准，在变压器运行中也不允许油面温度超过 85 ℃。

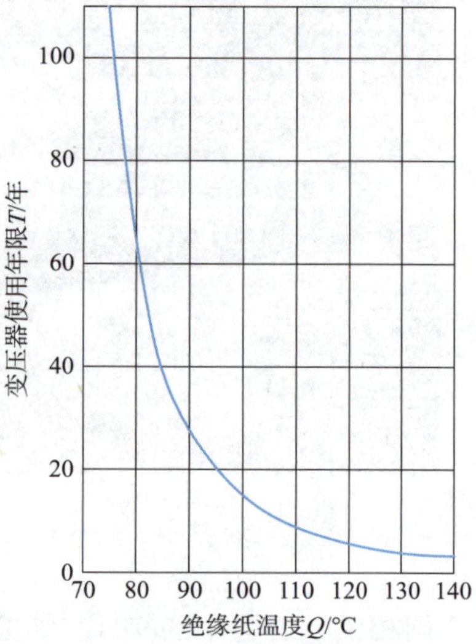

图 5-16　绝缘纸温度与变压器使用年限关系曲线

实际运行中，在同样负荷下，变压器温度随周围空气温度和流通情况而异。设计中，一般只根据最高气温为 40 ℃时所标定的变压器额定容量进行选择。

根据《电力变压器　第 7 部分：油浸式电力变压器负载导则》(GB/T 1094.7—2008)：A 级绝缘变压器，绝缘系统温度为 105 ℃，长期持续运行温度为 98 ℃，一般认为变压器运行过程中绕组热点温度比平均温度高 13 ℃，变压器连续额定负荷下温度为 85 ℃，运行环境温度按年平均温度 20 ℃计算，变压器额定连续负荷下绕组平均温升为 65 K；变压器过负荷(长期救急负荷)运行，环境温度按月平均温度 30 ℃计算，变压器热点温度最高可达到 140 ℃。

变压器的负荷能力根据以上所情况而区别不同情形。

(1)正常运行时，变压器绕组容许电流见表 5-2。

表 5-2　牵引变压器正常负荷能力

变压器容量/(MV·A)	27.5 kV 绕组额定电流/A			
	YNd11 接线		Vv 接线	单相接线
	额定值	允许较高值*		
16	194	206	291	582
20	242	258	364	728
31.5	382	406	573	1 146
50	606	645	909	1 818

注：* 考虑温度系数 K_t 时的允许较高值。

实际运营中牵引负荷不断变化。图 5-17 表示某牵引变电所变压器绕组电流的实测结果。在测量的短短 40 min 内，电流就有很大的起伏。这种情形在单线多坡区段尤为显著。

变压器的温度犹如电路中的过渡过程，变化是逐步的，也是按指数曲线增减。变压器绕组的热时间常数为 10 min 左右，变压器油的热时间常数则长达 2～3 h，负荷变化引起的绕

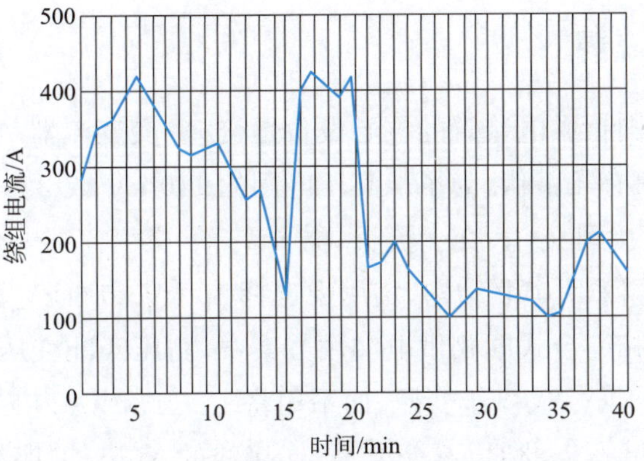

图 5-17　变压器绕组电流实测结果

组温度变化约 30 min 才能达到稳定值，且绕组的短时允许热点温度可高达 140 ℃，变压器油达到稳定温度所需时间更长，所以在设计和运行中确定变压器负荷能力时，没有必要考虑电流的极短时起伏和尖峰。

(2)变压器的正常容许过负荷(过载)与短时容许过负荷的电流起伏不同，有时变压器负荷出现长时间的持续上升。这在一般电力变压器中是常见的现象。一般电力负荷在一昼夜中常有持续数小时的高峰，而在其余时间内处于低谷。在低负荷时期，变压器负荷一般低于其额定容量，因此，变压器负荷能力还有一定裕量，可允许高负荷时期超过其额定容量。

牵引负荷波动剧烈，有着不同于一般电力负荷的特点，牵引变压器也有不同于一般电力变压器的特殊要求。《电气化铁路牵引变压器》(TB/T 3159—2021)给出了一种典型负荷曲线来规定牵引变压器应满足的过负荷能力，如图 5-18 所示，相对负荷是牵引负荷与额定负荷之比，最大 3 倍(2 min)。牵引负荷运行周期约 6.0 h，按环境温度 30 ℃、绕组最热点温度不超过 140 ℃、顶层油温不超过 105 ℃设计。其中，对于 K_1，常速单线取 0.5，常速复线取 0.6，客运专线、城际铁路或重载铁路取 0.7～0.8。牵引变压器的过负荷曲线也因线路行车组织方案不同而有所不同，用户可根据需要与变压器制造厂对负荷曲线进行调整。

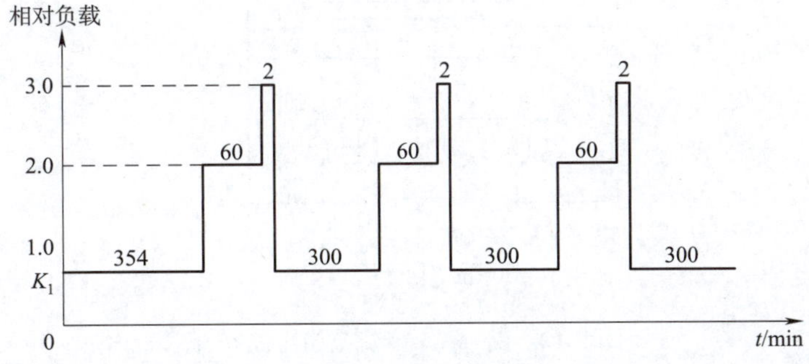

图 5-18　典型负荷曲线

5.2.4 交-直-交变流器

已经看出，有功型同相供电装置的核心设备是交-直-交变流器 ADA，而交-直-交变流器单元的交流侧端电压只有几百伏，为了从高压电网的 110 kV 或 220 kV 经高压匹配变压器 HMT 一级变压就能连接到交-直-交变流器，需要交-直-交变流器一侧提高电压，即各个交-直-交变流单元在高压侧采用串联结构，实用中选择 10 kV 和 6 kV 两种标准电压等级。因此，单三相组合式和单相组合式同相供电实用方案中，高压匹配变压器 HMT 将 110 kV 或 220 kV 降至 10 kV 或 6 kV，仅一级变压，而不用将 110 kV 或 220 kV 降至 27.5 kV 再降至 10 kV 或 6 kV 的两级降压。此时，不等边 Scott 接线的 M 座、T 座次边绕组不仅容量不相等，电压也是不相等的。

图 5-19 是单相组合式同相供电变电所的交-直-交变流器主电路拓扑，采用 1 700 V IGBT 功率器件和 H 桥串并联结构：串联（级联）侧通过并网电抗器与 T 座次边绕组（高压匹配变压器 HMT 次边）连接，额定电压 10 kV，并联侧通过牵引匹配变压器 TMT 升压到 27.5 kV 与牵引母线连接。这与早期的半功率方案（见图 5-21）相比省去了一级（高压）匹配变压器，使得安装更紧凑，节省占地和投资。

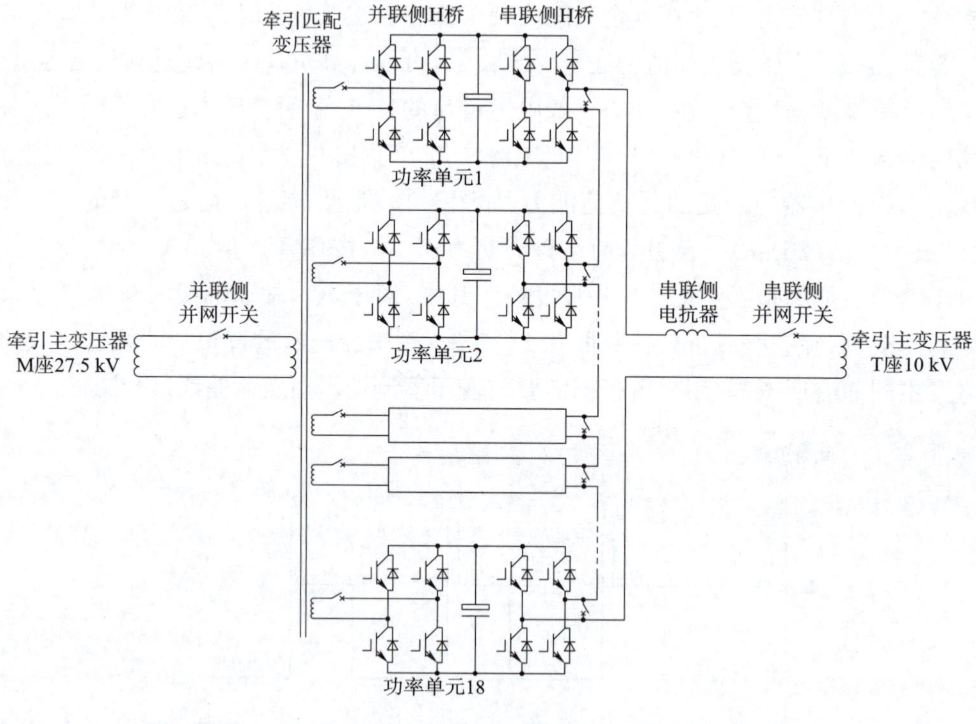

图 5-19 交-直-交变流器主电路拓扑

图 5-19 所示的主电路共有 18 个功率单元，单个功率单元的拓扑如图 5-20 所示。为提

高可靠性，每个功率单元的串联侧尚可配置旁路开关，并联侧配置分断开关。同相供电装置正常运行时，18 个功率单元全部投入，每个功率单元两端交流电压为 556 V。当一个功率单元出现故障时，其并联侧分断开关分闸，串联侧旁路开关合闸，故障单元退出且不影响同相供电装置继续运行。5 MW 同相供电装置运行时最多允许两个功率单元故障退出。当发生功率单元故障退出时，剩余功率单元的串联侧电压稍作调整，如剩余 17 级功率单元时，每个功率单元串联侧交流端口电压提升到 588 V，剩余 16 级功率单元时，每个功率单元串联侧交流端口电压提升到 625 V。

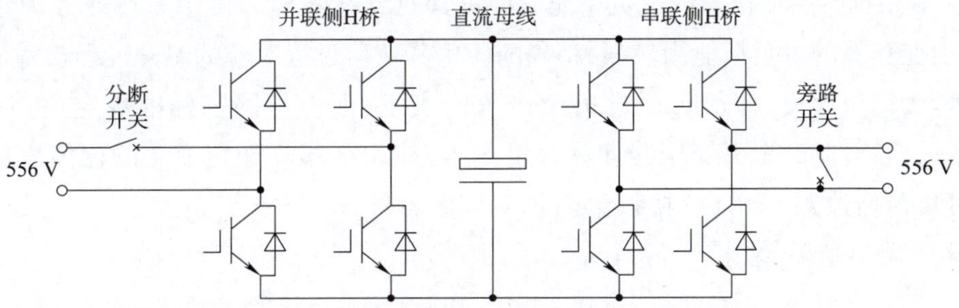

图 5-20　功率单元拓扑

5.2.5　设计方法与步骤

同相供电装置中的交-直-交变流器是最昂贵的，最大程度优化降低其容量可以取得显著的经济效益。式(5-8)可以得到补偿端口所需的交-直-交变流器容量的最小值 s_A，是最经济的，但由式(5-9)进一步可见，s_A 取决于负荷功率最大值(或 95%概率大值)s 与负序功率允许值 s_ε 最大值(或 95%概率大值)的差值，而式(5-1)表明，负序功率允许值 s_ε 与电网短路容量成正比，由此可知，在同样的牵引负荷条件下，电网越强大，交-直-交变流器的计算容量 s_A 就越小，投资就越小，应尽量选择短路容量较大的 PCC 来给牵引变电所供电。

组合式同相供电设计方法与步骤如下：

步骤 1：由供电计算得牵引负荷过程 $s_L(t)$，提取与《电能质量　三相电压不平衡》(GB/T 15543—2008)规定值(最大值或 95%概率大值)对应的负荷功率 $s=S$；根据国家标准规定的三相电压不平衡度限值 u_ε(%)和系统短路容量 s_d(MV·A)按式(5-7)计算负序功率允许值 s_ε。

步骤 2：若 $s_\varepsilon \geqslant S$，则由式(5-8)知，通过同相供电装置的功率 $s_A \leqslant 0$，即不需要加装同相供电装置，只用单相牵引变压器即可，它产生的三相电压不平衡度满足国家标准要求，令 $s_A=0$，由式(5-5)得牵引变压器计算容量 $S'_T=s_T=S$，转至步骤 5；若 $s_\varepsilon<S$，则通过同相供电装置的功率 $s_A>0$，即需要加装同相供电装置。

步骤 3：将 $s=S$ 代入式(5-8)得牵引变压器计算容量 S'_T 和同相供电装置计算容量 S'_A

分别为

$$\begin{pmatrix} S'_T \\ S'_A \end{pmatrix} = \frac{1}{2}\begin{pmatrix} 1 & 1 \\ 1 & -1 \end{pmatrix}\begin{pmatrix} S \\ s_\varepsilon \end{pmatrix} \tag{5-11}$$

步骤 4:同相供电装置中的核心元件是交-直-交变流器,按照其过负荷能力计算其安装容量 S_A。交-直-交变流器的过负荷能力通常较小,工程上可认为 $S_A=S'_A$,而同相供电装置中的匹配变压器的过负荷能力较强,其安装容量的计算可参考下一步牵引变压器安装容量的计算方法进行。

步骤 5:根据牵引变压器的过负荷能力计算其安装容量 S_T。由图 5-18 所示典型负荷曲线知,牵引变压器的过负荷能力较强,精确的应由其负荷过程对应的温升过程与寿命损失来计算[43-44],为简单起见,一般可由过负荷倍数k_T表示,即由与国家标准规定值(最大值或95%概率大值)对应的牵引变压器计算容量 S_T 与牵引变压器额定容量的比值表示。牵引变压器过负荷倍数 $k_T(\geqslant 2)$一般是给定的,则安装容量 $S_T=S'_T/k_T$。

步骤 6:给出结果,结束。

5.2.6 组合式同相供电运行方式

当交-直-交变流器安装(额定)容量为 S_A 时,从式(5-10)知,同相供电装置的额定负序补偿能力为

$$s_A^- = 2S_A \tag{5-12}$$

也就是说,经过如上设计,同相供电装置应在额定负序补偿能力范围内运行来满足国家标准规定的负序功率允许值s_ε,设时刻 t 的牵引负荷功率为 $s(t)$,则应控制同相供电装置的出力 $s_A(t)$满足

$$0 \leqslant s(t) - 2s_A(t) \leqslant s_\varepsilon \tag{5-13}$$

由此并结合式(5-8)和图 5-8,可以得到同相供电装置(交-直-交变流器)两种基本方式运行:

方式一:已知交-直-交变流器额定容量 S_A,当负荷功率 $s(t)$小于等于 S_A 的 2 倍,即 $s(t)\leqslant 2S_A$ 时,控制同相供电装置的交-直-交变流器从牵引馈线分流,使其和牵引变压器分别供给负荷功率的 1/2,此时负序电流得以完全补偿,由此引起的三相电压不平衡度为零,自然满足国家标准要求;当负荷功率大于交-直-交变流器额定容量 S_A 的 2 倍时,同相供电装置按其交-直-交变流器额定容量 S_A 供给,其余部分由牵引变压器供给,此时将产生剩余负序功率,但低于负序功率允许值s_ε,即对应的三相电压不平衡度满足国家标准要求。

方式二:根据式(5-8)知

$$s_A(t) = \frac{1}{2}[s(t) - s_\varepsilon] \tag{5-14}$$

当 $s(t)\leqslant s_\varepsilon$ 时,同相供电装置平时处于热备状态,通过功率为 0;当 $s(t)>s_\varepsilon$ 时,控制同

相供电装置的交-直-交变流器开始按照式(5-14)运行，即它和牵引变压器分别供给负荷功率 s 与负序功率允许值 s_ε 差值的 1/2，由此保证超额的负序功率得以补偿，三相电压不平衡度保持在国标规定值的范围内。

当然，同相供电装置可以在两种基本运行方式之间运行并进行优化[45-47]。

同相供电装置运行方式将直接影响它本身和牵引变压器的负荷过程及发热过程和效率，影响牵引变压器安装容量的选择，但在补偿负序达到国家标准要求的目标上是等值的。

在使用匹配变压器的同相供电装置基础上，可以进一步研究开发直挂型交-直-交变流器来实现同相供电装置全电力电子化[48]。

5.2.7　变电所同相供电的特殊情形

下面再讨论两种特殊情形。

一是半交-直-交变电所。如果要求补偿全部负序，可令负序功率允许值 $s_\varepsilon=0$，则由式(5-8)或式(5-9)得

$$s_T=s_A=\frac{s}{2} \tag{5-15}$$

即要求同相补偿装置和牵引变压器各担负一半的牵引负荷才能使负序为 0。此时，对应负荷功率最大值或 95%概率大值，可得同相补偿装置的交-直-交变流器计算容量等于牵引变压器的计算容量，称为半交-直-交变电所，也称半功率变电所。

2007 年～2010 年作者团队完成的、国家科技支撑计划重大专项支持的世界首套电气化铁路同相供电装置就属于半交-直-交变电所方案，原理如图 5-21 所示，其中，两个背靠背的 SVG 构成交-直-交 ADA 电路。现场试验场景如图 5-22 所示。

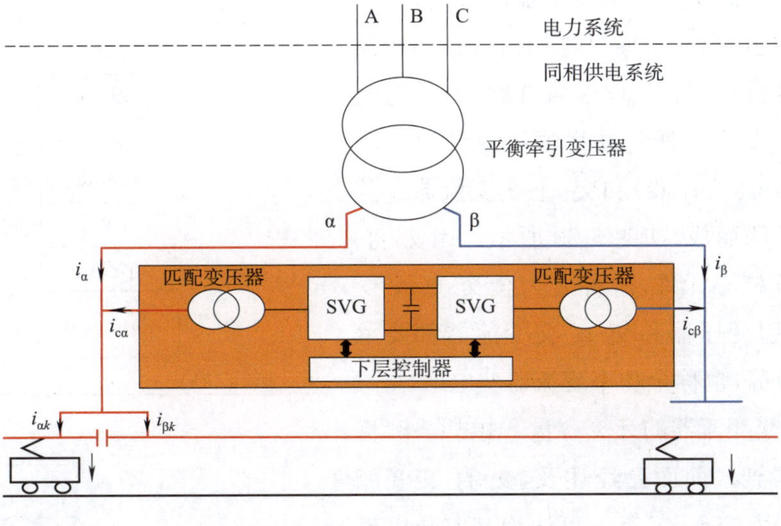

图 5-21　半功率同相供电方案原理

图 5-22 同相供电眉山变电所试验现场

由此进一步可见，由于利用了国家标准规定的负序功率允许值，根据式(5-8)计算的组合式同相供电所需的同相供电装置的计算容量小于牵引负荷计算值(最大值或 95%概率大值)的一半。实际应用中，由于电网容量较大，同相供电装置的安装容量只占牵引变压器安装容量(小于计算容量 2 倍及以上)1/4、1/5，甚至更低。因此，即使同相供电装置(包括备用的)因故退出，亦可利用牵引变压器继续给列车供电，或者说，组合式同相供电具有故障导向安全特性。此时应注意负序是否超标，如果超标，应适当减少行车量，待同相供电装置修复投入后再恢复正常运量。

还有一个更极端的特例需要加以说明，这就是全交-直-交变电所。上面讨论的组合式同相供电由牵引变压器与同相供电装置并联而成，与此相反，全交-直-交变电所的功率通道由牵引变压器(还应设置降压变压器)和交-直-交变流器以及升压变压器串联而成，如图 5-23 所示。因交-直-交变流器是其核心元件，故称之为全交-直-交变电所，也因牵引变压器和交-直-交变流器都要承担全部牵引负荷，也称全功率变流器变电所。

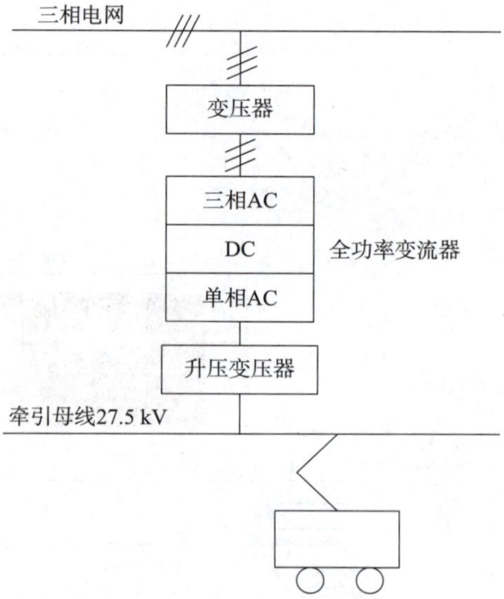

图 5-23 全交-直-交变电所拓扑示意

全交-直-交变流器的计算容量 s 由式(5-8)将 s_T+s_A 计算得到。前面已经述及，交-直-交变流器的过负荷能力较小，工程上可认为其安装容量等于计算容量，即计算容量应等于(不小于)最大牵引负荷 S,是半交-直-交变电所交-直-交变流器计算容量的 2 倍,这就进一步拉高了建设成本。虽然全交-直-交变电所的负序为 0,其无功、谐波与交-直-交型电力机车、动车组一样可以做得很好,电能质量指标非常理想,但建设成本很高,可能达到组合式同相供电交-直-交变流器的几倍甚至十几倍以上,将大大限制其应用范围。

实际上,全交-直-交变电所在牵引变压器为三相—两相平衡接线时,就是图 5-21 所示的两个半交-直-交变电所的组合,即用两套交-直-交变流器 ADA1、ADA2 分别接入牵引变压器的两个牵引端口,再在牵引母线实现同相供电,如图 5-24 所示。

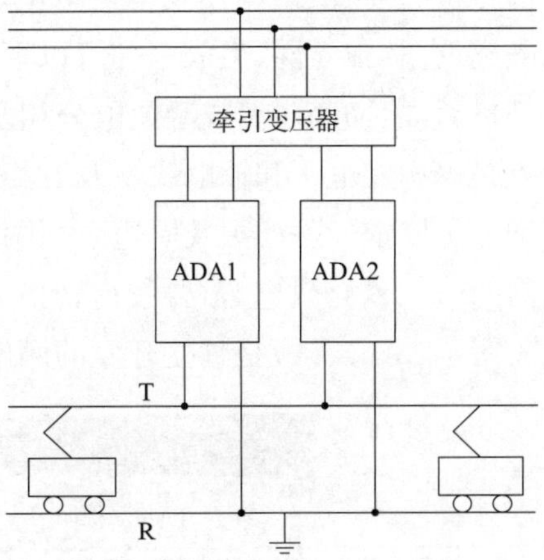

图 5-24　全交-直-交同相供电示例

【例 5.1】 某电气化铁路牵引变电所短路容量为 1 773 MV·A,最大负荷 55.8 MV·A,试计算全交-直-交变电所变流器、半交-直-交变电所变流器和组合式同相供电变流器的计算容量(其中根据国家标准电压不平衡度最大值按 2.6%考虑)。

解:如果不考虑变流器的过负荷能力,则全交-直-交变电所的变流器应满足最大负荷需求,即其计算容量应为(不小于)55.8 MV·A,半交-直-交变电所的变流器容量应为(不小于)27.9 MV·A。

根据国家标准,电压不平衡度允许最大值取 2.6%,则由式(5-1)得负序功率允许值

$$s_\varepsilon = u_\varepsilon \times s_{\mathrm{d}}/100 \approx 46\ \mathrm{MV \cdot A}$$

代入式(5-11)得组合式同相供电装置变流器计算容量为 4.9 MV·A。

可知,三类方案所需变流器容量分别为:全交-直-交变电所 55.8 MV·A,半交-直-交变电所 27.9 MV·A,组合式 4.9 MV·A。若变流器容量按照 5 MV·A 为一组设计,则组合式方案需要 1 组,半交-直-交方案需要 6 组,全交-直-交方案需要 11 组。如果进一步考虑备用,还要增加组数,更加复杂。解毕。

全交-直-交变电所方案的好处:通过交-直-交变流器的直流缓冲,隔绝牵引网和电网之间的负序、无功、谐波的联系,从而消除对电网的电能质量影响,实现全线多个牵引变电所牵引网的贯通供电。为此,交-直-交变流器的三相 AC 侧工作于并网模式,单相 AC 侧工作于电压源模式并且需要支持多个牵引变电所电压源的并联,由此,可以取消全线电分相,消除全部列车断电区。因此,这种系统可称为"理想"供电系统[16]。但是,由例 5.1 已见全交-直-交变流器将是图 5-19 所示的 11 组变流器的并联,不仅十分复杂,可靠性保障困难,运营维护任务艰巨,而且其容量之大,投资之巨,凡是工程实现都必须要慎重考虑的。

正是考虑技术、经济因素,全交-直-交变电所一般只适用于一些特殊场合。例如,德国牵引供电系统采用低频(16.7 Hz)单相 15 kV 交流制,除了专用单相发电厂和输电线,还有

一部分全交-直-交变电所从电网取电，其优点是牵引网相对(50 Hz)公用电网进行了交-直-交隔离，有其独立性，生成一种可以不同于电网电压相位和频率的铁路专用电压并将牵引网全部贯通，能彻底取消或避免电分相及列车断电区的不良影响，也不会在电网产生负序；而缺点是单相发电厂和输电线不及三相发电厂和输电线普及率高、效率高，全交-直-交变电所更增加了成本。除德国及周边个别国家采用外，日本有一处全交-直-交变电所，由 60 Hz 电网向 50 Hz 铁路供电，需要频率转换与隔离。英国也有一处全交-直-交变电所。

图 5-25(a)、(b)是日立开发的两座全交-直-交变流器牵引变电所全景。

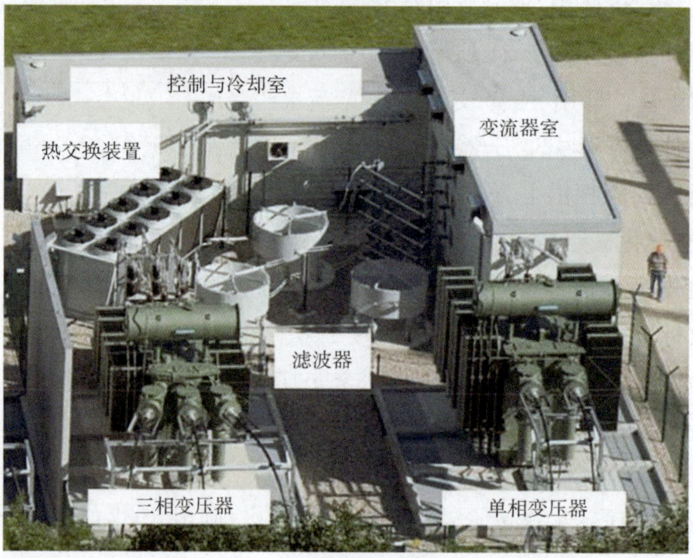

(a)

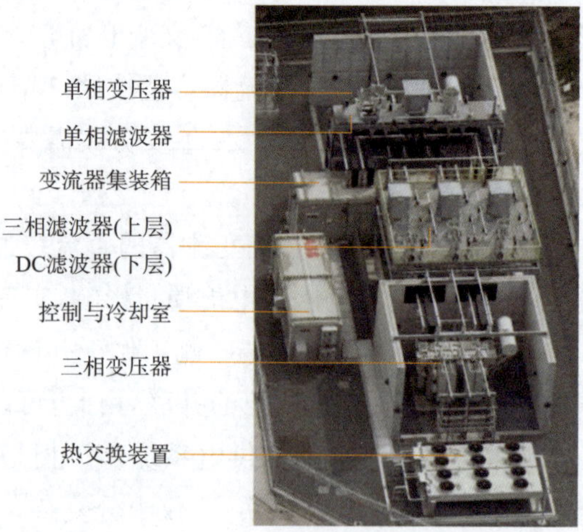

(b)

图 5-25　全交-直-交变流器牵引变电所全景

另外一种特殊场合是一条重要铁路由两个不同电网供电且要求牵引网贯通，不设电分相，则可以将分属于不同电网的两个牵引变电所群，一个群设置为常规(如组合式同相供电)变电所，另一个群设置为全交-直-交变电所，其中全交-直-交变电所生成的母线电压应与常规变电所的母线电压同大小、同相位。

显然，半交-直-交变电所和全交-直-交变电所都对负序进行了过度补偿，造成交-直-交变流器容量的巨大浪费。

5.3 同相供电交-直-交变流器的数学模型与控制系统

静止无功发生器SVG和交-直-交变流器ADA基本单元都是单相H桥变流器。对于低压SVG，其拓扑为一个单相H桥或多个单相H桥并联；对于高压SVG，其拓扑为多个单相H桥级联；而ADA是两个背靠背单相H桥。无论SVG还是ADA，其潮流控制都属于基于单相H桥变流器并网电流控制，控制算法主体基本一致。下面以单相H桥变流器为例，分析其控制方法。

5.3.1 单相H桥变流器数学模型与控制方程

在图5-1所示SVG的单相H桥变流器主电路拓扑中标出电压和电流的参考方向，重绘于图5-26。

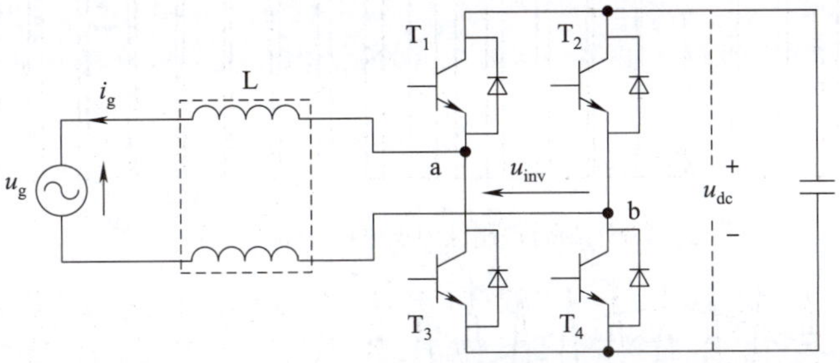

图5-26 单相H桥变流器主电路拓扑

图5-26中，忽略IGBT的开通压降，有电压方程

$$u_g = u_{inv} - L\frac{di_g}{dt} \tag{5-16}$$

式中 u_{inv}——左、右桥臂中点a和b之间的电压，是$T_1 \sim T_4$开关状态函数，与PWM(脉宽调制)方式相关[49]。

为了提高等效开关频率，单相H桥变流器一般采用单极性脉宽调制。单极性脉宽调制原理如图5-27所示，其中M是调制波，C是载波，左桥臂(T_1，T_3)和右桥臂(T_2，T_4)独立调制，两桥臂调制信号反相。在调制信号大于载波信号时桥臂上管开通下管关断，中点电压为 u_{dc}，反之桥臂下管开通上管关断中点电压为 0，调制过程左、右桥臂中点电压形成相对于直流电压负极的两阶 PWM 波形，如图 5-27(a)、(b)所示；左、右桥臂中点之间的电压即为 H 桥输出电压 u_{inv}，其波形如图 5-27(c)所示，是三阶 PWM 波形。

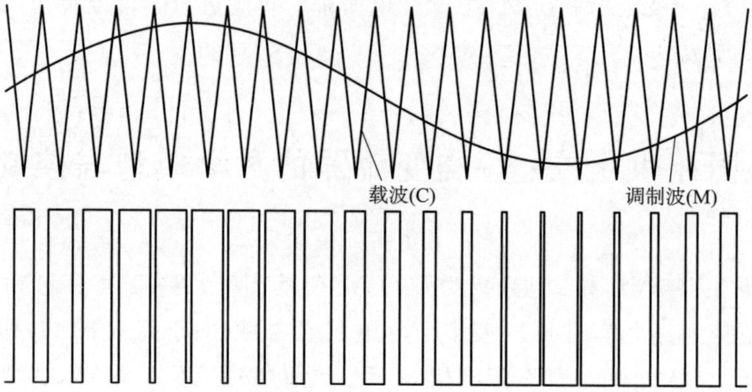

(a)左桥臂调制及中点电压 PWM 波形

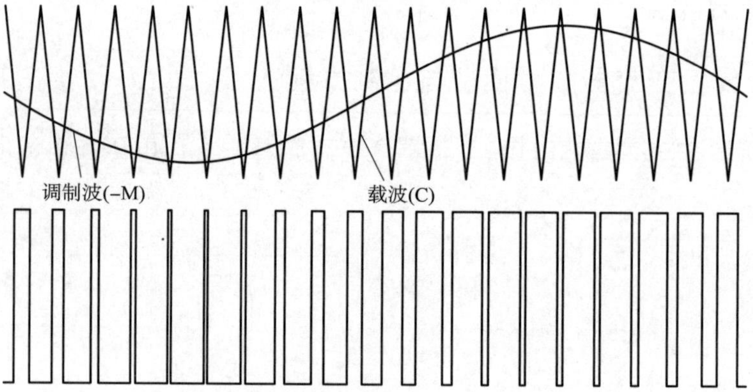

(b)右桥臂调制及中点电压 PWM 波形

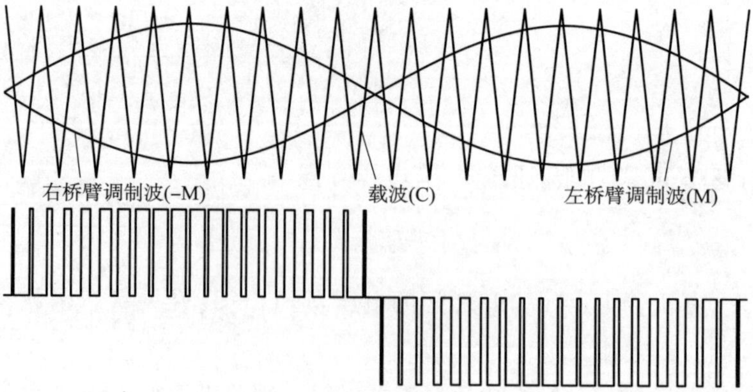

(c)左、右桥臂调制对比及中点之间电压 PWM 波形

图 5-27　单相 H 桥单极性 PWM 调制

从图 5-27 中可以看到左桥臂 T_1、T_3 互补开关，右桥臂 T_2、T_4 互补开关，每一时刻左、右桥臂有且只有一个开关处于开通状态，因此[T_1，T_2，T_3，T_4]共有 4 种有效状态。

$$[T_1,T_2,T_3,T_4]\in\{[1,0,0,1],[1,1,0,0],[0,0,1,1],[0,1,1,0]\} \tag{5-17}$$

式中，1 代表对应开关导通，0 代表对应开关关断，其中导通状态包括二极管续流的导通。

因此，u_{inv}与[T_1，T_2，T_3，T_4]开关状态及直流电压u_{dc}的函数关系为

$$u_{inv}=D_{PWM}u_{dc} \tag{5-18}$$

式中，D_{PWM}是一个与调制信号 M 相关的量，其取值为

$$D_{PWM}=\begin{cases}1,([T_1,T_2,T_3,T_4]=[1,0,0,1])\\0,([T_1,T_2,T_3,T_4]=[1,1,0,0]\cup[0,0,1,1])\\-1,([T_1,T_2,T_3,T_4]=[0,1,1,0])\end{cases} \tag{5-19}$$

在单极性调制过程，D_{PWM}的值在 1、0、−1 三个值中波动，其波形即为图 5-27(c)中左、右桥臂中点之间电压的三阶 PWM 波形。

D_{PWM}波形包含调制波 M 成分和 PWM 谐波成分，分解为

$$D_{PWM}=M+\sum_{h=2}^{n}D_{PWM}^{h} \tag{5-20}$$

式中，$\sum_{h=2}^{n}D_{PWM}^{h}$ 是 PWM 产生的谐波；h 是谐波次数；n 是最高阶谐波次数；PWM 的载波频率远高于调制波频率时，$\sum_{h=2}^{n}D_{PWM}^{h}$ 只包含高次谐波。

将式(5-20)代入式(5-18)可得

$$u_{inv}=u_{dc}M+u_{dc}\sum_{h=2}^{n}D_{PWM}^{h} \tag{5-21}$$

可见 u_{inv}也包含高次谐波，将式(5-21)代入式(5-16)得

$$u_g=u_{dc}M+u_{dc}\sum_{h=2}^{n}D_{PWM}^{h}-L\frac{di_g}{dt} \tag{5-22}$$

式中，$u_{dc}\sum_{h=2}^{n}D_{PWM}^{h}$ 使得并网电流产生高次谐波。

由于工频并网控制中，载波比一般较高，通过合理设计并网电抗 L 参数，采用载波多重化移相叠加等技术可以大大减小 $u_{dc}\sum_{h=2}^{n}D_{PWM}^{h}$ 高次谐波成分，且一般在工程上可以忽略，故式(5-22)写为

$$u_g=u_{dc}M-L\frac{di_g}{dt} \tag{5-23}$$

由此求得

$$M=\frac{1}{u_{dc}}\left(u_g+L\frac{di_g}{dt}\right) \tag{5-24}$$

考虑到单相 H 桥变流器交流侧瞬时功率存在二倍于基波频率的波动，这导致直流侧电压也存在二倍频率波动，简称二次波动，母线电压u_{dc}可分解为

$$u_{dc}=u'_{dc}+u''_{dc} \tag{5-25}$$

式中，u'_{dc}是直流电压的平均值，u''_{dc}是直流电压的二次波动量。因此，根据式(5-24)计算出来的调制信号 M 含有三次波动分量；若式(5-24)中的 u_{dc} 仅取直流电压平均值 u'_{dc}，则会导致交流并网电流存在三次谐波，这是单相变流器控制的特点。

由于正弦信号可以看作为角速度恒定为 ω 正向旋转向量在直角坐标 α 轴或 β 轴垂直投影的时间函数，例如，将 α 轴的正方向定位到零时刻旋转向量的正方向，则旋转向量在 α 轴垂直投影的时间函数为 $\alpha=\cos\omega t$，β 轴垂直投影的时间函数为 $\beta=\sin\omega t$，因此，只考虑基波成分时，电压和电流信号也可以认为旋转向量在直角坐标 α 轴或 β 轴垂直投影的时间函数。

将 α 轴正方向定位到电网电压对应旋转向量零时刻的正方向，则可分别写出式(5-24)在 α 轴和 β 轴对应的方程

$$\begin{cases} M_\alpha=\dfrac{1}{u_{dc}}\left\{U_g\cos\omega t+L\,\dfrac{\mathrm{d}[I_g\cos(\omega t+\varphi)]}{\mathrm{d}t}\right\} \\ M_\beta=\dfrac{1}{u_{dc}}\left\{U_g\sin\omega t+L\,\dfrac{\mathrm{d}[I_g\sin(\omega t+\varphi)]}{\mathrm{d}t}\right\} \end{cases} \tag{5-26}$$

式中，$U_g\cos\omega t$ 为电压向量在 α 轴的垂直投影，记为 U_α；$U_g\sin\omega t$ 为电压向量在 β 轴的垂直投影，记为 U_β。$I_g\cos(\omega t+\varphi)$为电流向量在 α 轴的垂直投影，记为 i_α；$I_g\sin(\omega t+\varphi)$为电流向量在 β 轴的垂直投影，记为 i_β；M_α 为 α 轴的调制信号；M_β 为 β 轴的调制信号；ω 为基波角频率，$\omega=2\pi f_1$，f_1 为基波频率，工频时 $f_1=50$ Hz；φ 为并网电流的功率因数角。

计算式(5-26)微分部分

$$\begin{cases} M_\alpha=\dfrac{1}{u_{dc}}[u_g\cos\omega t-\omega LI_g\sin(\omega t+\varphi)] \\ M_\beta=\dfrac{1}{u_{dc}}[u_g\sin\omega t+\omega LI_g\cos(\omega t+\varphi)] \end{cases} \tag{5-27}$$

电压和电流分别用 α 轴和 β 轴的标记替代，有

$$\begin{cases} M_\alpha=\dfrac{1}{u_{dc}}(u_\alpha-\omega Li_\beta) \\ M_\beta=\dfrac{1}{u_{dc}}(u_\beta+\omega Li_\alpha) \end{cases} \tag{5-28}$$

即为单相 H 桥变流器在静止直角坐标系下的数学模型。式(5-28)中，u_α、u_β、i_α、i_β 都是交流量，而进行有功电流和无功电流解耦控制比较复杂，因此可以继续将式(5-28)代表的静止直角坐标模型变换到旋转直角坐标系，将式(5-28)写成向量形式，有

$$\begin{pmatrix} M_\alpha \\ M_\beta \end{pmatrix}=\frac{1}{u_{dc}}\begin{pmatrix} u_\alpha \\ u_\beta \end{pmatrix}+\frac{\omega L}{u_{dc}}\begin{pmatrix} -i_\beta \\ i_\alpha \end{pmatrix} \tag{5-29}$$

将零时刻旋转直角坐标 d 轴定位到 α 轴方向，旋转角速度定为基波角频率 ω，坐标旋转方向为反方向，此时其旋转变换矩阵为

$$T=\begin{pmatrix}\cos\omega t & \sin\omega t\\ -\sin\omega t & \cos\omega t\end{pmatrix} \tag{5-30}$$

对于任意静止直角坐标系上的向量$\begin{pmatrix}\alpha\\ \beta\end{pmatrix}$，映射到上述旋转直角坐标系对应的向量

$$\begin{pmatrix}d\\ q\end{pmatrix}=T\begin{pmatrix}\alpha\\ \beta\end{pmatrix}=\begin{pmatrix}\alpha\cos\omega t+\beta\sin\omega t\\ -\alpha\sin\omega t+\beta\cos\omega t\end{pmatrix} \tag{5-31}$$

式(5-29)两端同时乘以旋转变换矩阵 T 有

$$\begin{pmatrix}M_\alpha\cos\omega t+M_\beta\sin\omega t\\ -M_\alpha\sin\omega t+M_\beta\cos\omega t\end{pmatrix}=\frac{1}{u_{\mathrm{dc}}}\begin{pmatrix}u_\alpha\cos\omega t+u_\beta\sin\omega t\\ -u_\alpha\sin\omega t+u_\beta\cos\omega t\end{pmatrix}+\frac{\omega L}{u_{\mathrm{dc}}}\begin{pmatrix}-(-i_\alpha\sin\omega t+i_\beta\cos\omega t)\\ i_\alpha\cos\omega t+i_\beta\sin\omega t\end{pmatrix} \tag{5-32}$$

依据式(5-31)的定义，式(5-32)可以写为

$$\begin{pmatrix}M_{\mathrm{d}}\\ M_{\mathrm{q}}\end{pmatrix}=\frac{1}{u_{\mathrm{dc}}}\begin{pmatrix}u_{\mathrm{d}}\\ u_{\mathrm{q}}\end{pmatrix}+\frac{\omega L}{u_{\mathrm{dc}}}\begin{pmatrix}-i_{\mathrm{q}}\\ i_{\mathrm{d}}\end{pmatrix} \tag{5-33}$$

即为单相 H 桥变流器基于旋转直角坐标系的数学模型。其中，$(u_{\mathrm{d}}\quad u_{\mathrm{q}})^{\mathrm{T}}$，$(i_{\mathrm{d}}\quad i_{\mathrm{q}})^{\mathrm{T}}$ 分别为电压和电流在坐标系对应的向量，$(M_{\mathrm{d}}\quad M_{\mathrm{q}})^{\mathrm{T}}$ 为调制信号在坐标系对应的向量。

前述推导中，由于将静止直角坐标 α 轴正方向定位到电网电压对应旋转向量零时刻的正方向，同时将零时刻旋转直角坐标 d 轴定位到 α 轴方向，因此在旋转直角坐标系中恒有

$$\begin{pmatrix}u_{\mathrm{d}}\\ u_{\mathrm{q}}\end{pmatrix}=\begin{pmatrix}U_{\mathrm{g}}\\ 0\end{pmatrix} \tag{5-34}$$

同时，在旋转直角坐标系中 i_{d}、i_{q}、M_{d}、M_{q} 也都为直流量，且 i_{d} 恒为有功电流，i_{q} 恒为无功电流，因此在旋转直角坐标系中只需要采用基于 PI 调节器的闭环控制就可以做到电流和电压无静差的准确控制，同时也可以方便地实现有功和无功电流解耦控制。

理论上，在旋转直角坐标系下，根据式(5-33)计算出调制信号 M_{d}、M_{q} 再反变换成交流信号进行 PWM 调制，就可以控制 H 桥产生目标电压或电流。但由于实际工程中，信号检测误差和外界扰动等不确定性因素的存在，上述开环控制往往无法确保输出目标的精度和稳定性。因此，一般在旋转直角坐标系下，采用基于 PI 调节器的负反馈闭环控制。考虑以并网电流为控制目标，在式(5-33)基础上增加负反馈 PI 调节量，得系统控制方程

$$\begin{pmatrix}M_{\mathrm{d}}\\ M_{\mathrm{q}}\end{pmatrix}=\frac{1}{u_{\mathrm{dc}}}\begin{pmatrix}u_{\mathrm{d}}\\ u_{\mathrm{q}}\end{pmatrix}+\frac{\omega L}{u_{\mathrm{dc}}}\begin{pmatrix}-i_{\mathrm{q}}\\ i_{\mathrm{d}}\end{pmatrix}+\frac{1}{u_{\mathrm{dc}}}\mathrm{PI}\left[\begin{pmatrix}\Delta i_{\mathrm{d}}\\ \Delta i_{\mathrm{q}}\end{pmatrix}\right] \tag{5-35}$$

式中，$\Delta i_{\mathrm{d}}=i_{\mathrm{d}}^*-i_{\mathrm{d}}$，$i_{\mathrm{d}}^*$ 为有功电流的目标量，i_{d} 为实际检测到的有功电流；$\Delta i_{\mathrm{q}}=i_{\mathrm{q}}^*-i_{\mathrm{q}}$，$i_{\mathrm{q}}^*$ 为无功电流的目标量，i_{q} 为实际检测到的无功电流。当目标电流与实际检测电流相等时，式(5-35)等号右边第三项等于 0，系统控制达到平衡状态。

5.3.2 单相 H 桥变流器控制系统

当单相 H 桥变流器直流侧存在稳定的直流电压时，可以按照式(5-35)进行有功电流i_d和无功电流i_q解耦控制。例如，交-直-交变流器 ADA 一端 H 桥变流器可以进行直流电压稳压控制，另外一端 H 桥便获得了稳定的直流供电，可以直接进行电流解耦控制。电流解耦控制系统如图 5-28 所示。

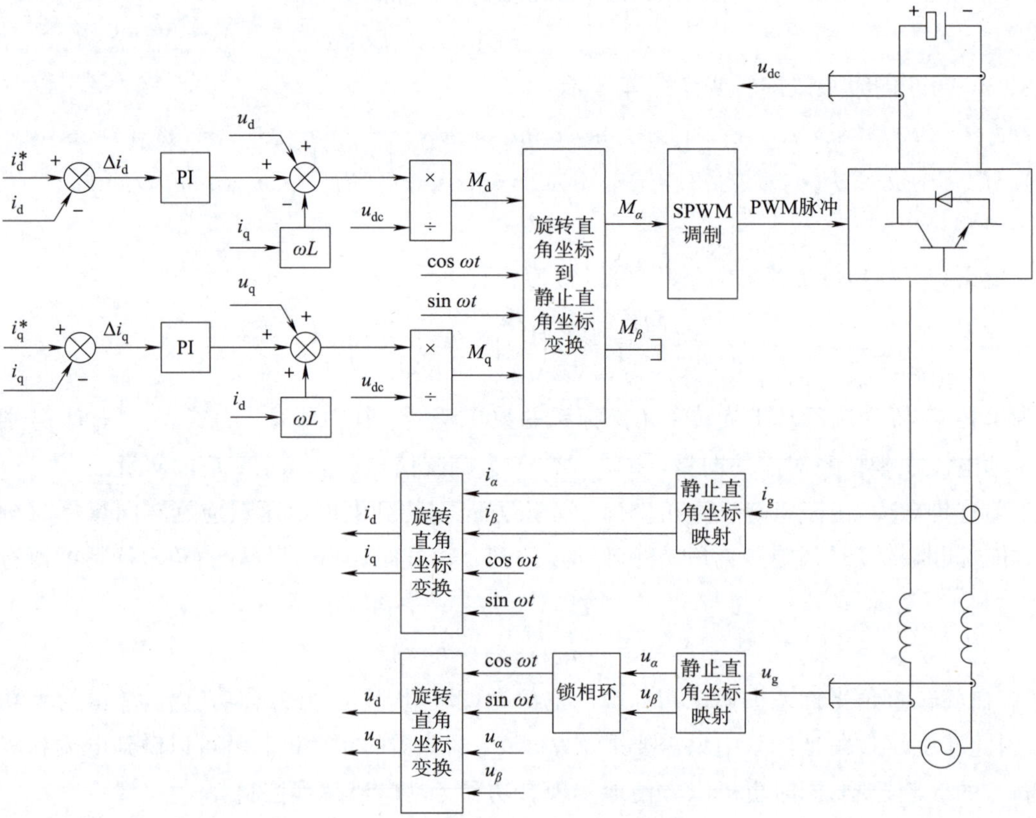

图 5-28　有功和无功电流解耦控制系统

单相 H 桥变流器在牵引供电系统中做 SVG 工作时，或作为交-直-交变流器 ADA 稳定直流电压工作时，除了要根据负载电流情况向补偿端口发出动态无功电流外，为了保证自身正常工作，还需要维持直流侧电压 u_{dc} 的稳定。此时其控制目标为直流电压 u_{dc} 和无功电流 i_q。系统控制在式(5-35)基础上做小幅修改，取有功电流 i_d 和无功电流 i_q 为控制目标，其中 i_q 用以补偿系统负序和无功功率，i_d 用以维持自身直流侧电压 u_{dc} 的稳定。根据图 5-26 所示的参考电流方向，设定直流侧电压目标 u_{dc}^*，当实际检测的直流电压 u_{dc} 小于目标电压 u_{dc}^* 时，控制变流器发出负的有功电流 $-i_q$ 为直流侧充电以提升直流侧电压 u_{dc}；当实际检测的直流电压 u_{dc} 大于目标电压 u_{dc}^* 时，控制变流器发出正的有功电流 i_q 对直流侧放电以降低直

流侧电压 u_{dc}，以此维持直流侧电压的稳定。因此，以直流电压为目标构建一个基于 PI 调节器的负反馈闭环控制，其输出作为有功电流给定 i_d^*。以直流电压 u_{dc} 和无功电流 i_q 为目标的控制系统如图 5-29 所示。

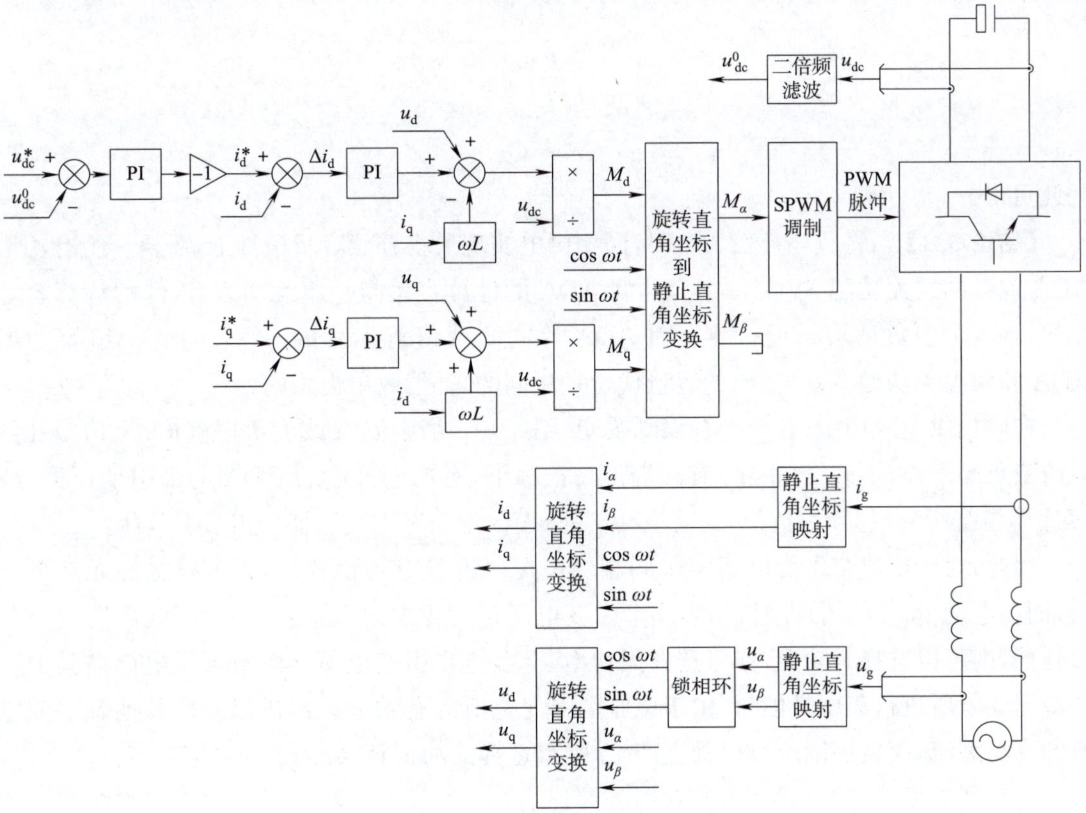

图 5-29　以直流电压和无功电流为目标的控制系统

5.4　有功型与无功型同相供电的特点

比较图 5-1(a)和图 5-9 可知，有功型同相补偿装置的核心元件是交-直-交变流器 ADA，无功型同相补偿装置的核心元件是 SVG，而一组 ADA 等同于两组背靠背的 SVG。在同相供电最小补偿容量条件下，由式(5-3)得两组无功型 SVG 的计算容量为

$$2Q=s-s_{\varepsilon}$$

当将负序补偿为 0 时，令 $s_{\varepsilon}=0$，得

$$2Q=s$$

由式(5-8)得有功型交-直-交变流器 ADA 的计算容量为

$$s_A=\frac{1}{2}(s-s_\varepsilon)$$

当将负序补偿为 0 时,令 $s_\varepsilon=0$,得

$$s_A=\frac{1}{2}s$$

显然

$$s_A=Q$$

因此可得:

【结论 5.1】当将负序补偿为 0 时,同相供电实现最小补偿容量条件下,需要一组有功型 ADA 或者两组无功型 SVG,一组有功型 ADA 的计算容量与一组无功型 SVG 的计算容量相等,均为牵引负荷容量的一半, 因 ADA 等同于两组背靠背的 SVG,因此一组有功型 ADA 和两组无功型 SVG 付出的容量代价是相同的,补偿效果也相同。

在同相供电应用中,有功型补偿既改变(正序)有功潮流,又改变负序潮流;无功型补偿只改变负序潮流,不改变(正序)有功潮流。正序下,有功型补偿的 ADA 与牵引变压器(或 M 座牵引绕组)分担牵引负荷,无功型补偿的 SVG 不与牵引变压器分担牵引负荷。

因此,对于单座牵引变电所实施同相供电可以选择有功型补偿,也可以选择无功型补偿,而在电网 PCC 以树形结构对多座牵引变电所进行供电时,若在有关牵引变电所进行分散补偿,则可以选择有功型,亦可选择无功型,但多座牵引变电所实施贯通供电而在其中一座牵引变电所进行集中补偿时,由于该座牵引变电所的有功型补偿难以改变其他牵引变电所的有功潮流,而负序潮流可以独立产生,则宜选择无功型补偿形式,详见第 6 章。

注意到与无功型补偿相比,有功型补偿还有一个优点,其交-直-交变流器 ADA 的一侧端口位于牵引端口,则在此端口可用作 SVG,来进行无功补偿,即产生或吸收感性或容性无功功率,尚可作有源电力滤波器(APF)滤除较低次的谐波。因此,当牵引负荷的功率因数较低时,ADA 在牵引侧的端口可以增加 SVG 功能,对牵引负荷无功加以补偿,也起到提高网压的作用。无功型补偿的 SVG 都不在牵引端口,就不能兼顾这些功能。

思考题

5.1　试画出图 5-3 的端口相量图和负序相量图。

5.2　试画出图 5-5、图 5-6 的端口相量图和负序相量图。

5.3　简述 SVG 工作原理。

5.4　为什么说单相牵引变压器是实现牵引变电所同相供电的最简方式?需要满足什么前提条件?

5.5　简述交直交变流器工作原理。

5.6　简述单相组合式同相供电工作原理。

5.7　已知某电气化铁路牵引变电所，电网 PCC 短路容量 2 500 MV・A，牵引负荷最大值为 74 MV・A。试说明全交直交变电所、半交直交变电所的交直交变流器容量，计算组合式同相供电牵引变压器和同相供电装置变流器的计算容量，并加以对比（注：取国标三相电压不平衡度允许最大值为 2.6%）。

5.8　试描述式（5-34）控制方程的推导过程。

5.9　试说明无功型和有功型同相供电的特点。

第 6 章　双边贯通与智能供电

在牵引变电所实现同相供电基础上，讨论两个变电所之间的双边供电和更大范围的贯通供电，以期消除分区所处的电分相以及全线的电分相和列车断电区，同时解决给电网带来的新问题，讨论提出牵引变电所的智能供电。

6.1　双边供电

在 1.4 节中已经介绍，双边供电是指分区所纵向断路器合闸将相邻两个牵引变电所贯通的供电方案。双边供电可以取消分区所处的电分相，或者保留电分相结构，按电分段运行，中性段带电，列车不断电通过。

俄罗斯、乌克兰、韩国等国家的电气化铁路一直采用双边供电。

与单边供电时列车从单个牵引变电所取电不同，双边供电的列车从相邻的两个牵引变电所取电。双边供电的优点是列车的取流来自两个不同的电源，即由两侧的牵引网共同分担，牵引网电压损失和电能损失都会减少，网压水平也相应改善，并且双边供电还能减轻对沿线通信线路的电磁干扰[5]。

6.1.1　双边供电的合环

从 1.3 节已知，电网与牵引变电所的电气连接方式称为外部供电方式，它取决于电网结构以及其与牵引变电所的相对位置等因素，具体分为环形单回路、环形双回路、单电源双回路、树形（辐射式）等方式。为了双边供电通用化描述，假设实施双边供电的两个变电所 SS_1、SS_2 的一路电源来自电网的两个公共连接点 PCC_1 和 PCC_2，如图 6-1 所示，PCC_1、PCC_2 之间有（等效）电气连接，显然，变电所 SS_1 与 SS_2 之间分区所的纵向断路器 K 合闸就构成双边供电。

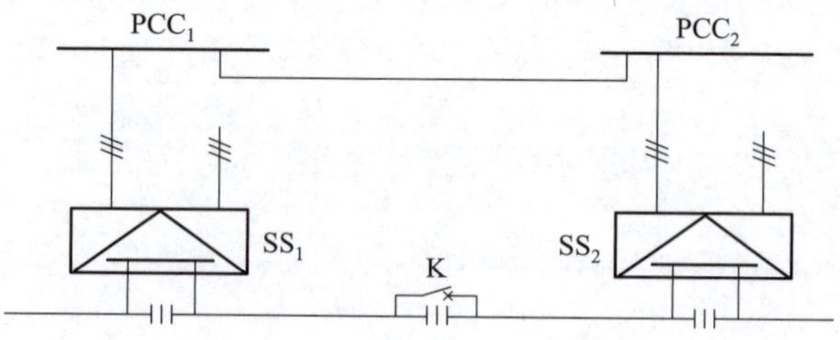

图 6-1　双边供电等效结构

实施双边供电必须在同一电网内进行。电气化铁路进行双边供电有别于电网的电磁合环，首先，电网电磁合环为三相合环，而双边供电是单相合环；再者，电网电磁合环的开关是常开的，而双边供电的纵向开关是常闭的。尽管如此，由于双边供电和电网的电磁合环都将改变电网的拓扑结构和运行方式，因此，必须满足电网规定的合环条件，例如：

(1)《青海省电力系统调度规程》规定了电网的解合环操作："合环操作：必须相位相同，电压差一般允许在 20%之内，相角差一般不超过 20°，以确保合环时不因环路电流过大引起潮流的变化而超过继电保护、系统稳定和设备容量等方面的限额。合环后应当及时通知有关调度及厂站。对于较复杂环网的操作，应当先进行模拟计算。"

(2)《中国南方电网电力调度管理规程》解合环操作规定：①必须确保相序相位正确才能合环。②解、合环操作必须确保解、合环后潮流不超过稳定极限、设备不过负荷、电压在正常范围内，不引起继电保护和安全自动装置误动。③环状系统合环点没有同期装置时，合环操作应使用同期装置。④合环时电压差 500 kV 一般不应超过额定电压 10%，220 kV 不应超过额定电压 20%。500 kV 系统合环一般应检同期合环，有困难时应启用合环开关的同期装置检查相角差。合环时相角差 500 kV 一般不应超过 20°，220 kV 一般不应超过 25°。

显然，图 6-1 中 PCC_1、PCC_2 之间的电压差和相角差可以于 K 合闸之前在分区所测得，也可以在已知 PCC_1 和 PCC_2 之间的电气连接关系时通过潮流计算得到[1]。

实际电网中，图 6-1 所示 PCC_1 和 PCC_2 之间的电气连接方式多种多样，作为举例，这里考虑一种 220 kV 输电线路对铁路两个牵引变电所的专用线供电方式，则图 6-1 的三相等值电路可由图 6-2 描述。

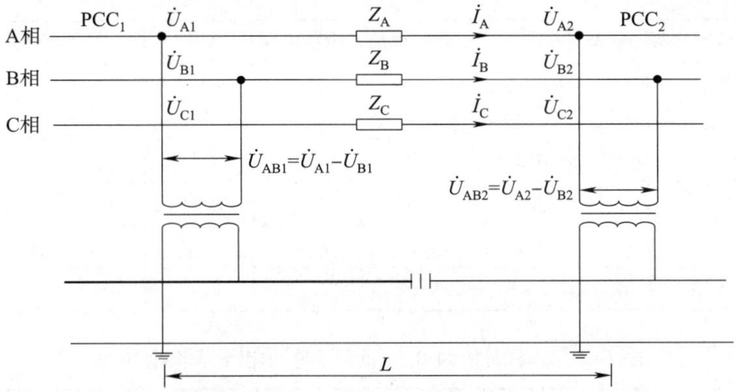

图 6-2　三相等值电路示意

先来分析分区所纵向断路器 K 合闸之前 PCC_1、PCC_2 之间的电压差和相角差是否满足合环规程的规定。

当一个电流 $\dot{I}$ 通过电阻为 R、电抗为 X，即阻抗为 $Z=R+\mathrm{j}X$ 的线路时，表示首端电压 $\dot{U}$ 与末端电压 $\dot{U}'$ 的电压降 $\Delta\dot{U}$、电压差 ΔU 和相位差 θ 的相量图如图 6-3 所示。图中 φ 为

末端负荷 $\dot{I}$ 的功率因数角，以滞后为正；θ 为线路首、末端电压相量夹角，即相角差。此时电压差 ΔU 和相角差 θ 分别为

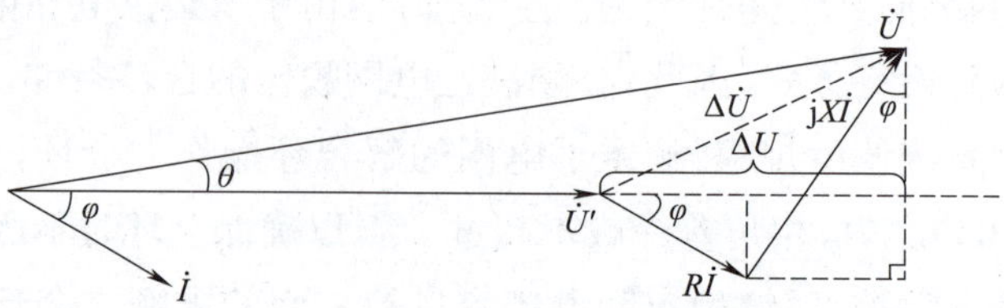

图 6-3 电压差与相角差示意

$$\Delta U=|\dot{U}|-|\dot{U}'|=\sqrt{(\dot{U}'+XI\sin\varphi+RI\cos\varphi)^2+(XI\cos\varphi-RI\sin\varphi)^2}-U' \quad (6\text{-}1)$$

$$\theta=\arctan\frac{XI\cos\varphi-RI\sin\varphi}{U'+XI\sin\varphi+RI\cos\varphi} \quad (6\text{-}2)$$

其中，电压差的近似值 $\Delta U\approx XI\sin\varphi+RI\cos\varphi$。

220 kV 输电线路最大输送功率为 500 MV·A[1]。计算中，输电线采用 2×LGJQ-500 二分裂导线，取单位长阻抗 $z_0=(0.031\ 2+\mathrm{j}0.305\ 2)\ \Omega/\mathrm{km}$，$\mathrm{PCC}_2$ 处的输送功率分别取 200 MV·A、300 MV·A、500 MV·A。考虑相邻牵引变电所的间距 L 与输电线匹配，L 分别取 50 km、60 km、70 km、80 km，输送功率的功率因数分别取 0.95 和 0.9，电压差 ΔU 和相角差 θ 计算结果分别列于表 6-1 和表 6-2。其中电压差(%)的百分值以额定电压 220 kV 为基准。

表 6-1 功率因数为 0.95(滞后)时的电压差和相角差

牵引所间距 L/km	传输功率 200 MV·A			传输功率 300 MV·A			传输功率 500 MV·A		
	电压差/kV	电压差/(%)	相角差/(°)	电压差/kV	电压差/(%)	相角差/(°)	电压差/kV	电压差/(%)	相角差/(°)
50	3.49	2.74	3.23	5.38	4.23	4.78	9.44	7.43	7.74
60	4.23	3.33	3.85	6.56	5.16	5.69	11.60	9.13	9.16
70	4.99	3.93	4.47	7.77	6.12	6.58	13.85	10.90	10.53
80	5.77	4.54	5.08	9.02	7.10	7.45	16.17	12.73	11.85

表 6-2 功率因数为 0.9(滞后)时的电压差和相角差

牵引所间距 L/km	传输功率 200 MV·A			传输功率 300 MV·A			传输功率 500 MV·A		
	电压差/kV	电压差/(%)	相角差/(°)	电压差/kV	电压差/(%)	相角差/(°)	电压差/kV	电压差/(%)	相角差/(°)
50	4.41	3.47	2.99	6.74	5.30	4.41	11.63	9.16	7.10
60	5.33	4.20	3.56	8.17	6.44	5.23	14.19	11.17	8.37
70	6.26	4.93	4.13	9.64	7.59	6.04	16.81	13.24	9.60
80	7.21	5.68	4.68	11.13	8.76	6.84	19.50	15.35	10.78

从图 6-3 和表 6-1、表 6-2 可见，输送（视在）功率的功率因数越高，电压差越小，但相角差越大。总的看：在牵引变电所间距不超过 80 km 时，双边供电时分区所的合环电压差不大于 16%，相角差不大于 12°，低于合环规定值，符合要求。

双边供电合环前应选择牵引网处于空载状态并检测分区所两侧的电压差和相角差，在允许的电压差和相角差范围内，令纵向断路器合闸。

双边供电一旦合环就可长期运行。

6.1.2　均衡电流和穿越功率

双边供电与单边供电之间的联系和区别可按正常状态和故障状态分别加以分析。本章讨论系统的正常状态，在第 10 章讨论贯通供电牵引网的故障与保护问题。

牵引供电系统的正常状态可分为牵引、再生和空载三种工况。牵引工况下单边供电的列车取流如图 6-4(a)所示，变电所 SS_1 表现为用电状态，双边供电的取流如图 6-4(b)所示，可见如果以列车受电弓为分流点，列车取流等效为左右两个单边供电取流的叠加，变电所 SS_1 和 SS_2 均表现为用电状态。再生工况如图 6-5(a)、(b)所示，从中可见双边供电列车的发电分向左右两个变电所 SS_1 和 SS_2，且两个变电所均表现为发电状态。

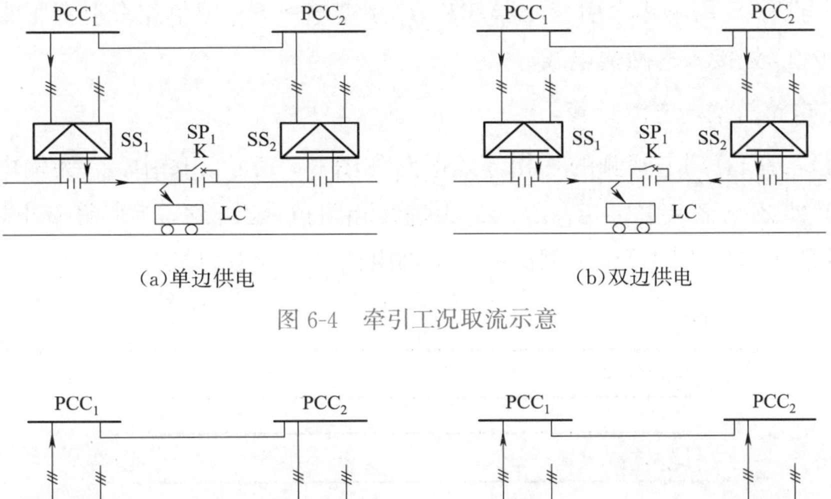

(a)单边供电　　(b)双边供电

图 6-4　牵引工况取流示意

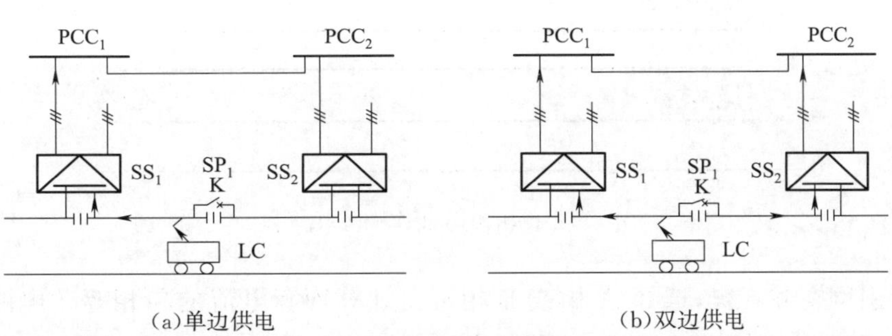

(a)单边供电　　(b)双边供电

图 6-5　再生工况取流示意

空载工况下，双边供电与单边供电才有本质区别，如图 6-6 所示，即双边供电的牵引变电所和牵引网串联后为电网的 PCC_1 和 PCC_2 提供了一条新的通路，这将增生一个电流分量，称为均衡电流，或者说增生了一个功率分量，称为穿越功率。

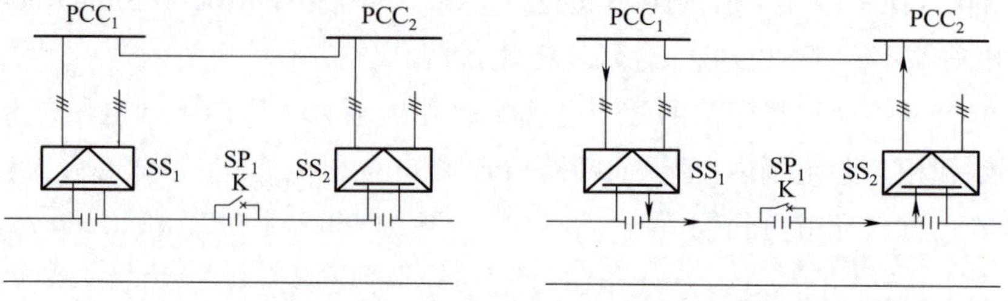

图 6-6　空载工况取流示意

可见，均衡电流是牵引网空载时双边供电牵引网中增生的电流分量；穿越功率则是牵引网空载时双边供电牵引网中增生的功率分量。

均衡电流或穿越功率是双边供电的牵引供电系统与电网（等效）输电线并联造成的。从图 6-6 可见，空载工况下，双边供电的穿越功率在一个变电所（如 SS_1）表现为用电状态，在另一个变电所（如 SS_2）则表现为发电状态。

刚刚说过，最简单的双边供电是采用单相牵引变压器的牵引变电所构成的，如图 6-4 所示。牵引变电所 SS_1 用单相牵引变压器 TT_1，牵引变电所 SS_2 用单相牵引变压器 TT_2，分别在 PCC_1 和 PCC_2 处接入电网输电线。

1. 等效电路与均衡电流计算

对应图 6-2，归算到电网侧的三相等效电路如图 6-7 所示。图中，Z_d 为输电线 A、B、C 相的相阻抗，即 $Z_A=Z_B=Z_C=Z_d$，Z_{J1}、Z_{J2} 为进线相阻抗，Z'_{T1}、Z'_{T2} 为归算到电网侧的单相牵引变压器阻抗，Z'_q 为归算到电网侧的牵引网阻抗，LC 为电力机车。

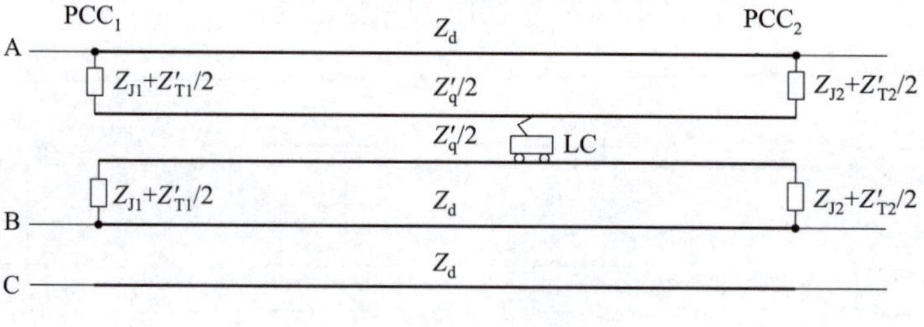

图 6-7　双边供电的三相等效电路

考虑牵引网空载工况，选择 A 相或 B 相可得计算均衡电流的单相等效电路，如图 6-8 所示。图中，用 Z_d、Z_q 分别表示电网输电线与牵引供电系统（包括进线相阻抗）的归算阻抗，设总电流为 I，通过电网输电线的电流为 I_d，通过牵引供电系统的电流为 I_q，则有支路电压方程

$$I_qZ_q=Z_dI_d$$

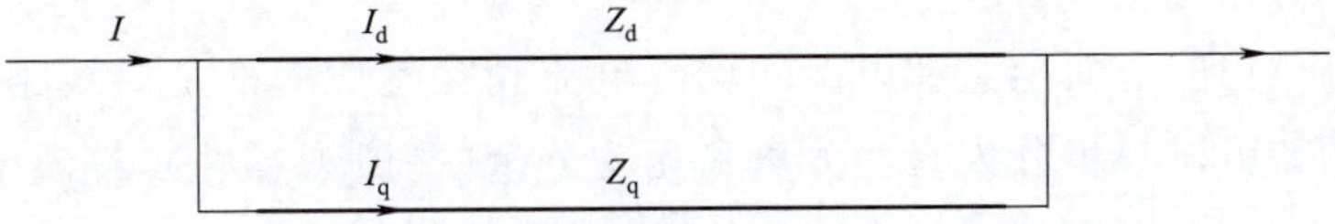

图 6-8　均衡电流示意

设 $Z_{J1}=Z_{J2}=Z_J$，$Z'_{T1}=Z'_{T2}=k_T^2Z_T$，则求得均衡电流

$$\dot{I}_q=\frac{Z_d}{Z_q}\dot{I}_d=\frac{Z_d}{2Z_J+\left(Z_T+\frac{1}{2}Z''_q\right)k_T^2}\dot{I}_d \tag{6-3}$$

式中，k_T 为牵引变压器变比，即电网进线的线电压/牵引母线的额定电压，Z''_q 为牵引网等效阻抗。

可进一步定义分流比 η，即均衡电流与电网输电线中电流之比为

$$\eta=\left|\frac{I_q}{I_d}\right|=\left|\frac{Z_d}{Z_q}\right| \tag{6-4}$$

展开有

$$\eta=\left|\frac{Z_d}{2Z_J+\left(Z_T+\frac{1}{2}Z''_q\right)k_T^2}\right| \tag{6-5}$$

精确计算需要掌握具体数据，例如假设电网 220 kV 输电线 PCC_1 和 PCC_2 之间的长度为 50 km，PCC_1（PCC_2）到牵引变电所 SS_1（SS_2）的进线长度为 10 km，单位长阻抗同前，牵引变压器均为单相变压器，额定容量均为 31.5 MV·A，短路阻抗（漏抗）均为 10.5%，即归算到牵引侧的漏抗 $Z_T=(0.213\ 4+j2.52)\Omega$，相邻牵引变电所间距 50 km，直供方式牵引网空载电压为 27.5 kV，变比 $k_T=8$，单线铁路、单链型悬挂牵引网单位长阻抗取 $z=(0.232+j0.515)\Omega/km$，代入式(6-5)可得 $\eta\approx1.44\%$。工程上，可以用 $\eta\approx\frac{1}{k_T^2}$ 进行估算，计算得 $\eta=1/64\approx1.56\%$，接近且略大于精确计算值。

2. 穿越功率计算

设电网输电线的额定电压为 U_N，由式(6-3)得穿越功率

$$S_q=U_NI_q=\frac{Z_d}{Z_q}U_NI_d \tag{6-6}$$

或者已知电网输电线三相功率 S 时，由式(6-7)估算得到牵引网(单相)穿越功率。

$$S_q\approx\frac{S}{\sqrt{3}k_T^2} \tag{6-7}$$

例如，一般 110 kV 输电线最大输送功率为 50 MV·A，则直供方式时变比 $k_T=4$，由式(6-7)估算得双边供电最大穿越功率为 1.8 MV·A，占比 1.8/50=3.6%；220 kV 输电线最大输送功率为 500 MV·A，则直供方式时 $k_T=8$，由式(6-7)估算得双边供电最大穿越功

率为 4.6 MV·A，占比 1.8%。

至此，应该注意到，上面定义和讨论的均衡电流和穿越功率都是沿线路传输的，称为纵向分量。穿越功率可进一步分为有功分量和无功分量(一般为感性)，都属于纵向分量。因此，如果穿越功率存在，则在牵引变电所进线、牵引馈线以及牵引网任何方便的部位都能测量得到。还有一个像负荷一样的横向分量，这就是线路的容性无功功率，也叫充电功率。穿越功率取决于电网对牵引供电系统的供电方式和电网潮流，充电功率则沿输电线和牵引网分布，取决于其长度和电压等级。线路充电功率在分区所纵向断路器合闸前后的总量不变，但合闸后将在系统中重新分配，此时也存在一个分流点(见 7.2 节)。当分流点与分区所不重合时，分区所会测到这个分量不是 0，而当分流点与分区所重合时，分区所的这个分量就是 0。因此，要判断分区所合环后是否存在穿越功率，则应在牵引网空载时，只要测量牵引网的有功分量就能准确反映穿越功率情况：若检测到的有功分量为 0，则穿越功率中的(纵向)无功分量亦为 0，穿越功率即为 0，而此时若检测到的无功分量不为 0，只能说明存在充电功率(横向分量)，不是穿越功率。下面会看到，当电网对铁路变电所进行树形供电时，理论上穿越功率为 0。

3. 穿越功率解决方案

正常运行状态下，双边供电与单边供电在潮流分布上的唯一区别就是均衡电流和穿越功率问题。由以上分析可知，穿越功率占比很小，不会对电网潮流造成大的影响，但毕竟还是一个特殊的存在，应该引起注意并加以解决，解决的目标是不产生穿越功率或者不向电网发电。

(1)树形供电

电网的变电站用同一(分段)母线 PCC 给铁路的多个变电所供电，称为树形供电方式，如图 6-9 所示。

此时，对应图 6-7，可认为 PCC_1 与 PCC_2 合并，电网输电线长度为 0，即令式(6-5)中 $Z_d=0$，得 $\eta=0$，即均衡电流和穿越功率为 0。

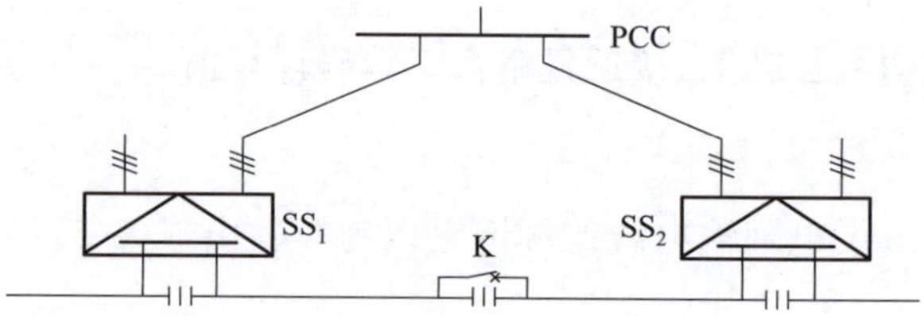

图 6-9 树形供电方式示意

我国西北地区地广人稀，电网对铁路牵引变电所多进行树形供电。由于理论上，树形供电方式下，铁路实施双边供电不会产生穿越功率，而负序等电能质量影响与铁路单边供电相同，因此，提供了较好的试验场景。

国铁集团于 2020 年在科技研究开发计划中立项开展“电气化铁路牵引变电所双边供电试验”研究，通过综合比选，考虑电网电源条件，试验选取在海拔约 3 000 m、线路坡度 16‰的格库铁路(青海段)东柴山至花土沟车站区段，试验段长度约 75 km。格库铁路为国铁Ⅰ级客货共线单线双向电气化铁路，设计时速 120 km，使用 HXD1C 系列电力机车。2021 年 7 月试验取得了圆满成功，仿真和试验均表明，树形供电方式下，双边供电不产生穿越功率，具备投运条件。

（2）合建所

即将牵引变电所与电力（动照）变电所合建在一起，牵引变压器和电力（动照）变压器接入同一进线母线，如图 6-10 的 SS_2 所示。假设穿越功率由变电所 SS_1 流向 SS_2，此时，只要电力变压器的电力负荷大于穿越功率，则穿越功率就被"淹没"，合建所总体对电网表现为用电状态，不向电网发电。前面已述及，穿越功率较小，因此只要电力负荷大于该值，就可以解决穿越功率问题。

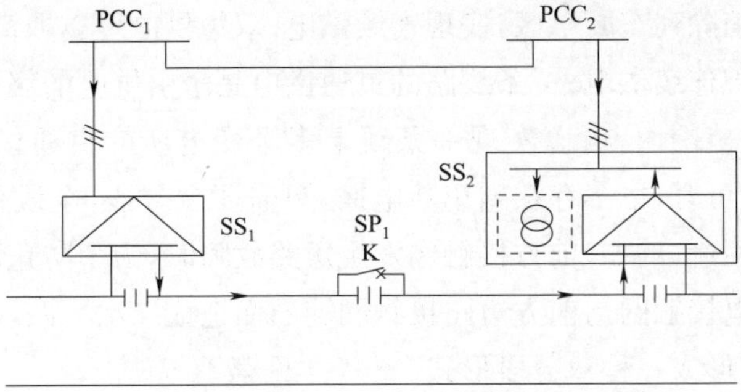

图 6-10　牵引电力合建所示意

（3）穿越功率利用

首先识别穿越功率，例如通过光纤传递实施双边供电两端牵引馈线的有功功率，设流向牵引网为正，当该功率非 0 且两者之和为 0 时，则判定该功率为穿越功率，再在穿越功率末端的牵引变电所牵引母线上将穿越功率通过交-直-交（AC/DC/AC）装置转移到三相电力用电母线上，供电力负荷利用，或者通过交-直（AC/DC）装置与储能装置 ES 连接进行储能利用，为了更好利用和控制储能装置容量，一般串接直-直（DC/DC）变换装置，如图 6-11 所示。

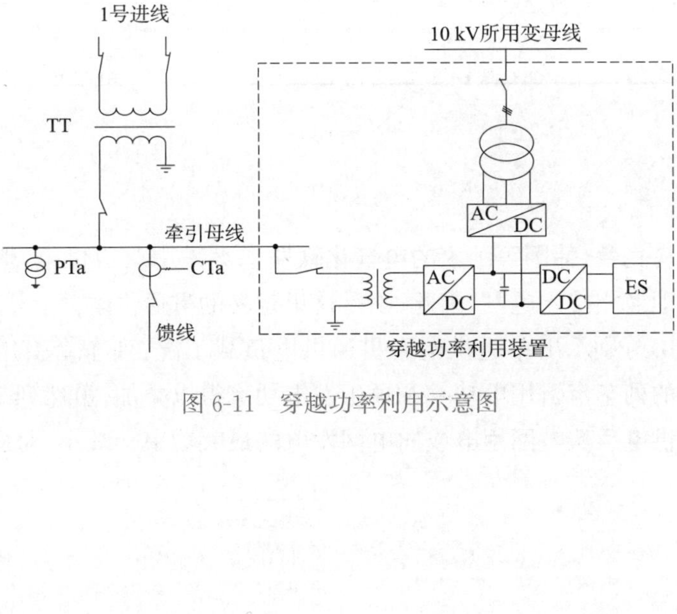

图 6-11　穿越功率利用示意图

6.2 贯通供电

现代交-直-交列车的牵引和制动都需要牵引网不间断供电。

牵引供电研究的终极目标是实现牵引网对列车的不间断供电。

贯通供电符合这一理念。本章开篇已经述及，贯通供电是贯通式同相供电的简称，是两个及以上牵引变电所同相供电和分区所双边供电的组合：牵引变电所的同相供电可以取消其出口处的电分相，消除列车断电区，实现连续供电；双边供电可以取消分区所处的电分相，消除列车断电区，实现连续供电；一条线路的贯通供电是牵引供电的终极目标。

在同一电网供电范围内，可以实现一条线上多个变电所的贯通供电，如图 6-12 所示。贯通供电已无电分相可言，也不存在列车断电区，只需要电分段，全线列车不断电运行。但是，考虑到某些特殊用途，例如，前方接触网发生短路故障时，为了防止后方列车驶入故障区段，受电弓将后方带电接触网与前方短路接触网连通而造成二次短路，就需要保留电分相结构，但其中性段带电，形成一种双分段形式[50,52]，详见第 10 章。

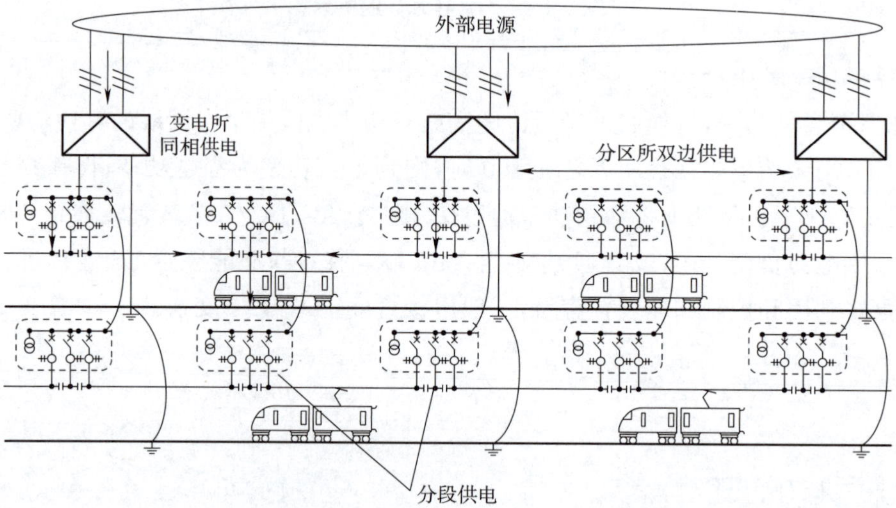

图 6-12　贯通供电示意图

虽然俄罗斯、乌克兰、韩国等国家的电气化铁路一直采用双边供电，但其牵引变电所仍然采用异相供电，即换相接入电网，因此，不是这里定义的贯通供电。

图 6-13(a)、(b)分别示出单边供电和贯通供电负载工况：列车牵引用电或再生发电情形，可见贯通供电的列车牵引用电功率和再生发电功率得以叠加，虽然列车的用电和发电总量没有变，但贯通供电后从电网用电或向电网发电的最大功率会减小，对应的负序最大值也会减小。

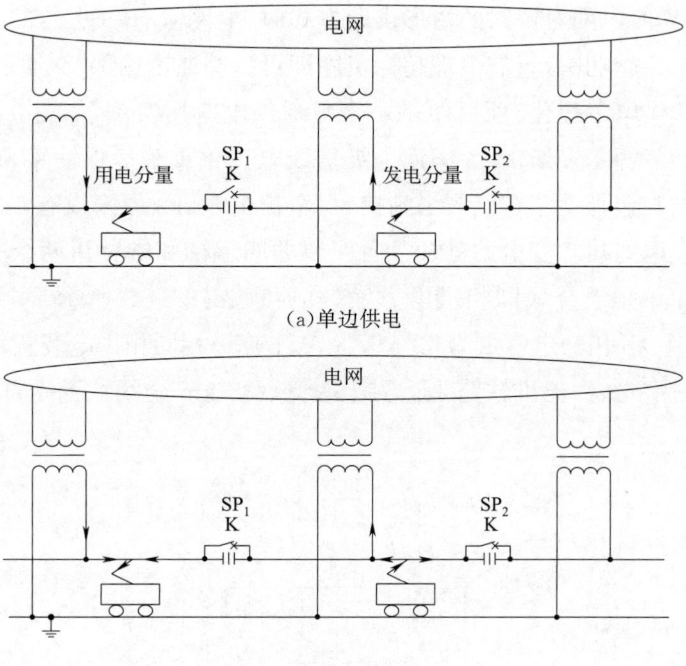

(a)单边供电

(b)贯通供电

图 6-13　单边供电和贯通供电负载工况示意图

单边供电和贯通供电空载工况分别如图 6-14(a)、(b)所示，其区别类似单边供电与双边供电，即贯通供电可能产生穿越功率，而且穿越功率可能传得更远，而单边供电没有穿越功率。

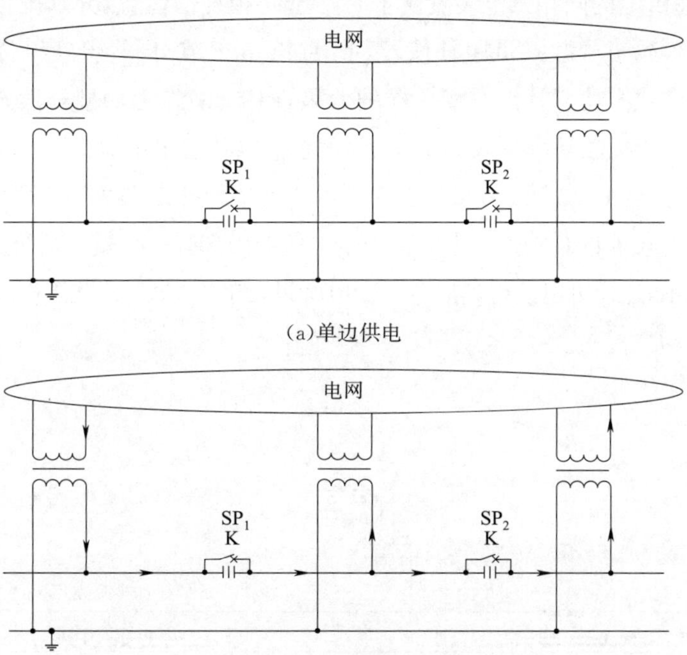

(a)单边供电

(b)贯通供电

图 6-14　单边供电和贯通供电空载示意图

从 6.1.2 节已知，电网对铁路的树形供电方式时，电网只有一处 PCC，贯通供电和单边供电一样都不产生穿越功率，只需治理超标负序即可。交通运输部“交通强国”试点——“巴准铁路贯通式同相供电工程化”项目便是一个贯通供电应用实例，如图 6-15 所示。巴准铁路位于内蒙古自治区鄂尔多斯市，为国铁Ⅰ级复线电气化重载运煤铁路，东起点岱沟站，向西经海勒斯壕南站与包神铁路在巴图塔站接轨，全长 128 km，原来设有 4 座牵引变电所，贯通供电改造后由电网的川掌变电站（PCC）向保留的四道柳和纳林川两个牵引变电所供电，牵引变电所均采用单相组合式同相供电方案，其原理如图 5-13 所示。主变更换为不等边 Scott 接线，其 M 座 ab 相额定容量为 40 MV·A，T 座 c 相同相供电装置采用 5 MV·A 运行+5 MV·A 备用方式。巴准铁路是世界上首条 128 km 全线取消全部电分相的贯通供电线路。

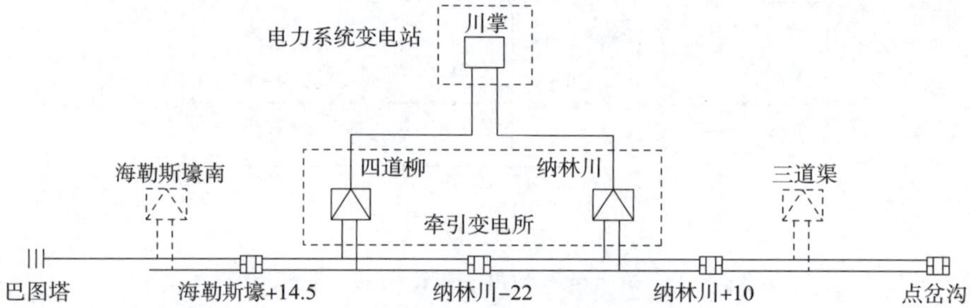

图 6-15　巴准铁路贯通供电示意

巴准铁路贯通供电的同相供电装置属于有功型同相补偿装置，分别设置于四道柳和纳林川两个牵引变电所，属于分散式负序补偿，至此，结合 5.1 节，自然想到组合式无功型补偿方案，可以达到与组合式有功型补偿方案一样的效果，但应注意，无功型补偿方案产生的负序潮流与有功型不同，属于无功功率形成的负序潮流，它可以独立于牵引变电所牵引馈线负荷产生的负序潮流而存在。因此，如图 5-5 或图 5-6 所示的无功型补偿方案除了适合于分散式负序补偿外，特别适合于在电网 PCC 树形供电的牵引变电所群中选择一个变电所进行负序集中补偿和考核，如图 6-16 所示，这样可以使得其他牵引变电所只设单相主变，其设备和结构大大简化。

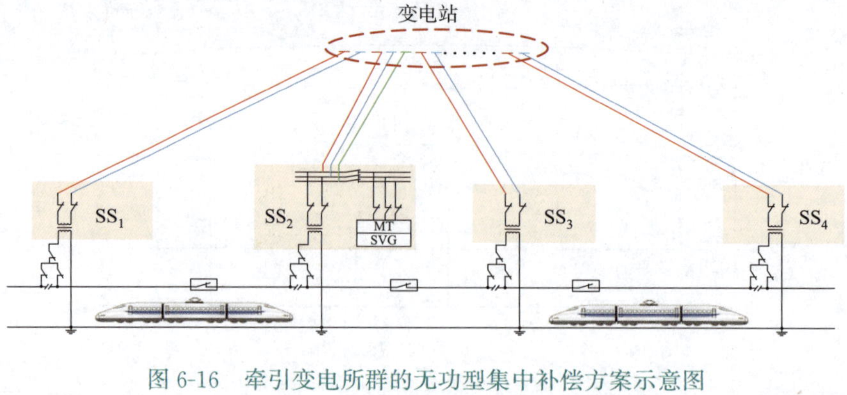

图 6-16　牵引变电所群的无功型集中补偿方案示意图

多数情况下，电网对铁路的供电方式是非树形的，这时就有穿越功率产生[51-52]。例如，广州地铁 18、22 号线共设置 4 个牵引变电所，在其中两个相邻牵引变电所进行了贯通供电试验，试验结果显示：穿越功率达 1.6～2.2 MV·A。

电网对铁路变电所进行非树形供电时，电网就有多个 PCC 进行供电和考核，此时只能进行分散式负序补偿。

贯通供电可以提高网压，提高供电能力和线路通过能力，同时由于供电臂的成倍延长，馈线负荷波动性降低，牵引变压器安装容量可以降低，进而节约供电资源和相关运行费用，并且同行列车之间再生电能的利用率也得以提高，更加节能环保。同时，同相供电的牵引负荷最大值(或 95%概率值)小于原来两个供电臂牵引负荷最大值(或 95%概率值)之和，故同相补偿装置的安装容量及投资也可以降低，此外，取消电分相还可以消除因电分相引起的故障，提高系统可靠性。

贯通供电的某个牵引变电所(主变或进线)因故退出时，不需要越区供电那样的倒闸作业即可完成，再次投入运行的操作也更简单。

电气化铁路实施贯通供电的各项指标均优于传统单相方案，例如，再生电能和穿越功率得以利用，不向电网返送，不影响电网潮流调度；列车不间断供电，网压稳定，供电品质提升；电网 PCC 的电能质量可控、达标等。

同相供电和贯通供电也应因地制宜，量体裁衣。有时在一条线路的全线实施同相供电是必要的、理想的，如市域铁路、城市轨道等，由于站间距短、行车密度大，不宜设置电分相，同时每条线路里程不长又相对独立，一般设置一个牵引变电所(必要时可设置一个或两个备用变电所)完成全线同相供电，取消全部电分相，消除全部列车断电区，且不涉及双边供电和穿越功率问题；而干线铁路里程长，一般需设置多个牵引变电所，若能实施贯通供电则可取得整体效益，技术上是最佳的，此时有三种解决方案：一是牵引变电所群的贯通供电，其特点在于不产生穿越功率；二是解决和利用电网关注的穿越功率问题，来实现铁路的贯通供电；三是当电网供电方式产生技术上或经济上(穿越功率计量收费)不允许的穿越功率或其他因素限制时，则应在其长大坡道等最不宜设置电分相的区段优先实施局部同相供电，优先解决“卡脖子”难题，并预留发展条件，为未来贯通供电打下基础，或者采用其他措施来保证列车的不间断供电，如列车不断电地面自动过分相技术[17]等。

综上所述，可以总结如下：

(1)在负序(三相电压不平衡度)满足国家标准要求时，牵引变电所采用单相牵引变压器是同相供电的最简方式；在负序电压不平衡度不满足国家标准要求时，单三相组合式和单相组合式同相供电方案可以实现有功型同相补偿装置容量最小化。

(2)有功型补偿形式所需的补偿装置最小容量和无功型所需的补偿装置最小容量是相等的。

(3)电网 PCC 对多个牵引变电所形成树形供电时，铁路形成牵引变电所群贯通供电，若在各个牵引变电所进行分散式负序补偿，则可以选择有功型补偿形式，亦可选择无功型补偿形式，但集中于一座牵引变电所进行补偿时，则只能选择无功型补偿形式。

(4)组合式同相供电具有故障导向安全特点：同相补偿装置(包括备用)故障退出时，可以保证列车的供电，特别是重要列车的供电。

(5)由于不再受到与电分相有关的故障的影响，贯通供电系统的可靠性高于异相供电系统。

6.3 智能供电

考虑到单边供电对电网产生负序功率和发电功率，贯通供电产生的负序功率和发电功率最大值会减小，但还会存在，另外还可能产生穿越功率，又考虑到可将发电功率和穿越功率的发电分量在牵引变电所一并处理，于是，应该提出一种多功能的牵引变电所供电方案，如图 6-17 所示。它借助单相组合式同相供电方案，仍然以 M 座牵引绕组为供电主通道，通过共用直流母线，增加新的潮流调节通道而构成。最大程度复用变流器，减低变流器容量，增加性价比，使全寿命周期成本降至最低。由于这种多功能供电方案可以根据需要进行配置，具有智能性，故可称为智能牵引变电所。

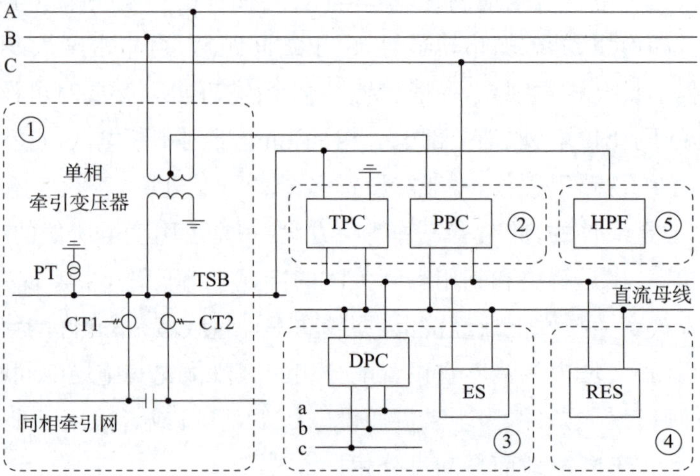

图 6-17　智能牵引变电所方案

图 6-17 中，TSB 为牵引母线，TPC、PPC 为单相交直变流器，二者构成同相供电装置，DPC 为三相交直变流器构成的能量转换装置，与 TPC 配合向铁路三相用电系统送电，ES 为储能装置，RES 为新能源发电装置，HPF 为高通滤波器。

智能牵引变电所按照需要可以配置以下几个部分：①M 座牵引绕组构成单相牵引变压器，为供电主通道，简单、经济、可靠；②同相供电装置，由 TPC、PPC 构成，按需配置，使负序达标;③发电功率及穿越功率发电分量利用通道,由 TPC 和 DPC 或 ES 构成,连通铁路三相用电或融入储能系统,能源高效融合利用,按需配置;④新能源发电通道,按需配置,接入地点可在变电所或车站,实现铁路沿线新能源消纳;⑤高通滤波通道,按需配置,消除高次谐波和谐振。

一般同相供电装置的容量仅占 M 座牵引绕组(主变)容量 1/4 甚至更小,穿越和再生功率利用通道容量也在 5 MV·A 及以下,可有效减少设备重复与投资。

智能牵引变电所具有故障导向安全特性,即使图 6-17 中的②～⑤通道退出运行也能够保持正常牵引供电。

当然,借助单相组合式同相供电方案,还可以构造共用交流牵引母线的智能牵引变电所方案,将在 11.4 节继续讨论。

智能牵引变电所具有多种功能:

(1)可以补偿负序,使三相电压不平衡达标,不对电网造成影响;

(2)可以补偿无功,提高功率因数,提高和稳定网压;

(3)可以消除高次谐波和谐振;

(4)可以调控系统潮流,将剩余再生发电功率和穿越功率发电分量转变为用电功率,不向电网发电,不影响电网发电潮流调度;

(5)可以促进铁路沿线新能源消纳等。

智能牵引变电所的各种配置除了根据需要进行功能配置外,还要进行时序配置来满足列车的规定和需求。例如,时速 200 km 动车组单弓受电,时速 350 km 及以上动车组双弓受电;受电弓连接电压互感器实时检测网压,受电弓经主断路器连接主变压器,主变压器一路供给牵引变流器到牵引电机,另一路给辅助变流器供控制及生活用电;如果网压超过 31 kV 持续 100 ms 断主断路器,超过 31 kV 持续 500 ms 牵引变流器锁闭。由此,规定同相供电装置满足:阶跃响应的响应时间不超过 20 ms,调节时间不超过 80 ms,超调量不超过 15%。其他装置也应参照执行。特别是新能源发电装置应在网压超过 31 kV 时,在动车主断路器断开前采取措施,防止网压进一步恶化。

思考题

6.1　编写程序计算出表 6-1 和表 6-2。

6.2　什么是穿越功率和均衡电流?

6.3　穿越功率的解决方案有哪些?

6.4　为什么说"电网 PCC 对多个牵引变电所形成树形供电时,铁路形成牵引变电所群贯通供电,若在各个牵引变电所进行分散式负序补偿,则可以选择有功型补偿形式,亦可选择无功型补偿形式,但集中于一座牵引变电所进行补偿时,则只能选择无功型补偿形式"?

6.5　简述智能供电的按需配置可以实现哪些功能。

第7章 供电电压质量

电压质量是指实际电压各种指标偏离基准技术参数的程度。

正如第1章绪论所言，电压水平是用户最关心的重要的电能质量指标。《电能质量　供电电压偏差》(GB/T 12325—2008)规定了电网供电应该满足的指标，供电电压是否达标将影响供电质量和电力产品质量。

牵引网的供电电压简称网压。电气化铁路的供电电压质量是指网压水平是否满足规定和达到规定的程度以及对列车功率发挥影响的程度。

本章重点介绍交-直-交型动车组网压水平—轮周功率关系，讨论网压水平(电压损失)影响因素、计算方法以及改善措施等。

7.1　交-直-交型动车组网压水平—轮周功率关系

《轨道交通　牵引供电系统电压》(GB/T 1402—2010)和国家铁路局发布的行业标准《铁路电力牵引供电设计规范》(TB 10009—2016)对电气化铁路接触网的供电电压和电力机车、动车组受电弓的工作电压作出了规定，超出此规定范围就将影响列车轮周功率的发挥，影响正常运输。

作为重要的技术性能，下面给出我国350 km/h标准动车组的网压—轮周功率关系曲线，网压—轮周牵引功率关系曲线如图7-1所示，网压—轮周再生功率关系曲线如图7-2所示。

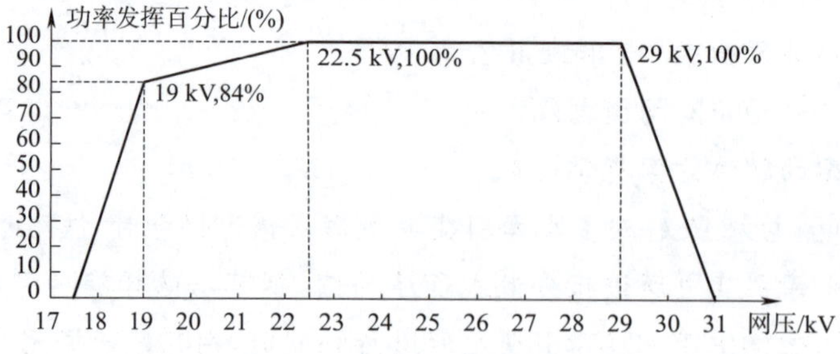

图7-1　350 km/h标准动车组网压—轮周牵引功率关系曲线

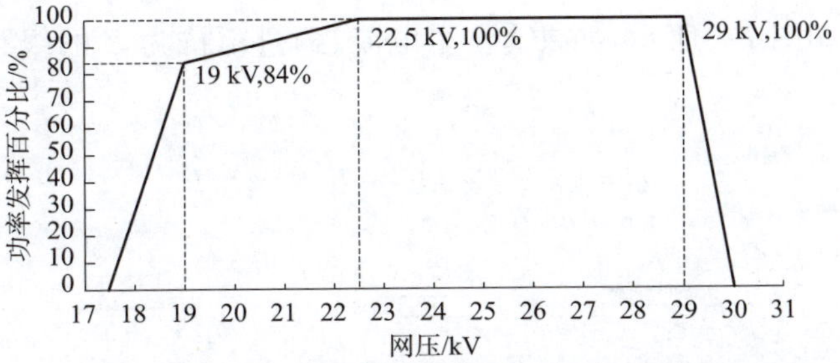

图 7-2　350 km/h 标准动车组网压—轮周再生功率曲线

对应图 7-1 和图 7-2，给出 350 km/h 标准动车组网压—轮周功率关系公式：

(1)网压在 22.5～29 kV 间发挥额定功率；

(2)网压在 19～22.5 kV 间轮周功率从额定功率线性下降至 84%；

(3)网压在 17.5～19 kV 间轮周功率从 84%线性下降至 0；

(4)网压在 29～31 kV 间轮周牵引功率从额定功率线性下降到 0；

(5)网压在 29～30 kV 间轮周再生功率从额定功率线性下降到 0；

(6)网压大于 17.5 kV 且小于 31 kV 时，四象限正常工作，辅助功率有效。

由此足见网压水平对动车组出力(轮周功率)的影响，为使动车组发挥额定功率，提高运输能力，保证网压维持在 22.5～29 kV 之间是问题的关键。

另外，网压低于 16.6 kV 时，牵引变流器关闭，同时作为动车自身保护之需，网压高于 32 kV 时，将切断动车主断路器。

第 2 章的牵引计算是建立在正常网压基础上的，即假设网压在 22.5～29 kV 之间，列车可以发挥额定功率，而实际计算时，应该根据图 7-1 和图 7-2 的关系曲线对网压和动车组功率进行迭代。

动车的交-直-交型牵引变流器具有极佳的可控性和稳定性，利用动车组的网压—轮周功率关系，还可以制定新的牵引网保护方法，即一种低电压启动的纵差保护，称为分段保护[11,50]。

交-直-交型电力机车的网压—轮周功率关系与动车组相近，不再赘述。

7.2　网压水平与电压损失计算

电压水平是指用户端电压的大小，是电源电压与供电过程造成的电压损失的差值。当电源电压固定时，电压损失就是关键。

牵引供电系统的电压损失，包括牵引变电所牵引变压器电压损失和牵引网电压损失，同时，还应估算电网公共连接点(PCC)到牵引变电所 110 kV 或 220 kV 进线的电压损失。

载流线路示意如图 7-3 所示，如果有一个电流$\dot{I}$通过阻抗为 Z 的线路，则可写出其线路电压方程为

$$\dot{U}=\dot{U}'+\dot{I}Z=\dot{U}'+R\dot{I}+\mathrm{j}X\dot{I} \tag{7-1}$$

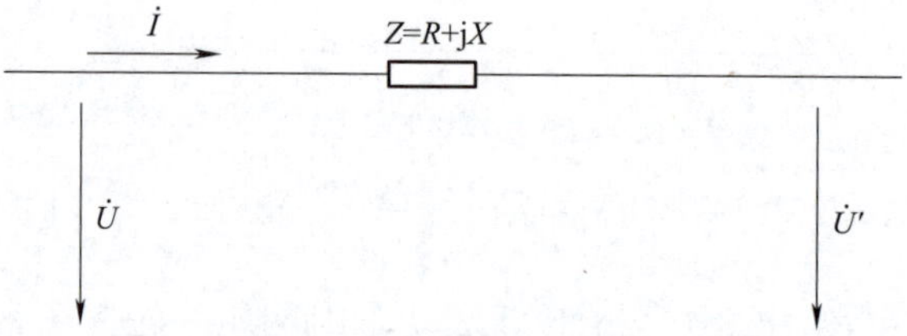

图 7-3 载流线路示意

定义：电压降 $\Delta\dot{U}$ 为阻抗 Z 首端电压 $\dot{U}$ 和末端电压 $\dot{U}'$的相量差，而电压损失 ΔU 则为 $\dot{U}$ 和 $\dot{U}'$的模值的算术差。即

$$\begin{cases}\Delta\dot{U}=\dot{U}-\dot{U}' \\ \Delta U=|\dot{U}|-|\dot{U}'|=\sqrt{(\dot{U}'+XI\sin\varphi+RI\cos\varphi)^2+(XI\cos\varphi-RI\sin\varphi)^2}-U'\end{cases} \tag{7-2}$$

它们之间的关系如图 7-4 所示。图中 φ 为负荷 $\dot{I}$ 的功率因数角，以滞后为正；θ 为线路首末端电压相量的夹角，且

$$\theta=\arctan\frac{XI\cos\varphi-RI\sin\varphi}{U'+RI\cos\varphi+XI\sin\varphi}$$

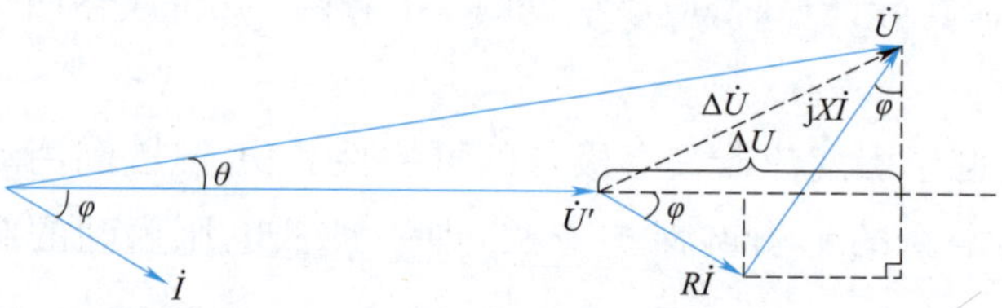

图 7-4 电压水平、电压降和电压损失示意

一般夹角 θ 较小，所以在工程计算上，可以近似地把 $\Delta\dot{U}$ 在 $\dot{U}'$上的投影作为 ΔU。在图 7-4 中，根据几何关系，不难得到电压损失近似表达式为

$$\Delta U=\mathrm{Re}[\Delta\dot{U}]\approx RI\cos\varphi+XI\sin\varphi \tag{7-3}$$

注意：φ 为 $\dot{I}$ 与 $\dot{U}'$的功率因数角，当 $\dot{I}$ 超前 $\dot{U}'$即为容性时，φ 取负值；当 $\dot{I}$ 滞后 $\dot{U}'$即为感性时，φ 取正值。

容易看出，图 7-4 与图 6-2 相同，这里讨论的电压损失就是 6.1.1 节所述的电压差，夹角 θ 就是相角差。

引申一步，如果在图 7-3 中，有 n 个负荷电流通过阻抗 Z，以 $\dot{U}'$ 为基准相量，各负荷电流与 $\dot{U}'$ 夹角均按顺时针方向取为正，设各负荷为感性，则可以写成 $\dot{I}_i = I_i \underline{/-\varphi_i}$ $(i=1,2,\cdots,n)$，则电压降表达式为

$$\begin{aligned}\Delta\dot{U} &= \dot{U} - \dot{U}' = Z\sum_{i=1}^{n} I_i \underline{/-\varphi_i} \\ &= \left[R\sum_{i=1}^{n} I_i\cos\varphi_i + X\sum_{i=1}^{n} I_i\sin\varphi_i\right] + \mathrm{j}\left[-R\sum_{i=1}^{n} I_i\sin\varphi_i + X\sum_{i=1}^{n} I_i\cos\varphi_i\right]\end{aligned} \tag{7-4}$$

电压损失取式(7-4)实部即可，故有

$$\Delta U \approx R\sum_{i=1}^{n} I_i\cos\varphi_i + X\sum_{i=1}^{n} I_i\sin\varphi_i \tag{7-5}$$

当然，列车再生制动将向牵引网发电，即 I_i 为负值，此时电压损失也会变为负值，成为电压升高。

7.2.1　牵引变压器电压损失

由第 5 章可知，无功型组合式同相供电的主变为单相变压器，有功型的单三相组合式同相供电的主变也是单相变压器，虽然单相组合式同相供电的主变是不等边 Scott 接线变压器，但其 M 座和 T 座绕组的牵引端口等效阻抗相互独立，互阻抗为 0，并且担当牵引供电主力的 M 座也是单相变压器，因此同相供电变电所的电压损失均可按单相变压器进行计算。

单相变压器阻抗(Ω)归算到次边 27.5 kV 侧按式(7-6)计算：

$$\begin{cases} R_T = \dfrac{\Delta P_C}{1\ 000} \cdot \dfrac{U_{2N}^2}{S_N^2} \\ X_T = \dfrac{U_d\%}{100} \cdot \dfrac{U_{2N}^2}{S_N} \end{cases} \tag{7-6}$$

式中　$U_d\%$——变压器短路电压百分值，%；

U_{2N}——变压器二次侧额定电压，kV；

ΔP_C——变压器额定铜耗，kW；

S_N——变压器额定容量，MV·A。

国产单相牵引变压器基本参数列于表 7-1。

表 7-1　单相牵引变压器基本参数

序号	额定容量/(MV·A)	负载损耗/kW	短路阻抗/(%)	电阻分量/(%)	一次侧				二次侧			
					额定电压/kV	短路阻抗/Ω	电感分量/Ω	电阻分量/Ω	额定电压/kV	短路阻抗/Ω	电感分量/Ω	电阻分量/Ω
1	6.3	35	10.5	0.56	110	201.67	201.38	10.67	27.5	12.60	12.59	0.67
2	8	42	10.5	0.53	110	158.81	158.61	7.94	27.5	9.93	9.91	0.50

续上表

序号	额定容量/(MV·A)	负载损耗/kW	短路阻抗/(%)	电阻分量/(%)	一次侧				二次侧			
					额定电压/kV	短路阻抗/Ω	电感分量/Ω	电阻分量/Ω	额定电压/kV	短路阻抗/Ω	电感分量/Ω	电阻分量/Ω
3	10	47	10.5	0.47	110	127.05	126.92	5.69	27.5	7.94	7.93	0.36
4	12.5	56	10.5	0.45	110	101.64	101.55	4.34	27.5	6.35	6.35	0.27
5	16	67	10.5	0.42	110	79.41	79.34	3.17	27.5	4.96	4.96	0.20
6	20	79	10.5	0.40	110	63.53	63.48	2.39	27.5	3.97	3.97	0.15
7	25	93	10.5	0.37	110	50.82	50.79	1.80	27.5	3.18	3.17	0.11
8	31.5	110	10.5	0.35	110	40.33	40.31	1.34	27.5	2.52	2.52	0.08
9	40	132	10.5	0.33	110	31.76	31.75	1.00	27.5	1.99	1.98	0.06
10	50	156	10.5	0.31	110	25.41	25.40	0.76	27.5	1.59	1.59	0.05
11	63	185	10.5	0.29	110	20.17	20.16	0.56	27.5	1.26	1.26	0.04

根据式(7-3)可得单相牵引变压器电压损失为

$$\Delta U=(R_{\mathrm{T}}\cos\varphi+X_{\mathrm{T}}\sin\varphi)(I_1+I_2) \tag{7-7}$$

式中 I_1,I_2——两臂负荷,A;

$\cos\varphi$——两臂负荷平均功率因数;

R_{T},X_{T}——单相变压器归算到次边的电阻值和电抗值,Ω。

【例 7.1】已知单相牵引变压器或不等边 Scott 变压器 M 座额定容量 40 MV·A,同相供电两臂负荷之和为 700 A:(1)机车为交-直型,牵引电流功率因数 $\cos\varphi=0.8$(滞后);(2)机车为交-直-交型,$\cos\varphi=0.98$(滞后)。试分别计算牵引变压器的电压损失。

解:计算单相牵引变压器或不等边 Scott 变压器 M 座阻抗为

$$R_{\mathrm{T}}=\frac{\Delta P_{\mathrm{C}}}{1\ 000}\cdot\frac{U_{2\mathrm{N}}^2}{S_{\mathrm{N}}^2}=\frac{132}{1\ 000}\cdot\frac{27.5^2}{40^2}\ \Omega\approx0.062\ 4\ \Omega$$

$$X_{\mathrm{T}}=\frac{U_{\mathrm{d}}\%}{100}\cdot\frac{U_{2\mathrm{N}}^2}{S_{\mathrm{N}}}=\frac{10.5}{100}\cdot\frac{27.5^2}{40}\ \Omega\approx1.985\ \Omega$$

(1)电力机车为交-直型,牵引电流功率因数 $\cos\varphi=0.8$(滞后)。

计算牵引变压器的电压损失为

$$\begin{aligned}\Delta U&=(R_{\mathrm{T}}\cos\varphi+X_{\mathrm{T}}\sin\varphi)(I_1+I_2)\\&=(0.062\ 4\times0.8+1.985\times0.6)\times700\ \mathrm{V}\approx868.64\ \mathrm{V}\end{aligned}$$

(2)电力机车为交-直-交型,牵引电流功率因数 $\cos\varphi=0.98$(滞后)。

计算牵引变压器的电压损失为

$$\begin{aligned}\Delta U&=(R_{\mathrm{T}}\cos\varphi+X_{\mathrm{T}}\sin\varphi)(I_1+I_2)\\&=(0.062\ 4\times0.98+1.985\times0.20)\times700\ \mathrm{V}\approx320.71\ \mathrm{V}\end{aligned}$$

对比(1)、(2)计算结果可知:牵引负荷功率因数的提高,对于牵引变压器电压损失的降低具有十分显著的作用。

7.2.2　单边单线牵引网电压损失

1. 计算条件

有牵引负荷时，单线区段单边供电牵引网的最大电压损失发生在末端，这与各区间列车取流位置有关。表 7-2 列出了最严重的列车取流位置[23]。

表 7-2　单线牵引网列车取流位置

区间数	列车取流位置
1	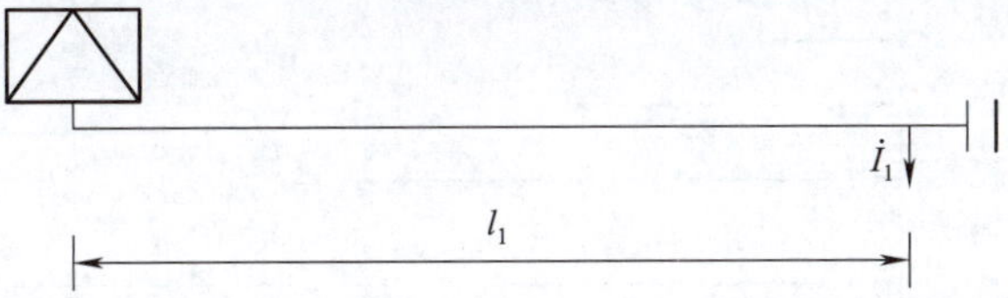
2	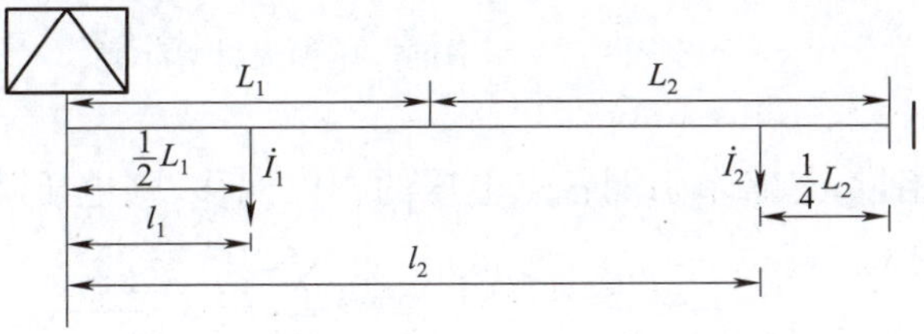
3	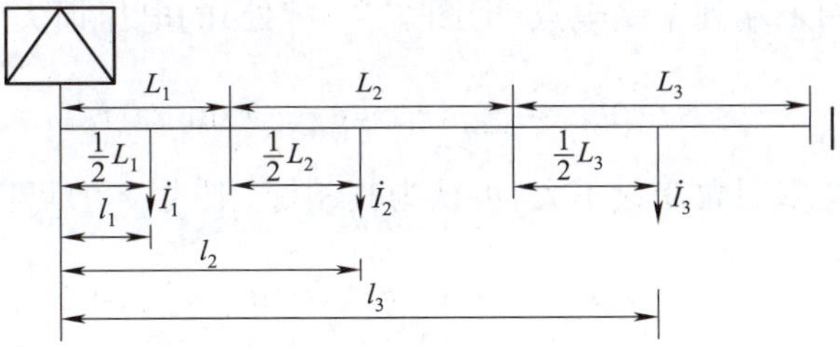
4	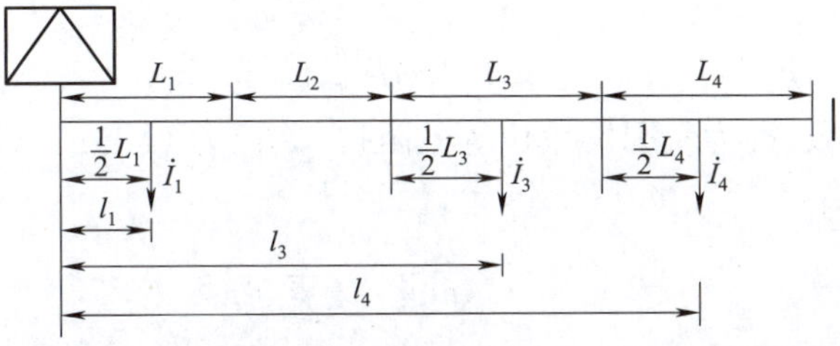

应当指出，列车在各区间的取流位置应考虑取流事件发生的概率及其带电概率，严格意义上，最严重的各列车取流位置在各区间末端，但那是小概率事件，工程上往往不需考虑。同时，使用表 7-2 时应注意几点：

(1)当供电臂列车上行带电概率 p 和下行带电概率 p' 之和较小时，如 3 个区间 $p+p'\leqslant 0.35$，4 个区间 $p+p'\leqslant 0.25$，则相应项中 $\dot{I}_1$ 取消；

(2)列车电流取对应位置的区间带电运行平均值。

2. 计算方法

牵引网电压损失计算示意如图 7-5 所示,已知各列车取流 $\dot{I}_i$(A),功率因数角 φ_i 和距牵引变电所的距离 l_i(km),又知牵引网单位长阻抗 $z=r+\mathrm{j}x$(Ω/km)。

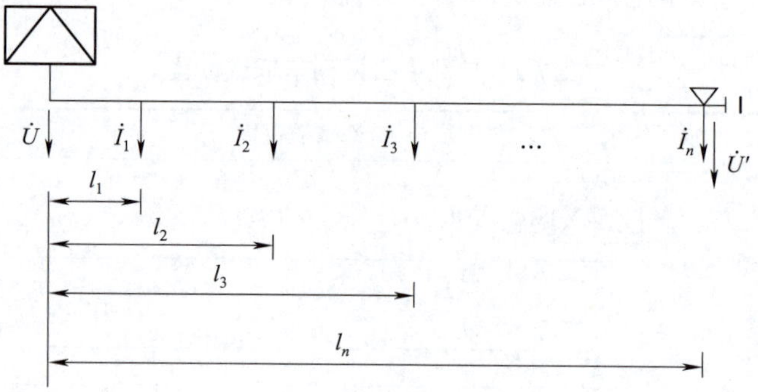

图 7-5　牵引网电压损失计算示意

以$\dot{U}'$为基准相量,忽略牵引网各点电压的相位偏移,则电压降方程为

$$\Delta\dot{U}=\dot{U}-\dot{U}'=z\sum_{i=1}^{n}I_i l_i\angle-\varphi_i \tag{7-8}$$

进一步可得牵引网末端列车受电点(即图 7-5"▽"处)的电压损失为

$$\Delta U=\sum_{i=1}^{n}(r\cos\varphi_i+x\sin\varphi_i)I_i l_i \tag{7-9}$$

通常各列车负荷功率因数变化不大,可认为其相等,则式(7-9)可简化为

$$\Delta U=(r\cos\varphi+x\sin\varphi)\sum_{i=1}^{n}I_i l_i \tag{7-10}$$

令

$$z'=(r\cos\varphi+x\sin\varphi) \tag{7-11}$$

式中,z'可视为常数,称为牵引网单位等效阻抗,单位为 Ω/km。则式(7-10)表示的牵引网最大电压损失可写为

$$\Delta U=z'\sum_{i=1}^{n}I_i l_i \tag{7-12}$$

其中,$I_i l_i$ 仿力学中的力矩,在此称为电流矩。可见:单线牵引网末端电压损失,等于各电流矩之和与牵引网单位等效阻抗之积。

7.2.3　单边复线牵引网电压损失

1. 电流分配规律

在图 7-6 中,已知复线上、下行末端并联供电,供电臂长为 l(km),牵引网上、下行单位长自阻抗$z_{\text{I}}=z_{\text{II}}=z$(Ω/km),单位长互阻抗为$z_{\text{I},\text{II}}$(Ω/km),列车距牵引变电所距离为$l_1$(km)。

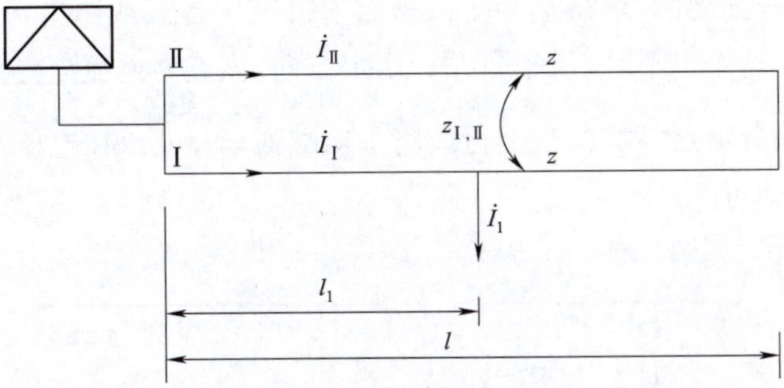

图 7-6　牵引网电流分配示意

列车取流把牵引网分为短路径(图中$\dot{I}_{\text{I}}$路线)和长路径(图中$\dot{I}_{\text{II}}$路线)两支路,分别列写两支路牵引网电压降方程

$$\Delta\dot{U}=zl_1\dot{I}_{\text{I}}+z_{\text{I},\text{II}}l_1\dot{I}_{\text{II}} \tag{7-13}$$

$$\Delta\dot{U}=zl_1\dot{I}_{\text{II}}+z_{\text{I},\text{II}}l_1\dot{I}_{\text{I}}+z(l-l_1)\dot{I}_{\text{II}}-z_{\text{I},\text{II}}(l-l_1)\dot{I}_{\text{II}}+z(l-l_1)\dot{I}_{\text{II}}-z_{\text{I},\text{II}}(l-l_1)\dot{I}_{\text{II}} \tag{7-14}$$

合并式(7-13)、式(7-14),整理得

$$(z-z_{\text{I},\text{II}})l_1\dot{I}_{\text{I}}=(z-z_{\text{I},\text{II}})(2l-l_1)\dot{I}_{\text{II}} \tag{7-15}$$

已知$\dot{I}_1=\dot{I}_{\text{I}}+\dot{I}_{\text{II}}$,联立式(7-15),可以解得

$$\begin{cases}\dot{I}_{\text{II}}=\dfrac{l_1}{2l}\dot{I}_1\\ \dot{I}_{\text{I}}=\dfrac{2l-l_1}{2l}\dot{I}_1\end{cases} \tag{7-16}$$

由此可见,列车电流在复线牵引网中的分配规律为:支路的电流大小同支路长度成反比。

2. 计算条件

按上、下行连发,分别计算上、下行接触网分区所联络断路器合闸和分闸时,最严重运行情况下的牵引网电压损失。

列车电流取重型货物列车(最大取流列车,下同)带电平均电流。

追踪间隔数由重型货物列车走行时分与追踪间隔时分确定,有小数时,其小数部分放于供电臂的始端。

3. 计算方法

(1)上、下行接触网联络断路器闭合情形

复线牵引网列车取流和位置如图 7-7 所示,设各列车负荷功率因数相同,则可求得上、下行线路Ⅰ、Ⅱ单位等效自阻抗 $z'_{\mathrm{I}}=z''_{\mathrm{II}}=z'$ 和互阻抗 $z'_{\mathrm{I,II}}$。参照式(7-16)所示列车电流在复线牵引网中的分配规律，求得 $\dot{I}_{\mathrm{I}}$ 和 $\dot{I}_{\mathrm{II}}$，进而求得图中各段线路电流分配。线路中存在一个电位最低点，在这个点上，电流来自左右两个方向，该点为电流分界点，称为分流点。经计算，图中供电臂的分流点"▽"位于上行线路Ⅰ末端列车 $\dot{I}_n$ 处。在电压水平校核时，只需计算分流点电压损失即可。

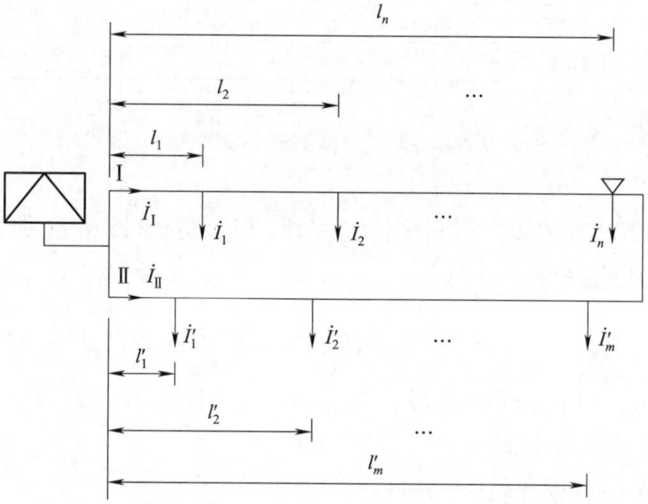

图 7-7　复线牵引网负荷分布示意

对于线路Ⅰ上的任一列车 $\dot{I}_i(i=1,2,\cdots,n)$，流经短路径支路的电流为 $\frac{2l-l_i}{2l}\dot{I}_i$；流经长路径支路的电流为 $\frac{l_i}{2l}\dot{I}_i$。而对于线路Ⅱ上的任一列车 $\dot{I}'_j(j=1,2,\cdots,m)$，流经短、长路径的电流分别为 $\frac{2l-l'_j}{2l}\dot{I}'_j$ 和 $\frac{l'_j}{2l}\dot{I}'_j$。则供电臂上分流点"▽"处的牵引网电压损失为

$$\begin{aligned}\Delta U_{\triangledown} &= \sum_{i=1}^{n}\left[z'l_i\frac{2l-l_i}{2l}I_i - z'(l_n-l_i)\frac{l_i}{2l}I_i + z'_{\mathrm{I,II}}l_n\frac{l_i}{2l}I_i\right]+\\&\quad\sum_{j=1}^{m}\left[z'l_n\frac{l'_j}{2l}I'_j + z'_{\mathrm{I,II}}l'_j\frac{2l-l'_j}{2l}I'_j - z'_{\mathrm{I,II}}(l_n-l'_j)\frac{l'_j}{2l}I'_j\right]\\&= \sum_{i=1}^{n}\left[z'-z'\frac{l_n}{2l}+z'_{\mathrm{I,II}}\frac{l_n}{2l}\right]I_il_i + \sum_{j=1}^{m}\left[z'\frac{l_n}{2l}+z'_{\mathrm{I,II}}-z'_{\mathrm{I,II}}\frac{l_n}{2l}\right]I'_jl'_j\\&= \sum_{i=1}^{n}\left[z'-(z'-z'_{\mathrm{I,II}})\frac{l_n}{2l}\right]I_il_i + \sum_{j=1}^{m}\left[z'_{\mathrm{I,II}}-(z'_{\mathrm{I,II}}-z')\frac{l_n}{2l}\right]I'_jl'_j\end{aligned} \quad (7\text{-}17)$$

(2)上、下行接触网联络断路器分闸情形

这时牵引网成为两条单线支路，则不难写出"▽"处牵引网电压损失应取两支路的最大者，即

$$\Delta U_{\nabla}=\max\left\{z'\sum_{i=1}^{n}I_i l_i+z'_{\mathrm{I},\mathrm{II}}\sum_{j=1}^{m}I'_j l'_j, z'\sum_{j=1}^{m}I'_j l'_j+z'_{\mathrm{I},\mathrm{II}}\sum_{i=1}^{n}I'_i l'_i\right\} \tag{7-18}$$

【例 7.2】已知某复线区段的牵引网单位长自阻抗 z 和互阻抗 $z_{\mathrm{I},\mathrm{II}}$ 分别为(0.204＋j0.480)Ω/km 和(0.026＋j0.122)Ω/km，列车位置和取流大小均标于图 7-8 中。(1)设机车为交-直型，牵引电流功率因数 $\cos\varphi=0.8$(滞后)；(2)机车为交-直-交型，$\cos\varphi=0.98$(滞后)。试分别计算牵引网最大电压损失。

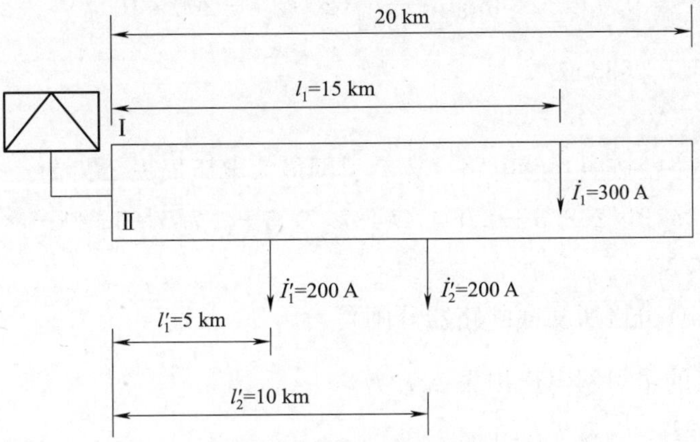

图 7-8　例 7.2 计算示意

解：1. 计算分流点。

计算供电臂首端上下行接触网电流

$$I_{\mathrm{I}}=\left(\frac{35}{40}\times200+\frac{30}{40}\times200+\frac{15}{40}\times300\right)\mathrm{A}=437.5\ \mathrm{A}$$

$$I_{\mathrm{II}}=\left(\frac{5}{40}\times200+\frac{10}{40}\times200+\frac{25}{40}\times300\right)\mathrm{A}=262.5\ \mathrm{A}$$

计算接触网各段电流，得到分流点"▽"，示于图 7-9。

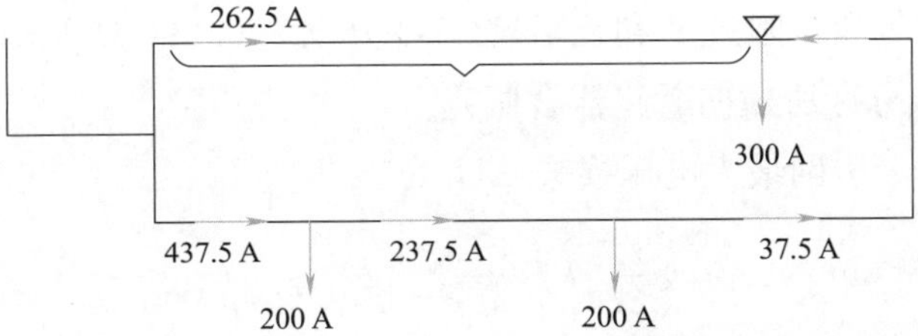

图 7-9　例 7.2 分流点计算示意图

2. 计算电压损失

(1)电力机车为交-直型，牵引电流功率因数 $\cos\varphi=0.8$(滞后)，则功率因数角 $\varphi=36.87°$。牵引网单位等效自阻抗 z' 和互阻抗 $z'_{\mathrm{I},\mathrm{II}}$ 分别为 0.451 Ω/km 和 0.094 Ω/km。

(1.1)并联供电(分区所横向断路器合闸)。

由式(7-17)计算牵引网最大电压损失 ΔU_1 为

$$\Delta U_1 = \sum_{i=1}^{1}\left[z' - (z' - z'_{\text{I},\text{II}})\frac{l_1}{2l}\right]I_i l_i + \sum_{j=1}^{2}\left[z'_{\text{I},\text{II}} - (z'_{\text{I},\text{II}} - z')\frac{l_1}{2l}\right]I'_j l'_j$$

$$= \left\{\left[0.451-(0.451-0.094)\frac{15}{2\times 20}\right]\times 300\times 15+\left[0.094-(0.094-0.451)\frac{15}{2\times 20}\right](200\times 5+200\times 10)\right\}\text{V}$$

$$=(1\,427.1+683.6)\text{V}$$

$$=2\,110.7\text{ V}$$

或由图 7-9 短路径按照互感电路计算牵引网最大电压损失 ΔU_1 为

$$\Delta U_1=[0.451\times 15\times 262.5+0.094\times(437.5\times 5+237.5\times 5+37.5\times 5)]\text{V}$$

$$=2\,110.7\text{ V}$$

(1.2)分开供电(分区所横向断路器分闸)。

机车 I_1 受电点的牵引网电压损失 ΔU_1 为

$$\Delta U_1=I_1 z' l_1+I'_1 z'_{\text{I},\text{II}} l'_1+I'_2 z'_{\text{I},\text{II}} l'_2$$

$$=(300\times 0.451\times 15+200\times 0.094\times 5+200\times 0.094\times 10)\text{V}$$

$$=2\,311.5\text{ V}$$

机车 I'_2 受电点的牵引网电压损失 $\Delta U'_2$ 为

$$\Delta U_2=I'_1 z' l'_1+I'_2 z l'_2+I_1 z'_{\text{I},\text{II}} l'_2$$

$$=(200\times 0.451\times 5+200\times 0.451\times 10+300\times 0.094\times 10)\text{V}$$

$$=1\,635\text{ V}$$

按照式(7-18),取其大者,最大电压损失为 2 311.5 V。

(2)电力机车为交-直-交型,牵引电流功率因数 $\cos\varphi=0.98$(滞后),则功率因数角 $\varphi=11.48°$。牵引网单位等效自阻抗 z' 和互阻抗 $z'_{\text{I},\text{II}}$ 分别为 0.296 Ω/km 和 0.050 Ω/km。

(2.1)并联供电(分区所横向断路器合闸)。

由式(7-17)计算牵引网最大电压损失 ΔU_1 为

$$\Delta U_1 = \sum_{i=1}^{1}\left[z' - (z' - z'_{\text{I},\text{II}})\frac{l_1}{2l}\right]I_i l_i + \sum_{j=1}^{2}\left[z'_{\text{I},\text{II}} - (z'_{\text{I},\text{II}} - z')\frac{l_1}{2l}\right]I'_j l'_j$$

$$= \left\{\left[0.296-(0.296-0.050)\frac{15}{2\times 20}\right]\times 300\times 15+\left[0.094-(0.094-0.296)\frac{15}{2\times 20}\right](200\times 5+200\times 10)\right\}\text{V}$$

$$=(916.9+426.8)\text{V}$$

$$=1\,343.7\text{ V}$$

(2.2)分开供电(分区所横向断路器分闸)。

机车 I_1 受电点的牵引网电压损失 ΔU_1 为

$$\Delta U_1 = I_1 z' l_1 + I'_1 z'_{\mathrm{I},\mathrm{II}} l'_1 + I'_2 z'_{\mathrm{I},\mathrm{II}} l'_2$$
$$= (300\times0.296\times15 + 200\times0.050\times5 + 200\times0.050\times10)\ \mathrm{V}$$
$$= 1\ 482\ \mathrm{V}$$

机车 I'_2 受电点的牵引网电压损失 $\Delta U'_2$ 为

$$\Delta U'_2 = I'_1 z' l'_1 + I'_2 z' l'_2 + I_1 z'_{\mathrm{I},\mathrm{II}} l'_2$$
$$= (200\times0.296\times5 + 200\times0.296\times10 + 300\times0.050\times10)\ \mathrm{V}$$
$$= 1\ 038\ \mathrm{V}$$

按照式(7-18),取其大者,最大电压损失为 1 482 V。

综合(1.1)和(2.1)结果可知:牵引负荷功率因数的提高,对于复线牵引网电压损失的降低具有十分显著的作用。

对比(1.2)和(2.2)结果可知:在相同功率因数情况下,末端分开时复线牵引网最大电压损失大于末端并联时电压损失。

7.2.4　双边供电电压损失

与 7.2.3 节单边供电一样,双边供电牵引供电系统的电压损失包括牵引变压器和牵引网的电压损失,实际设计中,还应考虑 PCC 和牵引变电所进线的电压损失,这几部分的电压损失可以累计得到总的电压损失。下面主要讨论牵引变压器和牵引网的电压损失计算方法。

1. 牵引变压器电压损失

由第 5 章知,无功型组合式同相供电的主变为单相变压器,有功型的单三相组合式同相供电的主变也是单相变压器,虽然单相组合式同相供电的主变是不等边 Scott 接线变压器,但其 M 座和 T 座绕组的牵引端口等效阻抗相互独立,互阻抗为 0,并且担当牵引供电主力的 M 座也是单相变压器,因此同相供电变电所的电压损失均可按单相变压器进行计算。

根据式(7-7)可得单相牵引变压器电压损失为

$$\Delta U = (R_{\mathrm{T}}\cos\varphi + X_{\mathrm{T}}\sin\varphi)(I_1 + I_2) \tag{7-19}$$

式中　I_1, I_2——两臂负荷,A;

$\cos\varphi$——两臂负荷(平均)功率因数;

$R_{\mathrm{T}}, X_{\mathrm{T}}$——单相变压器归算到次边的电阻和电抗值,Ω。

【例 7.3】已知单相牵引变压器或不等边 Scott 变压器 M 座额定容量为 40 MV·A,同相供电两臂负荷之和为 700 A:(1)机车为交-直型,牵引电流功率因数 $\cos\varphi=0.8$(滞后);(2)机车为交-直-交型,$\cos\varphi=0.98$(滞后)。试分别计算牵引变压器的电压损失。

解:计算单相牵引变压器或不等边 Scott 变压器 M 座阻抗为

$$R_T=\frac{\Delta P_C}{1\ 000}\cdot\frac{U_{2N}^2}{S_N^2}=\frac{132}{1\ 000}\cdot\frac{27.5^2}{40^2}\ \Omega\approx 0.062\ 4\ \Omega$$

$$X_T=\frac{U_d\%}{100}\cdot\frac{U_{2N}^2}{S_N}=\frac{10.5}{100}\cdot\frac{27.5^2}{40}\ \Omega\approx 1.985\ \Omega$$

(1)电力机车为交-直型，牵引电流功率因数 $\cos\varphi=0.8$(滞后)。

计算牵引变压器的电压损失为

$$\Delta U=(R_T\cos\varphi+X_T\sin\varphi)(I_1+I_2)$$
$$=(0.062\ 4\times0.8+1.985\times0.6)\times700\ \text{V}\approx 868.64\ \text{V}$$

(2)电力机车为交-直-交型，牵引电流功率因数 $\cos\varphi=0.98$(滞后)。

计算牵引变压器的电压损失为

$$\Delta U=(R_T\cos\varphi+X_T\sin\varphi)(I_1+I_2)$$
$$=(0.062\ 4\times0.98+1.985\times0.20)\times700\ \text{V}\approx 320.71\ \text{V}$$

对比(1)(2)计算结果可知：牵引负荷功率因数的提高，对于牵引变压器电压损失的降低具有十分显著的作用。

2. 牵引网电压损失

(1)电流分配规律

在图 7-10 中，假设牵引变电所为理想电源，已知单线双边供电的相邻变电所 SS_1、SS_2 之间的供电臂长为 $2l$(km)，牵引网单位长自阻抗 z(Ω/km)，取流为 $\dot{I}$ 的列车距左边牵引变电所 SS_1 的距离为 l_1(km)，分流为 $\dot{I}_{\text{I}}$，距右边牵引变电所 SS_2 的距离为 $2l-l_1$(km)，分流为 $\dot{I}_{\text{II}}$。

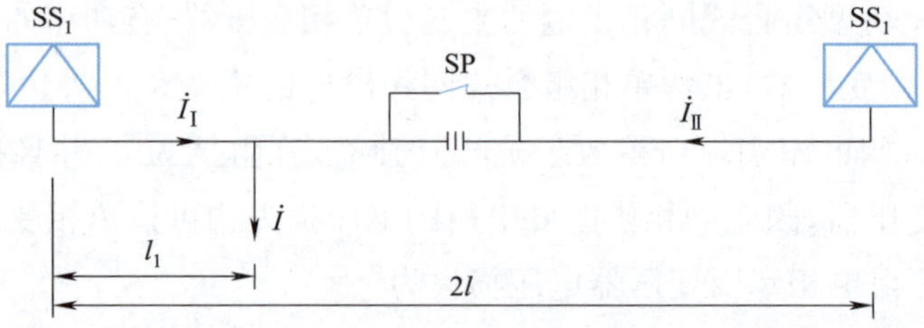

图 7-10 双边供电单线牵引网电流分配示意

列车取流把牵引网分为左右两个支路，分别列写左右两支路牵引网电压降方程

$$\Delta\dot{U}=zl_1\dot{I}_{\text{I}} \tag{7-20}$$

$$\Delta\dot{U}=z(2l-l_1)\dot{I}_{\text{II}} \tag{7-21}$$

合并式(7-20)、式(7-21)并注意 $\dot{I}=\dot{I}_{\text{I}}+\dot{I}_{\text{II}}$ 可以解得

$$\begin{cases} \dot{I}_{\mathrm{I}}=\dfrac{2l-l_1}{2l}\dot{I} \\ \dot{I}_{\mathrm{II}}=\dfrac{l_1}{2l}\dot{I} \end{cases} \tag{7-22}$$

由此可见，列车电流在双边供电牵引网中的分配规律与单边复线牵引网相同（见 7.2.3 节），即支路中的电流大小同支路的长度成反比。

（2）计算条件

参考 7.2.3 节。

（3）计算方法

单线双边供电牵引网列车取流和位置如图 7-11 所示，设各列车负荷功率因数相同，设供电臂（支路）Ⅰ、Ⅱ的等效单位自阻抗 $z'_{\mathrm{I}}=z'_{\mathrm{II}}=z'$。现在来讨论单线双边供电牵引网中的电流分配规律和最大电压损失计算。

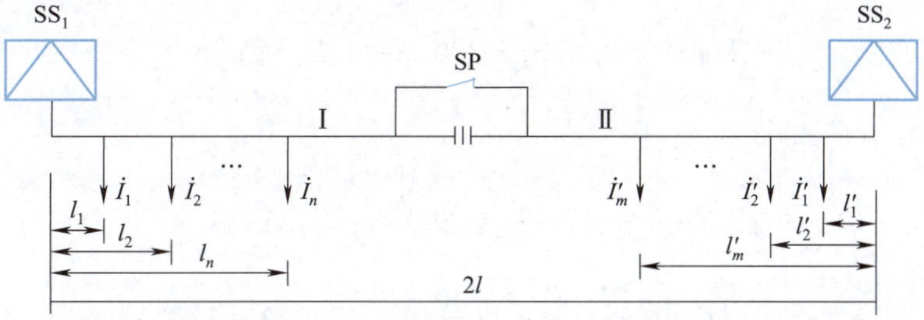

图 7-11　单线双边供电牵引网负荷分布示意

对于支路Ⅰ上的任一列车 $\dot{I}_i(i=1,2,\cdots,n)$，流经Ⅰ支路的电流为$\dfrac{2l-l_i}{2l}\dot{I}_i$，记为 $\dot{I}_{i\mathrm{I}}$；流经Ⅱ支路的电流为$\dfrac{l_i}{2l}\dot{I}_i$，记为 $\dot{I}_{i\mathrm{II}}$。而对于支路Ⅱ上的任一列车$\dot{I}'_j(j=1,2,\cdots,m)$，流经Ⅰ、Ⅱ支路的电流分别为$\dfrac{l'_j}{2l}\dot{I}'_j$ 和$\dfrac{2l-l'_j}{2l}\dot{I}'_j$，分别记为 $\dot{I}'_{j\mathrm{I}}$ 和 $\dot{I}'_{j\mathrm{II}}$。双边供电牵引网的最大电压损失也可以通过分流点得到。分流点的定义见 7.2.3 节。利用式(7-16)计算各列车在网上左右支路的分流，再计算支路各段的电流，找到分流点，自左侧（或右侧）变电所分段计算到分流点的电压损失，即为牵引网最大电压损失。

【例 7.4】已知某单线双边供电区段的牵引网单位长自阻抗 z 为(0.204+j0.480)Ω/km，列车位置和取流大小均标于图 7-12 中。(1)试计算分流点。(2)①设机车为交-直型，牵引电流功率因数 $\cos\varphi=0.8$（滞后）；②机车为交-直-交型，$\cos\varphi=0.98$（滞后），试分别计算牵引网最大电压损失。

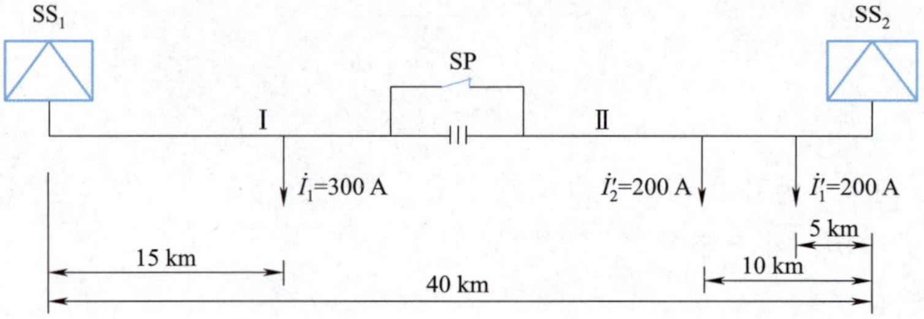

图 7-12　例 7.4 计算示意图

解:(1)计算分流点。

计算支路Ⅰ上机车 $\dot{I}_1$ 的电流

$$\dot{I}_{1\text{I}}=\frac{2l-l_1}{2l}I_1=\frac{40-15}{40}\times 300\ \text{A}=187.5\ \text{A}$$

$$\dot{I}_{1\text{II}}=\frac{l_1}{2l}I_1=\frac{15}{40}\times 300\ \text{A}=112.5\ \text{A}$$

计算支路Ⅱ上机车 $\dot{I}_1'$ 的电流

$$\dot{I}'_{1\text{I}}=\frac{l_1'}{2l}I'_1=\frac{5}{40}\times 200\ \text{A}=25\ \text{A}$$

$$\dot{I}'_{1\text{II}}=\frac{2l-l_1'}{2l}I'_1=\frac{40-5}{40}\times 200\ \text{A}=175\ \text{A}$$

计算支路Ⅱ上机车 $\dot{I}_2'$ 的电流

$$\dot{I}'_{2\text{I}}=\frac{l_2'}{2l}I'_2=\frac{10}{40}\times 200\ \text{A}=50\ \text{A}$$

$$\dot{I}'_{2\text{II}}=\frac{2l-l_2'}{2l}I'_2=\frac{40-10}{40}\times 200\ \text{A}=150\ \text{A}$$

根据叠加原理,合成所有列车的网上分流,得到电流分布如图 7-13 所示,根据定义可知,机车 $\dot{I}_1$ 处即为分流点。

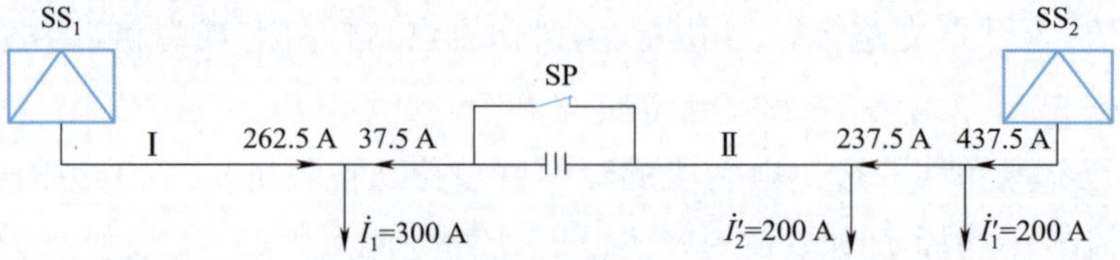

图 7-13　例 7.4 的电流分布

(2)计算最大电压损失。

①电力机车为交-直型,牵引电流功率因数 $\cos\varphi=0.8$(滞后),则功率因数角 $\varphi=36.87°$。牵引网等效单位自阻抗 z'为 0.451 Ω/km。

计算分流点处牵引网电压损失 ΔU_1 为

$$\Delta U_1 = 0.451 \times 15 \times 262.5\ \text{V} \approx 1\,775.8\ \text{V}$$

即牵引网最大电压损失为 1 775.8 V。

②电力机车为交-直-交型，牵引电流功率因数 $\cos\varphi = 0.98$（滞后），则功率因数角 $\varphi = 11.48°$。牵引网等效单位自阻抗 z' 为 0.296 Ω/km。

计算分流点处牵引网电压损失 ΔU_1 为

$$\Delta U_1 = 0.296 \times 15 \times 262.5\ \text{V} = 1\,165.5\ \text{V}$$

即牵引网最大电压损失为 1 165.5 V。

对比①和②结果可知：牵引负荷功率因数的提高，对于单线双边供电牵引网电压损失的降低具有十分显著的作用。

7.3　网压水平与改善措施

7.3.1　总体考虑

已经知道，牵引网上负荷点（某一列车的受电弓上）的电压损失是指外部电源供电电压水平与牵引网上最低电压水平之差，故为牵引网、牵引变压器和电网的电压损失的总和。

牵引负荷在电网中造成的最大电压损失，应根据电网运行方式和牵引负荷的资料进行计算。牵引负荷按计算牵引变压器最大电压损失的条件考虑。其中，按照《电能质量　供电电压偏差》（GB/T 12325—2008）规定，电力部门应保证牵引变电所进线母线电压偏差不超过±10%。

7.3.2　网压水平

电压水平和电压损失是衡量供电电压质量的两个方面，二者既有独立的一面，又相互关联，正如式（7-2）定义的那样，若电源电压为 U，到负荷点的电压损失为 ΔU，则负荷点的电压水平 U' 为

$$U' = U - \Delta U \tag{7-23}$$

负荷点的电压水平是保证用户负荷正常运行的关键。就电气化铁路而言，为使电力机车和动车组发挥额定功率，保证运输能力，就应保证网压维持在 22.5～29 kV 之间。同时，《轨道交通　牵引供电系统电压》（GB/T 1402—2010）和《铁路电力牵引供电设计规范》（TB 10009—2016）都规定受电弓上的最低持续电压为 19 kV，不过由图 7-1 所示的网压—轮周功率关系曲线可知，此时电力机车和动车组功率的发挥将受到影响。

7.3.3　网压水平的改善措施

从式（7-19）可以得知，对用户而言，改善网压水平 U' 可以从两方面入手，一是提高电源

(电网进线)电压 U,二是减少电压损失 ΔU。前者的直接方法是调整牵引变电所母线电压;后者稍显多样,包括前面讨论的牵引变压器电压损失,牵引网电压损失,从中均可看出,当功率因数为 $\cos\varphi$ 的负荷电流 I 通过阻抗 $Z=R+\mathrm{j}X$ 时,产生的电压损失 $\Delta U=I(R\cos\varphi+X\sin\varphi)$,因此减少电压损失 ΔU 的主要措施有两项:一是减小阻抗 $|Z|$;二是减小 $\sin\varphi$,即提高功率因数。针对前者,可采用载流承力索或加强导线,选择合理的供电方式(如双边供电)及供电臂长度等;针对后者,停产交-直型电力机车、推广交-直-交型电力机车和动车组是个巨大的进步,见例 7.1 和例 7.2,还可以选择并联无功补偿装置,如 SVG,或者由组合式同相供电的交-直-交变流器兼顾无功补偿。下面逐一介绍。

1. 调整牵引变电所母线电压

放低变压器分接开关位置可以提高牵引变电所牵引母线空载电压。常用的牵引变压器分接开关位置、反变压比和 27.5 kV 侧母线空载电压列于表 7-3。

表 7-3 常用牵引变压器分接开关位置、反变压比和 27.5 kV 侧母线空载电压

分接头位置	110(1±2×2.5%) kV 变压器		$110\left(1\pm\frac{1}{3}\times2.5\%\right)$ kV 变压器		分接头位置示意
	反变压比	母线空载电压/kV	反变压比	母线空载电压/kV	
Ⅰ	0.238	26.18	0.244	26.84	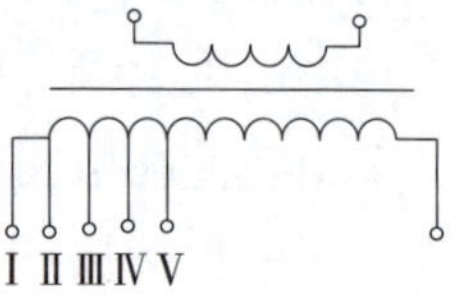
Ⅱ	0.244	26.84	0.250	27.5	
Ⅲ	0.250	27.5	0.257	28.27	
Ⅳ	0.257	28.27	0.263	28.93	
Ⅴ	0.263	28.93	0.270	29.7	

这种方法简便有效,但其局限性在于:(1)电压调整范围小,为±5%;(2)通常是无载调压,不宜用于系统电压频繁波动的场合。

在电压波动较大的变电所,可以采用带有载分接开关的牵引变压器,或采用调压变压器。但注意由于系统阻抗存在,调压范围是有限的,见思考题 7.5。

2. 采用载流承力索或加强导线

当牵引负荷一定时,牵引网电压损失与牵引网阻抗成正比。因此采用载流承力索或加强导线具有明显降低牵引网阻抗的作用,一般可以降低 25%以上。

在特殊情况下,如山区地段,铁路线路有较大迂回的场合下,架设捷接线也是行之有效的方法。

根据降低阻抗提高网压的原理,还可以考虑对牵引网进行串联电容补偿(SCC),但其效果受到功率因数 $\cos\varphi$(滞后)的制约,功率因数越高,补偿效果越差。考虑到交-直-交型列车广泛使用,功率因数很高,本书不再讨论串联电容补偿。

3. 采用合理的牵引网供电方式

AT 供电方式(见第 8 章)可以有效降低系统阻抗和电压损失,重要铁路应加以选用。

双边供电比单边供电有更小的电压损失，在条件允许的情况下，应采用双边供电[5]。

4. 选择合理的供电臂长度

供电臂长度直接影响牵引网阻抗甚至影响臂负荷大小，因此要求合理地选择牵引供电系统的牵引变电所及分区所位置，在某些困难的地段，甚至要考虑增设牵引变电所，以适当缩短供电臂长度，其中，应考虑列车的再生发电工况。

5. 同相供电

牵引变电所的同相供电和分区所双边供电可以构成贯通供电，可以更灵活地选择所址和分区所位置，在满足网压水平要求基础上，便于系统的优化设计与运行。其中，牵引变电所的同相供电装置在补偿负序的同时，还可以发挥无功补偿作用，进一步补偿功率因数和牵引母线电压。

如果在图 7-3 中通过阻抗 Z 的电流$\dot{I}$超前于$\dot{U}'$，即 SVG 或者同相供电的交-直-交变流器吸收容性无功，则可作出如图 7-14 所示的相量图。

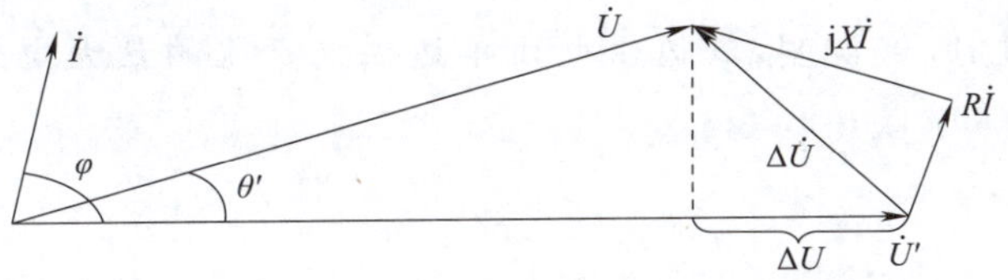

图 7-14　当$\dot{I}$超前于$\dot{U}'$时的 $\Delta\dot{U}$、ΔU 关系

同式(7-3)一样，夹角 θ'较小，则在工程计算上仍然可以近似地以 $\Delta\dot{U}$在$\dot{U}'$上的投影作为 ΔU，按式(7-2)定义并要注意投影的正、负性，从图 7-14 中，根据几何关系可得电压损失近似值为

$$\Delta U \approx RI\cos\varphi - XI\sin\varphi \tag{7-24}$$

使得电压损失得以减少，甚至为负值，将电压抬升。

思考题

7.1　根据图 7-1 和图 7-2 及其对应公式，绘制网压—牵引电流曲线。

7.2　电压降和电压损失是怎样定义的，对比电压降而言，为什么供电系统中更重视电压损失？

7.3　对单线牵引网，书中重点关注最大电压损失，也就是关注最低电压水平，以保证最困难区段电力机车正常通过。在牵引负荷下，单线牵引网最大电压损失或最低电压水平发生在末端列车受电点处或分区所处。参照图 7-5，推导任意列车受电点$\dot{I}_i$处的牵引网电压损失 ΔU_i 表达式，$i=1,2,3,\cdots,n$，并说明 $\Delta U_i \leqslant \Delta U_n$，$\Delta U_n$ 为最大值。

7.4　一电源向 n 个相同单位等效阻抗 $z'=r\cos\varphi+x\sin\varphi$ 的输电线和负荷供电，当电源供电时，各负荷点记录的有效电流分别为 $I_i, i=1,2,\cdots,n$，电压水平为 $U_i, i=1,2,\cdots,n$。求 n 条输电线电压与长度 l_i 之比。

7.5　当牵引网电压水平过低时，采用有载变压器调压是一种直接、简单、节资的方案，但正像书中所言，调压范围也是有限的。假设变电所牵引母线和馈线之间安装自耦变压器AT以提高牵引网电压。若忽略电阻分量，设归算到牵引侧的电源电压为 U_S(kV)，电网和牵引变压器的电抗为 $X_{ST}(\Omega)$，AT在牵引母线侧的电压为 U_F(kV)，牵引网侧的电压(水平)为 U'，调压变比 $k=\dfrac{U'}{U_F}\geqslant 1$，牵引负荷为 I，功率因数为 $\cos\varphi$(滞后)，AT为理想变压器，试求：

(1)调压后的牵引网电压水平 U' 的表达式；

(2)使牵引网电压达到最大值所对应的AT变比 k 的表达式 $f(k)$；

(3)绘制 $f(k)$ 的趋势图(读者可根据实际供电系统的参数绘制实际曲线)。

7.6　某牵引供电系统实施双边供电(可以单线铁路为例)，考虑最简单情况，当有一列取流为 I 的列车通过时，试说明，双边供电比单边供电产生的最大电压损失小，即网压水平高。

第 8 章 AT 供电

目前，我国电气化铁路牵引网广泛采用直供(+回流线)方式和 AT 供电方式，前者简称直供牵引网，多用于普速铁路，后者简称 AT 牵引网，多用于高速铁路和重载铁路。AT 供电方式不仅网压水平高，供电能力强，供电距离远，可以有效减少外电接口、节约外电投资，其接触网 T、负馈线 F 关于钢轨 R 具有天然对称性的要求，使得其通信干扰防护效果接近 BT 供电方式。AT 供电方式是一种优秀的供电方式，在世界各国获得广泛采用。

55 kV AT 供电方式于 1957 年在日本鹿儿岛线的八代—西鹿儿岛区间率先使用，后于 1972 年在山阳新干线大阪—冈山区间取代 BT 方式建成应用，之后成为日本交流电气化的标准模式。我国在 20 世纪 80 年代修建的京秦线照搬了这种模式。法国则采用 2×27.5 kV AT 模式，苏联也有应用。我国高速铁路广泛采用 2×27.5 kV AT 模式。

AT 供电方式的供电网络相对复杂，一般要经过复杂的推导方可得到等效电路，文献[4-5,53-54]都采用了直接推导法，并且需要作如下假设：

(1)忽略自耦变压器漏抗，即认为 $Z_{AT}=0$；

(2)假设钢轨和地形成导线—地回路；

(3)假设接触网、负馈线关于(等效)钢轨对称布置，即接触网、负馈线单位长自阻抗相等，其与钢轨的互阻抗相等，即 $Z_T=Z_F$，$Z_{TR}=Z_{FR}$。

为进一步分析 AT 牵引网，明确物理概念，考虑到 AT 牵引网的接触网、负馈线关于钢轨 R 具有对称性，因此采用两相对称分量法[55-56]是一个好的选择[57-58]。本章采用两相对称分量法给出牵引网、自耦变压器 AT、牵引变压器、牵引负荷和电源等网络元件的序模型及复合序网模型，再得到等效电路。本章还对供电容量利用率、牵引变压器容量利用率、牵引网阻抗、电压损失、轨道电位等进行讨论，并提出和研究新的同相 AT 供电方式。

8.1 异相 AT 供电等效电路

由于到目前为止，世界各国采用 AT 供电方式的牵引变电所都是异相(换相)供电的，并且所涉两个供电臂的牵引网构成相同，因此针对 AT 供电的分析集中于一个供电臂的牵引网即可。

日本的AT供电变电所多采用Wood-Bridge接线牵引变压器，如图8-1(a)所示，我国学者也研究过二次侧中抽式Scott接线牵引变压器方式[59]，实际应用几乎都采用Vx接线牵引变压器，如图8-1(b)所示，但从任一牵引端口来看，牵引变压器均可等效成单相变压器，如图8-2(a)、(b)所示，即分别为等效的两种AT供电模式的原理展开图。图中，AT_i为自耦变压器($i=0,1,2,\cdots,n$)。AT之间的线路称为AT段，一般间距为10～12 km。T为接触线(简称T线)，F为负馈线(简称F线)，R为钢轨。图8-2(a)为55 kV模式，在牵引变电所内设置AT，牵引变压器的牵引馈线分别馈出到T线和F线，也称日本模式；图8-2(b)为2×27.5 kV模式，牵引变电所内不设置AT，牵引变压器的牵引馈线分别馈出到T线和F线，次边中点抽头连接钢轨(地)R，也称法国模式。

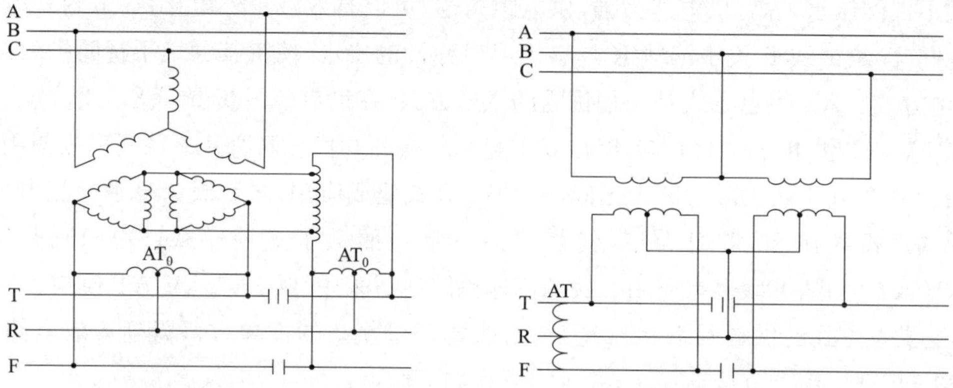

(a)Wood-Bridge接线牵引变电所　　(b)Vx接线牵引变电所

图8-1　异相AT供电牵引变电所

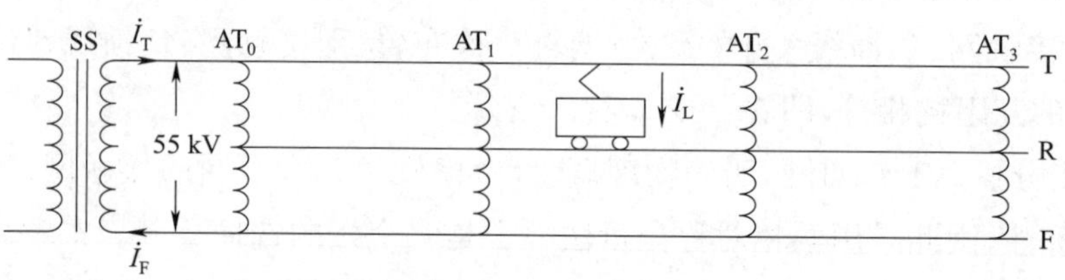

(a)55 kV AT供电模式

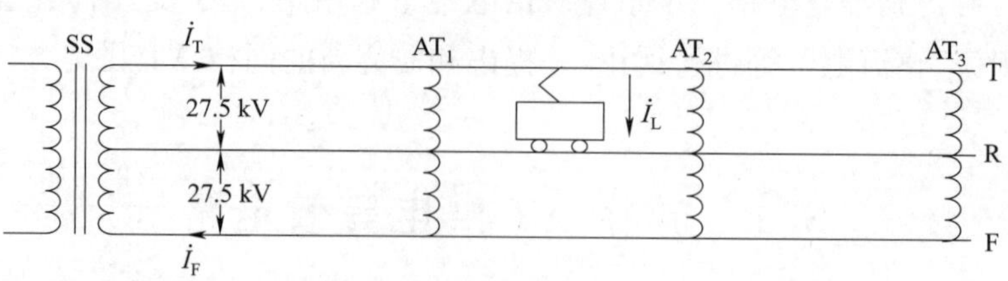

(b)2×27.5 kV AT供电模式

图8-2　AT供电原理展开图

为简单明了，这里先以单线铁路、单边供电为例加以分析，复线铁路以及牵引网的不同联结方式都可以此为基础得到[4,26]。

AT 牵引网的 T 线、F 线关于钢轨(地)R(简称 R 线)对称,可以视为两相对称系统,从而采用两相对称分量分析是方便的。把 55 kV 或者 2×27.5 kV 电源电势看作两个电势相等的电源 $2\dot{E}_q$ 的串联,55 kV 模式下其中点不与 R 线相连。其中,T 线电源电势 $\dot{E}_T=\dot{E}_q$,F 线电源电势 $\dot{E}_F=-\dot{E}_q$。这样,可以把图 8-2(a)、(b)分别表示成图 8-3(a)、(b)所示的等效两相电路的形式。

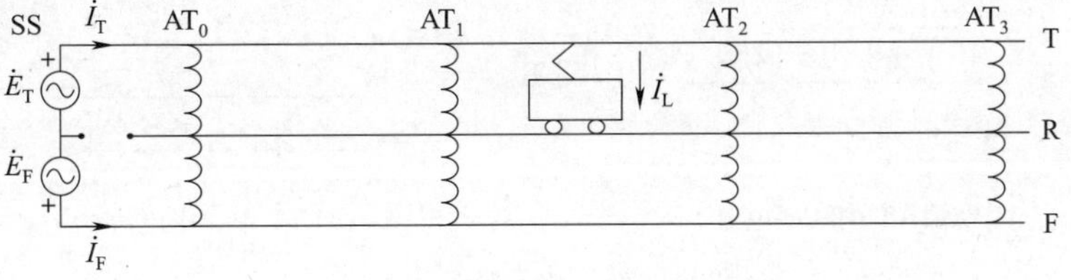

(a)55 kV AT 供电模式

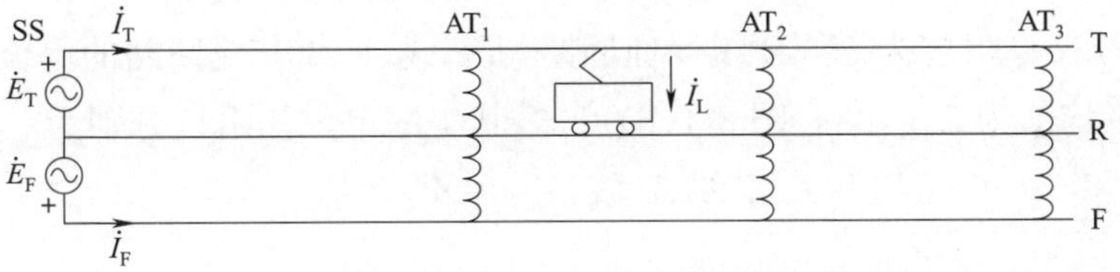

(b)2×27.5 kV AT 供电模式

图 8-3　AT 牵引网等效电路展开图

在图 8-3 中,以 R 线为参考,按两相对称分量法得到电源电势 0 序和 1 序分量分别为

$$\begin{pmatrix}\dot{E}_0\\ \dot{E}_1\end{pmatrix}=\frac{1}{2}\begin{pmatrix}1 & 1\\ 1 & -1\end{pmatrix}\begin{pmatrix}\dot{E}_T\\ \dot{E}_F\end{pmatrix}=\frac{1}{2}\begin{pmatrix}1 & 1\\ 1 & -1\end{pmatrix}\begin{pmatrix}\dot{E}_q\\ -\dot{E}_q\end{pmatrix}=\begin{pmatrix}0\\ \dot{E}_q\end{pmatrix}\tag{8-1}$$

即是说,作用在 AT 牵引网的电源电势是 1 序电势,而 0 序电势为 0。

定义 AT 牵引网的 0 序、1 序电流分量分别为

$$\begin{pmatrix}\dot{I}_0\\ \dot{I}_1\end{pmatrix}=\frac{1}{2}\begin{pmatrix}1 & 1\\ 1 & -1\end{pmatrix}\begin{pmatrix}\dot{I}_T\\ \dot{I}_F\end{pmatrix}\tag{8-2}$$

并有

$$\begin{pmatrix}\dot{I}_T\\ \dot{I}_F\end{pmatrix}=\begin{pmatrix}1 & 1\\ 1 & -1\end{pmatrix}\begin{pmatrix}\dot{I}_0\\ \dot{I}_1\end{pmatrix}=\begin{pmatrix}\dot{I}_0+\dot{I}_1\\ \dot{I}_0-\dot{I}_1\end{pmatrix}\tag{8-3}$$

即是说,在 AT 牵引网中,T 线、F 线中的 1 序电流大小相等、方向相反,0 序电流大小相等、

方向相同，故 0 序电流需经钢轨才能流动。

各序电流在牵引网 T 线、F 线和 AT 中的流动情形，如图 8-4 所示。

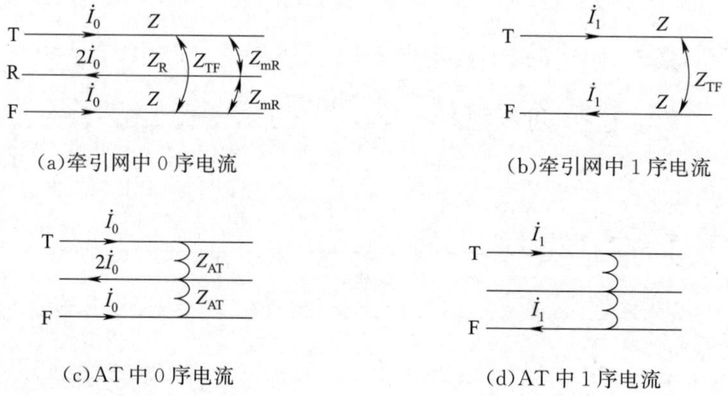

图 8-4　牵引网、自耦变压器中的各序电流流通情形

设 T 线—地回路、F 线—地回路单位长自阻抗（取其平均值）为 Z、互阻抗为 Z_{TF}，R 线—地回路单位长自阻抗为 Z_R，R 线—地回路与 T 线、F 线—地回路的单位长互阻抗分别 Z_{TR} 和 Z_{FR}，取平均值为 Z_{mR}，结合图 8-4(b)可知，其 1 序单位长阻抗分别为

$$\begin{cases}\text{T 线、F 线}: Z_{T1}=Z-Z_{TF}\\ \text{R 线}: Z_{R1}=0\end{cases}\tag{8-4}$$

式中，$Z=(Z_T+Z_F)/2$。0 序单位长阻抗分别为

$$\begin{cases}\text{T 线、F 线}: Z_{T0}=Z+Z_{TF}\\ \text{R 线}: Z_{R0}=2Z_R-4Z_{mR}\end{cases}\tag{8-5}$$

式中，$Z_{mR}=(Z_{TR}+Z_{FR})/2$。

AT 中 1 序电流分量只起激磁作用，可认为激磁阻抗∞而开路，即 AT 的 1 序阻抗为∞；0 序电流分量通过时，各流过 AT 全绕组的一半（可等效为一个双绕组变压器），为简单起见，假设 AT 的 0 序阻抗为 0，则有

$$\begin{cases}Z_{AT1}=\infty\\ Z_{AT0}=0\end{cases}\tag{8-6}$$

再讨论各序电流通过牵引变压器时的情形。

先看 55 kV 模式各序电流通过牵引变压器时的情形。在图 8-3(a)中，0 序电流分量在牵引变压器二次绕组中无法流通，表现为开路，故牵引变压器 0 序阻抗 Z_{SS0} 为

$$Z_{SS0}=\infty\tag{8-7}$$

1 序电流分量遇到的是牵引变压器的等值漏抗 Z_{SS}，对应图 8-3(a)，牵引变压器的两相 1 序阻抗 Z_{SS1} 应取其一半，即

$$Z_{SS1}=\frac{1}{2}Z_{SS}\tag{8-8}$$

对于图 8-2(a)所示 AT 牵引网，进一步把负荷 $\dot{I}_L$ 代入式(8-2)，分解其 1 序、0 序分量为

$$\begin{pmatrix}\dot{I}_{L0}\\ \dot{I}_{L1}\end{pmatrix}=\frac{1}{2}\begin{pmatrix}1 & 1\\ 1 & -1\end{pmatrix}\begin{pmatrix}\dot{I}_L\\ 0\end{pmatrix} \tag{8-9}$$

可得 $\dot{I}_{L1}=\dot{I}_{L0}=\frac{1}{2}\dot{I}_L$。

根据上述分析，可得 0 序网络和 1 序网络分别如图 8-5(a)、(b)所示。其中，Z_1 为牵引网 1 序阻抗，Z_0 为牵引网 0 序阻抗。考虑到 0 序电流分量流通回路总阻抗不变，则牵引网 0 序阻抗 Z_0 为

$$Z_0=Z_{T0}+Z_{R0} \tag{8-10}$$

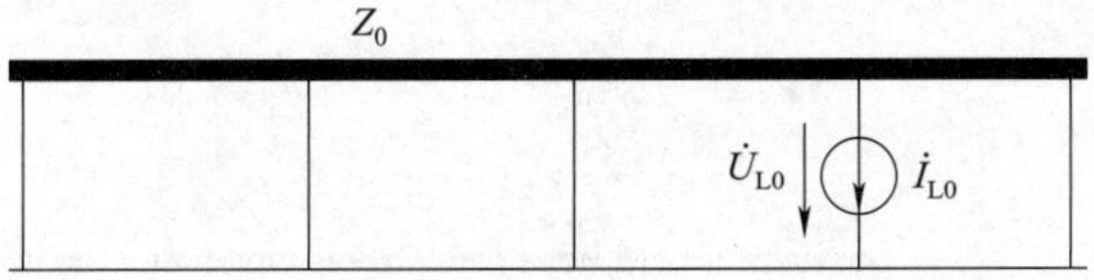

(a)0 序网络

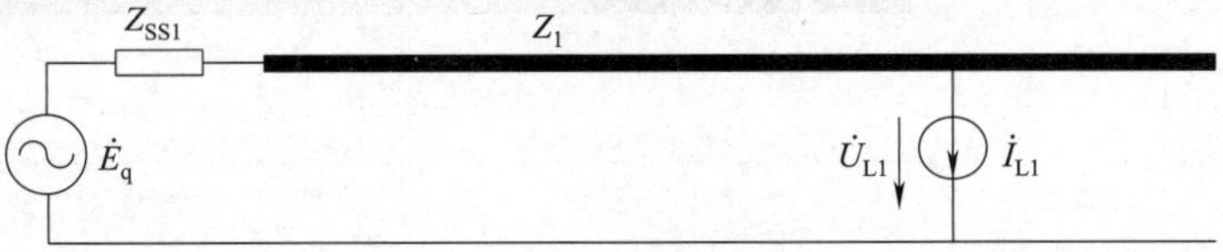

(b)1 序网络

图 8-5 0 序、1 序网络

设负荷 $\dot{I}_L$ 阻抗为 Z_L，则负荷点电压方程为

$$\dot{U}_L=\dot{U}_{L0}+\dot{U}_{L1}=Z_L\cdot\dot{I}_L \tag{8-11}$$

由此可将 0 序、1 序网络组合起来得到如图 8-6 所示的复合序网。

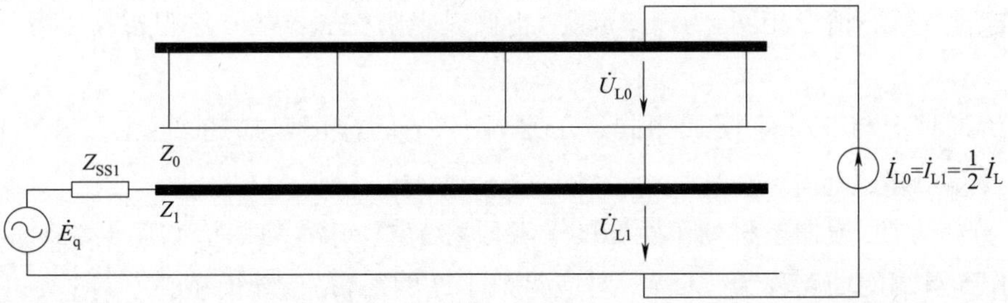

图 8-6 复合序网

进一步从电压降等效角度向负荷 $\dot{I}_L$ 归算，即将序网中的电流 $\dot{I}_{L0}=\dot{I}_{L1}=\frac{1}{2}\dot{I}_L$ 乘以 2，同时将序阻抗除以 2 进行等效变换，即回路中电压降 $Z\cdot\frac{1}{2}\dot{I}_L=\frac{1}{2}Z\dot{I}_L$ 不变，便得到图 8-7 所示 AT 供电等效电路，其中，Z_{AA} 为等值 1 序单位长阻抗，代入式(8-4)得

$$Z_{AA}=\frac{1}{2}Z_{T1}=\frac{1}{2}(Z-Z_{TF})=\frac{1}{4}(Z_T+Z_F-2Z_{TF}) \tag{8-12}$$

Z_{AA} 是 T 线和 F 线构成的传导回路从 55 kV 等级归算到 27.5 kV 等级的阻抗，只有 27.5 kV 等级下传导回路阻抗的 1/4，得到极大降低。Z_{BB} 为等值 0 序单位长阻抗，代入式(8-5)和式(8-10)得

$$\begin{aligned}Z_{BB}&=\frac{1}{2}Z_0=\frac{1}{2}(Z_{T0}+Z_{R0})=\frac{1}{2}(Z+Z_{TF}+2Z_R-4Z_{mR})\\&\approx\frac{1}{2}[Z_T+Z_{TF}+2Z_R-(3Z_{TR}+Z_{FR})]\end{aligned} \tag{8-13}$$

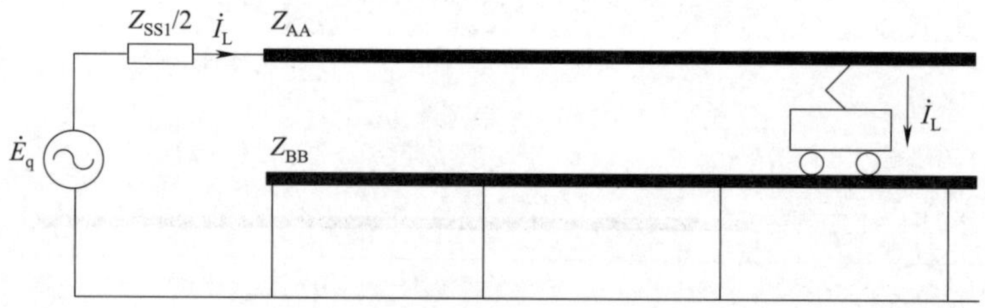

图 8-7　55 kV 模式 AT 供电等效电路

再看 2×27.5 kV 模式 AT 供电的等效电路。

比较图 8-2(a)、(b)可知，2×27.5 kV 模式与 55 kV 模式的区别仅在于其牵引变电所不设 AT 而由牵引变压器替代，且牵引变压器次边中点与 R 线相连，因此，只要研究各序电流通过牵引变压器时的情形来替代 55 kV 模式的牵引变压器和 AT_0 即可。

参考图 8-3(b)，2×27.5 kV 模式牵引变压器 0 序电流分量从 T 线、F 线流进，从中点流出，此时原边绕组相当于开路，根据磁势守恒，次边等效为两个 27.5 kV 绕组构成的双绕组变压器，与通过 AT 情形相同，为简单起见，也假设牵引变压器的 0 序阻抗 Z_{SS0} 为 0，即

$$Z_{SS0}=0 \tag{8-14}$$

1 序电流流通情况与 55 kV 模式相同。于是，图 8-7 同样可以描述 2×27.5 kV 模式下的 AT 供电等效电路。

为了分析方便，习惯上将列车所在的 AT 段称为短回路，与等值 0 序网络对应，而短回路除外的、到首端的回路称为长回路，对应等值 1 序网络，是传导模型。

从式(8-12)中已经可见：

【结论 8.1】 2×27.5 kV 模式或者 55 kV 模式的 AT 供电长回路等值单位长阻抗是 27.5 kV 方式下 T 线和 F 线(相等于直供回流线)回路单位长阻抗 $Z_T+Z_F-2Z_{TF}$ 的 1/4，可

以视为 27.5 kV 供电系统到 55 kV 供电系统的变比为 2 的阻抗归算。

引用式(8-8),可由图 8-7 进一步得到图 8-8 所示的 2×27.5 kV 模式和 55 kV 模式通用的 AT 供电等效电路。

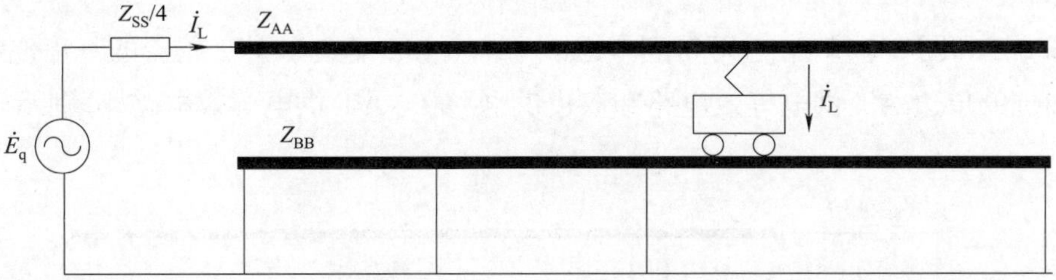

图 8-8　AT 供电简化等效电路

双边供电单线 AT 牵引网的等效电路可在单边供电基础上导出,如图 8-9 所示。显然,双边供电牵引网两端的牵引变电所须从同一电网取得电源,并且引入牵引网的相位要相同。当两端电压的幅值和相位角不同时,会在牵引网中产生穿越功率或均衡电流。

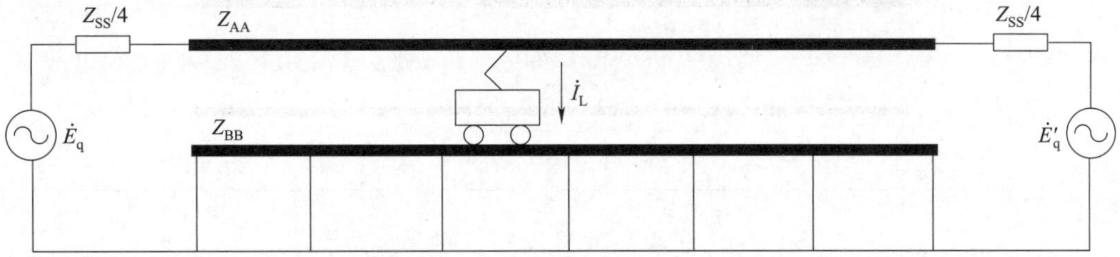

图 8-9　双边供电/复线 AT 供电简化等效电路

如果考虑到上行 T 线、F 线和下行 T 线、F 线的对称布置,且假设上、下行 T 线、F 线之间互阻抗的影响可以相互抵消,则分区所并联的复线 AT 牵引网的等效电路亦可在单边基础上导出,其展开图亦可由图 8-9 表示,此时,$\dot{E}_q=\dot{E}'_q$,分区所并联的复线 AT 牵引网中不会产生穿越功率。

双边供电复线 AT 牵引网的等效电路可在以上分析基础上得到,注意它们一般在牵引变电所母线和分区所进行并联,但有的还在 AT 所进行并联,称为全并联型。为了提高供电能力,我国多采用全并联型。

现在,讨论 AT 和 2×27.5 kV 模式牵引变压器的 0 序漏抗问题。

0 序电流分量 $\dot{I}_0$ 通过 AT 时,$\dot{I}_0$ 各流过 AT 全绕组的一半,等值为 27.5 kV 的双绕组变压器,设 27.5 kV 绕组的漏抗为 Z_{AT},则其 0 序阻抗 $Z_{AT0}=Z_{AT}$。而 0 序电流分量 $\dot{I}_0$ 通过 2×27.5 kV 模式牵引变压器时,$\dot{I}_0$ 各流过一个 27.5 kV 绕组,原边绕组相当开路,显然,假设一个 27.5 kV 绕组的漏抗为 Z'_{SS},则牵引变压器的 0 序阻抗 $Z_{SS0}=Z'_{SS}$。

由此可知，55 kV 和 2×27.5 kV 模式等效电路参数的区别仅仅在于牵引变压器和首端 AT，只要选择 2×27.5 kV 模式牵引变压器 1 序漏抗与 55 kV 模式牵引变压器的漏抗相等，而 2×27.5 kV 模式牵引变压器的 0 序漏抗与 55 kV 模式首端 AT 的 0 序漏抗相等即可[59]。

在图 8-8 和图 8-9 基础上，可得到考虑 2×27.5 kV 模式牵引变压器的 0 序漏抗和 AT 的 0 序漏抗的单边 AT 供电等效电路和双边供电/复线 AT 供电等效电路，分别示于图 8-10 和图 8-11。

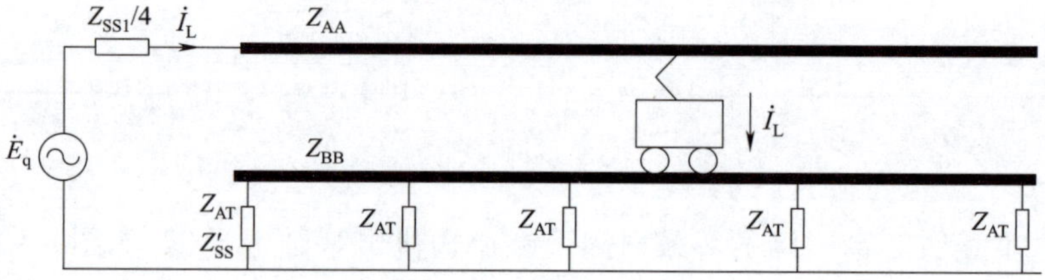

图 8-10　AT 供电等效电路

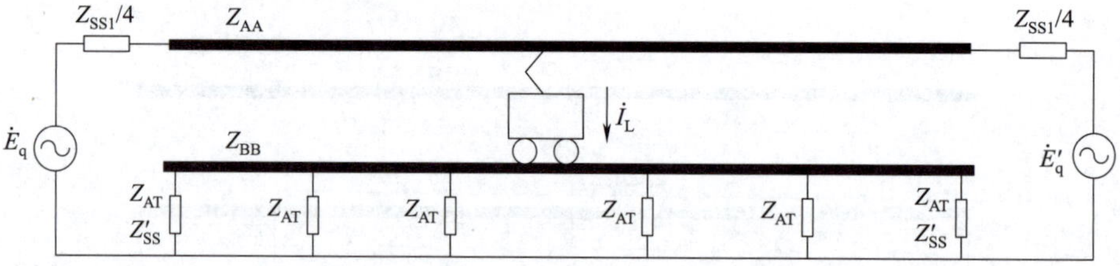

图 8-11　双边供电/复线 AT 供电等效电路

为了简单明了，在进行 AT 供电的短路阻抗、电压降、电压损失等计算时通常都采用图 8-8 和图 8-9 的简化方式。

8.2　电气分析

8.2.1　T 线、F 线供电容量利用率

单边供电方式下，列车在牵引网上排列，供电需求容量 W 自牵引网首端至末端由大到小呈阶梯形分布，如图 8-12 所示。

对直接供电方式，供电容量 S 为牵引网电压与接触网电流之积，即为接触网等供电导线的容量。单边供电的制约在于首端供电容量。设牵引母线电压为 U、馈线电流为 I_T，供电容量为

$$S=UI_T \tag{8-15}$$

对 AT 供电方式，长回路 T 线、F 线的供电容量为

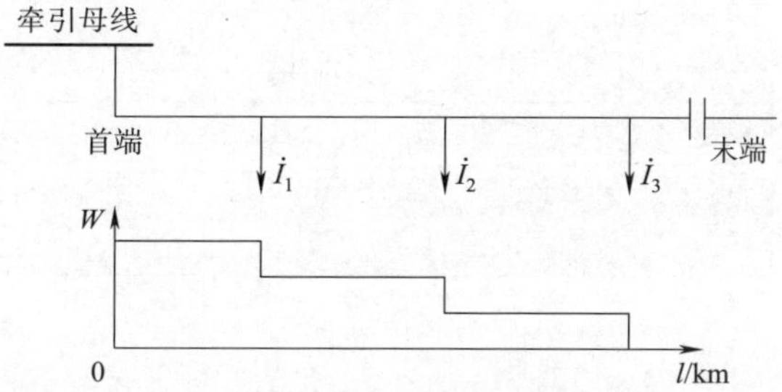

图 8-12　供电臂供电容量需求分布

$$S=U(I_T+I_F) \tag{8-16}$$

根据图 8-12 供电需求容量，牵引馈线的供电容量应最大，即

$$S_{max}=2U\cdot\max\{I_T,I_F\} \tag{8-17}$$

因 $I_T\geqslant I_F$，故

$$S_{max}=2UI_T \tag{8-18}$$

可见，AT 供电方式电压的提升是供电容量和能力的提升，从式(8-15)、式(8-18)看出，55 kV AT 方式的供电容量可达直供方式的两倍。

为此可进一步定义 AT 供电方式的供电容量利用率

$$K=\frac{S}{S_{max}}=\frac{U(I_T+I_F)}{2U\cdot I_T} \tag{8-19}$$

即

$$K=\frac{I_T+I_F}{2I_T} \tag{8-20}$$

其中，T 线和 F 线电流可由式(8-3)求得。

直供方式下，无论列车处于供电臂什么位置，列车负荷在牵引馈线产生的分量是不变的，因此供电容量利用率为 1。AT 供电方式下，对图 8-2(a)所示的 55 kV AT 模式，由于无论列车处于供电臂什么位置，在牵引馈线处，总有 $\dot{I}_0=0$，自然 $\dot{I}_T=\dot{I}_F$，因此供电容量利用率为 1；而对于图 8-2(b)的所示 2×27.5 kV AT 模式，列车处于供电臂的不同位置，列车负荷会在牵引馈线产生不同的分量，因此，供电容量利用率就会不同。先分析列车处于牵引网首端时的情况，此时，由式(8-9)得 $\dot{I}_{L1}=\dot{I}_{L0}=\frac{1}{2}\dot{I}_L$，由式(8-3)得牵引馈线处 $\dot{I}_T=\dot{I}_L$，$\dot{I}_F=0$(F 线没有发挥作用)，由式(8-20)得供电容量利用率为 0.5，即是说，此时供电能力与直供方式相当。再看一般情况，随着列车离开首端远去，先由式(8-9)计算列车所在位置电流的序分量，再通过图 8-4 所示的序网分别计算传输到首端的序分量，再由式(8-3)计算 T 线、F 线电流，最后由式(8-20)得供电容量利用率，文献[57]以国内使用的 2 个 AT 段的供电臂为例进行了仿真，结果如图 8-13 所示。

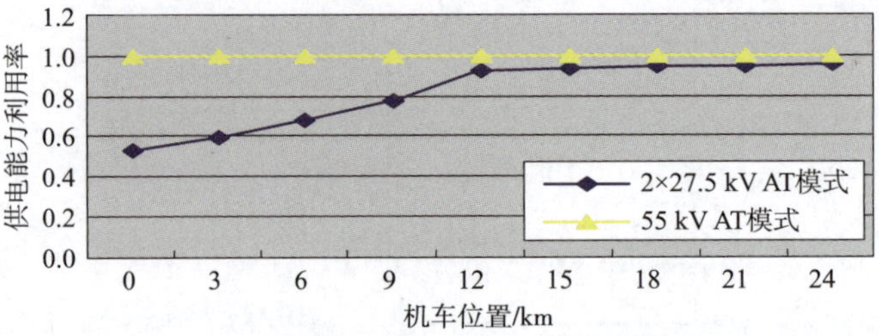

图 8-13 不同 AT 模式的供电容量利用率

由图 8-13 可知，在 2×27.5 kV AT 模式第 1 个 AT 段，随着列车离开首端，F 线逐渐起作用，只有到了第 2 个 AT 段，由于 AT_1 的作用，使得长回路 $\dot{I}_T=\dot{I}_F$，供电容量利用率才达到 1，才能与 55 kV AT 模式匹敌。

2×27.5 kV AT 模式首端供电容量利用率低，正好与图 8-12 所示的牵引网供电需求容量 W 的分布相反，这不仅造成了不应有的 F 线资源浪费，还造成了首端供电能力的"堵塞"。为减轻 2×27.5 kV AT 模式首端供电能力的"堵塞"与影响，可尽量缩短第 1 个 AT 段的长度。

利用叠加原理可以得到多个机车作用的结果。

8.2.2 牵引变压器容量利用率

我国高速铁路流行采用 2×27.5 kV AT 模式，其牵引变压器为 Vx 接线，可等效为 2 台次边中点抽出的单相变压器，分析其中一台即可。设次边绕组额定电压为 $2U$，牵引馈线电流为 I_T，则绕组额定容量应为 $2UI_T$，按照第 3 章定义，牵引变压器容量利用率为牵引负荷容量 $U(I_T+I_F)$ 与牵引变压器容量之比，即

$$\text{牵引变压器容量利用率}=\frac{U(I_T+I_F)}{2UI_T} \tag{8-21}$$

这与式(8-20)所示供电容量利用率完全相同，因此，用同上的分析可知：

对于 2×27.5 kV AT 模式，参考图 8-2(b)，牵引变压器容量利用率与图 8-13 所示的供电容量利用率一样，与列车所处于供电臂的位置有关，在第 1 个 AT 段，利用率从 $x=0$ 的 0.5(50%)开始，随着列车远离，利用率向 1(100%)逼近。

而对于 55 kV AT 模式，参考图 8-2(a)，无论列车位于供电臂什么位置，在牵引馈线上 $\dot{I}_0=0$、$\dot{I}_T=\dot{I}_F$，牵引变压器容量利用率均为 100%。

8.2.3 AT 牵引网阻抗

先看单线、单边供电情形。设 AT 段长度为 D km，列车距变电所的距离为 l km，距所在 AT 段首端 AT 的距离为 x km，将图 8-8 重绘于图 8-14 中。

图 8-14 中在列车处短接，易推导出距离变电所 l km 处的牵引网总阻抗为

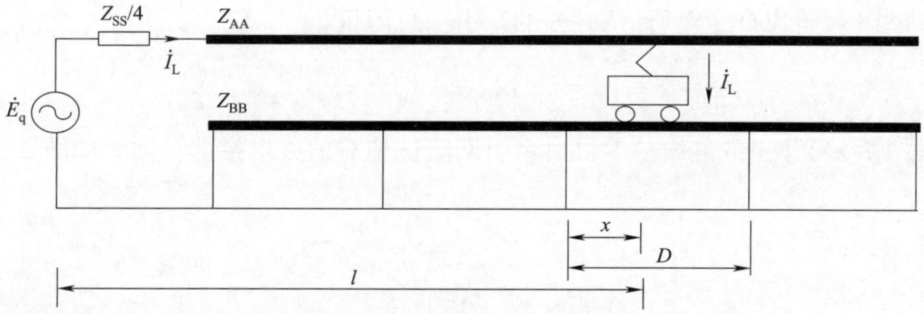

图 8-14　单线 AT 供电等效电路

$$Z=Z_{AA}l+Z_{BB}\left(1-\frac{x}{D}\right)x \tag{8-22}$$

该阻抗绝对值或电抗部分的曲线如图 8-15 所示。若 L 为供电臂长度，则在 $0\leqslant l\leqslant L$ 的范围内，单线 AT 牵引网阻抗 Z 随长度 l 的变化，在长回路呈线性增长，见式(8-22)第 1 项，斜率为 Z_{AA}，如图 8-15 中虚线所示；在短回路则呈抛物线形状，见式(8-22)第 2 项，如图 8-15 中实线所示。

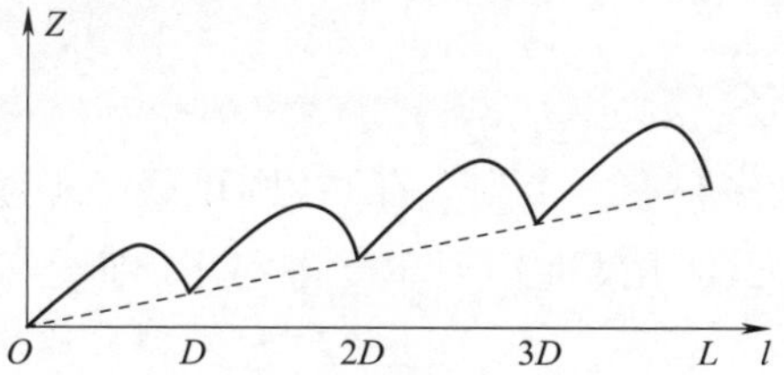

图 8-15　AT 牵引网阻抗曲线

由结论 8.1 已知，AT 供电长回路阻抗只有直供 T 线＋回流线回路阻抗的 1/4，可以获得更长的供电距离。但短回路的阻抗将有所增加，在短回路中点增加最大。

再看复线情形。对于分区所并联的复线或双边供电的 AT 供电等效电路，可将图 8-9 重绘于图 8-16 中。

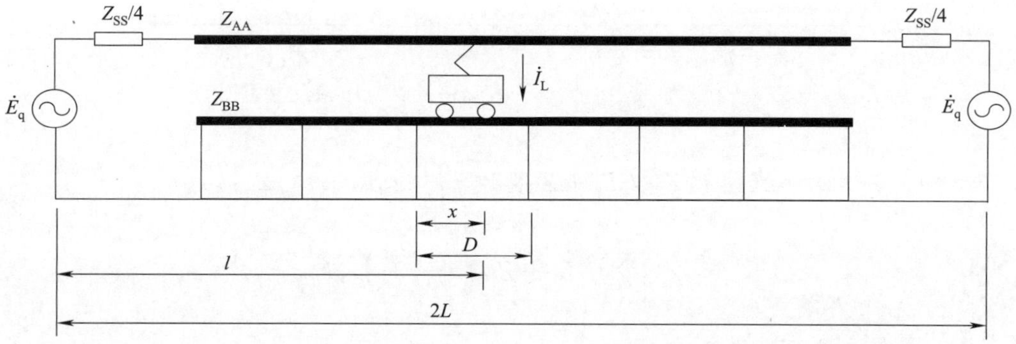

图 8-16　复线 AT 供电等效电路

由图 8-16 可得离开变电所 l km 处的牵引网总阻抗为

$$Z=\left(1-\frac{l}{2L}\right)Z_{\mathrm{AA}}l+\left(1-\frac{x}{D}\right)Z_{\mathrm{BB}}x \tag{8-23}$$

根据式(8-23)作出的复线 AT 供电牵引网阻抗绝对值或电抗部分曲线如图 8-17 所示。

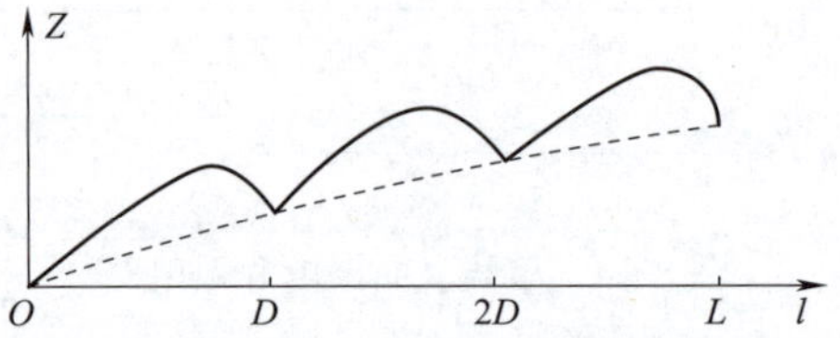

图 8-17　分区所并联的复线 AT 牵引网阻抗曲线

图 8-17 中，虚线部分对应式(8-23)中的第 1 项，代表 T 线—F 线构成的长回路阻抗，注意，由于上、下行牵引网并联或双边供电的原因，长回路阻抗不再是线性增加，而亦呈抛物线形状，在 L(分区所)处达到最大。短回路部分的阻抗则与单线 AT 牵引网相同，见式(8-23)第 2 项。

8.2.4　电压降与电压损失

假设每一个 AT 段中最多只有一个列车存在，则单线 AT 供电中存在多个列车同时取流时，牵引网最大电压损失发生在最远端列车受电弓上，即图 8-18 中“▽”处。列写该处电压降方程有

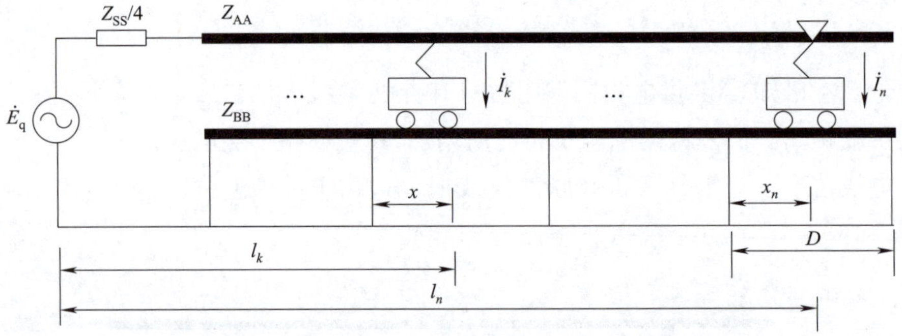

图 8-18　利用单线 AT 供电等效电路计算电压降及电压损失

$$\begin{aligned}\Delta\dot{U}_{\triangledown}&=Z_{\mathrm{AA}}l_n\dot{I}_n+Z_{\mathrm{BB}}\left(1-\frac{x_n}{D}\right)x_n\dot{I}_n+\sum_{k=1}^{n-1}Z_{\mathrm{AA}}l_k\dot{I}_k\\&=Z_{\mathrm{AA}}\sum_{k=1}^{n}l_k\dot{I}_k+Z_{\mathrm{BB}}\left(1-\frac{x_n}{D}\right)x_n\dot{I}_n\end{aligned} \tag{8-24}$$

式中　$\dot{I}_k$——第 k 个列车电流，A；

　　　l_k——第 k 个列车至变电所距离，km。

在计算电压损失时，只需在式(8-24)中代之以相应的单位等效阻抗和电流模值，即

$$\Delta U_{\triangledown}=z'_{AA}\sum_{k=1}^{n}l_kI_k+z'_{BB}\left(1-\frac{x_n}{D}\right)x_nI_n \tag{8-25}$$

与 AT 牵引网的阻抗特性相同，短回路的阻抗将使电压损失有所增加，在短回路中点增加最大。

对单线双边供电或分区所并联的单边复线情形，也假设每一个 AT 段中最多只有一个列车存在，则当牵引网上中存在 n 个列车同时取流时，最大电压损失发生在分流点"▽"处，如图 8-19 所示。设分流点"▽"位于第 j 个机车受电弓处，则各机车电流 $\dot{I}_k$ 对"▽"点电压降的贡献为

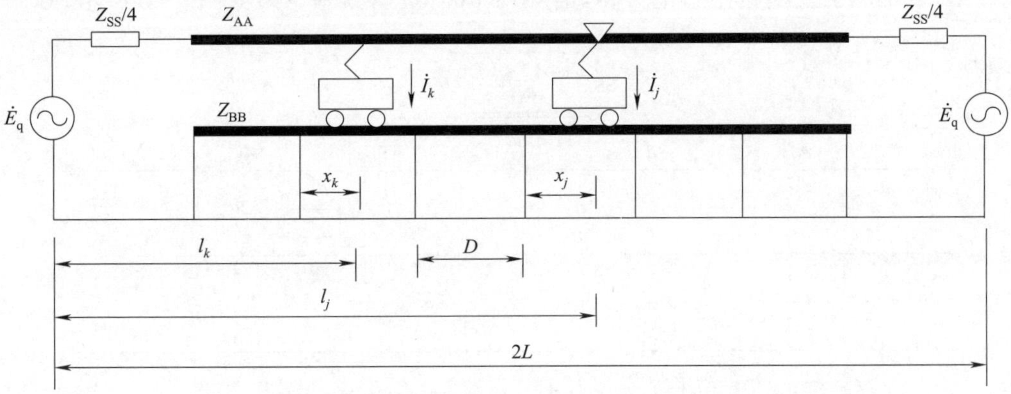

图 8-19　分区所并联的 AT 供电等效电路

$$\Delta\dot{U}_{\triangledown k}=\begin{cases}\dfrac{l_k}{2L}\dot{I}_kZ_{AA}(2L-l_j) & l_k<l_j\\ \left(1-\dfrac{l_k}{2L}\right)l_kZ_{AA}\dot{I}_k+\left(1-\dfrac{x_k}{D}\right)x_kZ_{BB}\dot{I}_k & l_k=l_j\quad k,j=1,2,\cdots,n\\ \dfrac{2L-l_k}{2L}\dot{I}_kZ_{AA}l_j & l_k>l_j\end{cases}$$

式中　l_k——上、下行牵引网展开后各机车距离同一侧电源的距离，km，$0<l_k<2$。

用叠加原理可得"▽"处的电压降为

$$\Delta\dot{U}_{\triangledown}=Z_{AA}\sum_{k=1}^{n}\frac{2L-\max\{l_k,l_j\}}{2L}\cdot\min\{l_k,l_j\}\dot{I}_k+Z_{BB}\left(1-\frac{x_j}{D}\right)x_j\dot{I}_j \tag{8-26}$$

代以相应的单位等效阻抗和电流模值即可计算"▽"处电压损失

$$\Delta U_{\triangledown}=z'_{AA}\sum_{k=1}^{n}\frac{2L-\max\{l_k,l_j\}}{2L}\cdot\min\{l_k,l_j\}I_k+z'_{BB}\left(1-\frac{x_j}{D}\right)x_jI_j \tag{8-27}$$

8.3 同相 AT 供电

从前面已知,AT 供电方式长回路阻抗只有直接供电方式中接触网-回流线回路的 1/4,网压水平高,供电能力强,供电距离远,可以有效减少电分相,提高可靠性,有效减少和外电接口,节约外电投资,是一种优秀的供电方式,在世界各国获得广泛采用。为了克服 2×27.5 kV AT 模式对首端供电容量的制约,同时避免 55 kV AT 模式仅在牵引变电所内设置 AT 的限制,可以对二者取长补短,在保证首端供电容量不受制约的前提下,提出同相 AT 供电方案,取消牵引变电所出口电分相,消除列车断电区,其基本型如图 8-20 所示。

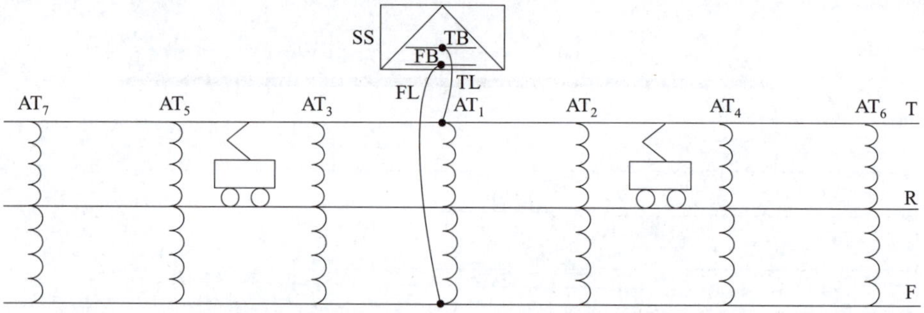

图 8-20 同相 AT 供电(基本型)示意

该方案中,牵引变电所 SS 的 T 母线 TB 和 F 母线 FB 通过正供线 TL、负供线 FL 向最近的一个 AT 所供电,再向 AT 牵引网供电。AT 牵引网由接触网 T、负馈线 F、钢轨和自耦变压器 AT_i 构成;牵引变电所母线 TB 相对母线 FB 的电压为 55 kV。

进一步,牵引变电所 55 kV 的母线 TB、母线 FB 分别馈出正供线 TL 和负供线 FL,向最邻近的 2 个 AT 所供电,如图 8-21 所示。

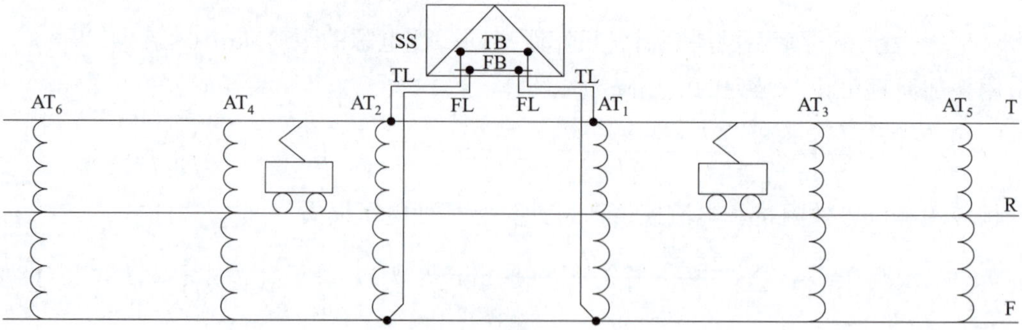

图 8-21 同相 AT 供电方案示意

AT 所沿线路设置，一般 AT 段长为 10～12 km。AT 段长度的主要制约因素是轨道电位，当轨道电位允许时，AT 段可以适当延长。

为了消除 F 线对旅客观光的影响和铁路自身的美观，F 线可用电缆替代并于电缆沟敷设。

牵引变电所和 AT 所可以相对独立选择各自的位置。

显然，基本型的首端供电容量等同于 55 kV 模式，远高于 2×27.5 kV 模式。在日本，55 kV 模式一个供电臂一般有 4～5 个 AT 段，在法国 2×27.5 kV 模式一般有 3 个 AT 段。

采用分段保护测控技术可以将故障 AT 段的 T 线或 F 线及时隔离，非故障 AT 段继续运行，把故障影响限制在最小范围，同时可以对上、下行不同 AT 段分别停电检修，操作灵活。

为了进一步增强供电能力，可通过延长正供线 TL 和负供线 FL 得到同相 AT 供电方案的加强型，如图 8-22 所示。在各个 AT 所中，正供线 TL 和负供线 FL 通过母线和各上网线分别与接触网 T 和负馈线 F 相并联。可细分以下两种方式：

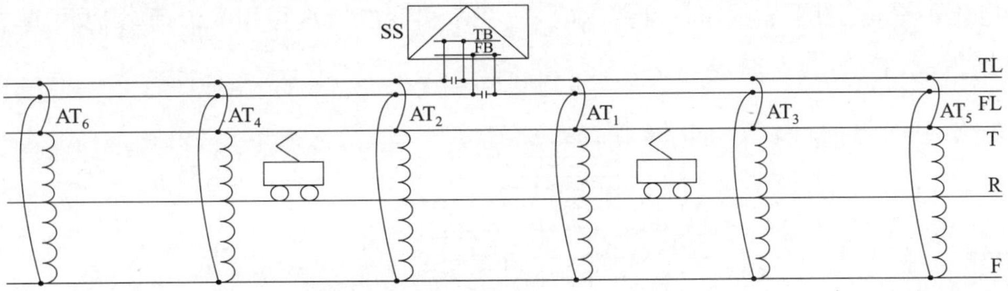

图 8-22　同相 AT 供电方案(加强型)示意

(1)正供线 TL 和负供线 FL 采用架空线

此时，除了牵引变电所出口的 AT 段，从供电能力等效的角度上，其余 AT 段的正供线 TL 可用双承力索替代，负供线 FL 可与负馈线合并。

牵引变电所 55 kV 母线馈出到最邻近的两个 AT 所的正供线 TL 和负供线 FL 可选用电缆。

(2)正供线 TL 和负供线 FL 采用电缆

电缆的供电能力是同电压等级架空线的 7 倍[60]。因此，可以大大延长供电距离。

正供线 TL 和负供线 FL 的长度应根据供电能力要求等工程实际情况确定。

复线 AT 所的主接线如图 8-23 所示。分别在 AT 所出口处上行和下行接触网的两个电分段之间引入过渡段 Ta 和 Tb，用于防止带电列车误入左右故障 AT 段而造成二次短路，详见第 10 章和文献[50]。当行调可以控制列车避免误入故障 AT 段，或者行车密度较低不会发生误入故障 AT 段时，可以不设过渡段 Ta 和 Tb。图中，SW 为 AT 所上网线。需要时，正供线 TL 应经断路器引入 T 母线，负供线 FL 应经断路器引入 F 母线。

设计时，力求上网线 SW 越短越好。

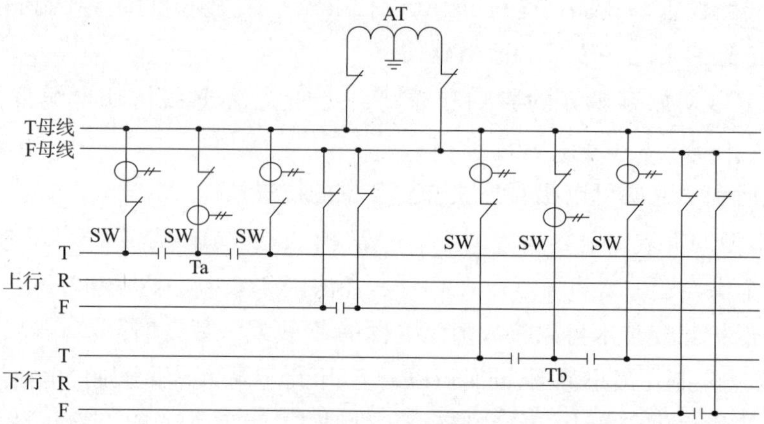

图 8-23　复线 AT 所主接线示意

当负序(三相电压不平衡度)满足国家标准要求时,牵引变电所可采用单相主变;当负序(三相电压不平衡度)不满国家标准要求时,应在牵引变电所进行相关治理,如采用单相组合式同相供电方案,如图 8-24 所示。

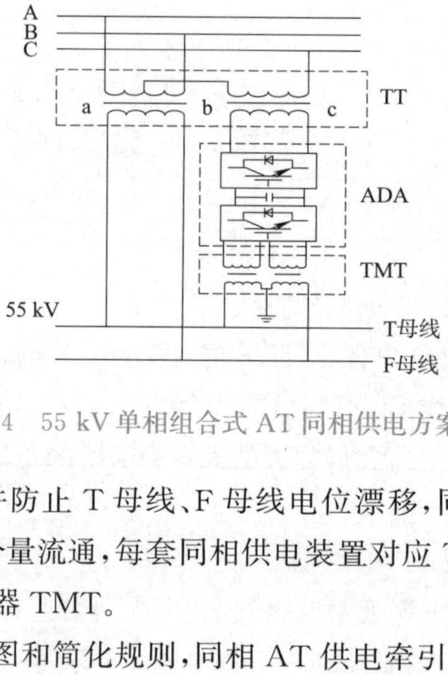

图 8-24　55 kV 单相组合式 AT 同相供电方案示意

应注意,一者为了安全并防止 T 母线、F 母线电位漂移,同相供电装置牵引侧设置接地;二者为了避免 0 序电流分量流通,每套同相供电装置对应 T 母线和 F 母线应设置两个独立(铁芯)的牵引匹配变压器 TMT。

根据同相 AT 供电原理图和简化规则,同相 AT 供电牵引网等效电路如图 8-25 所示。同前,Z_{SS}为牵引变压器 M 座原边绕组与次边 55 kV 绕组的等值漏抗(也可以计入外电短路阻抗),归算到 27.5 kV 等效电路的阻抗则为 $Z_{SS}/4$。

可以看出,同相 AT 供电等效电路与异相 AT 供电不同之处在于牵引网向牵引变电所两侧延伸,不再设置电分相。

显然,同相 AT 供电的供电容量利用率为 100%,牵引变压器容量(M 座)利用率亦为 100%。

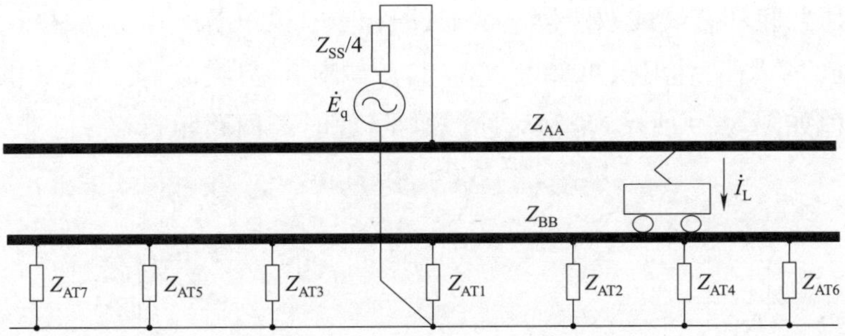

图 8-25　同相 AT 供电等效电路

对单线、单边供电情形，设 AT 段长度为 D km，列车距同相 AT 变电所的距离为 l km，距所在 AT 段首端 AT 的距离为 x km，忽略 AT 漏抗，可得到同相 AT 供电简化电路如图 8-26 所示。

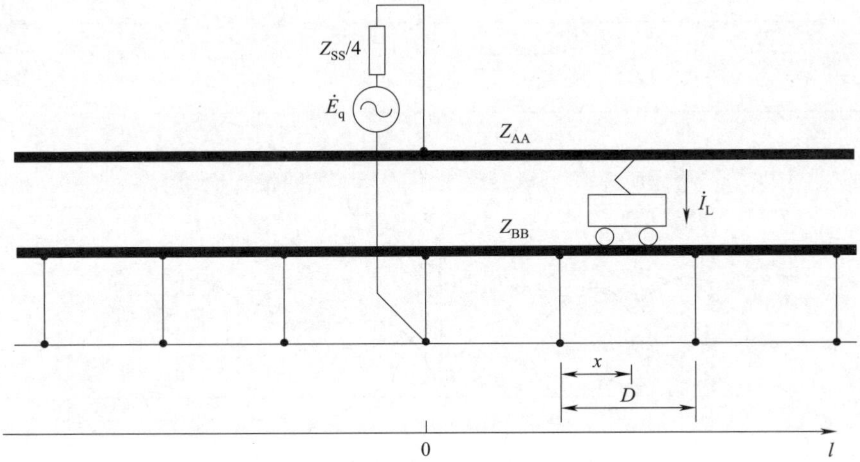

图 8-26　单线、单边供电情形的同相 AT 供电简化电路

距离变电所 l km 处的牵引网总阻抗与 55 kV 异相 AT 供电的阻抗相同，可参考式(8-22)。若 L 为供电臂长度，则在 $0 \leqslant l \leqslant L$ 的范围内，单线 AT 牵引网阻抗 Z 在长回路随长度 l 的增加呈线性增加，斜率为 Z_{AA}，在短回路则呈抛物线形状。假设同相 AT 变电所左右 AT 对称分布，则单线、单边供电情形同相 AT 牵引网阻抗如图 8-27 所示。若 AT 非对称分布，则需根据 AT 距离对阻抗进行调整。

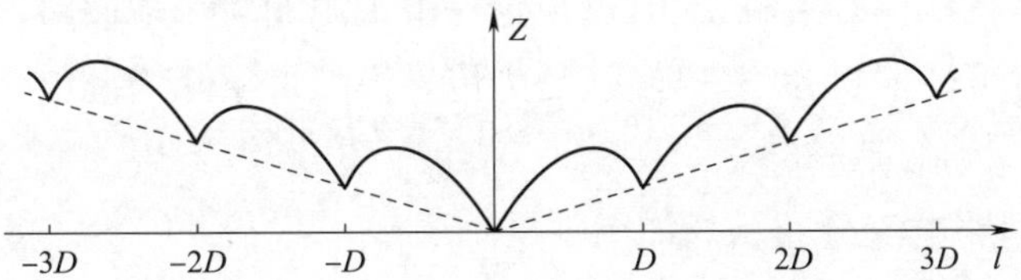

图 8-27　单线、单边供电情形的同相 AT 供电牵引网阻抗

对于分区所并联的复线或双边供电情形，同相 AT 供电等效电路如图 8-28 所示。离开变电所 l km 处的牵引网总阻抗可参考式(8-23)，与图 8-27 类似，复线 AT 供电牵引网阻抗绝对值或电抗值如图 8-29 所示，呈轴对称。但是，此时长回路阻抗 Z_{AA} 已非线性增长，而是抛物线变化。

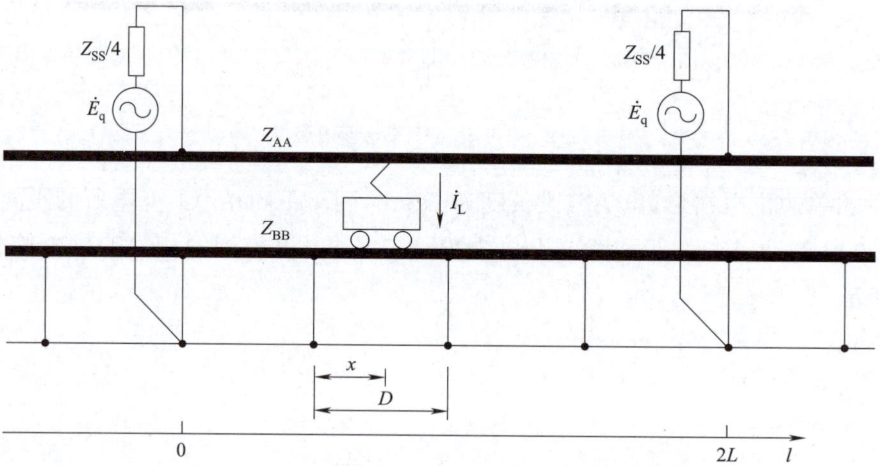

图 8-28　分区所并联的复线或双边供电情形的同相 AT 供电简化电路

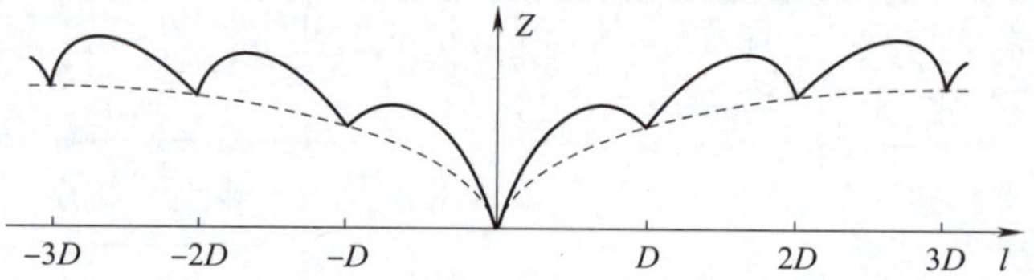

图 8-29　分区所并联的复线或双边供电情形的同相 AT 供电牵引网阻抗

8.4　AT 短回路钢轨电流与电位计算

从两相对称分量法和序网角度而言，对称情况下，AT 牵引网的轨、地电位与 1 序无关，只与 0 序有关，即钢轨电流全部由短回路两端自耦变压器的中点返回。对 0 序也可分两种极端情形讨论：一是轨地良好接触，此时可视为一个无源的轨—地回路，是为感应模型；二是轨地良好绝缘，此时可视钢轨为第三导线，是为传导模型。实际情况应介于这两种边际情形之间，可参见文献[4]和文献[26]。

AT 牵引网短回路电流分布示意如图 8-30 所示。

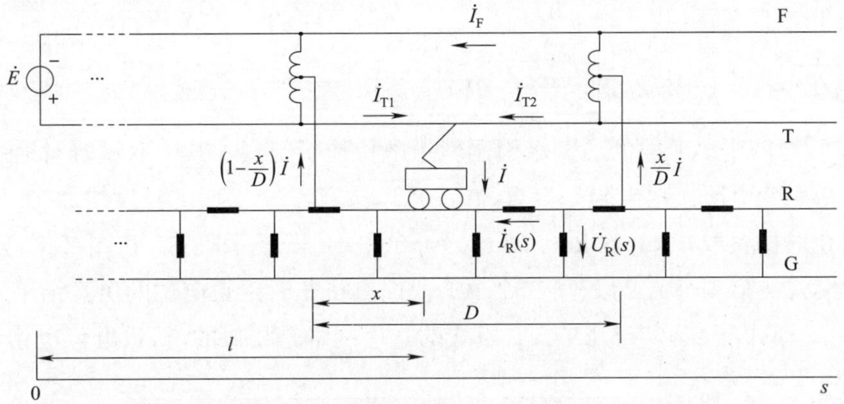

图 8-30　AT 牵引网短回路电流分布示意

在短回路中，注入或流出钢轨的电流源有三个，即 $\dot{I}$、$\left(1-\dfrac{x}{D}\right)\dot{I}_k$ 和 $\dfrac{x}{D}\dot{I}_k$。下面逐一分析每个电流源在钢轨网中产生的电流及电位分布。当列车电流 $\dot{I}$ 单独作用时，轨道电流及轨道电位分布为

$$\begin{cases} I_R(s)=nI+\dfrac{1}{2}(1-n)I\mathrm{e}^{-\gamma|l-s|} \\ U_R(s)=\dfrac{1}{2}(1-n)Z_0I\mathrm{e}^{-\gamma|l-s|} \end{cases} \tag{8-28}$$

式中　n——架空导线对钢轨的平均互感应电流系数，通常取 0.5；

γ——钢轨网传播常数，1/km；

Z_0——钢轨特性阻抗，Ω；

s——钢轨计算点的位置坐标，km。

γ、Z_0 的计算方法可参考文献[26]。

根据以上讨论，在图 8-30 中 $\dot{I}_R(s)$ 和 $\dot{U}_R(s)$ 的参考方向下，利用叠加原理，可以求得三个电流源同时作用时短回路钢轨网中的电流和电位分布如下：

(1)当 $l-x\leqslant s\leqslant l$ 时，有

$$\begin{cases} \dot{I}_R(s)=n\left(1-\dfrac{x}{D}\right)\dot{I}+\dfrac{1}{2}(1-n)\dot{I}\left[\mathrm{e}^{-\gamma(l-s)}+\left(1-\dfrac{x}{D}\right)\mathrm{e}^{-\gamma(s-l+x)}-\dfrac{x}{D}\mathrm{e}^{-\gamma(l+D-x-s)}\right] \\ \dot{U}_R(s)=\dfrac{1}{2}(1-n)Z_0\dot{I}\left[\mathrm{e}^{-\gamma(l-s)}-\left(1-\dfrac{x}{D}\right)\mathrm{e}^{-\gamma(s-l+x)}-\dfrac{x}{D}\mathrm{e}^{-\gamma(l+D-x-s)}\right] \end{cases} \tag{8-29}$$

(2)当 $l\leqslant s\leqslant l+D-x$ 时，有

$$\begin{cases}\dot{I}_R(s)=-n\dfrac{x}{D}\dot{I}-\dfrac{1}{2}(1-n)\dot{I}\left[e^{-\gamma(s-l)}-\left(1-\dfrac{x}{D}\right)e^{-\gamma(s-l+x)}+\dfrac{x}{D}e^{-\gamma(l+D-x-s)}\right]\\ \dot{U}_R(s)=\dfrac{1}{2}(1-n)Z_0\dot{I}\left[e^{-\gamma(s-l)}-\left(1-\dfrac{x}{D}\right)e^{-\gamma(s-l+x)}-\dfrac{x}{D}e^{-\gamma(l+D-x-s)}\right]\end{cases} \tag{8-30}$$

文献[57]对两个 AT 段的 AT 牵引网轨道电位作了仿真。其中取钢轨对地过渡电导为 1.0 S/km，牵引变电所接地电阻 0.5 Ω，第一 AT 段、第二 AT 段的长度均取 12 km，机车在 AT 段内的相对位置取 0 km、3 km、6 km、9 km 和 12 km。图 8-31 和图 8-32 分别给出了 55 kV AT 模式在第一个 AT 段、第二个 AT 段内有机车时钢轨电位的仿真结果。就 0 序而言，55 kV AT 模式与 2×27.5 kV AT 模式的 0 序网络是相似的，轨道电位也相似。

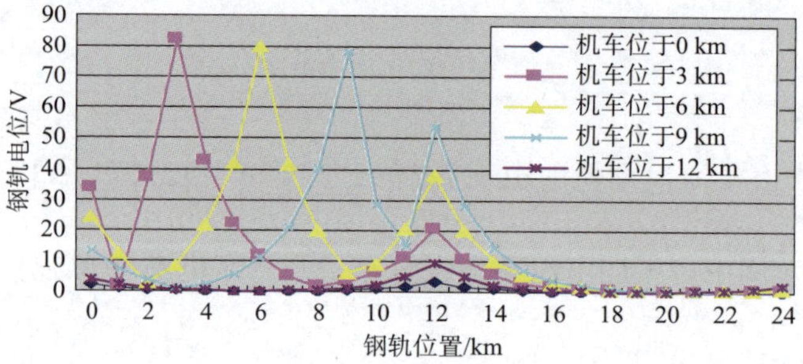

图 8-31　55 kV 模式第一个 AT 段内有机车时的钢轨电位分布

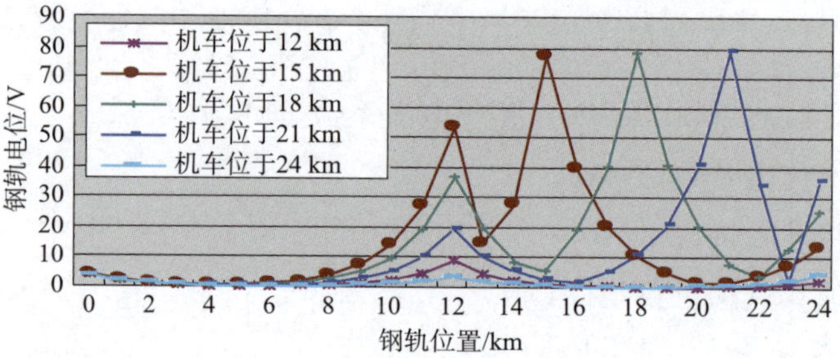

图 8-32　55 kV 模式第二个 AT 段内有机车时的钢轨电位分布

思考题

8.1　简述 AT 供电系统供电原理。

8.2　按 AT 牵引网等效电路推导单线单边供电情况下多车运行的电压损失计算公式。

8.3　对于采用 Vx 接线牵引变压器的 AT 供电方式，简述 55 kV 模式和 2×27.5 kV AT 模式的区别。

8.4　复述同相 AT 供电与异相 AT 供电的区别以及同相 AT 供电是如何对异相 2×27.5 kV 和 55 kV AT 模式进行取长补短的。

第 9 章 过程仿真与寻优设计

随着铁路电气化事业的迅猛发展，牵引供电系统的研究、设计、施工、运行都需要借助计算机技术，还有大量的新装置、新设备的研发、应用更离不开计算机技术。其中，融合运行图和列车为一体的牵引供电系统的负荷过程及行为过程仿真尤为重要，这种计算机仿真称为过程仿真[31]。

借助过程仿真，还应追求牵引供电系统的优化设计[61-62]，以便得到满足技术条件的、最经济的设计方案，获得牵引变电所等供电设施的最佳位置、最佳容量和最佳数目。

9.1 过程仿真

所谓过程仿真，就是利用与实际对象相吻合的数学模型在计算机上对所述系统相关运行过程进行模拟试验。由于过程的数学模型及由此构造的计算机软件可以灵活多变，所以基于计算机的过程仿真与物理模拟相比具有方便、灵活、经济、实用、周期短、见效快等优点，已普遍地应用在工程设计、运行管理人员培训及新系统研制开发等方面。

9.1.1 计算机仿真技术的特点

在牵引供电系统仿真软件中，除必要的计算程序外，还要有大量功能软件的支持，以体现"在模型上进行试验"的特点。即要求在仿真中，试验者就像在现场实验一样，能方便地观察到供电系统各种运行工况下的动态过程，使供电系统的各种运行状态以图形、曲线、表格等比较形象的方式表现出来，以便试验者清楚地了解试验结果。根据试验的结果和设计要求(要达到的目标)，可通过修改某些参数进行寻优，直到达到满意的结果为止。

9.1.2 牵引供电系统仿真的作用

1. 检验运行系统的各项指标和特性

检验运行系统的各项指标和特性可称为行为检验。运营中的牵引供电系统具有复杂的结构，其负荷具有移动性、随机性、三相不对称性等特点，用常规手算的方法显然不能适应了解系统的真实过程、行为及优化运行的要求。而进行大规模现场实验的方法最多只能测试特定情形，并且耗资大、周期长、重复性差，甚至难以实现。利用计算机仿真技术，建立与系统相吻合的数学模型，制定算法，考虑各种因素，设置参数，就可计算各种运行参数，再现事故，研究保护和控制系统的性能。

通过对运行系统的计算机仿真，可以进行各种供电方式、运行方式及列车的各种运行状态下系统中电流、电压、电能损失、谐波、负序、功率因数等核查，并为最佳运行方案和技改方案的制定提供依据。

2. 预测新系统的指标和特性

预测新系统的指标和特性可称为行为预测。对给定的系统设计方案、各种运行方式和行车工况等均可通过仿真软件进行各项指标、特性的预测，为设计或实验指明正确方向，以缩短设计或实验周期，并可最大限度地减少盲目性。

在新系统的指标和特性预测方面，可由计算机仿真完成下列工作：

(1)牵引负荷过程及其行为的仿真。包括电力机车牵引动态过程、馈线负荷过程、网压状态过程、牵引变压器负荷过程、负序与无功在电力系统的分布过程、并联无功补偿的行为过程等的仿真。

(2)负荷谐波过程及其行为仿真。包括电力机车谐波的产生机理、网上谐波的动态分布过程、谐波的不良影响行为、滤波方案设置及效果、通信干扰与防护效果的仿真研究。

(3)牵引负荷统计特征与随机仿真。可从牵引负荷过程仿真结果或大量的实测统计数据中获得牵引负荷的概率分布或数字特征，或从既有的数字特征出发，通过非线性规划获得牵引负荷概率分布规律，并可进一步研究控制牵引负荷概率分布的主要控制量(如最大负荷)与牵引负荷(受牵引定数、行车密度、线路情况等的制约)之间的统计关系。由此可预测馈线平均负荷与最大负荷、最优变压器容量、牵引网结构与参数的配置、补偿装置的设置方式与容量。这可大大减少初步设计中的盲目性。

(4)牵引网故障过程及行为的仿真。通过对各种复杂结构牵引供电系统中牵引网故障过程的仿真计算分析，有助于牵引网继电保护及故障测距的原理及技术方案的确定和由短路引起的危险电压与防护措施的研究。

(5)绝缘水平与绝缘配合的仿真研究。主要有牵引供电系统波动过程的模型、暂态电压模型与分析、雷击过电压及避雷过程、操作过电压过程、绝缘配合方法等的仿真研究。

3. 实现系统的寻优规划

寻优规划是计算机仿真技术的主要方面。寻优规划是在对运行系统或预测新系统的各项指标仿真分析基础上进行的。因此，它对既有系统的优化运行方案选择(包括技术改造)和对新建系统的寻优设计都直接有效。

由上述对计算机仿真技术的特点和所起作用的分析可知，计算机仿真技术为牵引供电系统的整体、综合研究开辟了一条切实可行的道路，在仿真培训方面也有其显著的优势。

下面对牵引供电系统中利用计算机仿真技术进行电气参数分析计算的原理、方法，以及实现计算机仿真培训的情况作简略介绍。

9.1.3　牵引负荷过程及负荷行为的仿真

前已述及，计算机仿真技术可用于既有牵引供电系统的研究和供电能力的核查，其基础是建立在对牵引负荷过程及行为的分析结果上。对既有系统，当出现机车换型、运量改变，牵引负荷过程发生变化，引起负序、谐波、无功、网损的增加及变压器容量的不匹配时，可通过对负荷过程及其行为的仿真分析，制定出优化运行或技术改造的最佳方案。因此，对运行人员来说，了解牵引负荷过程及其行为的计算机仿真分析的原理和方法是很有必要的。

1. 负荷过程的仿真

所谓负荷过程的计算机仿真，就是在计算机上仿真再现负荷过程，包括基于 PSCAD 和 MATLAB/Simulink 等仿真软件的建模方法、基于历史数据的概率潮流负荷过程预测方法、基于牵引计算和供电计算相结合的牵引供电系统潮流计算方法等。相较于其他方法，基于牵引计算和供电计算相结合的牵引供电系统潮流计算方法能够考虑线路情况、行车组织和机车参数及运行策略等，能够更好地模拟机车和牵引供电系统的运行工况。因此，本章主要介绍基于牵引计算和供电计算相结合的牵引供电系统潮流计算方法。

要实现某条线路的负荷过程计算机仿真，首先需要建立列车运行负荷数据库和列车运行图信息代码数据库，然后通过牵引供电系统建模及潮流计算求解再现臂负荷过程。

(1)列车运行负荷数据库

列车运行负荷数据，是指由某类型电力机车牵引一定重量的某类型列车，在一定的线路断面上按照运行图约束以一定的运行策略(如巡航策略、节时策略和定时策略等)运行时所得到的机车功率与走行距离(或走行时分)的关系数据。列车运行负荷数据是一个庞大的数据集，为便于负荷过程仿真计算应用，需设计一个合理的数据库结构。

运行仿真程序时，可按所使用计算机内存容量的大小，整体地或利用覆盖技术先后逐段地调内存应用。

(2)列车运行图信息代码数据库

负荷过程与列车的组织图(运行图)有关，列车运行图反映了下列信息：

①每天通过区段的列车数；

②每列车进入和驶出各区间的时分；

③进入各区间各次列车的车别(客、货或零担车)、运行的方向(上行或下行)和通过区间的方式(直通、停通或通停)。

对上述第二个信息，可设两个变量 T_1、T_2 分别表示列车进、出区间的时分。对第三个信息包括三个子信息，软件中用代码来区分，可分设三个代码变量 F_1、F_2、F_3 表示。可令 $F_1=1、2、3$ 分别代表货车、客车、零担车；$F_2=1、2$ 分别代表上行、下行；$F_3=1、2、3$ 分别代表通过区间的方式，即直通、停通、通停。

列车运行图代码数据库必须与列车运行负荷数据库相对应，其代码数据也必须依不同的供电臂（左、右）、不同的区间及不同的车次来组织。

（3）负荷过程的仿真

全线路负荷过程仿真软件可按下述思路来设计：

①构建包括外部电源、牵引变压器、牵引网、分区所和并联补偿装置等元件的全线路牵引供电系统静态（空载工况）潮流计算模型。

②调入该线路供电区间内的列车运行负荷数据和列车运行信息数据。

③从列车运行信息数据组中取出各次列车进入和驶出该区间的时分 T_1 和 T_2，并将其与所考察时分所对应的时间相比较，以判断所考察时刻该区间后运行的时分数，并取出该次列车的三个信息代码 F_1、F_2、F_3，以确定列车的类型、行车方向和通过区间的方式。

④在静态潮流计算模型的基础上，以 T_1、T_2、F_1、F_2、F_3 为依据确定并从列车负荷库中正确取出数据，进而形成含机车的动态（负载工况）潮流计算模型，计算该考察时刻该线路供电区间的潮流分布数据。

按上述方法计算依时步（如取为 1 s）循环一周即可得到该线路 24 h 内的负荷过程。

2. 负荷行为过程的仿真及统计分析

负荷行为是指由于牵引负荷在牵引供电系统及在外部供电系统中所引起各主要电气指标的变化。负荷行为过程则是与负荷过程相对应的一种过程，它表达了各电气指标依时间变化的关系过程。

在前述负荷过程仿真计算基础上，再运行负荷行为过程仿真功能模块，可以得出：

（1）牵引变电所及供电臂上的一系列电气指标值随时间变化的全过程。这些指标为：牵引变压器电压损失和功率损失，绕组负序电流及母线负序电压分量，牵引网上电压的幅值和相角、电压降落和损失、功率损失等。

（2）牵引负荷对电力系统影响的各电气指标依时间变化的全过程。这些指标为：流入各发电机支路的负序电流，在电力系统各监测点上的负序电压值等。

（3）若再运行统计分析功能模块，还能对上述各项指标的变化过程进行统计分析，得出各指标的统计特征值（平均值、有效值、方差），并给出各指标变化的概率直方图。

9.2　牵引供电系统寻优设计

在铁路电气化设计中，牵引供电系统的设计占有重要地位，其中牵引变电所及分区所为固定性供电装置，其分布合理与否，直接影响供电系统的技术指标和经济效益，对进一步提高牵引供电系统的设计水平和运营质量具有重大意义。这就为牵引供电系统寻优设计课题的研究提供了实际背景，也为这一课题研究成果的广泛应用并获得期望的经济、技术效益提供了保证。

这里述及的寻优设计与现有的人工选优设计不同。在现行供电系统设计中，最多只能对有限几个方案进行比较。人们难免要问：所设计的方案数是否充分？或者说，是否还有更好的方案未被设置？这是人工选优设计本身无法回答的问题。这里提出的寻优方案建立在相关数学模型和计算机算法基础上，在尽可能多地提供初始设计数据，如沿线负荷分布函数（数据库）$i(x)$、沿线建所土方工程投资分布函数（数据库）$E(x)$及一次电源投资情况下，力求供电系统中牵引变电所、分区所及 AT 方式下的 AT 所等的最优设置，即追求最大的经济效益。

这里提出寻优设计的数学模型和算法的同时，考虑了所设计方案的经济效益和技术指标，运用寻优算法求得牵引变电所及其分区所在供电系统中的最佳分布，即最佳位置、最佳容量和最佳数目（个数），这样就使问题得到一个封闭解。

9.2.1　寻优模型的建立

1. 牵引负荷分布和牵引网电流分布的描述

对于指定的电气化区段，通过牵引计算或计算机仿真（见第 2 章）均可直接或间接地获得牵引负荷（或牵引能耗）沿线分布（密度）函数。它可以是连续的，记为 $i(x)$（A/km），也可以是离散的（通常如此），记为 $i_d(x)$，这里视 $i(x)$、$i_d(x)$为一定讨论时间内的平均值。若设电气化区段总长为 L（km），自左至右建立坐标系，记等长的离散间隔为 Δx，且使全长间隔数 $m=L/\Delta x$ 取整，则在 x_k处 $i_d(x_k)$与 $i(x)$的变换关系为

$$i_d(x_k)=\int_{x_k-\Delta x/2}^{x_k+\Delta x/2} i(x)\mathrm{d}x \quad k=1,2,\cdots,m \tag{9-1}$$

作为例子，$i(x)$、$i_d(x_k)$的分布情况如图 9-1(a)、(b)所示。

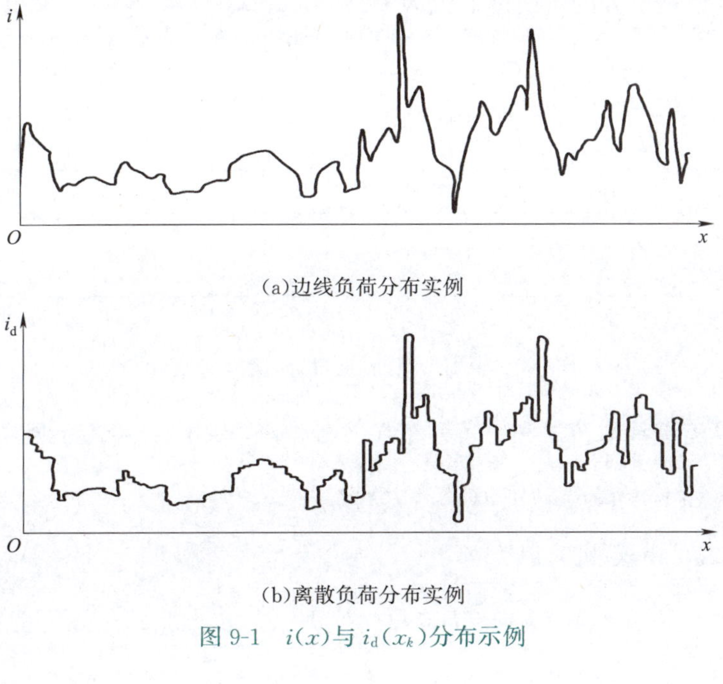

(a)边线负荷分布实例

(b)离散负荷分布实例

图 9-1　$i(x)$与 $i_d(x_k)$分布示例

现定义沿线负荷积分分布

$$I(x) \triangleq \int_x^L i(l)\mathrm{d}l \quad 1 \leqslant x \leqslant L \tag{9-2}$$

或离散值求和为

$$I_{\mathrm{d}}(x_k) \triangleq \sum_{l \in [x_k, L]} i_{\mathrm{d}}(l) \quad 0 \leqslant x_k \leqslant L \tag{9-2'}$$

显然,全线总牵引负荷为

$$I_{\mathrm{S}} = \int_0^L i(x)\mathrm{d}x = I(0) \tag{9-3}$$

或离散值求和为

$$I_{\mathrm{S}} = \sum_{k=1}^{m} i_{\mathrm{d}}(x_k) \tag{9-3'}$$

且式(9-4)恒成立

$$I_{\mathrm{S}} = I(0) = I_{\mathrm{d}}(0) \tag{9-4}$$

对应图 9-1(b),$I_{\mathrm{d}}(x_k)$可示于图 9-2,并由定义知,$I(x)$为单调非增函数,$i_{\mathrm{d}}(x_k)$为阶梯状非增函数。

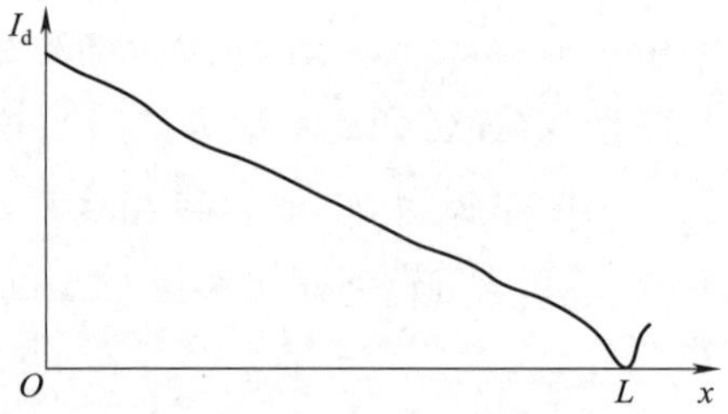

图 9-2　牵引负荷积分分布示例

图 9-3 是牵引变电所 SS 与分区所 SP 的沿线分布,图中,s_k为 SS_k 的位置坐标,$k=1,2,\cdots,n$;p_k为 SP_k的位置坐标,$k=1,2,\cdots,n+1$。设 x 为s_k与s_{k+1}间的任意一点,$k=1,2,\cdots,n-1$,如果列车在 x 处由 SS_{k+1}供电,则通过 x 处的牵引网电流为

$$I_{\mathrm{tn}}(x) = I(x) - I(p_{k+1}) = I(x) - \sum_{j=1}^{k} I_{\mathrm{S}j} \qquad s_{k+1} \leqslant x \leqslant p_{k+1} \tag{9-5}$$

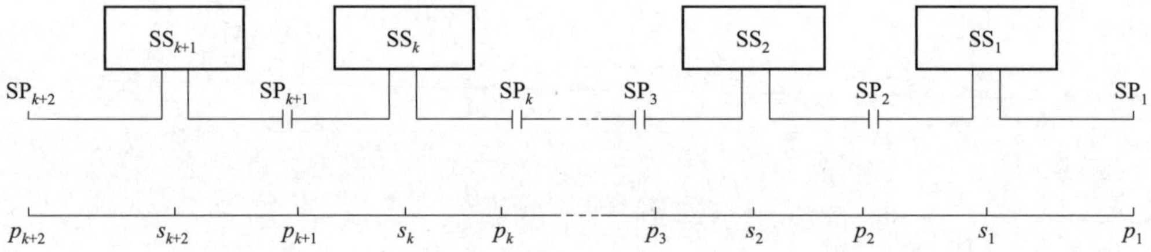

图 9-3　牵引变电所和分区所的沿线分布

其中,$I_{\mathrm{S}j}$为SS_j 两臂馈线取流之和。若列车在 x 处由SS_k 供电,此处牵引网电流为

$$I_{\mathrm{tn}}(x) = I(p_{k+1}) - I(x) = \sum_{j=1}^{k} I_{\mathrm{S}j} - I(x) \qquad p_{k+1} \leqslant x \leqslant s_k \tag{9-6}$$

SS_k 右臂馈线电流可由式(9-5)得

$$I_{\mathrm{SR}k} = I_{\mathrm{tn}}(s_k) = I(s_k) - \sum_{j=1}^{k-1} I_{\mathrm{S}j} \qquad k = 1,2,\cdots,n \tag{9-7}$$

而左臂馈线电流可由式(9-6)得

$$I_{SLk}=I_{tn}(s_k)=I(p_{k+1})-I(s_k) \qquad k=1,2,\cdots,n \tag{9-8}$$

联立式(9-7)、式(9-8)，易得 SS_k 馈线总电流递推式为

$$I_{Sk}=I_{SRk}+I_{SLk}=I(p_{k+1})-\sum_{j=1}^{k-1}I_{Sj} \qquad k=1,2,\cdots,n \tag{9-9}$$

结合式(9-4)易知各变电所取流之和是受总牵引负荷等量约束的。

2. 牵引网功率损失

根据式(9-5)、式(9-6)，得第 k 个变电所左臂牵引网上的功率损失为

$$\Delta P_{Lk}=\int_{p_{k+1}}^{s_k} r(x)\left[\sum_{j=1}^{k}I_{Sj}-I(x)\right]^2\mathrm{d}x \tag{9-10}$$

右臂牵引网上的功率损失为

$$\Delta P_{Rk}=\int_{s_k}^{p_k} r(x)\left[I(x)-\sum_{j=1}^{k-1}I_{Sj}\right]^2\mathrm{d}x \tag{9-11}$$

式中　$r(x)$——x 处牵引网单位长(等效)电阻，Ω/km。故第 k 个变电所牵引网上总功率损失为

$$\Delta P_k=\int_{p_{k+1}}^{s_k} r(x)\left[\sum_{j=1}^{k}I_{Sj}-I(x)\right]^2\mathrm{d}x+\int_{s_k}^{p_k} r(x)\left[I(x)-\sum_{j=1}^{k-1}I_{Sj}\right]^2\mathrm{d}x \tag{9-12}$$

整个电气化区段牵引网上的有功功率损失为

$$\Delta P=\sum_{k=0}^{n}\int_{s_{k+1}}^{s_k} r(x)\left[I(x)-\sum_{j=1}^{k}I_{Sj}\right]^2\mathrm{d}x \tag{9-13}$$

在式(9-13)中，$s_{n+1}=0$，$s_0=L$，$\sum_{j=1}^{0}I_{Sj}=0$。

9.2.2　寻优模型与算法

1. 最小功率损失模型

最小功率损失模型的数学描述为

$$\begin{cases}\min \quad \Delta P \\ \text{s.t.} \begin{cases}\sum_{k=1}^{n}I_{Sk}=I_S \\ U_{\min}\leqslant U_T\leqslant U_{\max} \\ 0\leqslant \varepsilon_U\leqslant \varepsilon_{\max} \\ n\neq 0 \\ L_T\in L_S \\ I_C\leqslant I_{C\max} \\ S_T\leqslant \dfrac{S_{L\max}}{K}\end{cases}\end{cases} \tag{9-14}$$

式中，ΔP 由式(9-13)给出；$U_{\min}$ 和 $U_{\max}$ 分别为接触网电压 U_T 的取值上限和下限；$\varepsilon_{\max}$ 为三相电压不平衡度 ε_U 的最大允许值；n 为牵引变电所的个数之和；L_S 为牵引供电系统设施 L_T 的可选范围；$I_{C\max}$ 为导线的载流量 I_C 的最大允许值；$S_{L\max}$ 和 K 分别为牵引变压器的最大负荷和过负荷倍数。

为了寻找式(9-14)的综合有效的算法，首先讨论两种情形。

(1)情形 1：最佳变电所容量。

假设电气化区段上各牵引变电所的位置 $s_k(k=1,2,\cdots,n)$ 已由初始设计方案给出，则从式(9-14)中可解出各变电所的两臂总电流，即

$$I_{Sk}=\frac{\int_{s_{k+1}}^{s_k} r(x)I(x)\mathrm{d}x}{\int_{s_{k+1}}^{s_k} r(x)\mathrm{d}x}-\sum_{j=1}^{k-1} I_{Sj} \qquad k=1,2,\cdots,n \tag{9-15}$$

自然，当各变电所两臂总电流服从式(9-15)的分布时，牵引网上的有功功率损失 ΔP 取得极小值。

进一步可以证明，不论对单边供电方式还是双边供电方式以及贯通供电，为最大限度地减少电气化区段牵引网的总功率损失，流过各分区所的电流应为零，即分区所为双边供电或贯通供电的分流点。因此，根据式(9-5)或式(9-6)，在分区所 p_k 处有式(9-16)成立。

$$I(p_k)=\int_{p_k}^{L} i(x)\mathrm{d}x=\sum_{j=1}^{k-1} I_{Sj} \qquad k=1,2,\cdots,n+1 \tag{9-16}$$

由于 $I(x)$ 具有单调性，因此可由式(9-16)求反函数得出各分区所的相对最佳位置，即

$$p_k=I^{-1}\left(\sum_{j=1}^{k-1} I_{Sj}\right) \qquad k=1,2,\cdots,n+1 \tag{9-17}$$

(2)情形 2：最佳变电所位置。

这种情形考虑的是，电力系统自身能力限制而要求牵引变电所的容量满足特定的分布。于是，假定各牵引变电所总电流 I_{Sk} 已给定并满足式(9-14)的约束条件，亦可由式(9-14)和式(9-9)得出，则从式(9-14)中可解得相对最佳的变电所位置，即

$$s_k=I^{-1}\left(\sum_{j=1}^{k-1} I_{Sj}+\frac{1}{2}I_{Sk}\right) \qquad k=1,2,\cdots,n \tag{9-18}$$

当电气化区段上各牵引变电所及分区所位置 $s_k(k=1,2,\cdots,n)$ 和 $p_k(k=1,2,\cdots,n+1)$ 分别满足式(9-18)、式(9-17)时，ΔP 取得极小值。

应当指出，在算法设计中采用的是离散计算式，从图 9-2 中可以看出：$I_d(x)$ 的反函数具有多值性，即 $[I_d^{-1}(x)]_{\max}-[I_d^{-1}(x)]_{\min}=\Delta x$。为在精度许可下降低计算复杂性，在这里算法中取 $x=\{[I_d^{-1}(x)]_{\max}+[I_d^{-1}(x)]_{\min}\}/2$。

2. 最少工程费用模型

牵引供电系统的经济效益受许多因素制约，但抓住可定量且主要的因素则可用若干年

(如 10 年)的基本投入 ΔC_{Σ}(万元)为目标函数来表征。ΔC_{Σ} 主要包括建变电所的一次投资 $\sum_{k=1}^{n}\Delta C_{Sk}$、土方工程投资 $\sum_{k=1}^{n}E(s_k)$、论及时间内牵引网及变电所功率(能量)损失折价 $K_{P}\left(\Delta P+\sum_{k=1}^{n}\Delta P_{Tk}\right)$ 以及电气化线路建设和维修等投入 ΔC_{M},即

$$\Delta C_{\Sigma}=K_{P}\left(\Delta P+\sum_{k=1}^{n}\Delta P_{Tk}\right)+\sum_{k=1}^{n}[\Delta C_{Sk}+E_{k}(s_{k})]+\Delta C_{M} \tag{9-19}$$

式中,$K_{P}=10\times365\times24\times \mathrm{PE}/10^{4}$ 万元,PE 为电价。

于是,牵引供电系统的优化设计数学模型可归结为

$$\begin{cases}\min \quad \Delta C_{\Sigma}\\ \text{s. t.}\ \begin{cases}\sum_{k=1}^{n}I_{Sk}=I_{S}\\ U_{\min}\leqslant U_{T}\leqslant U_{\max}\\ 0\leqslant \varepsilon_{U}\leqslant \varepsilon_{\max}\\ n\neq 0\\ L_{T}\in L_{S}\\ I_{C}\leqslant I_{C\max}\\ S_{T}\leqslant \dfrac{S_{L\max}}{K}\end{cases}\end{cases} \tag{9-20}$$

解这一模型可得到牵引变电所最佳容量、最佳位置和最佳数目的封闭解。

应当明确,当某些地方(区间)因自然的(如车站、桥隧等)或社会的原因不能设置牵引变电所时,可令此处(区间)建所投资为无穷大(如计算机允许的最大数)并存入数据库 $E(x)$,寻优设计算法将自动放弃在这些地方(区间)上取得所址。

3. 全寿命周期成本最小模型

综合考虑牵引供电系统初期、近期和远期不同阶段的建设、运行、维护、废弃等全寿命周期成本,在满足牵引供电系统高效和安全运行的前提下,从设备级、系统级和环境级等费用维度综合寻求牵引供电系统全寿命周期成本最小的规划设计方案。设备级费用主要由牵引变压器、牵引网、补偿装置、GIS 设备等设备在整个寿命周期内的购置、安装、维修和替换等费用构成。系统级费用主要由牵引供电系统相关的土建、系统运行过程中产生的电费和系统检修等成本构成。环境级费用主要由牵引供电系统在建造和运行过程中对环境造成的噪声污染、空气污染等构成。

因此,牵引供电系统的全寿命周期成本 $C_{LCC\Sigma}$ 可以表示为

$$C_{LCC\Sigma}=\sum_{j=1}^{3}\sum_{k=1}^{n}C_{LCCjk} \tag{9-21}$$

式中 $C_{\mathrm{LCC1}k}$——初期第 k 个牵引变电所的设备级、系统级和环境级费用之和；

$C_{\mathrm{LCC2}k}$——近期第 k 个牵引变电所的设备级、系统级和环境级费用之和；

$C_{\mathrm{LCC3}k}$——远期第 k 个牵引变电所的设备级、系统级和环境级费用之和。

于是，牵引供电系统的全寿命周期最小成本寻优模型可归结为

$$\begin{cases} \min \quad C_{\mathrm{LCC}\Sigma} \\ \text{s. t.} \quad \begin{cases} \sum\limits_{k=1}^{n} I_{\mathrm{S}k} = I_{\mathrm{S}} \\ U_{\min} \leqslant U_{\mathrm{T}} \leqslant U_{\max} \\ 0 \leqslant \varepsilon_U \leqslant \varepsilon_{\max} \\ n \neq 0 \\ L_{\mathrm{T}} \in L_{\mathrm{S}} \\ I_{\mathrm{C}} \leqslant I_{\mathrm{Cmax}} \\ S_{\mathrm{T}} \leqslant \dfrac{S_{\mathrm{Lmax}}}{K} \end{cases} \end{cases} \tag{9-22}$$

应该明确，电气化铁路里程较长，牵引供电系统相关的土建成本应当充分考虑建所地区地理环境因素的影响，对于地理环境条件良好地区可按牵引变电所基本土建费用进行考虑，对于环境恶劣地区可引入不确定系数。此外，我国电力部门对工业电力用户采取两部制电价收费方式，在计算电费成本时应该按照两部制电价考虑。

4. 牵引供电系统优化设计算法

(1)计算沿线负荷分布函数 $i_{\mathrm{d}}(x)$ 和沿线建所土方工程投资分布函数 $E(x)$，并建立相应数据库。

(2)输入电气化区段全长 L，变电所数目 n，离散点间隔 Δx；调入牵引网单位长电阻 $r(x)$，变电所接线方式及阻抗参数；输入 $\Delta C_{\mathrm{S}k}$ 和 ΔC_{M} 等。

(3)调入 $i_{\mathrm{d}}(x)$ 并按式(9-2′)建立 $I_{\mathrm{d}}(x)$ 数据库。

(4)输入或由计算机自动产生初始方案中各变电所位置 $s_k^{(0)}$ $(k=1,2,\cdots,n)$。

(5)按式(9-13)和式(9-19)计算目标函数初值 $\Delta C_{\Sigma}^{(0)}$。

(6)按式(9-15)计算由 $s_k^{(0)}$ 决定的最佳值 $I_{\mathrm{S}k}$ $(k=1,2,\cdots,n)$。

(7)按式(9-18)计算由 $I_{\mathrm{S}k}$ 决定的最佳值 s_k $(k=1,2,\cdots,n)$，重复(6)直至 $I_{\mathrm{S}k}$、s_k 稳定。

(8)按式(9-13)和式(9-19)计算目标函数新值 ΔC_{Σ}。

(9)若 $\Delta C_{\Sigma} > \Delta C_{\Sigma}^{(0)}$，则 $s_k \Leftarrow s_k^{(0)}$ $(k=1,2,\cdots,n)$，进入(11)；否则，进入(10)。

(10)若 $\left(\sum |s_k^{(0)} - s_k|\right) / \sum\limits_{k=1}^{n} s_k^{(0)} \geqslant \varepsilon$ (可取 $\varepsilon=0.01$)，返回(6)；否则，进入(11)。

(11)按式(9-17)计算分区所位置 p_k $(k=1,2,\cdots,n)$。

(12)进入供电系统动力指标(如网压水平等)校验子程序，并按寻优趋势调整变电所数

目 n,返回(6)直至稳定。

(13)计算各变电所左、右臂馈线电流 I_{SLk}、I_{SRk}($k=1,2,\cdots,n$)。

(14)计算变电所的计算容量 S_{Sk}($k=1,2,\cdots,n$)。

(15)输出 $n,s_k,p_{k+1},I_{SLk},I_{SRk},S_{Sk}$($k=1,2,\cdots,n$)等值结束。

由此算法得到的变电所最佳数目、位置和容量,即为满足技术条件的经济效益最好的系统分布方案。

应当指出,当直接供电、BT、AT 等方式在一条线上混用时,可按供电方式分别设置坐标系,并逐一按此算法完成寻优设计。随着系统规模和复杂度的增加,优化的目标函数及约束的多样化,工程中可引入智能算法解决系统方案优化问题,智能算法对实际问题中不确定性数据有很强的适应能力。常用的智能算法有遗传算法、模拟退火算法和粒子群算法等。

9.2.3 算　例

本算例采用式(9-20)所给出的数学模型,即只计算 ΔC_Σ 中的 $K_P\Delta P$ 一项,其他项置 0。但必须指出,此时只能得到满足一定技术条件(如网压水平限制)的或人为设定的牵引变电所数目及相应的最佳容量和最佳位置。

1. 原始资料

某电气化区段全长 $L=378$ km,复线,限坡 6‰(双机地段 12.5‰,占全长 50%),采用 SS_1 型电力机车,近期运量 3 800 万 t,远期运量 6 800 万 t,客车 28 对/天。变电所均为 YNd11 接线,牵引网单位长阻抗 0.167 Ω/km。

牵引负荷沿线积分分布函数如图 9-2 所示,其中,$I_S=3\ 270$ A,沿下行方向建立坐标。

2. 设置 11 个牵引变电所

两种方案的主要指标列在表 9-1 中比较。此外,初始设计方案的全线电能损失为 1 577.5 万 kW·h/年,其中,全线牵引网电能损失为 1 105.9 万 kW·h/年,变电所电能损失为 471.6 万 kW·h/年;优化方案全线电能损失为 1 270 万 kW·h/年,其中,全线牵引网电能损失为 852 万 kW·h/年,变电所电能损失为 418 万 kW·h/年。若取电价 PE=0.75 元/(kW·h),两者相比,优化设计方案可节约电费 230.63 万元/年。

表 9-1　设置 11 个变电所的技术比较

变电所 k	初始设计方案		寻优设计方案			
	s_k/km	p_k/km	s_k/km	p_k/km	I_{Sk}/A	S_{Sk}/(kV·A)
1	361.5	378.0	368.0	378.0	135+133	9 822
2	317.0	338.0	331.5	348.5	125+130	9 399
3	282.0	294.5	294.5	313.0	122+127	9 233
4	243.5	266.0	262.0	278.5	137+153	10 871

续上表

变电所 k	初始设计方案		寻优设计方案			
	s_k/km	p_k/km	s_k/km	p_k/km	I_{Sk}/A	S_{Sk}/(kV·A)
5	209.0	229.0	234.0	247.0	188+203	14 573
6	176.0	188.5	207.5	222.0	163+172	12 400
7	149.5	163.0	175.5	191.0	164+171	12 366
8	116.5	136.0	142.5	160.5	154+166	11 928
9	67.5	95.0	96.5	120.5	135+143	10 280
10	23.5	45.5	55.5	70.0	133+141	10 177
11	0	9.5	25.0	43.0	134+141	10 168

3. 设置 10 个牵引变电所

两种方案的主要技术指标的比较列于表 9-2。此时，初始设计方案的全线电能损失为 1 939 万 kW·h/年，其中，全线牵引网电能损失为 1 410 万 kW·h/年，变电所电能损失为 529 万 kW·h/年；优化设计方案全线电能损失为 1 480.5 万 kW·h/年，其中，全线牵引网电能损失为 1 024.1 万 kW·h/年，变电所电能损失为 456.4 万 kW·h/年。若取电价PE=0.75 元/(kW·h)，与初始设计方案相比，优化方案每年节约电费 343.78 万元。

表 9-2 设置 10 个变电所的技术比较

变电所 k	初始设计方案		寻优设计方案			
	s_k/km	p_k/km	s_k/km	p_k/km	I_{Sk}/A	S_{Sk}/(kV·A)
1	361.5	378.0	367.0	378.0	146+144	10 624
2	317.0	338.0	326.0	345.0	147+154	11 114
3	266.0	294.5	280.5	303.5	150+164	11 763
4	229.0	243.5	245.5	264.5	169+182	13 085
5	188.5	209.0	222.5	234.5	184+192	13 869
6	149.5	163.0	187.5	207.0	171+179	12 941
7	116.5	136.0	155.5	173.5	182+190	13 719
8	67.5	95.0	112.5	134.5	149+155	11 220
9	23.5	45.5	58.5	83.0	168+174	12 627
10	0	9.5	25.0	42.5	134+136	9 884

通过算法设计和模拟计算已能验证，寻优设计不仅能使系统满足各种技术条件的要求，同时能实现最大限度地节能或节资，并获得牵引变电所最佳数目、最佳位置和最佳容量的最佳系统分布方案。

考虑到寻优设计方案在现在和今后的应用，按这里算法设计的程序既可在人工设定下运行，即给出传统(受现行系统及其设备运营条件和水平限制)的设计方案，也可在减少人工设定的约束下来实现更大范围的最佳方案设计，并逐步使电气化铁路供电系统的设计走向现代化。

思考题

9.1　牵引供电系统仿真能起到哪些作用？

9.2　牵引负荷过程仿真包括哪些内容？

9.3　牵引负荷行为过程仿真包括哪些内容？

9.4　本章讨论了牵引供电系统寻优设计的三个模型，各是什么？

第 10 章　分段保护与智能测控

牵引网结构复杂、工作环境恶劣，弓网机械耦合振动频繁，导致故障占比高，据统计，牵引网故障约占整个牵引供电系统故障的 70%以上。现有牵引网保护依靠牵引变电所馈线保护兼顾，以供电臂为保护单元，不能辨识故障 AT 分段与故障类型，而贯通供电将单边供电的各供电臂孤岛转化为互联互通，极大延长了供电距离，一旦发生永久性故障，将造成牵引网大面积瘫痪，这是必须解决的问题。作为贯通供电的配套技术，本章提出和讨论牵引网分段供电、分段保护以及运行状态智能辨识。这就需要对牵引网进行分段，即设置分段所。在 AT 供电方式中，以 AT 段为供电分段，在 AT 所的母线上增加馈线和断路器，实现供电分段内 T 线与 F 线的独立测控，这样的 AT 所就是分段所，由此可将故障停电范围缩小在故障 AT 段内，而不会波及其他 AT 段；在直供方式中，可以原来单边供电的供电臂为供电分段，在分区所设置分段保护，此时分区所即为分段所，而当供电臂较长时，亦可在供电臂内增加分段所。分段所包括母线、馈线、断路器，设置分段保护。牵引网分段保护与运行状态智能测控方案能够为故障牵引网提供高效可靠的线路保护，准确辨识故障分段与故障类型，同时为正常运行提供列车运行状态监测功能，是智能供电的发展和重要组成部分。

10.1　牵引网分段供电

10.1.1　既有牵引网供电方案

异相供电时，分别在牵引变电所 SS 出口处与分区所处设置电分相，将牵引网分隔成具有不同电压相位的供电臂，如图 10-1 所示。当直供牵引网在 F1 处发生短路故障时，断路器 CB1 和 CB3 跳闸，牵引网供电臂 SS1-SP 的下行牵引网被隔离。若线路在 F2 处发生短路故障时，断路器 CB2 和 CB3 跳闸，牵引网供电臂 SS1-SP 的上行牵引网被隔离[63-64]。

在我国，为了增强供电能力，AT 牵引网上下行线路在 AT 所与分区所 SP 处并联，称为全并联 AT 供电，如图 10-2 所示。现行的做法是：AT 牵引网任意一处发生短路故障后，牵引变电所馈线断路器 CB1 和 CB2 首先跳闸，整个牵引网供电中断；然后，AT 所 AP 和分区所 SP 的失压保护动作，断路器 CB3～CB6 跳闸隔离所有的 AT。从逻辑上看，牵引网中任何一个部分的故障都会导致整个系统停电，这种做法就将 AT 供电臂作为一种典型的串联

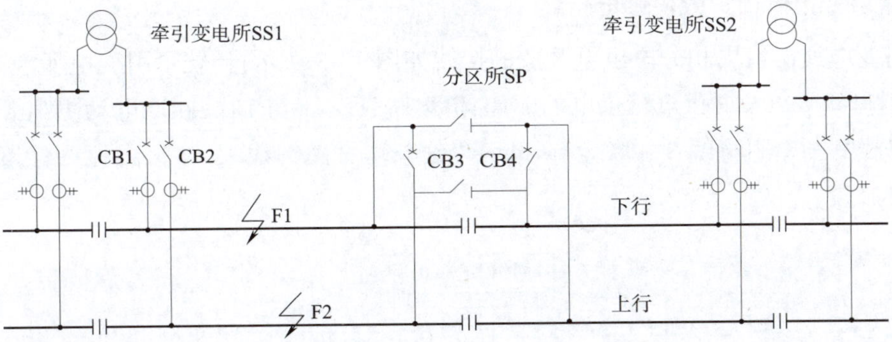

图 10-1　现行直供牵引网结构示意

系统。这种现象的原因是牵引变电所 SS 双极断路器 CB1 和 CB2 连接到牵引网，AT 所 AP 与分区所 SP 双极断路器 CB3～CB6 串联 AT 同时并联到牵引网，使得断路器不能对 T 线和 F 线独立操作；现行重合闸方式是：首先重合 CB1 与 CB2，此时 AT 牵引网已解列为直供方式，再依次利用 CB3～CB6 重合闸排除故障，显然，这些倒闸操作延长了停电时间。若牵引网上行或下行发生永久性故障，将造成上行或下行全线失电，扩大了牵引网故障停电范围。

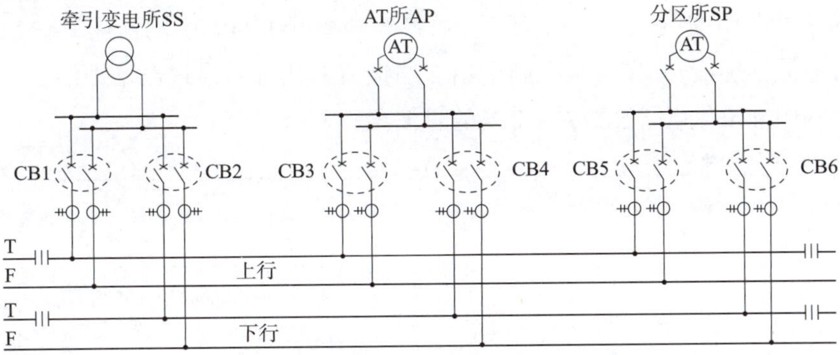

图 10-2　现行 AT 牵引网供电结构示意

如果贯通供电牵引网仍然采用现行双极断路器和保护方案，将会导致两个变电所间的供电臂全部停电，进一步扩大牵引网故障停电范围，拖延铁路交通恢复时间[65-66]。因此，必须提出一种适合贯通供电的新结构和保护方案，均采用单极断路器，提高牵引网供电的可靠性与灵活性，这就是分段供电和分段保护。

10.1.2　直供牵引网分段供电结构

以某铁路贯通供电改造工程为例，介绍牵引变电所同相供电改造与分区所双边供电改造，以及最终形成的牵引网分段供电结构。

1. 牵引变电所出口分段供电接线

牵引变电所出口同相分段供电改造的接线如图 10-3 所示，传统牵引变电所包含牵引母线 α、牵引母线 β 以及向供电臂供电的 4 路馈线 L_1、L_2、L_3 与 L_4。新增电动隔离开关 G_K 使得牵引母线 α 与牵引母线 β 并联运行，牵引母线新增 2 路馈线 L_5 与 L_6 向原中性段供电，使之成为过渡段。

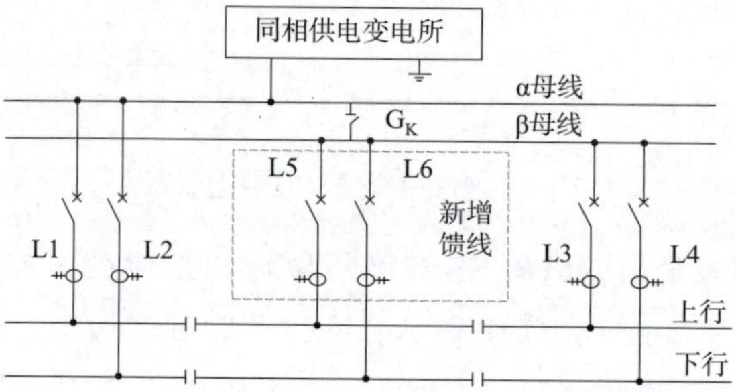

图 10-3　同相供电牵引变电所出口分段供电示意

2. 分区所接线

原来的分区所改造为分段所，亦称开闭分区所，其接线如图 10-4 所示，传统分区所包含母线 α、母线 β 和 4 路馈线 L_1、L_2、L_3 与 L_4，馈线经隔离开关与牵引网互连。4 路馈线分别加装断路器与电流互感器，并在母线上新引出 2 路馈线 L_7 与 L_8，通过新增馈线 L_7 与 L_8 实现对开闭分区所的中性段供电，使之成为带电的过渡段。

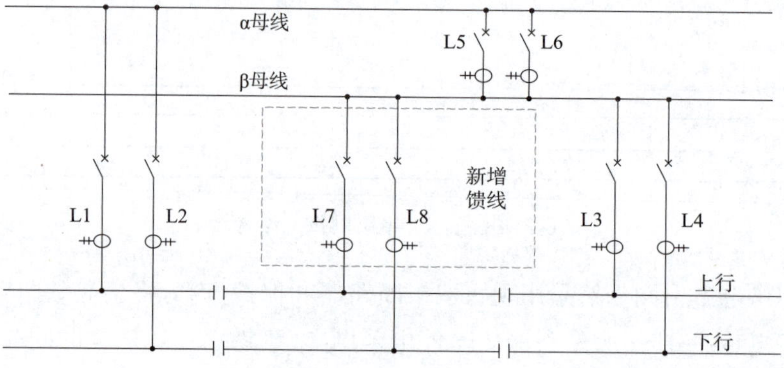

图 10-4　双边供电开闭分区所分段供电示意

通过对牵引变电所与分区所的分段供电接线改造后，牵引网形成了以分段所“分段(FD)＋过渡段(GD)”为节点的分段供电结构，以直供牵引网上行为例，分段供电拓扑如图 10-5 所示，其中，FD 表示供电分段。

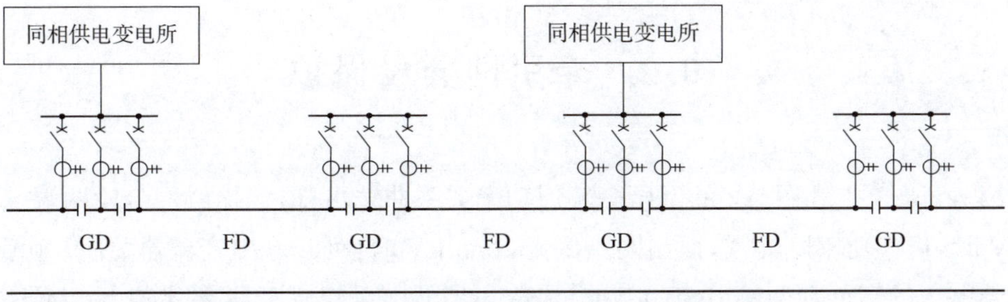

图 10-5　贯通直供牵引网分段供电结构示意

10.1.3　AT 牵引网分段供电结构

AT 牵引网分段供电以 AT 段为基础，其接触网 T 结构与直供牵引网相同，而负馈线 F 在此自然分段。以 AT 牵引网上行为例，AT 牵引网分段供电拓扑如图 10-6 所示，牵引网由多个 AT 所“AT 分段(FD)＋过渡段(GD)”为分段所连接的 AT 段组成，与现有 AT 牵引网供电结构相比，可实现供电分段内接触网 T 与负馈线 F 的独立控制。当线路出现故障时，牵引网能够只隔离故障分段的故障导线，保证非故障分段的正常运行，极大减少了牵引网故障停电区间与倒闸时间。当维修时，亦可按供电分段进行。

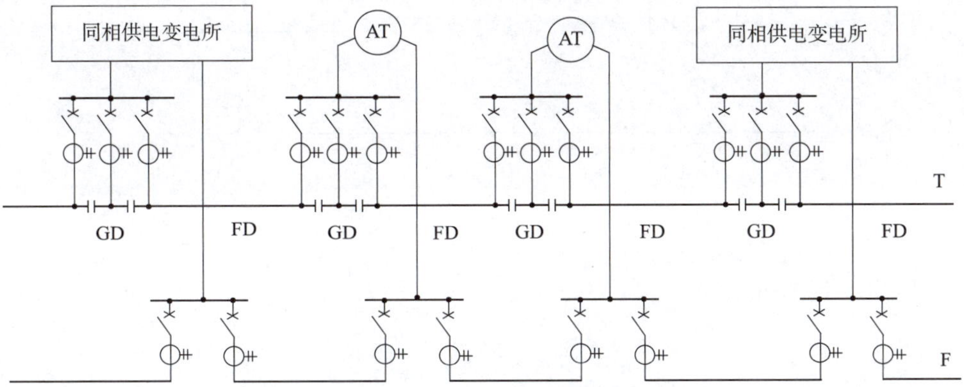

图 10-6　贯通供电 AT 牵引网分段供电结构

假设某供电臂(上下行)共 n 个 AT 段(n 为偶数)，各 AT 段发生故障的概率相等，均为 p_f，现行结构下，供电臂的所有 AT 段是串联关系，因此，供电臂的无故障概率为 $p_0=(1-p_f)^n$，而故障概率为 $1-(1-p_f)^n$，显然，AT 段的数量越多，供电臂断电概率也越高。根据国铁集团统计数据，牵引网可靠度约为 0.96，当 $n=6$ 时，分段供电方案的 AT 段停电概率为 0.04，而现行供电结构的 AT 段停电概率为 0.217 2。当 $n=8$ 时，现行供电结构的 AT 段停电概率上升至 0.278 6。牵引网分段供电方案虽然不能提升供电能力，但能够改善牵引网的可靠性和灵活性。

10.2 牵引网分段保护

从第7章图7-1和图7-2的网压—轮周功率关系曲线可知：当接触网分段两端电压小于17.5 kV时，机车功率降为零，而当网压低于16.6 kV时，列车牵引变流器关闭。由此，根据分段两端电压的高低和两端电流的差值，构造一种低电压启动的纵差保护，称为分段保护，来区分牵引网的故障与正常状态[11,50,66]。

10.2.1 低电压启动电流差动保护

牵引网超过75%故障的过渡电阻小于0.75 Ω[67]，金属性故障发生后，牵引网电压急剧降低，如低于16.6 kV，车载变流器快速闭锁，牵引网中的电流只会是故障电流。低电压判据可以区分牵引网的故障和正常状态，电流差动判据能够辨识分段内故障导线。牵引网分段FDi与过渡段GDn的电流、电压等电气量分布如图10-7所示。

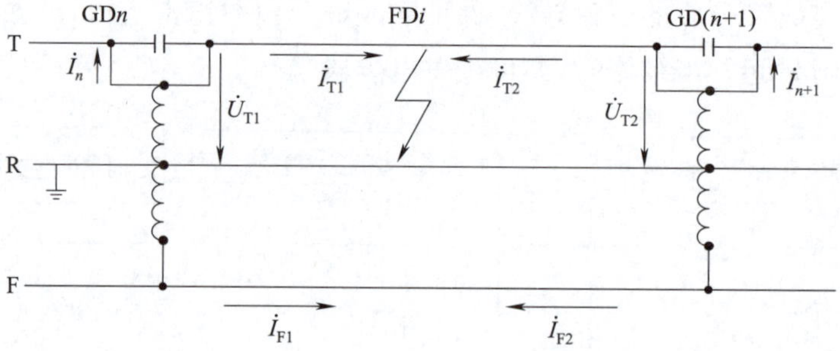

图10-7 牵引网分段两端电压和电流分布示意

低电压启动判据表示为

$$\min\left(\left|\dot{U}_{T1}\right|,\left|\dot{U}_{T2}\right|\right)<U_{set} \tag{10-1}$$

式中 $\dot{U}_{T1}$，$\dot{U}_{T2}$——分段FDi接触线首端电压与末端电压；

U_{set}——低电压启动整定值，如可选16.0 kV。

电流差动保护原理简单，有良好的选择性，具有制动特性的接触线T动作方程为

$$\begin{cases}\left|\dot{I}_{T1}+\dot{I}_{T2}\right|>I_{set}\\\left|\dot{I}_{T1}+\dot{I}_{T2}\right|\geqslant k_1\left|\dot{I}_{T1}-\dot{I}_{T2}\right|\end{cases} \tag{10-2}$$

负馈线故障动作方程与接触线相同。

$$\begin{cases} \left|\dot{I}_{F1}+\dot{I}_{F2}\right|>I_{set} \\ \left|\dot{I}_{F1}+\dot{I}_{F2}\right|\geqslant k_2\left|\dot{I}_{F1}-\dot{I}_{F2}\right| \end{cases} \tag{10-3}$$

式中　$\dot{I}_{T1}$，$\dot{I}_{T2}$——分段 FDi 接触线首末端电流；

$\dot{I}_{F3}$，$\dot{I}_{F4}$——分段 FDi 负馈线首末端电流；

I_{set}——电流整定值；

k_1，k_2——制动系数。

10.2.2　电流增量启动电流差动保护

当牵引网发生非金属性故障时，故障点处的过渡电阻较大，故障后牵引网电压可能仍处于正常区间，如大于 17.5 kV，不能达到低电压启动条件，就无法识别故障，低压启动的保护将拒动，这就需要更为完备的牵引网分段保护方案。

故障短路时，电流急剧增大，而机车负荷电流相对平缓，短路电流增量要远大于机车电流增量。因此根据差动电流增量不同特点，可以配置牵引网非金属性故障保护[67-68]。

接触线 T 的故障启动判据可表示为

$$\left|\Delta\dot{I}_{T1}+\Delta\dot{I}_{T2}\right|>\Delta I_{T\text{-}set} \tag{10-4}$$

式中　$\Delta\dot{I}_{T1}$，$\Delta\dot{I}_{T2}$——分段 FDi 接触线首端电流增量；

$\Delta I_{T\text{-}set}$——电流增量整定值，可取机车额定电流。

此时，应识别或躲过机车励磁涌流，另外，还应根据网压突然升高来识别机车由正常牵引突然转为紧急再生制动等特殊工况并加以规避。

F 线没有受电弓滑触取流，因此其增量整定值不考虑机车负荷电流，F 线故障动作方程与式(10-4)相同，故障启动判据为

$$\left|\Delta\dot{I}_{F1}+\Delta\dot{I}_{F2}\right|>k_3\Delta I_{F\text{-}set} \tag{10-5}$$

式中　$\Delta\dot{I}_{F1}$，$\Delta\dot{I}_{F2}$——分段 FDi 负馈线首末端电流增量；

k_3——可靠性系数；

$\Delta I_{F\text{-}set}$——电流增量整定值，以躲过不平衡电流为整定依据。

当负馈线电流满足动作方程时，若接触线与负馈线差动电流相等，则接触线与负馈线间存在短路故障，故障动作方程为

$$\left|\sum_{j=1}^{2}\dot{I}_{Tj}-\sum_{j=1}^{2}\dot{I}_{Fj}\right|<I_{TF\text{-}set} \tag{10-6}$$

式中　$I_{TF\text{-}set}$——电流整定值，以躲过不平衡电流为整定依据。

10.2.3 过渡段保护

牵引网过渡段由母线引出一路馈线供电，过渡段的供电距离较短，可采用低电压过流保护和电流增量保护

$$\left(\left|\dot{U}_n\right|<U_{\text{set}}\text{且}\left|\dot{I}_n\right|>k_4 I_{\max}\right)\text{或}\left(\left|\Delta\dot{I}_n\right|>\Delta I_{\text{T-set}}\right) \tag{10-7}$$

式中 $\dot{I}_n$——过渡段 n 的馈线电流；

k_4——可靠性系数；

$I_{\max}$——馈线最大负荷电流。

机车行驶前方发生故障，过渡段保护监测到机车进入过渡段，为避免带电机车进入前方故障分段，过渡段停止向机车供电。过渡段的机车负荷辨识判据表达为

$$\left|\dot{I}_n\right|>I_{\min} \tag{10-8}$$

式中，$I_{\min}$取机车最小负荷电流。

电流增量判别窗口只存在于故障发生的时刻，而低电压启动的电流差动保护可以持续对故障进行识别，直至故障完全消除，低电压启动电流差动保护、电流增量启动差动保护、过渡段保护共同构成完备的牵引网分段保护。

根据分段保护动作结果可以得到牵引网故障类型。若只有接触网 T 动作，则牵引网发生 T-R 故障；若负馈线 F 与接触网 T 动作，则牵引网发生 T-F 故障；若仅负馈线 F 动作，则可判定牵引网故障类型为 F-R 故障。

10.2.4 贯通供电牵引网故障保护对电网的影响分析

以巴准线为例，如图 10-8 所示，电网变电站对铁路的两个牵引变电所形成树形供电方式，牵引变电所 SS1 由变电站的“输电线路 1”进线供电，牵引变电所 SS2 由变电站的“输电线路 2”进线供电，将分区所 SP 闭合，SS1 和 SS2 之间的牵引网上形成全线贯通供电。

同相供电装置自身设置继电保护。同相供电装置发生故障时，其变流器将自动封锁脉冲，其速度远快于继电保护；如果在变流器外部发生故障，同相供电装置设置的功率差动保护、过流保护将同相供电装置支路切除。

贯通供电牵引变电所除了既有继电保护外，在牵引网上增设分段保护与测控装置。分段保护作为牵引网主保护，牵引变电所的馈线保护作为后备保护。当贯通供电牵引网发生短路时，分段保护将故障分段切除，即贯通供电接触网故障不会对电网带来额外的影响。

考虑接触网故障 K1、K2、K3、K4 四个位置。当 K1 故障时，分段保护将故障段切除；若分段保护装置故障，则 SS1 的既有馈线保护使断路器 CB31 动作，切除故障供电臂，此时与 10.1 节所述未改造前情况完全一致，在保护和断路器均正常的情况下，对电网无影响。

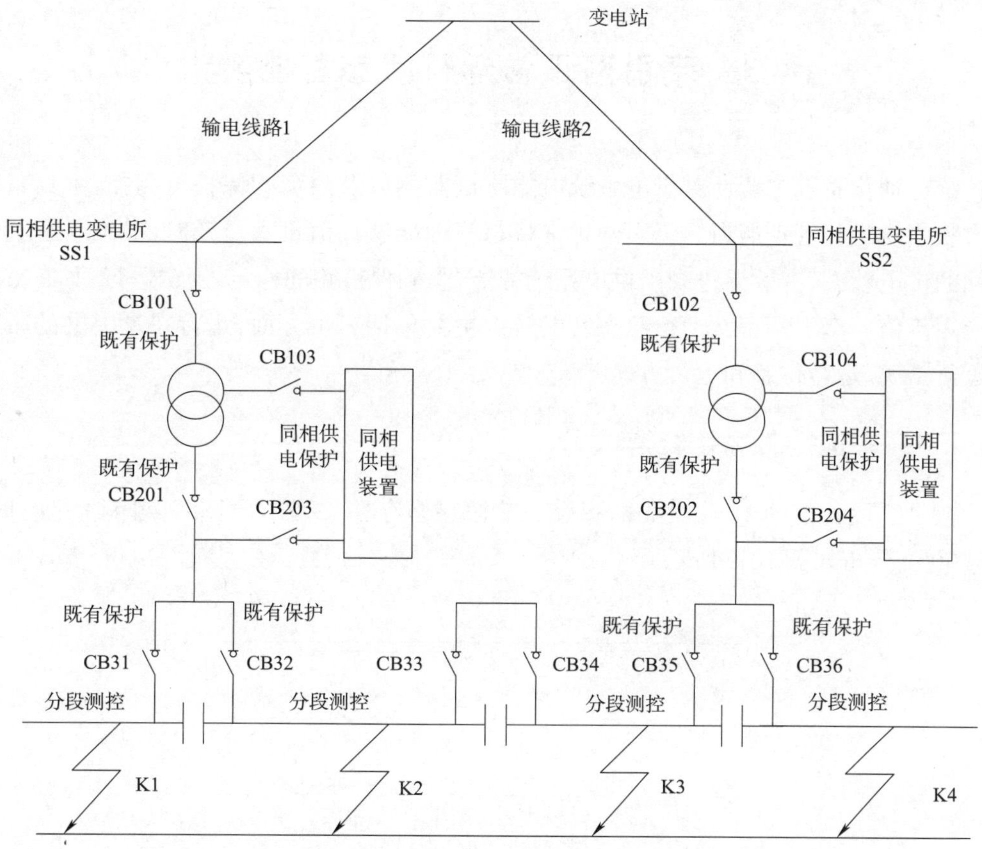

图 10-8　贯通供电系统接触网故障位置

当 K2 故障时，分段保护装置使断路器 CB32 和断路器 CB33 动作，将故障段切除；若分段保护装置故障，则 SS1 的既有馈线保护使断路器 CB32 动作，SS2 的既有馈线保护使断路器 CB35 动作，与未改造前情况一致，在保护和断路器均正常的情况下，对电网无影响。

K3 和 K4 故障发生时与 K1 和 K2 故障分析类似。

在继电保护和断路器工作正常的情况下，贯通牵引网发生故障可等效为单边供电时 SS1 供电臂和 SS2 供电臂同时发生故障，贯通供电接触网故障不会对电网带来额外的影响。

增设分段保护与测控装置可以更迅速、更准确地切除故障区段，保证无故障区段继续运行，减少故障影响范围，提高系统可靠性。

当贯通供电系统其他位置发生故障时，牵引变电所进线保护、牵引变压器保护、母线保护、同相供电装置保护构成的完备保护可以及时跳开故障点两端的断路器，同样不会对电网带来影响。

铁路实施贯通供电时，牵引变电所进线的输电线路应设置纵差保护，没有设置纵差保护的应对牵引变压器增设反向保护，以切断进线故障。

10.3 牵引网正常运行状态智能辨识

传统自动化系统主要针对供电系统电能质量监测以及故障的保护与测控，不具备牵引网正常状态辨识与管理能力。牵引网正常状态管理能够让值班人员及时、准确了解和掌握牵引网的供电状态，有效促进牵引供电系统智能化，确保铁路的稳定、安全运行，具有重要的工程应用价值。牵引网正常运行状态智能辨识主要包括三个方面：运行在牵引网的带电列车的运行工况、运行位置和运行方向[50]。

10.3.1 列车运行工况智能辨识

一般 AT 段长度约 10～12 km，每个 AT 段最多存在一列车，当牵引网正常运行时，接触网 T 电流分布如图 10-9 所示。

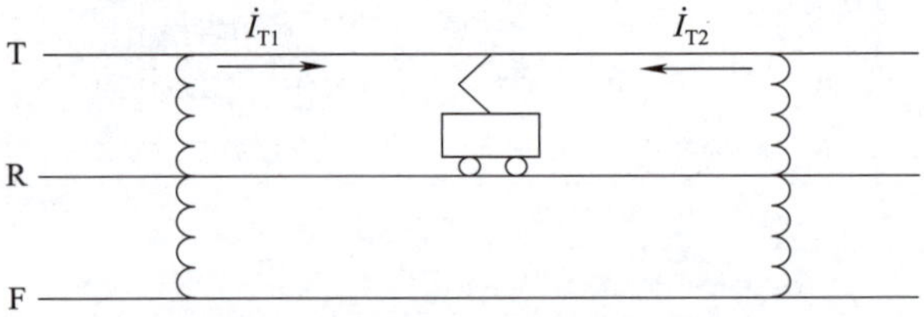

图 10-9 接触网 T 两端电流分布示意

若沿牵引网首端到末端方向定义电流方向，则可只取电流幅值进行分析，即图 10-9 中，左侧电流流向列车为正，即 $I_{T1}>0$，反之为负，即 $I_{T1}<0$；右侧电流流出列车为正，即 $I_{T2}>0$，反之为负，即 $I_{T2}<0$。当牵引网分段保护未启动时，认为牵引网分段 FDi 处于正常运行状态，若不计测量装置与线路分布电容等的影响，进一步可判断分段内列车运行状态：

(1)当分段 FDi 内存在列车且列车处于牵引工况时，$I_{T1}>0$，$I_{T2}<0$，即 $I_{T1}-I_{T2}>0$。

(2)当分段 FDi 内存在列车且列车处于再生工况时，$I_{T1}<0$，$I_{T2}>0$，即 $I_{T1}-I_{T2}<0$。

(3)当分段 FDi 内无带电列车或列车未取电时，$I_{T2}=I_{T1}=0$。

考虑牵引网测量装置与线路分布电容等的影响，设定整定值 $\varepsilon_1>0$ 及 $\varepsilon_2<0$，则得到实用的带电机车运行状态辨识判据，见表 10-1。

表 10-1 列车运行状态辨识判据

序 号	电流判据	列车状态
1	$I_{T1}-I_{T2}\geqslant\varepsilon_1$	牵引工况
2	$I_{T1}-I_{T2}\leqslant\varepsilon_2$	再生制动工况
3	$\varepsilon_2<I_{T1}-I_{T2}<\varepsilon_1$	无列车或列车未取电

需要说明的是，由式(2-8)可知，8 节编组标准动车组自用电的电流可达 10.76 A(312 kW/29 kV)～16.4 A(312 kW/19 kV)，16 节编组标准动车组自用电的电流则达 21.52～32.8 A。列车自用电电流大于整定值 ε_1，即可认为带电列车，属于牵引工况。

10.3.2　带电列车运行位置智能辨识

当带电列车在距离 AT 段首端 x 处时，牵引网 AT 段各支路的电流分布和 AT 电压如图 10-10 所示。图中，D 为 AT 段长度，y 为带电列车到 AT 段末端距离，$D=x+y$。

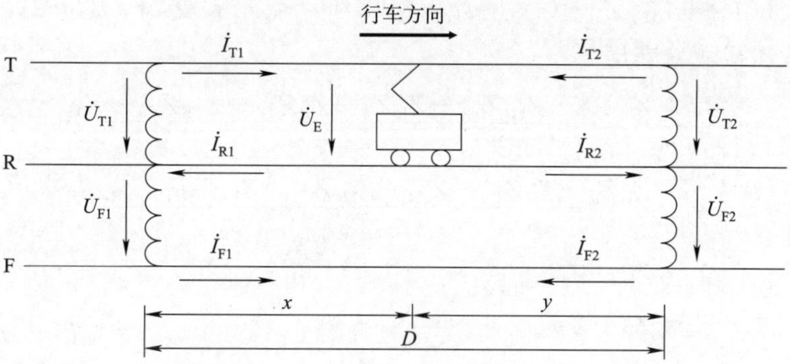

图 10-10　牵引网分段两端电气分布与带电列车位置示意

已知 AT 段的接触网 T、钢轨 R、负馈线 F 的自阻抗和互阻抗，x 分段和 y 分段牵引网的电压降可表示为

$$
\begin{cases}
\begin{pmatrix} \dot{U}_{N1} \\ \dot{U}_{N2} \\ \dot{U}_{N3} \end{pmatrix} = x \begin{pmatrix} Z_T & Z_{TR} & Z_{TF} \\ Z_{TR} & Z_R & Z_{FR} \\ Z_{TF} & Z_{FR} & Z_F \end{pmatrix} \begin{pmatrix} \dot{I}_{T1} \\ -\dot{I}_{R1} \\ \dot{I}_{F1} \end{pmatrix} \\
\begin{pmatrix} \dot{U}_{M1} \\ \dot{U}_{M2} \\ \dot{U}_{M3} \end{pmatrix} = y \begin{pmatrix} Z_T & Z_{TR} & Z_{TF} \\ Z_{TR} & Z_R & Z_{FR} \\ Z_{TF} & Z_{FR} & Z_F \end{pmatrix} \begin{pmatrix} \dot{I}_{T2} \\ -\dot{I}_{R2} \\ \dot{I}_{F2} \end{pmatrix}
\end{cases}
\tag{10-9}
$$

式中　$\dot{U}_{Ni}(i=1,2,3)$——AT 段首端到列车的 T、R、F 线电压降；

$\dot{U}_{Mj}(j=1,2,3)$——AT 段末端到列车的 T、R、F 线电压降。

图 10-10 中，AT 上下两个绕组与列车间存在三个电压回路方程

$$
\begin{cases}
\dot{U}_{N1}-\dot{U}_{M1}+\dot{U}_{M3}-\dot{U}_{N3}=\dot{U}_{T1}-\dot{U}_{T2}+\dot{U}_{F1}-\dot{U}_{F2} \\
\dot{U}_{M1}-\dot{U}_{M2}=\dot{U}_{T2}-\dot{U}_E \\
\dot{U}_{N1}-\dot{U}_{N2}=\dot{U}_{T1}-\dot{U}_E
\end{cases}
\tag{10-10}
$$

式中　$\dot{U}_E$——列车处接触网相对钢轨的电压。

牵引网 T-R 故障发生后的潮流与列车正常运行下的潮流具有相似分布特性，可依据故障定位方法确定机车位置。牵引网故障发生后，各支路电流满足关系：

$$\dot{I}_{T1}+\dot{I}_{F1}-\dot{I}_{R1}+\dot{I}_{T2}+\dot{I}_{F2}-\dot{I}_{R2}=0 \tag{10-11}$$

联立式(10-9)、式(10-10)和式(10-11)，可计算得出带电列车运行位置

$$x=D\left[\frac{\dot{I}_{F2}Z_2+\dot{I}_{T2}Z_1}{(\dot{I}_{T1}+\dot{I}_{T2})Z_1+(\dot{I}_{F1}+\dot{I}_{F2})Z_2}\right]+\left[\frac{\dot{U}_{T1}-\dot{U}_{T2}+k(\dot{U}_{F1}-\dot{U}_{F2})}{(\dot{I}_{T1}+\dot{I}_{T2})Z_1+(\dot{I}_{F1}+\dot{I}_{F2})Z_2}\right] \tag{10-12}$$

其中，阻抗参数和系数 k 满足

$$\begin{cases} Z_1=\dfrac{Z_{FR}Z_T-Z_{FR}Z_{TR}-Z_RZ_T+Z_RZ_{TF}-Z_{TF}Z_{TR}+Z_{TR}^2}{Z_3} \\ Z_2=\dfrac{Z_FZ_R-Z_FZ_{TR}-Z_{FR}^2+Z_{FR}Z_{TF}+Z_{FR}Z_{TR}-Z_RZ_{TF}}{Z_3} \\ Z_3=Z_R-Z_{FR} \\ Z_4=Z_R-Z_{TR} \\ k=\dfrac{Z_4}{Z_3} \end{cases} \tag{10-13}$$

图 10-11 和图 10-12 示出列车运行位置智能识别的两个实例。

根据某变电所 213 馈线与对端馈线的同步电气量，以 15 s 为计算间隔，得到的列车位置与机车取流如图 10-11 所示，列车在 2:39:15 至 2:52:00 的时间间隔内由 21.0 km 处移动到 7.6 km 处。

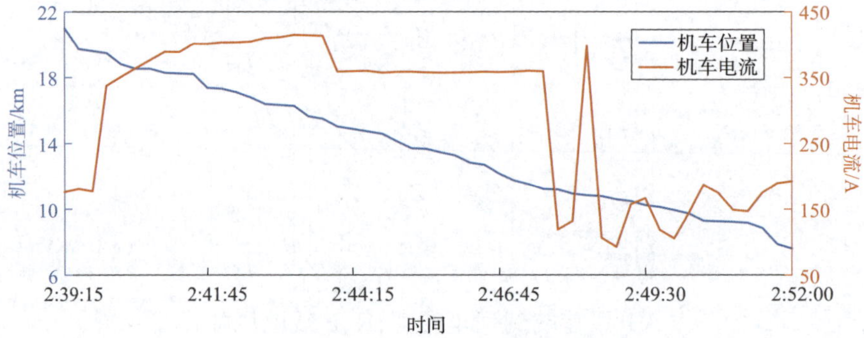

图 10-11　机车位置与机车电流有效值

根据另一个变电所 214 馈线与对端馈线的同步电气量，以 15 s 为计算间隔，得到的列车位置与机车取流如图 10-12 所示。列车在 1:26:45 至 1:35:45 的时间间隔内由 7.7 km 处移动到 15.7 km 处。

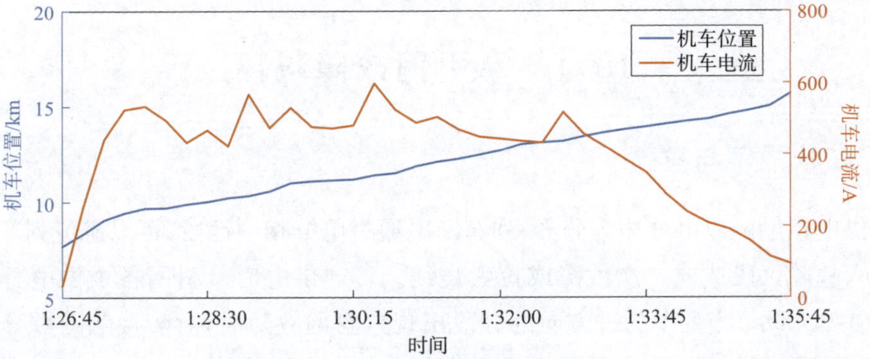

图 10-12 机车位置与机车电流有效值

10.3.3 带电列车运行方向智能辨识

通过计算 AT 段中 t 与 $t+\Delta t$ 时刻带电列车运行位置变化可以获得带电列车运行方向，如图 10-13 所示。

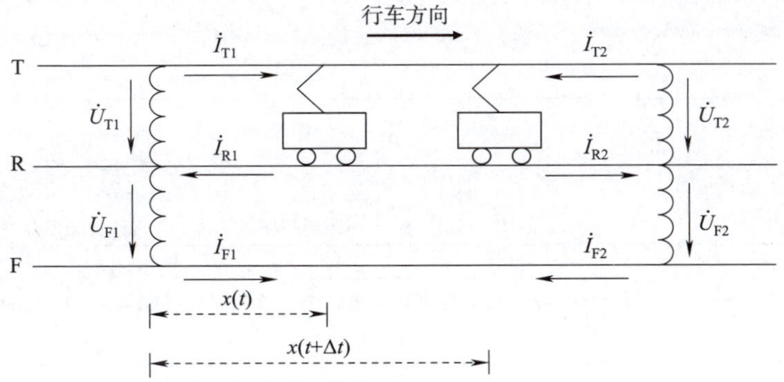

图 10-13 机车在分段内的位置变化

带电列车运行方向辨识判据 Δx 由式(10-12)计算可得

$$\Delta x = x(t+\Delta t) - x(t) \tag{10-14}$$

依据 Δx 取值范围分为三种情形：

(1)若 $\Delta x>0$，列车运行方向为从 AT 段首端指向 AT 段末端；

(2)若 $\Delta x<0$，列车运行方向为从 AT 段末端指向 AT 段首端；

(3)若 $\Delta x=0$，列车原地取流，处于停车状态。

10.4 牵引网故障隔离

10.4.1 二次故障与拉弧

单边供电接触网以电分相为分界，列车断电通过电分相中性段，可以避免列车带电从正常区段进入故障区段造成二次故障或拉弧烧线。贯通供电时牵引网各个供电分区互联互通，如图 10-14 所示，当列车前进方向的分段出现接触网故障时，故障接触网被分段保护快速隔离，虽然根据 10.3 节可以智能辨识得到故障分段后方列车的运行位置和方向，并可以通知驶向故障分段的列车停止取流。但此时，在不设置过渡段时，受电弓仍然会将非故障区段接触网与故障区段接触网拉通，造成二次故障或拉弧烧线；而设置过渡段时，由于过渡段带电，受电弓仍然会将过渡段接触网与故障区段接触网拉通，同样会造成二次故障(经重合闸恢复正常供电)或拉弧烧线，这就需要借助过渡段的配合来加以解决。

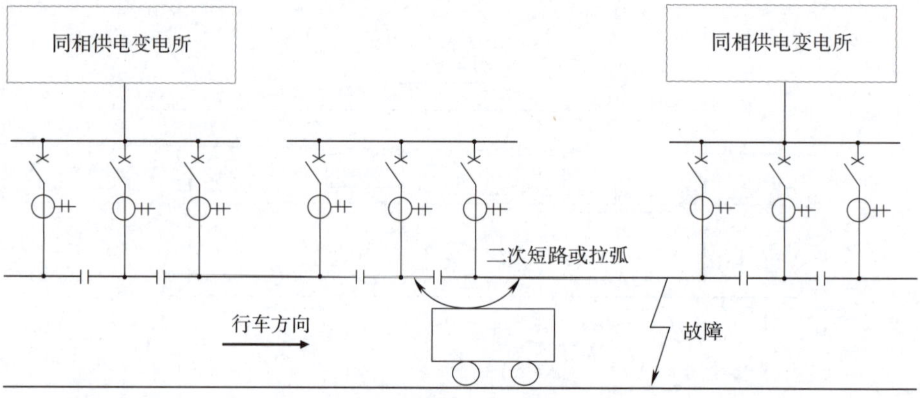

图 10-14 接触网二次短路示意

10.4.2 带电列车隔离

牵引网故障分段隔离示意如图 10-15 所示，当分段 FD1 发生 T-R 或 T-F 故障时，分段保护使两端断路器跳闸。由于牵引网分段 FD1 的接触网被隔离，根据过渡段 GD1 是否存在带电列车，断路器 CB3 有两种不同的操作选择：若过渡段存在列车取流，过渡段 GD1 的断路器 CB3 跳闸，过渡段 GD1 断电，列车失电，避免了列车带电进入故障区段；若未监测到过渡段 GD1 存在列车取流，CB3 继续保持等待跳闸状态，直到故障区段恢复正常供电。

注意，过渡段 GD1 是否存在带电列车是根据过渡段 GD1 的馈线电流判断的。即使列车在过渡段惰行，但有自用电，就可以判断是带电列车，并进行如上操作。

当分段 FD1 发生 F-R 故障时，分段保护使分段两端断路器 CB7 和 CB8 跳闸，由于负馈线 F 的切除不影响列车运行，也不会引起二次短路故障与拉弧隐患，过渡段 GD1 无需进入等待跳闸状态。

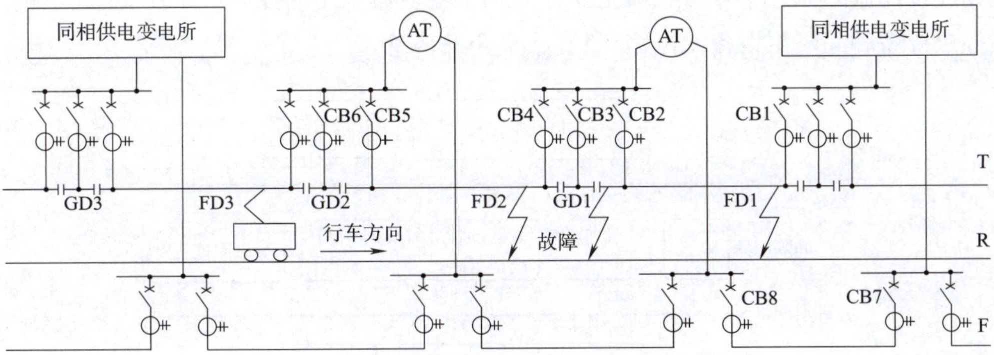

图 10-15　牵引网故障分段隔离示意

其实，由于行车密度不大，列车间距较大或者考虑到列车引起二次短路或拉弧烧线的概率极低，包括列车自用电正好被列车再生发电抵消而影响列车带电识别的概率极低，有的实际线路并没有采取增加过渡段的配合措施，而是一旦遇到二次短路，采用二次故障跳闸来解决，通过重合闸恢复正常供电，例如，地铁的直流供电系统是如此，德国的低频交流供电系统也是如此。

10.5　牵引网分段保护与智能测控系统

10.5.1　自动化、智能化系统结构

IEC 61850 规约是一系列标准的统称，其全称为变电站通信网络和系统。它是基于通用网络通信平台的变电站自动化系统唯一国际标准，涵盖内容广泛，IEC 61850 标准对设备进行了一系列的规范化，以实现不同厂商设备系统间的无缝连接，构建智能化体系。牵引变电所自动化、智能化系统主要分为“三层两网”，即过程层、间隔层、站控层以及过程层网络、站控层网络，如图 10-16 所示。

过程层：包含由一次设备和智能组件构成的智能设备、合并单元和智能终端，完成变电所电能分配、变换、传输及其测量、控制、保护、计量、状态监测等相关功能。在过程层中，由传感器和采集器就地转换成数字信号，通过光纤传输至合并单元，合并单元对数字信号进行合并及同步处理，通过过程层网络传输至间隔层装置。

间隔层：主要由保护、测控、计量和录波等二次设备组成，这些设备采用依据间隔的配置方式，使用光纤数字通信方式与过程层以及站控层的设备进行通信。间隔层实现了对各个间隔内一次设备的检测、控制和保护，即使在站控层缺失或者网络通信中断时，也能独立地

完成自己的预设功能。

站控层：由各种人机交互设备、数据前置机、服务器以及用于外部其他变电站及调度中心数据连接的服务器、工作站组成，主要作用在于实现对全站的控制。站控层通信网络是连接站控层设备和间隔层设备的网络，负责收集全站信息。

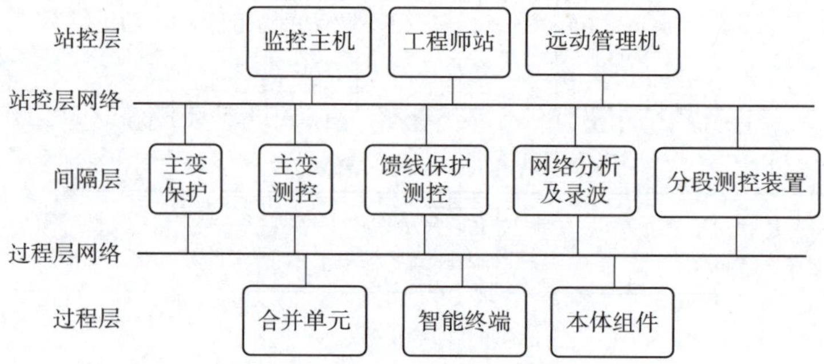

(a)牵引变电所自动化、智能化系统

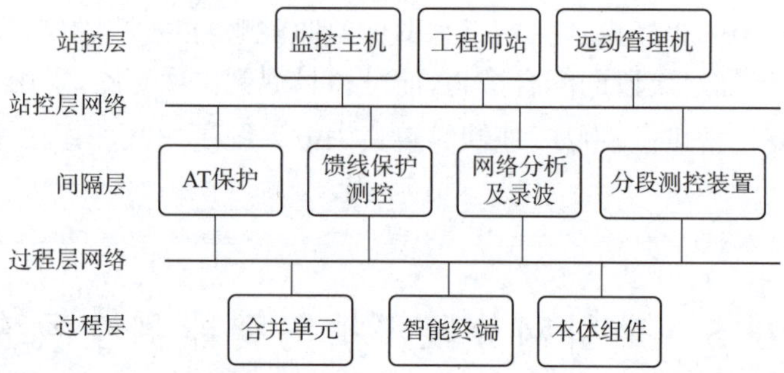

(b)AT所/分区所自动化、智能化系统

图 10-16　自动化、智能化层次架构示意

10.5.2　牵引网分段保护与智能测控

基于“三层两网”架构，在各牵引变电所与AT所内设置分段保护装置，馈线电流互感器与母线电压互感器的电气采样信息通过合并单元传送至分段保护装置，实现牵引网接触线和负馈线电压、电流电气量采集与存储，同时能够采集反映馈线断路器的状态开关量，可以在故障发生时向本地断路器发送动作信号并具备对远方断路器的联跳功能，支持牵引网故障隔离方案。分段保护装置通信系统如图10-17所示，相邻分段保护装置通过专用光纤通道或复用光纤通道，实现SV/GOOSE的数据交互，由系统通信与卫星时钟实现时间同步，正常运行工况下，可以获得牵引网正常运行状态下列车位置、列车工况以及列车行驶方向等智能辨识结果，当牵引网发生故障，则实现分段故障正确辨识、准确定位和快速隔离。

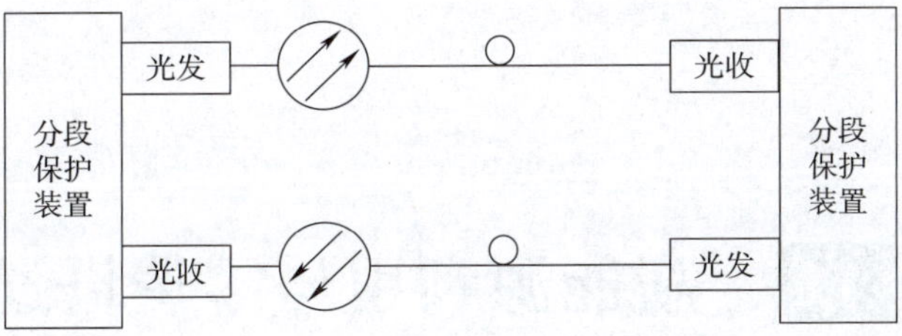

(a)专用光纤通道示意

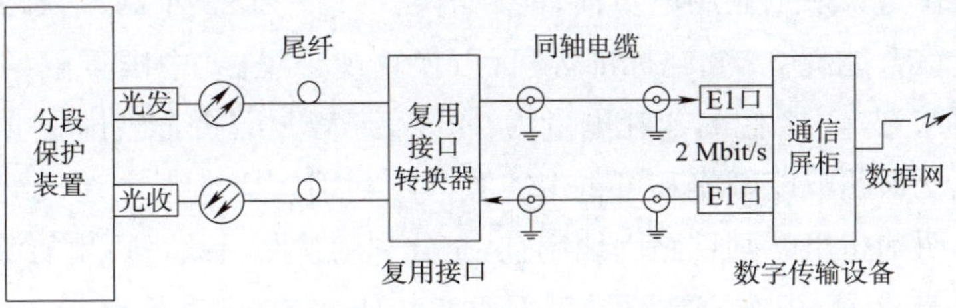

(b)复用接口装置及配件连接示意

图 10-17　分段保护装置通信系统

分段保护与智能测控系统的终端安装在牵引变电所，查询分段保护装置记录数据、故障情况下接收测控装置上传的同步电气量与控制信号等故障录波数据，可以与远方调度控制中心通信和实施调度控制中心下达的控制指令。

思考题

10.1　简述直供方式和 AT 供电方式下的分段供电。

10.2　说明分段保护的定义和意义，简述分段保护与牵引变电所馈线保护的配合。

10.3　简述贯通供电故障对电网不产生影响的原因。

10.4　说明牵引网正常运行状态关于运行工况、运行位置和运行方向的智能辨识原理。

第 11 章　新能源利用与零碳贯通供电

电气化铁路作为大宗工业用电负荷，能源消耗巨大。2023 年国家铁路统计公报显示，单位运输工作量综合能耗 3.78 吨标准煤/百万换算吨公里。“中国重载第一路”大秦铁路 2023 年全年运量突破 4.22 亿 t，年耗电量为 34.3 亿 kW·h，折合碳排放量 105 万 t。

为促进电气化铁路节能减排和可再生能源开发利用，《交通强国建设纲要》《铁路“十三五”发展规划》等明确指出鼓励铁路因地制宜，充分利用铁路沿线可再生能源，实现新能源的就近消纳。2024 年 2 月，由国家铁路局等部委联合印发的《推动铁路行业低碳发展实施方案》进一步提出了交通运输领域绿色低碳发展实施方案，明确了“积极稳妥推进铁路领域碳达峰碳中和任务目标，加快推动新时代铁路绿色低碳发展”。明确指出：“推进新能源在牵引变电所和牵引网分布式接入。推动再生制动能量自行吸收、同相供电、大规模储能等新一代智慧技术在牵引供电系统中的应用，促进电气化铁路的升级换代和绿色智慧转型。”

众所周知，光伏、风力等新能源和可再生能源发电都是零碳排放的，称为绿电。绿电在电力系统中已开始成功应用，发电量占比逐年提高，在国家“双碳”政策指引下，在电气化铁路牵引供电系统因地制宜开发、利用绿电已迫在眉睫。

铁路沿线走廊具有安装风光等绿电装置的巨大优势，特别是东西走向的线路，南坡具有极佳的光伏布板条件，绿电发电功率可达到 1.5～2 MWp/km，适合规模化工程实施。

11.1　铁路沿线绿电分布式接入方式

铁路沿线绿电分布式接入牵引供电系统可分为两种方式。一种是通过专用电力电缆或输电线接入，这种电力电缆或输电线称为集电线，其优点是与牵引网相互独立，互不影响，缺点是需要增加集电线的投资；另一种是分布式接入牵引网，其优点是节省投资，而缺点是牵引网和绿电设备的故障和检修相互影响，而且在没有与电网签订绿电互换协议之前，需要控制绿电装置的发电全部用于牵引用电，不向电网返送，这就需要进行复杂的电能过程控制，区分绿电装置发电和牵引用电，特别是牵引网上的牵引用电的辨识，详见 11.1.2 节。

11.1.1　集电线分布式接入

铁路沿线绿电呈条块状分布，大规模绿电接入牵引供电系统，涉及覆盖较长的线路走廊，可以通过沿线敷设集电线来收集沿线的绿电，再就近接入到牵引变电所，如图 11-1 所示。图中，G1，G2，…，Gn 为分布式绿电装置，sA1，sA2，…，sAn 为相应绿电装置的控制端。绿电装置发电量在牵引变电所进行集中控制，控制策略须结合牵引网的用电（含再生发电）情况和电网对剩余电能管控政策或双方协议进行。

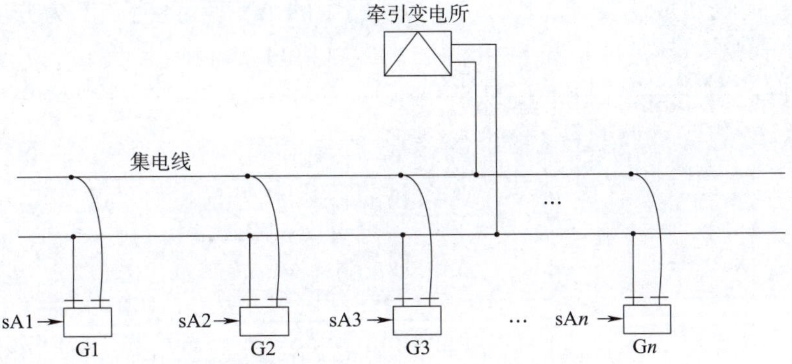

图 11-1　沿线绿电装置经集电线分布式接入

11.1.2　牵引网分布式接入

在考虑绿电接入的同时，保障机车的安全运行更为重要。为了及时发现、隔离和排除故障，并且把故障限制在最小范围，把故障影响降低到最低程度，由第 10 章可知，分段供电是最为有效的手段。分段供电还可以大大提高系统的可控性与维护灵活性。因此推荐采用牵引网分段所绿电接入方式。第 10 章已经述及，既有的分区所、AT 所均可改造成分段所，达到分段供电效果，也可以专门在接触网上增设分段所，由分段所接入绿电装置。

直接供电方式下，分布式绿电接入分段所的示意如图 11-2 所示。图中，Si 为分段绝缘器，Bi 为分段所母线，Fi1、Fi2 为馈线，Ki1、Ki2 为断路器，CTi1、CTi2 为电流互感器，FD1，FDi 为牵引网的供电分段，PTi 为电压互感器，$i=1,2,\cdots,n$。

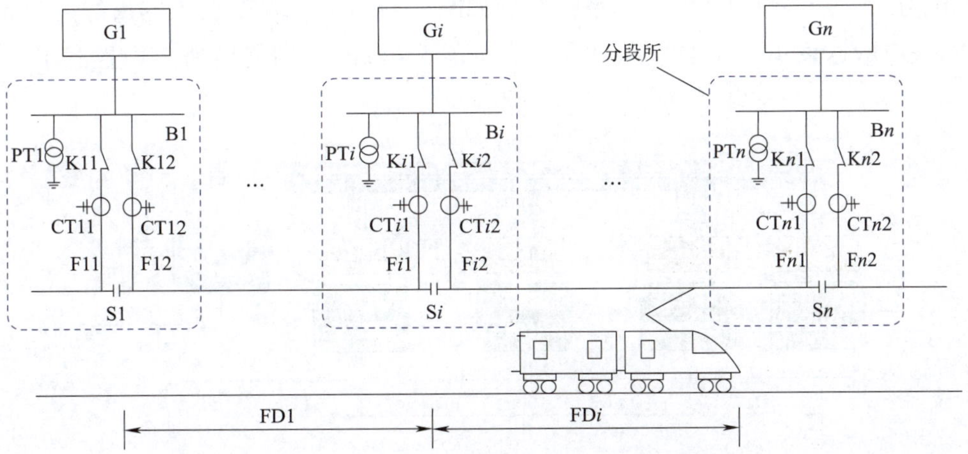

图 11-2　绿电分布式接入牵引网分段所

通过分段所设置的电流和电压互感器，可实现各分段中故障的可测、可控，并可实现含分布式绿电装置接入的牵引网列车运行状态辨识，参考第 10 章。

AT 供电方式下，绿电分布式接入 AT 段所的接线如图 11-3 所示。图中 T、R、F 分别为线路的接触线、钢轨和负馈线，AT1～ATn 为线路中的 AT 所，此时 AT 为分段所。

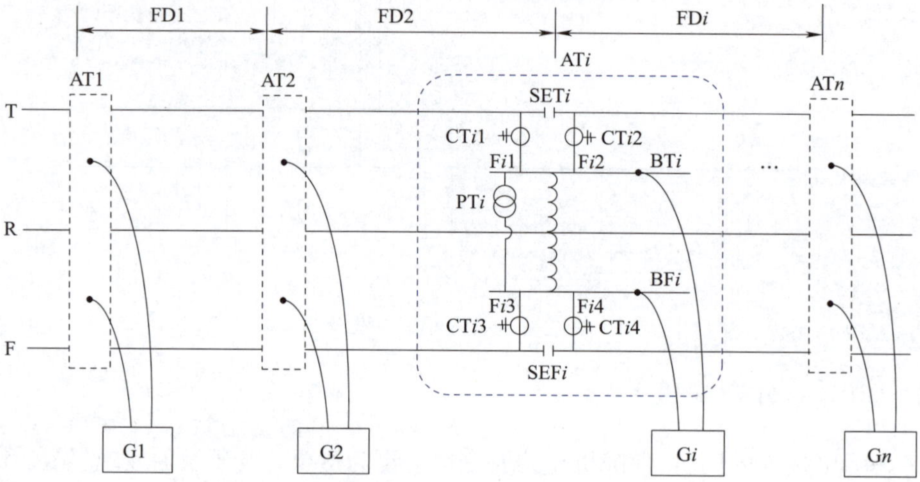

图 11-3 绿电分布式接入 AT 所

对于第 i 个分布式绿电装置接入分段所 ATi 的情况，SETi、SEFi 为第 i 个 AT 所 ATi 接触线和负馈线中的分段绝缘器，DGi 通过接触线母线 BTi 和负馈线母线 BFi 接入 ATi 中，接触线母线 BTi 通过馈线 Fi1 和 Fi2 与接触线连接，负馈线母线 BFi 通过馈线 Fi3 和 Fi4 与负馈线连接，电压互感器 PTi 和电流互感器 CTi1～CTi4 用于测量所在线路中的电压、电流值。

绿电分布式接入牵引网的简化系统结构如图 11-4 所示。NEi 为铁路沿线的分布式绿电装置，设有数据采集单元 DCUi，DCUi 通过光纤 FO 与牵引变电所集中控制单元 CCU 相连。

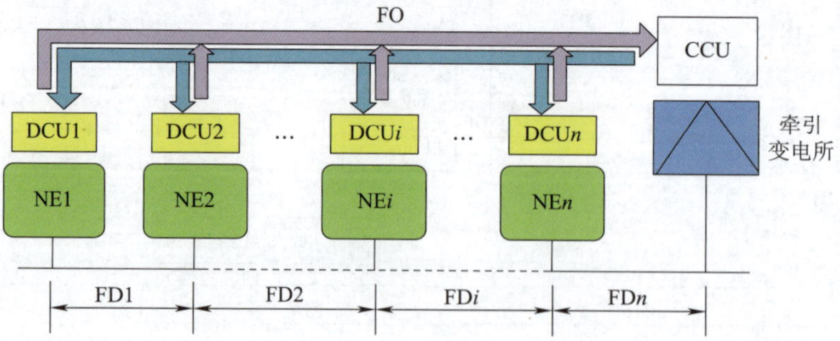

图 11-4 绿电分布式接入和集中控制框图

10.3.1 节列车运行工况智能辨识方法是根据供电分段电流特性进行的，当然也可以根据供电分段内的有功功率进行。例如，CCU 根据牵引网分段 FDi 两端电压与电流计算分段内列车有功功率 $\mathrm{Re}[P_{\mathrm{FD}\text{-}i}]$，判断运行于所述分段 FD$i$ 的列车的运行状态：(1)若 $\mathrm{Re}[P_{\mathrm{FD}\text{-}s}]$ 小于零，则判定所述分段 s 内的列车的运行状态为再生制动；(2)若 $\mathrm{Re}[P_{\mathrm{FD}\text{-}s}]$ 大于零，则判定所述分段 s 内的列车的运行状态为牵引；(3)若 $\mathrm{Re}[P_{\mathrm{FD}\text{-}s}]$ 等于零，则判定所述分段 s 内的列车的运行状态为惰行或无列车。CCU 再计算所述各分段的列车有功功率 $\mathrm{Re}[P_{\mathrm{FD}\text{-}s}]$ 的代数和，得到该供电分区内牵引网的列车有功功率 $p_{\mathrm{FD}\text{-}\mathrm{sum}}$，判断该供电分区牵引网的列车合成运行状态：(1)若 $p_{\mathrm{FD}\text{-}\mathrm{sum}}$ 小于零，则判定牵引网的列车合成运行状态处于再生制动，$p_{\mathrm{FD}\text{-}\mathrm{sum}}$ 为牵引网合成再生制动功率；(2)若 $p_{\mathrm{FD}\text{-}\mathrm{sum}}$ 大于零，则判定牵引网的列车合成运行状态处于牵引，$p_{\mathrm{FD}\text{-}\mathrm{sum}}$ 为牵引网合成牵引功率；(3)若 $p_{\mathrm{FD}\text{-}\mathrm{sum}}$ 等于零，则判定牵引网的列车合成运行状态等效于惰行或无列车。

CCU 通过实时检测相邻 NEi 之间机车运行工况，判断机车的位置，并计算机车处电压状态，控制绿电装置的有功和无功潮流输出，实现绿电装置最优发电并发挥稳定网压的作用。

应该注意到，无论单边供电还是双边供电，上述列车运行工况智能辨识方法都适用。而双边供电时，由于绿电装置在分段所固定接入，列车却在各分段内移动运行，绿电装置的发电功率和列车功率构成二元关系，但它们向两侧的分配系数一个是固定不变的，另一个是时变的，不尽相同，这就使得在牵引变电所集中精准控制剩余电能满足电网管控政策(例如不向电网返送电能)产生困难。不过，这种困难可以通过下面探讨的在同相供电变电所增加储能装置而得到化解，这涉及绿电、牵引与储能的三元关系，将在 11.3 节讨论。

11.2　牵引变电所绿电接入方式

11.2.1　绿电接入异相牵引变电所

异相供电牵引变电所接线形式有 YNd11 接线、Vv 接线、Scott 接线等，绿电接入异相牵引变电所的方案主要有两种，一种是通过牵引变电所的异相母线直接接入，如图 11-5(a)所示；另一种通过功率调节器(railway power conditioner，RPC)[69]的直流环节接入牵引变电所，如图 11-5(b)所示。RPC 在日本率先用于 Scott 接线变电所，国内也将 RPC 方案应用于分区所，形成绿电接入分区所方案。

显然，异相牵引变电所由于其出口处电分相的分割阻隔了两个供电臂电能的直接互通。虽然借用 RPC 可以互通，但要付出较大投资为代价，而且实现同相供电时，RPC 将被旁路而失去互通(融通)功能，只剩下 SVG 功能。

11.2.2　绿电接入同相牵引变电所

如前面所述，同相供电取消牵引变电所出口处的电分相，其两侧的左右供电臂自然连

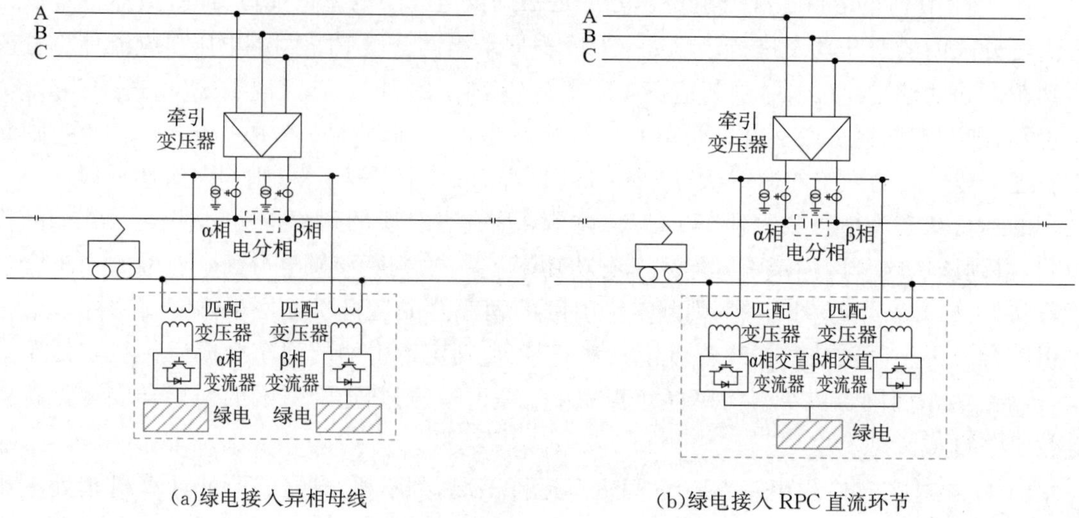

图 11-5　绿电接入异相牵引变电所

通，绿电接入后，可直接在牵引网上实现较大范围内的能源互济。绿电接入同相供电牵引变电所的方式有两种，一种是通过同相供电补偿装置直流侧接入，如图 11-6(a)所示；另一种是通过交直变流器接入牵引母线，如图 11-6(b)所示。图中，同相供电变电所采用单相组合式。

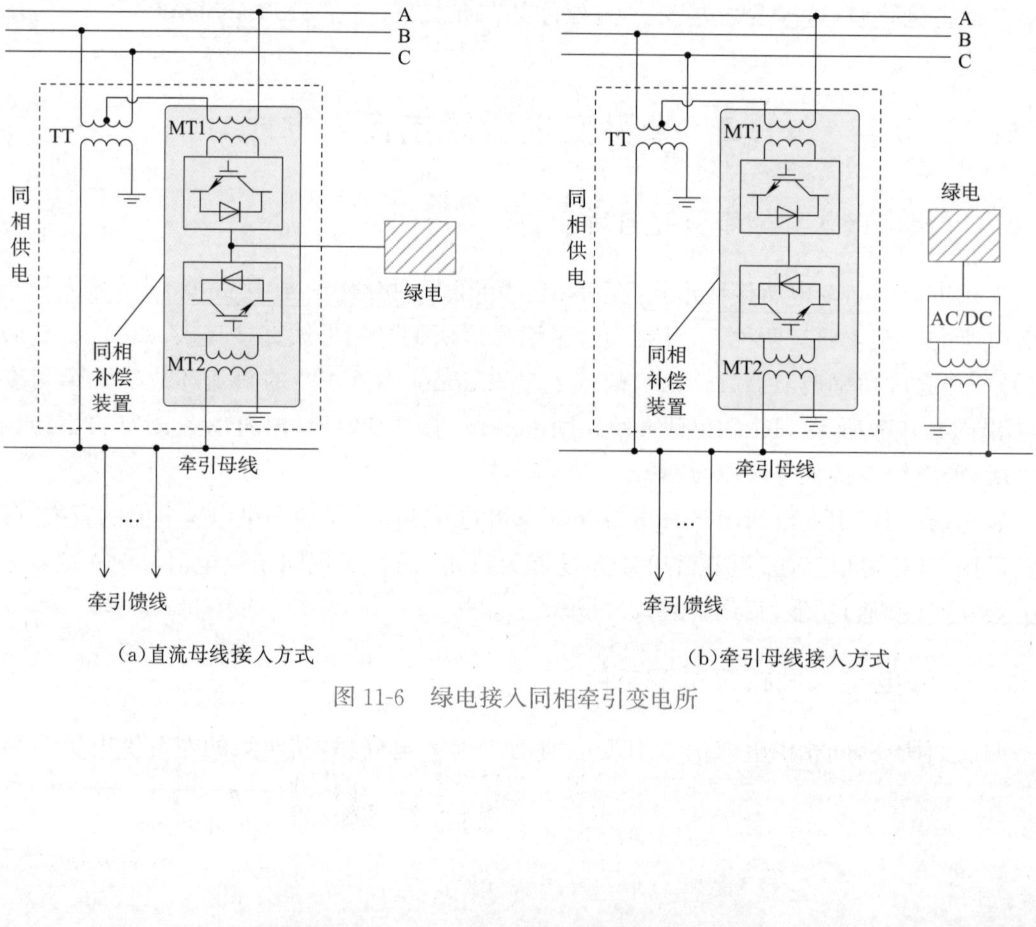

图 11-6　绿电接入同相牵引变电所

11.3　贯通供电系统的绿电接入及其零碳运行控制策略

为大量、全面使用绿电建设“零碳”电气化铁路，提出构建贯通供电＋分布式绿电装置接入供能体系，推动轨道交通能源结构绿色化转型，实现电气化铁路零碳排放，并与电网的“双碳”目标和削峰填谷需求相配合。

贯通供电系统及其绿电装置接入如图 11-7 所示，这里选用牵引母线接入方式。牵引变电所的进线与电网连接，电网为牵引变电所提供供电电压，相邻牵引变电所之间的牵引网上设置分段所，牵引变电所通过牵引网和分段所形成贯通供电；沿铁路设置集电线和分布式绿电装置，集电线与牵引变电所牵引母线连接，绿电装置通过集电线汇集，并向牵引变电所供能。基于贯通供电既可以取消电分相、消除列车断电区，还可以更好地利用再生制动电能（属于绿电），又可以接入风光等绿电，提高绿电利用率，更重要的是有利于铁路沿线绿电的接入与电网互济和高效利用。

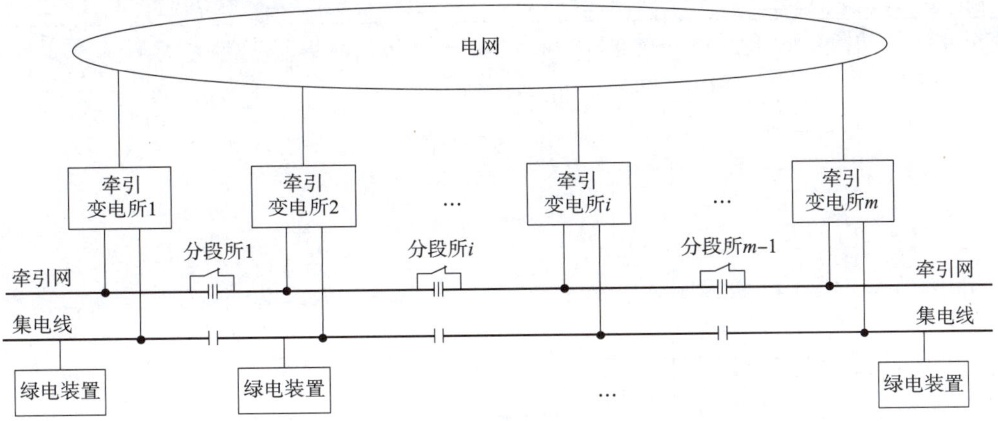

图 11-7　绿电接入电气化铁路贯通供电系统

贯通供电系统的牵引变电所绿电接入和进行零碳控制的核心是处理绿电、牵引与储能的三元关系。其中，牵引负荷（包括再生发电）是最基本的，需按运行图进行，是不可以在变电所加以控制的，绿电装置的分布和容量设置可以在设计阶段完成（控制），为减少和避免弃光、弃风等浪费现象，绿电一经安装就尽其所能发电，不再进行发电量控制，实现零碳最关键的可控设备即储能装置。

贯通供电系统的牵引变电所绿电接入方案为：牵引负荷经牵引网接入牵引变电所牵引母线，沿线分布的绿电装置经牵引网或集电线接入牵引变电所牵引母线，储能装置接入牵引母线，并设置测控装置。

图 11-7 所示的牵引网可以是直供牵引网，或者 AT 牵引网。图中所示的绿电装置可为

分布式绿电装置或者集中式绿电装置，可以是光伏发电装置、风力发电装置、光热发电装置、氢能发电装置中的一种或几种。

图 11-8 为电气化铁路直供方式绿电贯通供电系统。系统构成如图 11-8(a)所示，包括 m 个牵引变电所(SS_1～SS_m)，均采用单相供电，并设置单相牵引变压器；单相牵引变压器原边接入同一电网的同一线电压(如 AB 相线电压)，次边一个端子连接牵引母线(TB_i)，另一端子接钢轨和地，电网为牵引母线提供供电电压；牵引母线通过左右馈线向两侧的牵引网供电，牵引网通过分区所 SP(分段所)相连，构成全线贯通。

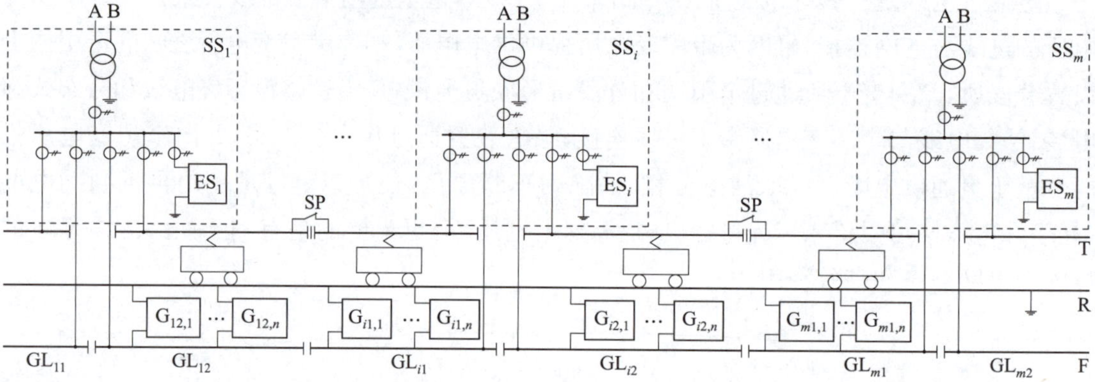

(a)系统图

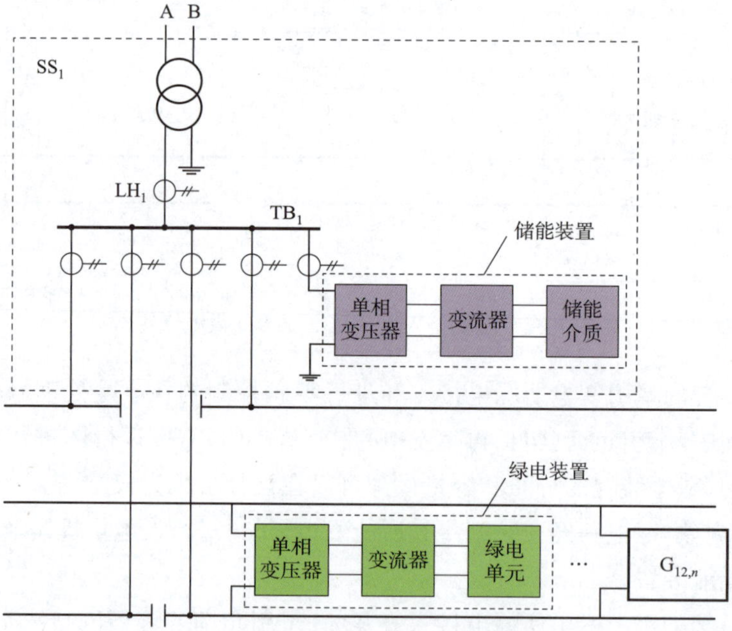

(b)牵引变电所 SS_1

图 11-8 直供方式绿电贯通供电系统

沿铁路设置分布式绿电装置 G_i 经集电线连接到牵引变电所的牵引母线，一般集电线以牵引变电所为单位，在分区所附近划界。绿电装置由单相变压器、变流器和绿电单元串联而成，如图 11-8(b)所示。

牵引变电所设置储能装置(ES)，储能装置的交流侧采用单相形式，其中一端与牵引母线连接，另一端接地；储能装置由单相变压器、变流器和储能介质串联而成，如图 11-8 (b) 所示。

贯通供电系统的零碳控制以牵引变电所(SS_i)为单元，各个变电所的控制相互独立，不需进行联络和协同，使得控制更加简单、可靠。

零碳运行控制策略通过测控装置对储能装置的控制而实现。测控装置实时检测牵引负荷和绿电装置发电功率，并实时控制储能装置的功率充放，使牵引变电所与电网之间交换的无功功率等于 0，零碳条件下，与电网交换的有功功率 P_X 等于 0，或者 P_X 等于与电网购/售绿电协议规定的有功功率。

具体运行控制策略为：牵引变电所测控装置从牵引母线设置的电压互感器和各个馈线设置的电流互感器获得信息，包括获取牵引网负荷复功率 $S_L=P_L+jQ_L$、绿电装置发电复功率 $S_G=P_G+jQ_G$、储能装置复功率 $S_E=P_E+jQ_E$，设复功率流出牵引母线为正，即牵引负荷为正(再生发电为负)，绿电装置发电为负，储能装置充电为正(放电为负)，则当牵引变电所与电网交换的有功功率为 0 时，测控装置控制储能装置变流器交流侧的充电功率满足

$$Q_E+Q_L-Q_G=0,P_E+P_L-P_G=0$$

即

$$Q_B=-(Q_L+Q_G),P_B=-(P_L+P_G) \tag{11-1}$$

当牵引变电所与电网交换的有功功率等于向电网销售的有功功率 P_X(根据假设，向电网销售为正，购买为负)时，测控装置控制储能装置变流器交流侧的充电功率满足

$$Q_E+Q_L-Q_G=0,P_E+P_L-P_G+P_X=0$$

即

$$Q_B=-(Q_L-Q_G),P_B=-(P_L+P_G+P_X) \tag{11-2}$$

其中，若牵引变电所与电网之间交换的有功功率 $P_X>0$ 表示牵引变电所向电网销售绿电有功功率，此时牵引变电所向电网发电；$P_X<0$ 表示牵引变电所向电网者购买绿电有功功率，此时牵引变电所从电网取电；$P_X=0$ 表示牵引变电所既不从电网取电也不向电网发电。

零碳贯通供电系统运行控制策略框图如图 11-9 所示。其中，各个绿电装置的变流器应控制交流侧的功率因数等于 1，以减少集电线电能和电压损失，即式(11-1)和式(11-2)中 $Q_G=0$。

以一条重载电气化铁路统计数据为例。线路全长 223.72 km，设置 4 座牵引变电所，牵引变压器采用三相 Vv 接线，容量设置均为(10+10)MV・A，2023 年牵引供电年耗电量为 4 560.3 万 kW・h，折合单位公里功率需求为 23.3 kW/km，远低于绿电发电功率 1.5～2 MWp/km。全线可开发的光伏可达 200 MWp 以上，年均发电量达 125 万 kW・h/MWp。

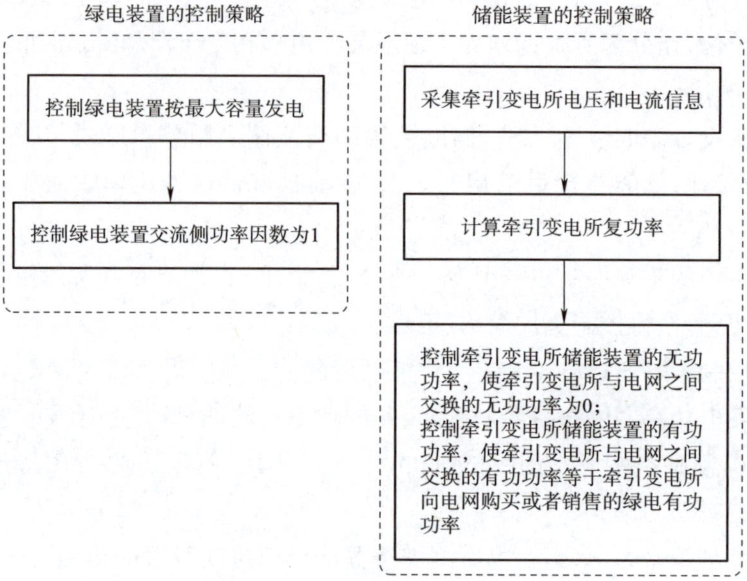

图 11-9 零碳贯通供电系统运行控制策略框图

由此可见，该铁路牵引供电功率和用电量较小，而沿线光伏分布充足，辅以储能装置可实现光伏能源全覆盖，促成牵引供电“零碳”运行。

结合各牵引变电所牵引功率和用电量，需对光伏和储能接入容量进行优化设计。考虑极端恶劣天气情况辐照度，全线 4 个牵引变电所供电区间的光伏装机容量为(24＋22＋22＋15)MWp＝83 MWp，远小于沿线可开发利用的光伏容量，储能装置容量为(39＋38＋38＋30)MW·h＝145 MW·h，采用磷酸铁锂，充放电倍率 0.5C，而 2023 年耗电量换算为日耗电量约为 125 MW·h。以其中某牵引变电所为例，对牵引供电全过程进行仿真。

(1)牵引变电所牵引功率

牵引变电所牵引功率数据见表 11-1。

表 11-1 牵引变电所牵引功率

项目	数值
3 s 功率最大值/MW	12.5
24 h 功率平均值/MW	1.8
15 min 最大需量值/MW	7
折合年耗电量/(万 kW·h)	1 575

(2)牵引变电所供电单元光储接入容量配置及过程仿真

对牵引变电所供电单元光伏和储能接入容量进行优化配置并进行过程仿真，如图 11-10～图 11-12 所示。配置方案：光伏绿电装置总容量 24 MWp，储能装置总容量 14 MW/39 MW·h。其中，图 11-10 为优化配置运行结果，图 11-11 为储能装置 SOC 曲线，图 11-12 为储能/光伏出力曲线。

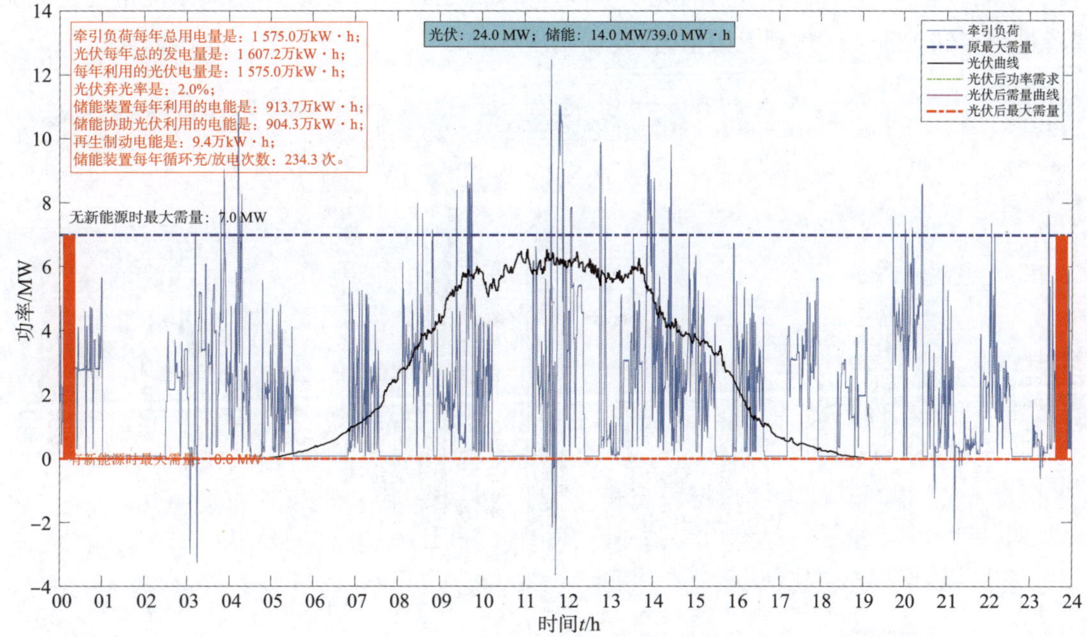

图 11-10 优化配置运行结果

从图 11-10 可看出，牵引负荷全年用电量为 1 575 万 kW·h，光伏每年发电量为 1 628.8 万 kW·h，弃光率为 3.3%，牵引供电系统可以不从电网取电。

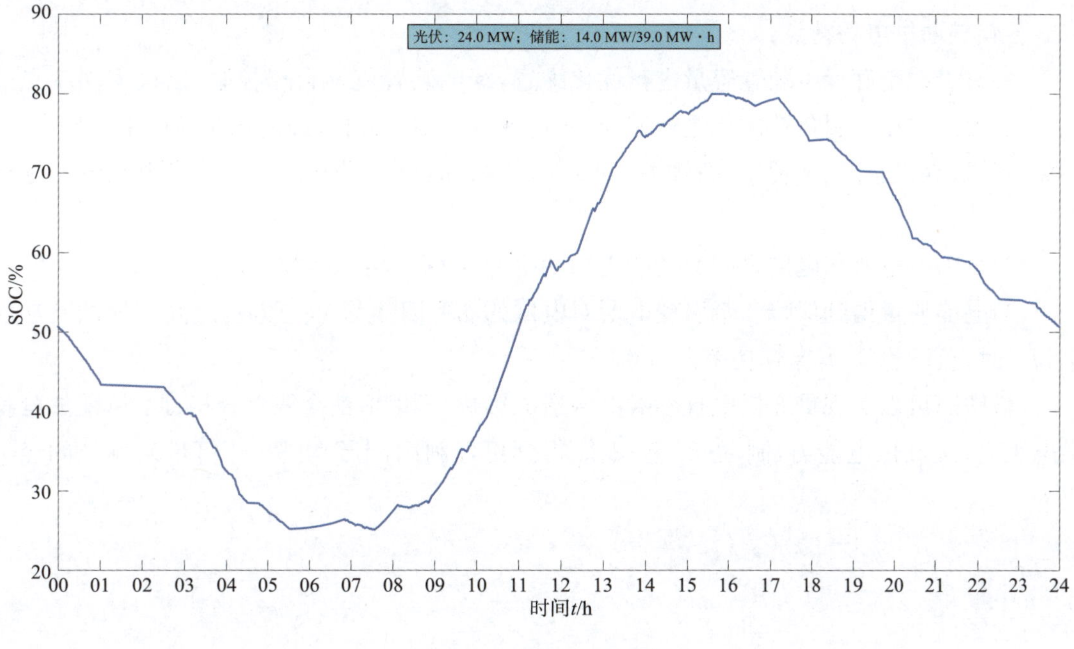

图 11-11 储能 SOC 曲线

图 11-11 和图 11-12 表明，约定储能装置充放电 SOC 上下限为(20%，80%)，在无光照时段，储能装置向牵引负荷供电，有光照时段，光伏优先向牵引负荷供电，剩余能量通过储能装置进行存储，当 SOC 达到上限值时，光伏出现弃光。

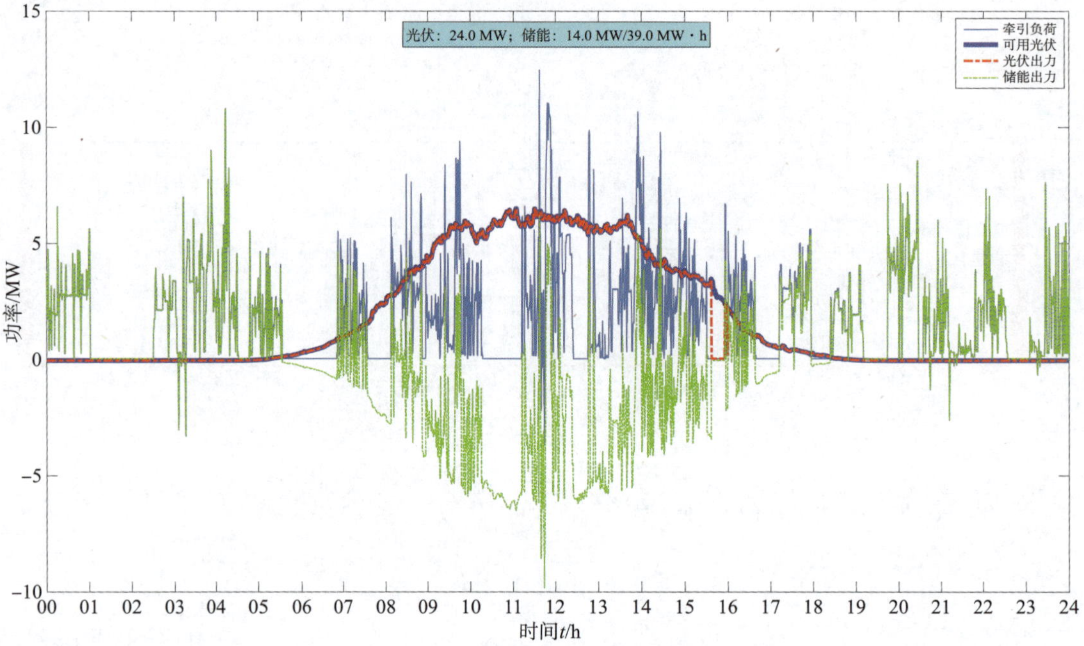

图 11-12　光伏/储能出力曲线

零碳贯通供电的特点：

(1)对沿线走廊绿电装置容量进行优化配置，绿电装置就地自律控制，以最大功率点追踪发电，无需根据牵引负荷需求进行调控，实现绿电利用最大化，提高绿能利用率，最大程度避免“弃风、弃光”等浪费现象，高效率实现绿电接入和就地消纳，促进铁路供电系统的绿色发展。

(2)牵引变电所与电网之间交换的无功功率为 0，保证功率因数良好。

(3)电能质量得到保障。牵引变电所对电网的功率因数为 1，与电网之间交换的有功功率为 0 时，负序也为 0，穿越功率也为 0。

(4)铁路可以实现贯通供电且不对电网造成影响，可以取消全线电分相；此外，能够延长供电距离，提高供电能力，制动(绿色)电能得到更好利用，节约电费，还可带来额外的经济收入。

11.4　新能源接入贯通供电的智能牵引变电所

以上分析可见，新能源接入牵引供电系统后，牵引变电所与电网之间交换的有功功率 $Px=0$，代表铁路沿线的绿电和变电所的储能通过控制全部用于牵引负荷，牵引变电所不产生负序，也没有所谓的穿越功率问题，再配备完备的继电保护，电气化铁路贯通供电就不会对电网产生任何不良影响。

当向电网购/售绿电协议规定的有功功率 Px 较大时，牵引变电所与电网交换的有功功率产生的负序如果超标，则应在牵引变电所进行负序治理，如采用单相组合式同相供电，以便向电网销售合格的绿电。

此外，贯通供电系统仍然使用电网的供电电压，当绿电装置因检修或故障等原因退出运行，牵引变电所可以直接从电网取电，仍能保障铁路运输正常供电。如果此时负序超标，也应该采用组合式同相供电进行负序治理。

联系到 6.3 节的智能供电，可以提出新的、满足上述多功能要求的、共用交流牵引母线的智能牵引变电所，如图 11-13 所示。图中，F_{G1}、F_{G2} 为绿电发电馈线。

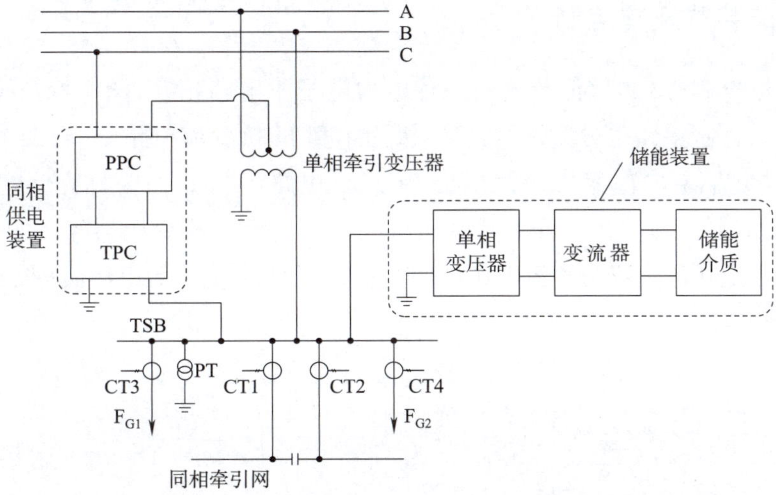

图 11-13　共用交流牵引母线的智能牵引变电所

智能牵引变电所按照需要可以配置以下几个部分：①M 座牵引绕组构成单相牵引变压器；②同相供电装置，由 TPC、PPC 构成，按需配置，使负序达标；③F_{G1}、F_{G2}是绿电通道。

11.5 智能牵引变电所光伏发电装置与储能装置的控制

零碳贯通供电系统新增的核心设备是沿线绿电装置和储能装置。

铁路沿线的可用绿电主要是光伏发电。光伏发电是一种静止型的发电，没有旋转元件，安装高度较低，也不影响司机瞭望，是一种好的选择。

光伏发电是利用半导体界面的光生伏特效应而将光能直接转变为电能的一种技术。这种技术的关键元件是太阳能电池。对晶体硅太阳能电池来说，开路电压的典型数值为0.5～0.6 V。太阳能电池经过串联后进行封装保护可形成大面积的太阳电池阵列。

用于交流并网的光伏发电装置由太阳能电池组件（光伏板）排列成的阵列及其太阳跟踪控制器、光伏测控单元、蓄电池组、逆变器、单相变压器等设备组成。零碳贯通供电已将储能装置集中设置于牵引变电所，沿线的光伏发电装置可以不再设置蓄电池组。

新能源接入的零碳贯通供电在牵引变电所集中解决牵引、绿电和储能的三元关系，形成零碳智能牵引变电所。智能牵引变电所三元关系中最核心是储能装置的充放电管理与控制，当然也涉及沿线绿电（如光伏发电[70-71]）装置及其控制。下面分别介绍和讨论。

11.5.1 储能装置及其控制

图 11-14 是图 11-13 中储能装置的一种电力电子主电路拓扑，图中标示了各电压和电流的参考方向。其主电路也分为两级：第一级为单相 H 桥变流电路（T_1～T_4），与 5.3 节介绍的单相 H 桥变流器一样；第二级为半桥 DC/DC 电路（T_5，T_6），简称为储能 DC/DC。其中单相 H 桥变流器交流输入电压u_g是牵引母线电压u_T经单相变压器降压的电压，单相 H 桥变流器将交流电压u_g变流为直流电压u_{dc}；储能 DC/DC 取电直流电压u_{dc}，控制储能电池的充放电电流i_{bt}和电压u_{bt}。

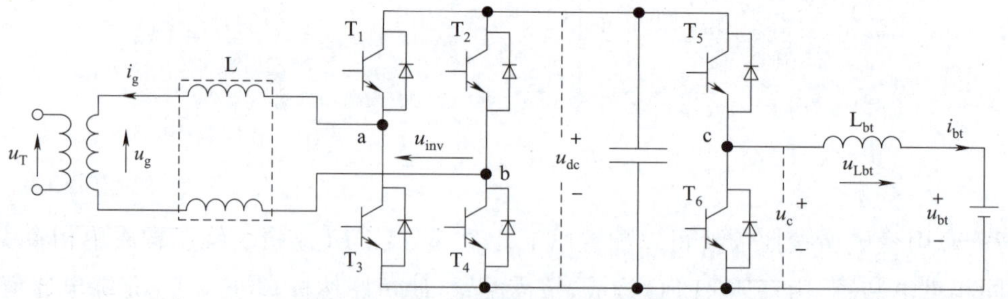

图 11-14 储能装置变流器的主电路拓扑

在单相储能系统中，采用类似图 11-14 所示的 AC/DC＋DC/DC 的变流器主电路拓扑是有必要的。正如 5.3 节所述，单相交流侧瞬时功率存在二次波动，因此单相 H 桥变流器的直流电压u_{dc}也存在二次波动，储能 DC/DC 电路的主要作用是隔绝二次波动，保证充放电电流的稳定。另外，对于一些类型的储能单元，如液流电池、超级电容等，储能 DC/DC 电路还可以提供零电压启动充电的功能。

单相 H 桥变流器的控制在 5.3 节已经有详细介绍，其应用于储能装置时，采用图 5-29 的控制方法，以稳定母线电压u_{dc}为控制目标，必要的时候也可以产生无功电流i_q为牵引网提供无功补偿。下面主要分析储能 DC/DC 电路的数学原理及控制方法。

1. 储能 DC/DC 数学建模和控制方程

图 11-14 中，忽略线路电阻和开关管 T_5、T_6 的压降，根据直流电感L_{bt}的伏秒关系，可得到

$$i_{bt}=\frac{1}{L_{bt}}\int_0^t (u_c-u_{bt})\,dt+i_{bt0} \tag{11-3}$$

式中　i_{bt0}——零时刻电池电流i_{bt}的初始值；

$\frac{1}{L_{bt}}\int_0^t (u_c-u_{bt})\,dt$——电流的增量，记为 Δi_{bt}；

u_c——储能 DC/DC 中点 c 相对直流电压u_{dc}负极的电压，是开关 T_5 和 T_6 状态的函数，u_c与开关状态及u_{dc}的关系记为

$$u_c=D_{PWM}u_{dc} \tag{11-4}$$

其中

$$D_{PWM}=\begin{cases}1,[T_5,T_6]=[1,0]\\0,[T_5,T_6]=[0,1]\end{cases} \tag{11-5}$$

储能 DC/DC 采用 PWM 调制，如图 11-15 所示。

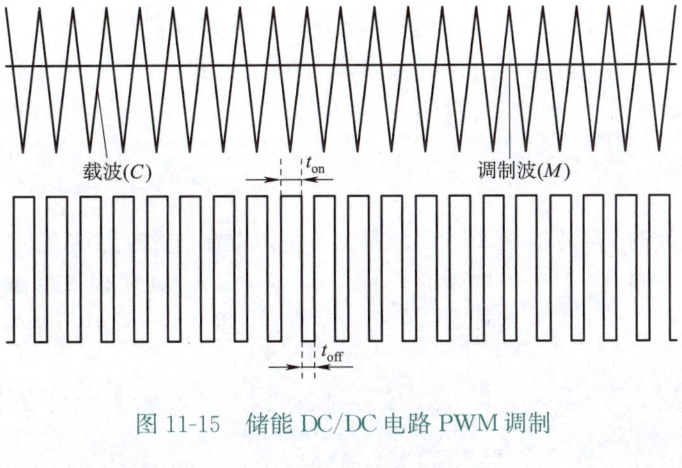

图 11-15　储能 DC/DC 电路 PWM 调制

图 11-15 中，C 为载波信号，M 为调制信号，与单相 H 桥变流器不同，这里的调制信号

主要成分为直流量，当 $M \geqslant C$ 时，$D_{PWM}=1$，此时 T_5 导通，T_6 关断，$u_c=u_{dc}$；当 $M \leqslant C$ 时，$D_{PWM}=0$，此时 T_5 关断，T_6 导通，$u_c=0$。

在一个载波周期 T 内，$D_{PWM}=1$ 持续的时间为 $t_{on}=M \cdot T$，此时施加到电感 L_{bt} 的电压为 $u_{Lbt}=u_{dc}-u_{bt}$；$D_{PWM}=0$ 持续的时间为 $t_{off}=(1-M) \cdot T$，此时施加到电感 L_{bt} 的电压为 $u_{Lbt}=-u_{bt}$。根据电感 L_{bt} 伏秒关系，在一个载波周期内，式(11-3)中电流增量 Δi_{bt} 为

$$\Delta i_{bt}=\frac{t_{on}(u_{dc}-u_{bt})+t_{off}(-u_{bt})}{L_{bt}} \tag{11-6}$$

整理得

$$\Delta i_{bt}=\frac{T}{L_{bt}}(Mu_{dc}-u_{bt}) \tag{11-7}$$

由此求得

$$M=\frac{\Delta i_{bt}L_{bt}}{Tu_{dc}}+\frac{u_{bt}}{u_{dc}} \tag{11-8}$$

式中，由于 u_{dc} 存在二次波动的成分，因此计算出来的调制信号 M 也存在二次波动量，正是 M 中的二次波动量抵消了 u_{dc} 二次波动对输出电流 i_{bt} 的影响。

式(11-8)中，$\frac{\Delta i_{bt}L_{bt}}{Tu_{dc}}$ 是产生电流增量 Δi_{bt} 的调制信号增量，记为 ΔM，$\frac{u_{bt}}{u_{dc}}$ 是维持初始电流 i_{bt0} 的调制信号稳定量，记为 M_0，当 $\Delta i_{bt}=0$ 时，恒有 $M=M_0$，此时代表以输出电流为控制目标的系统达到控制平衡。

以电流为控制目标时，式(11-8)中，电流增量 Δi_{bt} 还可以写为 $\Delta i_{bt}=i_{bt}^*-i_{bt}$，其中 i_{bt}^* 是电流控制目标，i_{bt} 是实际电流检测值。此时式(11-8)可写为

$$M=\frac{(i_{bt}^*-i_{bt})L_{bt}}{Tu_{dc}}+\frac{u_{bt}}{u_{dc}} \tag{11-9}$$

理论上，根据式(11-9)求出调制信号 M，可控制 DC/DC 半桥输出目标电流 i_{bt}^*。实际工程中，由于线路电阻和压降、信号检测误差、外界随机扰动等因素的存在，仅依据式(11-9)进行上述开环控制很难保证目标电流的精度和稳定性。因此工程中一般采用 PI 调节器构建电流负反馈闭环控制，此时根据式(11-9)，可写出储能 DC/DC 的控制方程

$$M=\frac{1}{u_{dc}}\mathrm{PI}\left[\frac{L_{bt}}{T}(i_{bt}^*-i_{bt})\right]+\frac{u_{bt}}{u_{dc}} \tag{11-10}$$

式中，$i_{bt}^*-i_{bt}$ 比较大时，容易出现 $M>1$ 的情况，称为调制饱和，为避免此情况发生，可以采取两项措施：第一，电流给定 i_{bt}^* 根据实际电流 i_{bt} 逐步增减，直到达到目标电流，即控制中软给定，确保 $i_{bt}^*-i_{bt}$ 值处于比较小的范围；第二，对 PI 调节器的输出进行限幅，根据式(11-9)计算，PI 调节器的限幅范围为

$$\mathrm{PI}_{lim}\in(-u_{bt},u_{dc}-u_{bt}) \tag{11-11}$$

根据式(11-10)和式(11-11)便可设计储能 DC/DC 电路以输出电流为控制目标的控制系统。

2. 储能 DC/DC 控制

根据式(11-10)和式(11-11)得到以输出电流为控制目标的储能 DC/DC 控制系统框图，如图 11-16 所示。以图 11-14 所标示的参考方向，当电流给定i_{bt}^*为正时，代表储能装置从牵引母线 TSB 取电，以恒定电流i_{bt}^*为储能电池充电；当电流给定i_{bt}^*为负时，代表储能装置以恒定电流i_{bt}^*从储能电池取电，向牵引母线 TSB 放电。

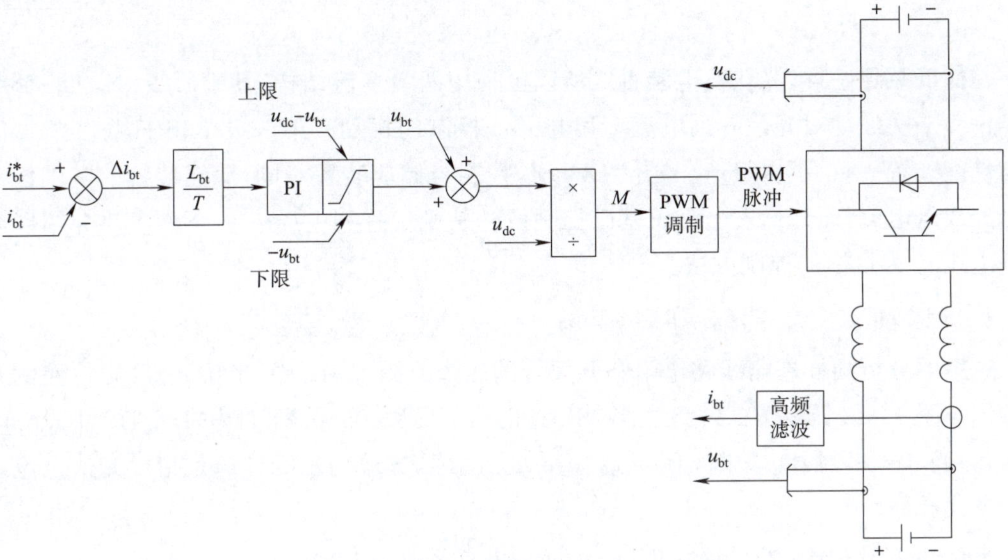

图 11-16　以输出电流为目标的储能 DC/DC 电路控制系统框图

在某些应用中，需要储能装置能以恒定功率进行充放电控制，并且在充电的末端能以恒定电池电压的方式进行电流衰减充电，此时，只需要将图 11-16 所示的控制系统进行小幅修改即可。

另外，值得说明的是，半桥 DC/DC 电路中 u_{bt}小于 u_{dc}。因为，根据式(11-9)可知，若$u_{bt}>u_{dc}$，则静态时会有 $M>1$，这意味着调制饱和，控制上不允许。若要允许$u_{bt}>u_{dc}$，则图 11-14 的储能 DC/DC 电路需要修改，比如增加 DC/DC 升压电路，修改后，控制方程可以按照前述方法进行推导，这里不再赘述。

11.5.2　光伏发电装置及其控制

绿电装置有多种发电形式，这里以光伏发电[70-71]为例加以讨论。

图 11-17 是一种光伏发电装置的电力电子主电路拓扑，图中标示了各电压和电流的参考方向。与图 11-14 中储能装置主电路拓扑类似，其主电路也分为两级：第一级为单相 H 桥变流电路(T_1～T_4)，这与 5.3 节介绍的单相 H 桥变流器一样；第二级为半桥 DC/DC 电路(D_1，T_6)，简称光伏 DC/DC。光伏 DC/DC 的上管由图 11-14 中的 IGBT 管 T_5 改为二极管 D_1，可以起到防逆流的作用，以配合光伏阵列 PV 电流的单向流动。

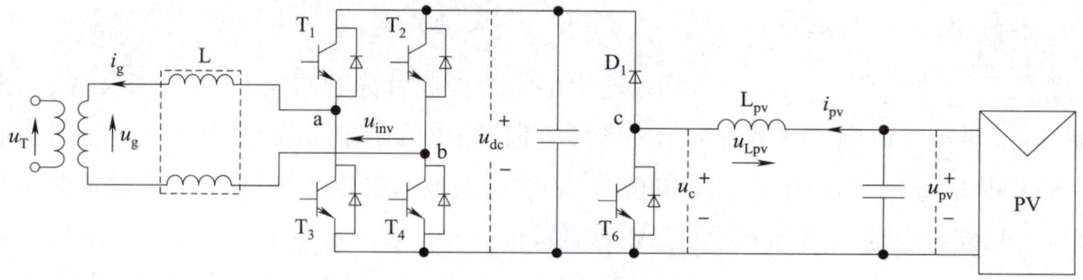

图 11-17 光伏发电装置主电路拓扑

与储能装置一样，光伏发电装置之所以也采用两级变流结构，其中后级 DC/DC 环节还用于消除二次波动对光伏阵列电流i_{pv}和电压u_{pv}控制的扰动。第一级单相 H 桥变流器的控制与储能装置一致，不再赘述。光伏 DC/DC 控制与储能装置不同，储能装置的基础控制目标是充放电电流，而光伏发电装置基础控制目标是光伏阵列电压u_{pv}。下面着重介绍以光伏阵列电压u_{pv}为目标的控制方法。

1. 光伏 DC/DC 数学建模和控制方程

这里的分析同样忽略线路电阻和开关管的压降。图 11-17 中，半桥 DC/DC 电路的开关管调制与图 11-15 调制方式一致。当 $M \geqslant C$ 时，D_1 导通，T_6 关断，半桥 DC/DC 中点 c 电压 $u_c = u_{dc}$；当 $M \leqslant C$ 时，D_1 关断，T_6 导通，$u_c = 0$。上述二极管 D_1 的导通是指以光伏电流i_{pv}续流的方式导通。

根据图 11-17 中电流和电压的参考方向，可直接改写方程

$$\Delta i_{pv} = \frac{T}{L_{pv}}(u_{pv} - M u_{dc}) \tag{11-12}$$

由此求得

$$M = \frac{u_{pv}}{u_{dc}} - \frac{\Delta i_{pv} L_{pv}}{T u_{dc}} \tag{11-13}$$

式中，$\frac{\Delta i_{pv} L_{pv}}{T u_{dc}}$是光伏阵列电流$i_{pv}$动态变化过程在电感$L_{pv}$上产生的压降与直流电压$u_{dc}$的比值，控制中作为前馈补偿可加快响应速度。其中$\frac{\Delta i_{pv}}{T}$在载波周期 T 足够小的时候，接近光伏阵列电流i_{pv}对时间的微分值。

以光伏阵列输出电压u_{pv}为目标的控制中，根据式(11-13)计算出调制信号 M，控制图 11-17 主电路按目标控制光伏阵列输出电压u_{pv}^*。实际工程中，由于线路电阻和压信号检测误差以及外界随机扰动等因素的存在，仅依据式(11-13)进行上述开环控制很难保证目标电压的精度和稳定性。因此工程中一般也采用 PI 调节器构建电压负反馈闭环控制，此时根据式(11-13)，可写出以光伏阵列输出电压 u_{pv}为控制目标的光伏 DC/DC 控制方程

$$M = \frac{u_{pv}}{u_{dc}} - \frac{\Delta i_{pv} L_{pv}}{T u_{dc}} + \frac{1}{u_{dc}} \mathrm{PI}(\Delta u_{pv}) \tag{11-14}$$

式中，$\Delta u_{pv} = u_{pv}^* - u_{pv}$，其中 u_{pv}^*为光伏阵列输出电压的目标值，u_{pv}为实际检测到的光伏输出

电压。当目标电压 u_{pv}^* 与实际检测电压 u_{pv} 相等时，式(11-14)等号右边第三项等于 0，系统控制达到平衡状态。

2. 最大功率点跟踪

在光伏发电中，光伏测控单元通过合理控制光伏阵列输出电压以获得最大能力的发电量。具体控制方法是根据光伏阵列输出电压与电流的 U-I 曲线特征或输出电压与功率的 U-P 曲线特征，通过控制光伏阵列输出电压 u_{pv} 沿着上述曲线移动搜索，直到在曲线上找到最大功率输出点。这个过程称为最大功率点追踪，简称 MPPT（maximum power point tracking）。

光伏阵列由许多光伏组件(光伏板)排列而成。不考虑光伏组件线路电阻和旁漏电阻，光伏阵列输出电压 u_{pv} 和电流 i_{pv} 的函数关系为

$$u_{pv}=AV_t\ln\left(\frac{I_{sc}-i_{pv}}{I_{D0}}-1\right) \tag{11-15}$$

式中，V_t——热电压，有 $V_t=\frac{kT}{q}$，$q=1.6\times10^{-19}$ C 是电子的电荷，$k=1.38\times10^{-2}$ J/K 是玻尔兹曼常数，T 是开尔文温度；

A——二极管的理想因子(通常在 1 到 2 之间)；

I_{sc}——光伏组件的短路电流，与光照强度成正比；

I_{D0}——光伏组件中 PN 节反向饱和电流，与工艺和材料有关。

通过式(11-15)可知，光伏组件的 U-I 或 U-P 曲线随组件的温度以及光照强度的变化而变化。图 11-18 是一片峰值功率 P_m=580 W/m² 的光伏组件：(a)组件温度为 25 ℃，辐照度分别为 1 000 W/m²、800 W/m²、600 W/m² 条件下的 U-I 和 U-P 曲线；(b)辐照度为 1 000 W/m²，组件温度分别为 30 ℃、25 ℃、20 ℃条件下的 U-I 和 U-P 曲线。

从图 11-18 可以看出，在不同的温度和辐照度条件下，两个曲线斜率变化规律不会发生改变。U-I 曲线的斜率随着电压增大从 0 往负的方向逐步增加，U 越大增加的速度越快；U-P 曲线的斜率随着电压增大从正数逐步减小，到最大功率点处斜率为 0，越过最大功率点后斜率为负数且逐步往负的方向增大。正是由于光伏组件的 U-I 和 U-P 曲线有此特征，所以为光伏发电控制的 MPPT 提供了条件。

目前应用广泛的 MPPT 方法主要有扰动观察法和电导增量法。扰动观察法主要依据 U-P 曲线的特征进行最大功率点搜索，电导增量法则主要依据 U-I 曲线的特征进行最大功率点搜索。

(1)扰动观察法

扰动观察法中，光伏测控单元主动微调光伏阵列输出电压 u_{pv}，根据光伏阵列输出功率 P 的变化情况，确定最大功率点方向以及下一步光伏输出电压 u_{pv} 的微调方向，直至光伏阵列输出电压达到最大功率点电压 u_m 附近。

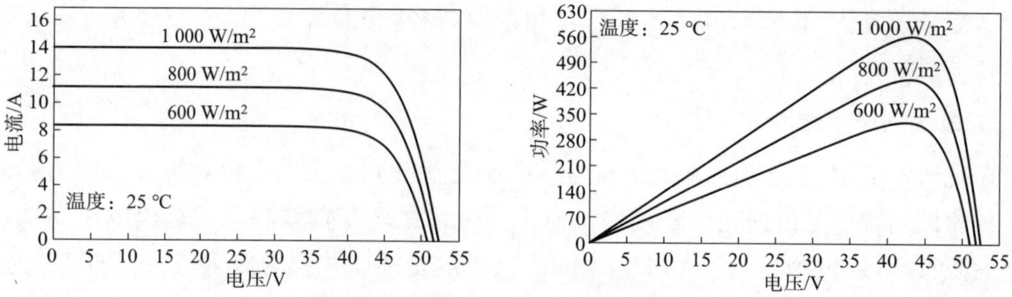

(a)不同辐照度条件下的 U-I 和 U-P 曲线

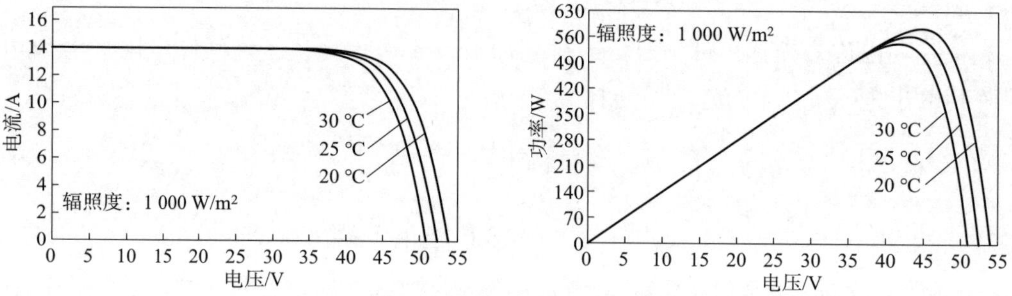

(b)不同温度条件下的 U-I 和 U-P 曲线

图 11-18　不同环境条件下光伏组件的 U-I 和 U-P 曲线

根据 U-P 曲线，有以下关系

$$\begin{cases} u_{\mathrm{pv}} < u_{\mathrm{m}}, \dfrac{\mathrm{d}P}{\mathrm{d}u_{\mathrm{pv}}} > 0 \\ u_{\mathrm{pv}} = u_{\mathrm{m}}, \dfrac{\mathrm{d}P}{\mathrm{d}u_{\mathrm{pv}}} = 0 \\ u_{\mathrm{pv}} > u_{\mathrm{m}}, \dfrac{\mathrm{d}P}{\mathrm{d}u_{\mathrm{pv}}} < 0 \end{cases} \tag{11-16}$$

据此，设某时刻光伏阵列输出电压为 $u_{\mathrm{pv}}(k)$，输出功率为 $P(k)$，随后控制装置主动将光伏阵列输出电压调整为 $u_{\mathrm{pv}}(k+1)=u_{\mathrm{pv}}(k)+\Delta u_{\mathrm{pv}}$，此时观察调整后光伏阵列的输出功率为 $P(k+1)$，计算调整前后功率差为 $\Delta P=P(k+1)-\dfrac{1}{2}P(k)$，考察 ΔP 与 Δu_{pv} 的关系：

①若 $\dfrac{\Delta P}{\Delta u_{\mathrm{pv}}}>C$，此时工作点电压小于 u_{m}，下一步增大光伏阵列输出电压 u_{pv}；

②若 $\dfrac{\Delta P}{\Delta u_{\mathrm{pv}}}<-C$ 此时工作点电压大于 u_{m}，下一步减小光伏阵列输出电压 u_{pv}；

③若 $\left|\dfrac{\Delta P}{\Delta u_{\mathrm{pv}}}\right|<|C|$，此时工作点电压接近 u_{m}，下一步光伏输出阵列电压 u_{pv} 朝上一步相反的方向微调。

此处，C 为一个接近 0 的常数。依据以上分析，可画出扰动观察法 MPPT 的控制流程图，如图 11-19 所示。

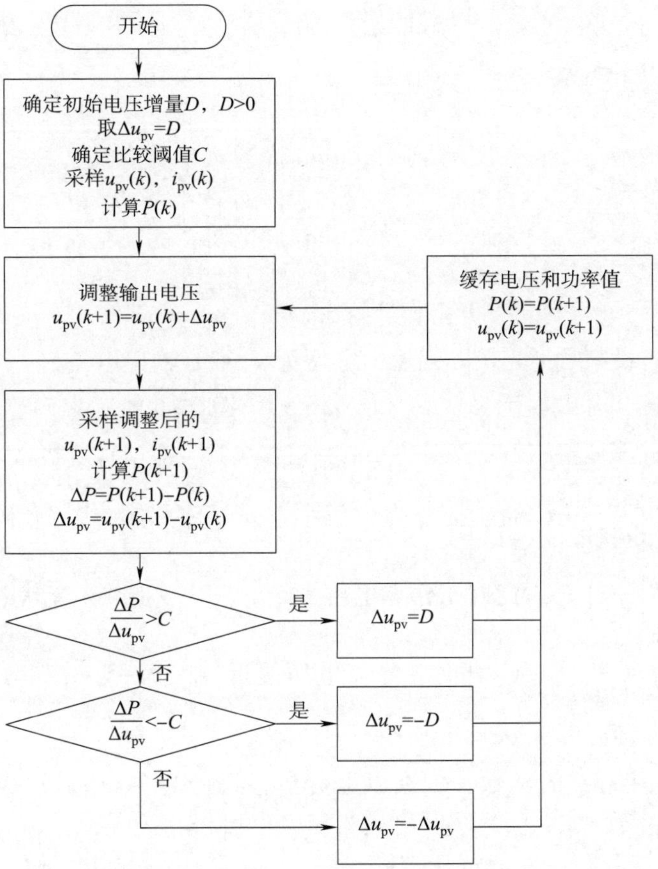

图 11-19 扰动观察法控制流程

(2)电导增量法

电导增量法中，光伏测控单元主动微调光伏阵列输出电压 u_{pv}，根据光伏阵列输出电流 i_{pv}的变化情况，确定最大功率点方向以及下一步光伏阵列输出电压 u_{pv}的微调方向，直至光伏阵列输出电压达到最大功率点电压 u_m附近。

光伏阵列输出功率 P 和电压 u_{pv}、电流 i_{pv}的关系为

$$P=u_{pv}i_{pv} \tag{11-17}$$

式(11-17)两端对电压微分得

$$\frac{dP}{du_{pv}}=i_{pv}+u_{pv}\frac{di_{pv}}{du_{pv}} \tag{11-18}$$

在最大功率点处，由于有$\frac{dP}{du_{pv}}=0$，因此有

$$\frac{di_{pv}}{du_{pv}}=-\frac{i_{pv}}{u_{pv}} \tag{11-19}$$

只考虑绝对值关系得

$$\left|\frac{\mathrm{d}i_{\mathrm{pv}}}{\mathrm{d}u_{\mathrm{pv}}}\right|=\left|\frac{i_{\mathrm{pv}}}{u_{\mathrm{pv}}}\right| \tag{11-20}$$

根据 U-I 曲线，有以下关系

$$\begin{cases} u_{\mathrm{pv}}<u_{\mathrm{m}}, \left|\dfrac{\mathrm{d}i_{\mathrm{pv}}}{\mathrm{d}u_{\mathrm{pv}}}\right|<\left|\dfrac{i_{\mathrm{pv}}}{u_{\mathrm{pv}}}\right| \\ u_{\mathrm{pv}}=u_{\mathrm{m}}, \left|\dfrac{\mathrm{d}i_{\mathrm{pv}}}{\mathrm{d}u_{\mathrm{pv}}}\right|=\left|\dfrac{i_{\mathrm{pv}}}{u_{\mathrm{pv}}}\right| \\ u_{\mathrm{pv}}>u_{\mathrm{m}}, \left|\dfrac{\mathrm{d}i_{\mathrm{pv}}}{\mathrm{d}u_{\mathrm{pv}}}\right|>\left|\dfrac{i_{\mathrm{pv}}}{u_{\mathrm{pv}}}\right| \end{cases} \tag{11-21}$$

根据式(11-21)，设某时刻光伏阵列输出电压为 $u_{\mathrm{pv}}(k)$，输出电流为 $i_{\mathrm{pv}}(k)$，光伏测控单元主动将光伏阵列输出电压调整为 $u_{\mathrm{pv}}(k+1)=u_{\mathrm{pv}}(k)+\Delta u_{\mathrm{pv}}$，此时观察调整后光伏阵列的输出电流为 $u_{\mathrm{pv}}(k+1)$，计算调整前后功率差为 $\Delta i_{\mathrm{pv}}=i_{\mathrm{pv}}(k+1)-i_{\mathrm{pv}}(k)$，考察 Δi_{pv} 与 Δu_{pv} 的关系：

①若 $\left|\dfrac{\Delta i_{\mathrm{pv}}}{\Delta u_{\mathrm{pv}}}\right|<\left|\dfrac{i_{\mathrm{pv}}}{u_{\mathrm{pv}}}\right|-C$，此时工作点电压小于 u_{m}，下一步增大光伏阵列输出电压 u_{pv}；

②若 $\left|\dfrac{\Delta i_{\mathrm{pv}}}{\Delta u_{\mathrm{pv}}}\right|>\left|\dfrac{i_{\mathrm{pv}}}{u_{\mathrm{pv}}}\right|+C$，此时工作点电压大于 u_{m}，下一步减小光伏阵列输出电压 u_{pv}；

③若 $\left|\left|\dfrac{\Delta i_{\mathrm{pv}}}{\Delta u_{\mathrm{pv}}}\right|-\left|\dfrac{i_{\mathrm{pv}}}{u_{\mathrm{pv}}}\right|\right|\leqslant C$，此时工作点电压接近 u_{m}，下一步光伏阵列输出电压 u_{pv} 朝上一步相反的方向微调。

以上 C 为一个接近 0 的常数。依据以上分析，可画出电导增量法 MPPT 的控制流程图，如图 11-20 所示。

以上介绍的扰动观察法和电导增量法中，每一步的电压增量 Δu_{pv} 的值都是相等的，这是定步长 MPPT。定步长 MPPT 在最大功率点附近存在电压左右波动的情况，影响光伏发电效率。为减轻最大功率点附近电压波动的程度，可以采用变步长 MPPT。其中在扰动观察法中取 $\Delta u_{\mathrm{pv}}\propto\left|\dfrac{\Delta P}{\Delta u_{\mathrm{pv}}}\right|$，$\Delta u_{\mathrm{pv}}$ 在电导增量法中取 $\Delta u_{\mathrm{pv}}\propto\left|\left|\dfrac{\Delta i_{\mathrm{pv}}}{\Delta u_{\mathrm{pv}}}\right|-\left|\dfrac{i_{\mathrm{pv}}}{u_{\mathrm{pv}}}\right|\right|$，可使 MPPT 在远离最大功率点追踪速度加快，在最大功率点附近波动减小，并提高控制精度和光伏发电效率。

3. 光伏发电测控过程

根据式(11-14)得到图 11-17 主电路的光伏发电装置的测控过程框图如图 11-21 所示。图 11-21 中，根据 MPPT 计算动态给定光伏阵列输出电压 u_{pv}^{*}，由前后两个载波周期内电流采样值之差得电流增量 Δi_{pv}。为避免开关频率电流纹波对 Δi_{pv} 计算的影响，可以在一个载波周期采样多个电流求平均值，也可以采用载波峰谷位置采样的办法。与储能半桥 DC/DC 控制类似，图 11-21 的控制过程中，也必须保证 $u_{\mathrm{pv}}<u_{\mathrm{dc}}$，以避免调制饱和。若要允许 $u_{\mathrm{pv}}>u_{\mathrm{dc}}$，则图 11-17 的第二级 DC/DC 电路需要修改，比如光伏输出环节增加 BUCK 电路，修改后，控制方程可以按照前述方法进行推导，这里不再赘述。

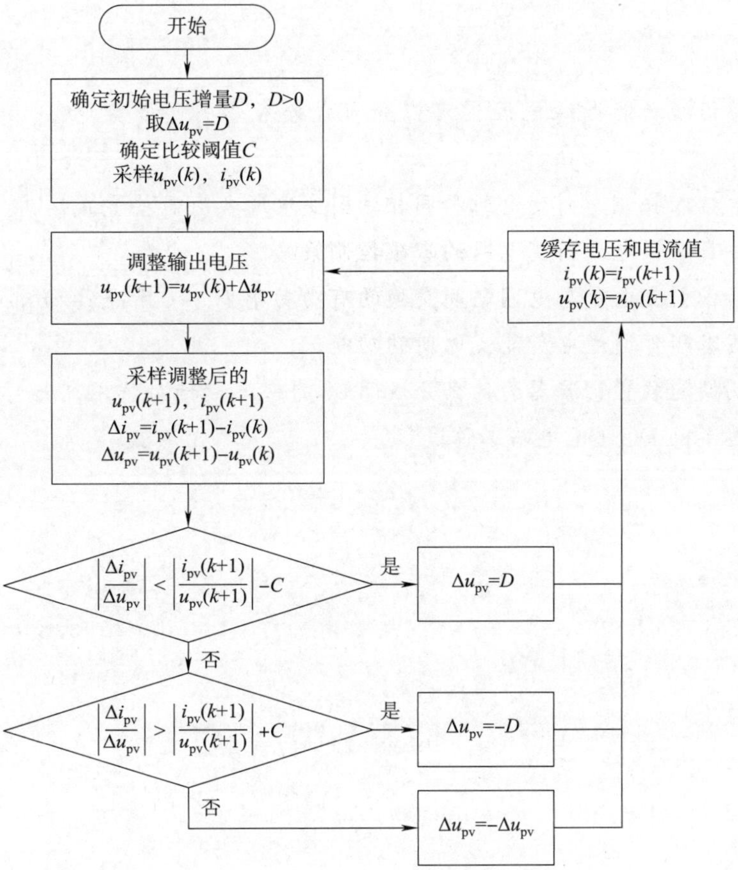

图 11-20　电导增量法控制流程

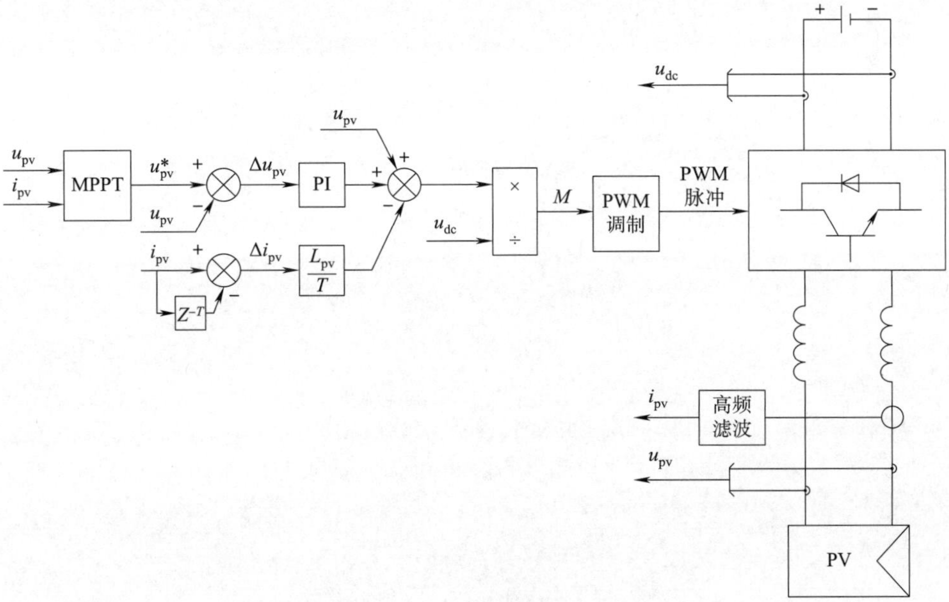

图 11-21　光伏发电测控过程框图

思考题

11.1 铁路沿线新能源绿电装置可以分布式接入牵引网或集电线,试说明各自的优缺点。

11.2 绿电接入异相牵引变电所和同相牵引变电所各有哪些方式?

11.3 复述贯通供电牵引变电所的零碳控制策略。

11.4 分析牵引变电所与电网之间交换的有功功率 $P_x=0$ 和 $P_x\neq 0$ 对电网的影响。

11.5 简述零碳贯通供电智能变电所的功能。

11.6 说明储能装置变流器为什么分成两级,每级各起什么作用。

11.7 简述半桥 DC/DC 电路工作过程。

第 12 章　牵引系统新制式

这里所述牵引系统涉及原来地面牵引供电系统和车载电传动系统两者组成部分的重新组合，进而产生新方案、新制式。例如，将现行电力机车或动车的车载主变压器（牵引变压器）置于地面，而地面牵引供电系统进行两级（两个电压等级）供电，这就是本章要讨论的工频 3 kV 新制式，其中包括工频单相 3 kV 和工频三相 3 kV；又例如，在工频三相 3 kV 基础上，进一步将车载牵引变流器置于地面，这就可以形成一种地面变流器通过变频、变压进行供电和控制车载牵引电动机带动列车运行的新制式，是一种按照运行图进行智能化的无人驾驶的系统，因此称为智能供控系统。智能供控可以用于普通轮轨系统，也可以用于磁浮系统。用于磁浮系统时可将现行短定子与长定子磁浮方式进行取长补短，形成一种新型短定子磁浮系统。

需要说明的是，三相供电早在 20 世纪初期曾短暂投入试运行。1902 年 9 月 4 日，长达 106 km 的意大利瓦尔切利纳线开通，采用两根接触线和钢轨输送 3 kV、15 Hz 的三相电力，如图 12-1 所示，该线运行了 30 年。

图 12-1　意大利瓦尔切利纳线

1903 年 10 月，德国柏林建成了 Marienfelde 到 Zossen 之间一段长达 23 km 的三根接触网的铁路，如图 12-2 所示，列车最高速度达 210 km/h，创当时世界速度之最。

图 12-2　德国柏林高速试验线

当时导致这种三相供电没有投入实际使用和推广的主要原因是不能不断电通过道岔。因此，三相供电新制式必须做到不断电过道岔，否则会重蹈覆辙。

12.1　工频交流 3 kV 新制式

目前，我国城市轨道主要采用直流制，有 DC 750 V 和 DC 1.5 kV 两种[4]，干线铁路均采用工频单相 25 kV 交流制，近年来，我国也开始将其用于城市轨道交通。

直流制有其鲜明的优点：(1)由于其电压等级远远低于交流制，土建投资成本更低；(2)直流牵引供电系统能够构成贯通供电，无需设置电分相，没有列车断电区，列车运行畅快。但也存在显著的缺点：(1)直流杂散电流对地下金属管道和地基钢结构的长期电化学腐蚀与破坏，至今没有根治，对城市地下设施的寿命与安全构成严重威胁，长远损失无法估量；(2)约占牵引能量的 30%～50%的再生能量[5]不能直接利用，为了节能，需要增设昂贵的逆变回馈设备或储能设备，但经济性受到影响；(3)逆变回馈设备和储能设备存在工作死区，导致列车再生制动失灵而转向空气制动，增加高速和长大坡道运行的安全隐患。

近年来，我国一些超大城市，例如北京、广州、成都、深圳等，对城市轨道交通提出了更大运量和更高运行速度的发展需求，其中运行速度达到 160 km/h 甚至更高，在没有合适的直流制国产配套机车车辆和其他更好制式支持的情况下，开始将干线电气化铁路的工频单相 25 kV 交流制引入城市轨道建设中。

工频单相 25 kV 交流制确有一些突出优点：电压等级高，供电能力强，列车运行速度更快，结构简单，维护方便。但是，由于列车为大功率单相负荷，为了减少对三相电网的不平衡影响，通常在牵引变电所出口处以及相邻牵引变电所之间的分区所处设置电分相，这便会形成列车断电区，又反过来影响列车安全运行。高速铁路的列车速度高，利用惯性冲过电分相，掉速不明显，但对于城市轨道交通，由于站间距短、行车速度较低、启停频繁、坡道较大、行车密度大，列车通过时因断电而掉速显著，不仅制约运力发挥，加重司机劳动强度，严重时还会造成停车事故，即是说，电分相带来的不良影响将会在城市轨道交通上进一步叠加和放大。同时，与 1.5 kV 直流制相比，工频单相 25 kV 交流制的接触网需要较大的上部净空，导致隧道断面加大，从而使城市轨道交通的投资大大增加。

与此同时，原来 1.5 kV 直流制的 A 型车、B 型车也不能适于大运量、快速度的城市轨道交通发展的需求，而高速铁路的和谐号、复兴号也不能套用于城市轨道交通，显然，列车型谱中需要添加新的列车型号才能满足城市轨道交通发展的需求。

可见，现行牵引供电电流制与列车型号都不能很好地满足新时代城市轨道交通良好发展的需求，并且随着时间的推移和规模的扩大，问题将愈发突出和严重。

于是，不得不直面一个严峻的课题：什么制式才是城市轨道交通最优的？可以肯定不是直流制，而是交流制，是克服了现有工频单相 25 kV 交流制缺点的新的交流制，这就需要提出并研究新型轨道交通牵引供电电流制、牵引供电系统[8]和新型列车电传动系统[72]。

12.1.1　新制式电压等级的确定

列车的良好运行需要合格的牵引供电电压，在文献[8]中牵引网电压等级确定时考虑的网压、隧道净空等因素的基础上，新型轨道交通牵引供电电压等级的确定需满足以下条件：

(1)供电能力强：牵引所每条馈线的供电容量应大于 10 MV·A。

(2)不设电分相，没有列车断电区。

(3)列车轻量化：省去车载牵引变压器。

(4)列车电传动系统额定电压尽可能高：其变流器、牵引电机制造技术成熟、可靠。

(5)采用国家标准电压等级。

同时，在满足上述条件情况下选用最高的电压等级，并保证经济安全、节能环保等。综合可知，选用更高的电压等级可提高牵引网的供电能力。由条件(3)和(4)可知，牵引网电压越高，要求列车电传动系统适应的电压等级就越高。列车电传动系统中首当其冲的是牵引变流器，而制约牵引网电压提升的关键因素是牵引变流器功率器件 IGBT 耐受电压以及牵引变流器主电路拓扑的选型。

按照标称电压对牵引变流器功率器件 IGBT 进行划分，当前市场上应用量相对比较广泛的主要有 1.7 kV、3.3 kV、4.5 kV、6.5 kV 几类，其中 3.3 kV 的 IGBT 在动车组中应用最为广泛，6.5 kV 的 IGBT 在 CRH3 和 CRH5 中应用；1.7 kV 和 4.5 kV 的 IGBT 在新能源和工业变频领域有着广泛应用。

按照应用拓扑结构对牵引变流器主电路拓扑进行划分，目前比较成熟的应用拓扑有两电平和三电平两种，其中三电平拓扑在相同的器件标称电压下能承受更高的工作电压。

统计各类型牵引变流器功率器件 IGBT 的应用参数，在两电平和三电平拓扑下能支持的牵引网电压等情况，具体见表 12-1。

表 12-1 IGBT 经验应用参数

标称电压/kV	1.7	3.3	4.5	6.5
应用开关频率/Hz	≤3 000	≤1 000	≤600	≤500
应用直流电压/V	≤1 200	≤1 800	≤2 800	≤3 600
选型最大电流/A	3 600	2 000	1 200	1 000
变流器输入电压/V（两电平拓扑）	≤848	≤1 273	≤1 980	≤2 546
变流器输入电压/V（三电平拓扑）	≤1 696	≤2 546	≤3 960	≤5 092

从表 12-1 看，采用 6.5 kV 标称电压的 IGBT 构建三电平拓扑，其牵引变流器可支持的输入电压为 5 092 V，接近但未达到 6 kV 国家标准电压等级；采用 4.5 kV 标称电压的 IGBT 构建三电平拓扑，其牵引变流器可支持的输入电压为 3 960 V，达到并高于 3 kV 国家标准电压等级。考虑到全部满足上述五项条件下选用最高的电压等级的牵引供电电压只有国家标准电压 3 kV 这一等级，并且牵引变流器可支持的输入电压高于 3 kV。于是，选择牵引供电标称电压 3 kV，列车电传动系统应选择 4.5 kV 的 IGBT 构建三电平拓扑牵引变流器与之配套。

12.1.2 工频 3 kV 列车电传动系统

工频单相 25 kV 交流制的列车电传动系统[9]由受电弓、高压电气设备（断路器、电流互感器、电压互感器）、牵引变压器、牵引变流器（四象限整流器、直流环节、逆变器）、牵引电动机、齿轮箱和牵引控制器等部分构成，如图 12-3 所示。

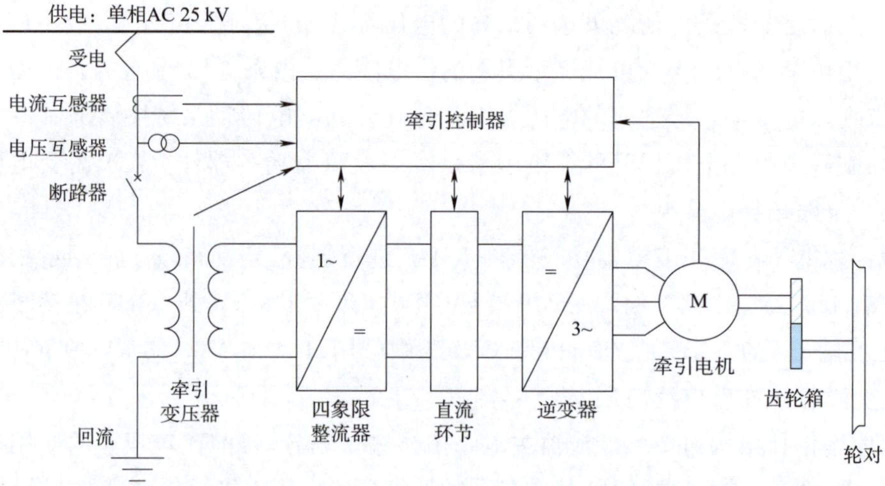

图 12-3 工频单相 25 kV 列车电传动系统

地面牵引供电系统分为单相制式和三相制式两种，由此，工频 3 kV 列车的电传动系统对应也分为单相和三相两种制式，其牵引系统分别如图 12-4(a)、(b)所示，即工频单相 3 kV 列车电传动系统受电于地面工频单相 3 kV 牵引供电系统，工频三相 3 kV 列车电传动系统受电于地面工频三相 3 kV 牵引供电系统。比较图 12-3 和图 12-4 可见，工频 3 kV 列车电传动系统取消了 AC 25 kV 列车电传动系统的牵引变压器环节，取而代之的是体积更小、重量更低的并网电抗器，可有效减少列车轴重，实现列车轻量化，优化列车空间利用，提高列车承载效率。以定员 610 人的 4 动 4 拖标准动车组为例，其两台牵引变压器总重为 13.4 t，若并网电抗器按照 2 t 总重计算，则整车减重为 11.4 t，约合 160 人的重量，轻量化效果显著。

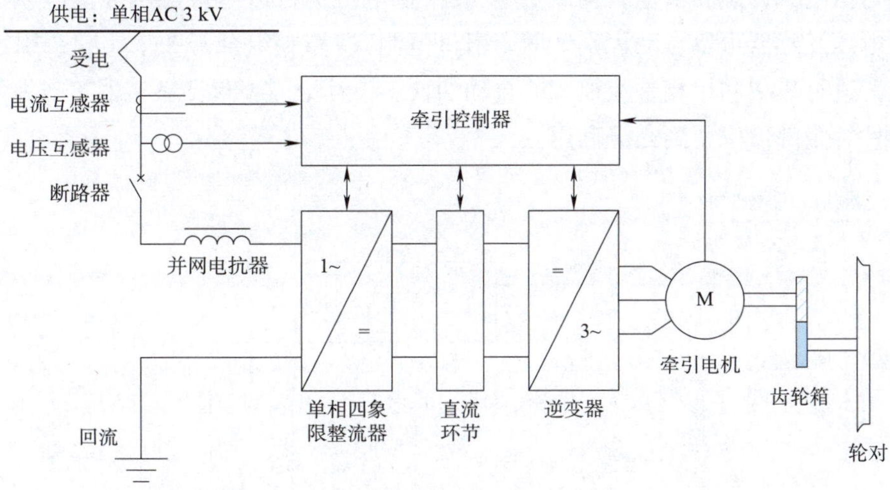

(a)工频单相 3 kV 列车电传动系统

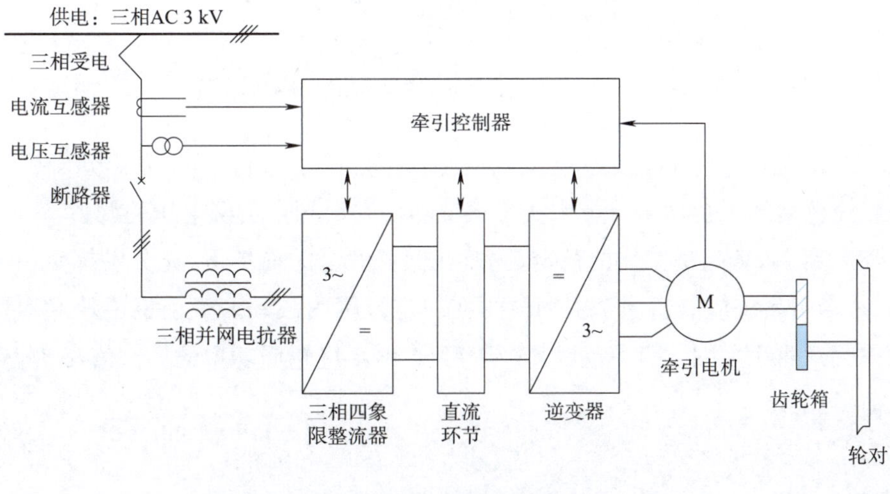

(b)工频三相 3 kV 列车电传动系统

图 12-4　工频 3 kV 列车电传动系统

工频 3 kV 列车电传动系统的核心装置是牵引变流器和牵引电机。与工频 3 kV 列车电传动系统对应,其牵引变流器也分单相和三相牵引变流器。单相和三相牵引变流器都包含四象限整流电路、中间直流环节以及牵引逆变电路三部分,其中牵引逆变电路相同,四象限整流电路有单相和三相之分;另外,理论上三相牵引变流器中已经不存在直流二次波动,因此将二次滤波电路取消,其直流支撑电容参数也可以设计得更小。

为增加工频 3 kV 列车对地面单相和三相牵引供电制式的适应性,提升应用的灵活性,还可将列车电传动系统设计成单相/三相兼容的形式[10],如图 12-5 所示。三相制式下,列车电传动系统需要 3 个受电点,分别与供电机构 1、供电机构 2 和钢轨接触受电;单相制式下,列车电传动系统只需要 2 个受电点,分别与供电机构 1(或供电机构 2)和钢轨接触受电,或者分别与供电机构 1 和供电机构 2 受电,其中供电机构可以是接触网或供电轨。牵引控制器通过电压互感器可以自动识别地面牵引供电制式,控制组合开关来实现牵引系统的四象限整流器进行三相和单相整流模式的自动切换。设计上需要保证整流器工作在两种模式下功率器件容量都可以得到充分利用。

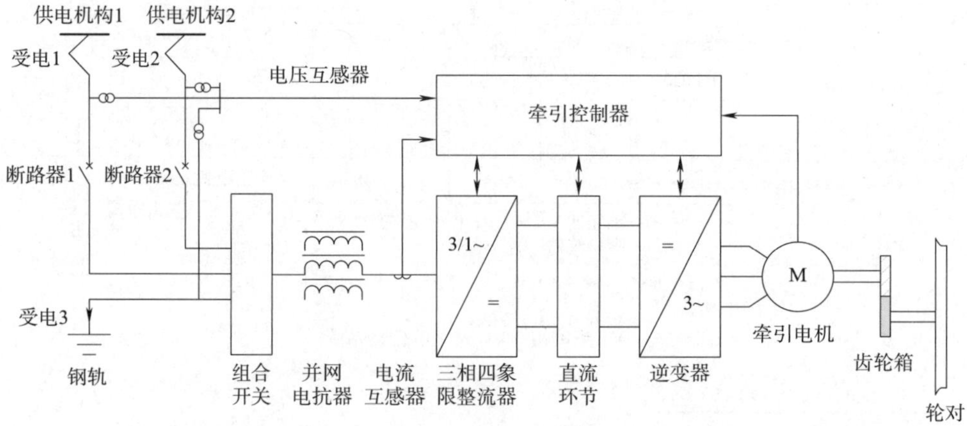

图 12-5　单相/三相兼容的列车电传动系统示意

在工频 3 kV 制式下,列车牵引变流器的整流电路除了进行中间直流电压稳压控制外,还可通过整流电路的无功功率调整来实现系统功率因数和牵引网电压的调整。

为增强工频 3 kV 列车工作的稳定,同时在保证安全的前提下,充分发挥牵引系统的最大工作能力,牵引系统应能适应牵引网电压在一定范围内波动。牵引网电压和对应牵引系统轮周功率关系曲线如图 12-6 所示,其中 P_e^*为牵引系统轮周功率的标幺值,U_e^*为牵引网电压的标幺值。

在牵引工况下:

(1)牵引网电压 U_e^*在 0.8～1.1 之间时,轮周功率为额定功率;

(2)牵引网电压 U_e^*从 0.8 降至 0.7 时,轮周功率 P_e^*从 1.0 直线下降至 0.8;

(3)牵引网电压 U_e^* 从 0.7 降至 0.6 时,轮周功率 P_e^* 从 0.8 直线下降至 0;

(4)牵引网电压 U_e^* 从 1.1 升至 1.15 时,轮周功率 P_e^* 从 1.0 直线下降至 0。

在再生工况下:

(1)牵引网电压 U_e^* 在 0.8～1.1 之间时,轮周功率为额定功率;

(2)牵引网电压 U_e^* 从 0.8 降至 0.7 时,轮周功率 P_e^* 从 1.0 直线下降至 0.8;

(3)牵引网电压 U_e^* 从 0.7 降至 0.6 时,轮周功率 P_e^* 从 0.8 直线下降至 0;

(4)牵引网电压 U_e^* 从 1.1 升至 1.2 时,轮周功率 P_e^* 从 1.0 直线下降至 0。

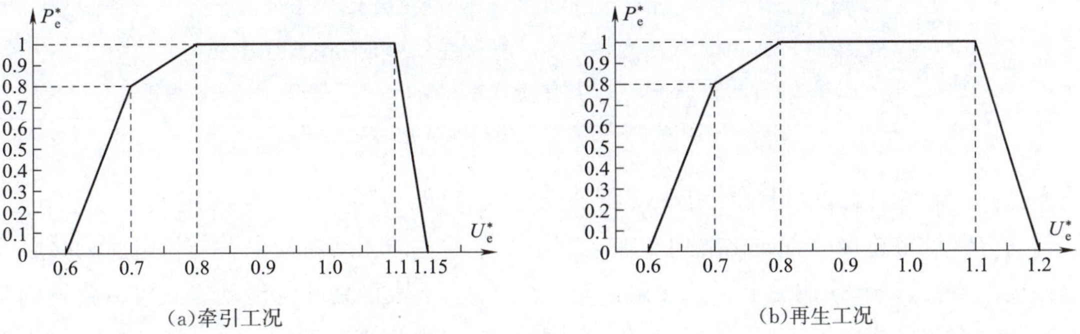

图 12-6　牵引网电压与轮周功率关系曲线

与传统动车组牵引电机相比,新型工频 3 kV 列车牵引电机的最大差异在于绝缘等级的提升。根据牵引变流器设计参数,新型牵引电机绝缘应该满足 5 kV 要求。目前国内主要的牵引电机生产厂家均具备该电压等级牵引电机的生产能力。

12.1.3　工频 3 kV 受电系统

列车电传动系统通过受电系统从地面牵引供电系统获取电能。对应牵引供电系统和列车电传动系统,工频 3 kV 受电系统也有单相与三相之分。单相制式下,可以使用现行的受电弓—接触网方式[11]或者受电靴—供电轨(第三轨)方式,亦可使用第三轨和第四轨方式。三相制式下,现行的受电弓—接触网方式、受电靴—供电轨方式都不能单独使用,但可以结合起来与钢轨一起使用,即受电靴—第三轨、第四轨和钢轨方式,或者建造新型接触式受电系统。

现行的受电靴—供电轨(第三轨)方式存在严重缺陷,即列车在运行中产生的横向振动和垂向振动对受电靴与供电轨的接触性能和受电性能产生不良影响,难以胜任高速运行。为了消除振动影响,有效提高接触性能和受电性能,提出并研究了一种新型接触式受电装置[12],分为上接触式和下接触式。上接触式受电装置如图 12-7(a)所示,下接触式受电装置如图 12-7(b)所示。

新型接触式受电装置通过受电臂关于固定架的杠杆作用形成力矩,在受电臂的接触部与供电轨踏面之间产生接触力,该接触力和接触面积不受列车在运行中产生的横向振动和

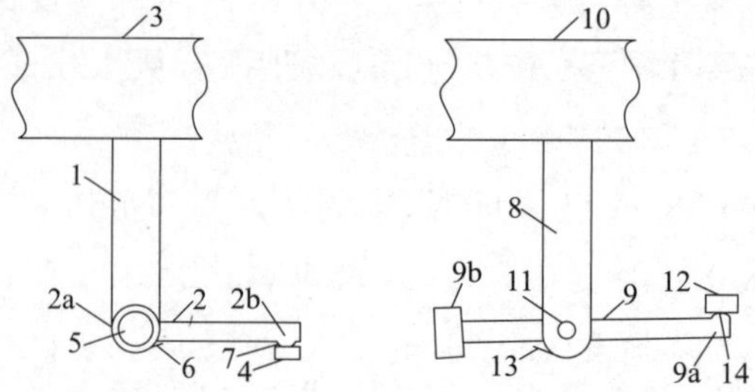

(a)上接触式　　(b)下接触式

1—固定架；2—上接触受电臂；2a，2b—2 的连接端和接触端；3—列车转向架；
4—第三轨；5—转轴；6，13—限位片；7—2b 的接触部；8—固定架；9—下接触受电臂；
9a，9b—9 的接触端和配重端；10—列车转向架；11—转轴；12—第三轴；14—9a 的接触部。

图 12-7　工频 3 kV 供电系统新型接触式受电装置

垂向振动的影响，因此受电性能和工况更加稳定；固定架与列车转向架固定连接，采用固定架与受电臂铰链连接的方式化解列车在运行中产生的垂向振动对受电臂与供电轨的接触受电性能的不良影响，采用受电臂的接触部与供电轨上、下表面之间的滑动方式可以化解列车在运行中产生的横向振动对受电臂与供电轨的接触受电性能的不良影响，使受电臂与供电轨的接触面积保持不变，进而大大提高受电性能。

在此基础上，提出专门用于三相制式的新型受电系统，即为受电犁—接触带系统，其结构和安装位置示意分别如图 12-8(a)、(b)所示。接触带由两个供电轨和绝缘底座组成，左、右两个供电轨分别安装在绝缘底座 7 左上方和右上方。通过转轴与轴承座铰接来化解列车横向振动对受电靴与供电轨之间接触力的影响，通过受电靴在供电轨踏面的垂向滑动来化解列车垂向振动对接触面积的影响，从而在列车运行中保持优良的受电性能，更好地适应高速运行需求。

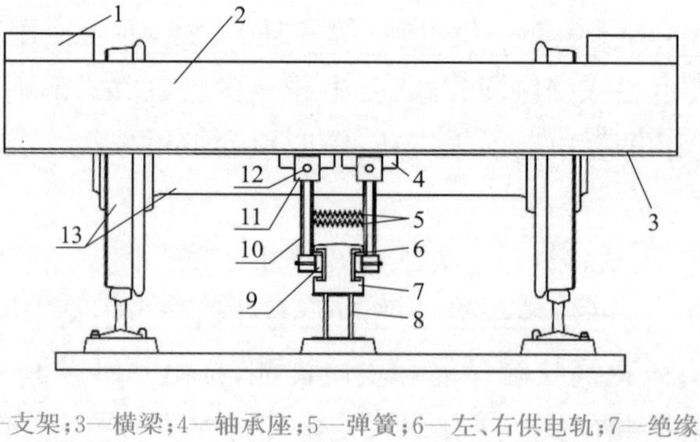

1—转向架；2—支架；3—横梁；4—轴承座；5—弹簧；6—左、右供电轨；7—绝缘底座与护盖；
8—支撑梁；9—受电靴；10—绝缘支臂；11—限位块；12—转轴；13—轮对。

(a)结构示意

图　12-8

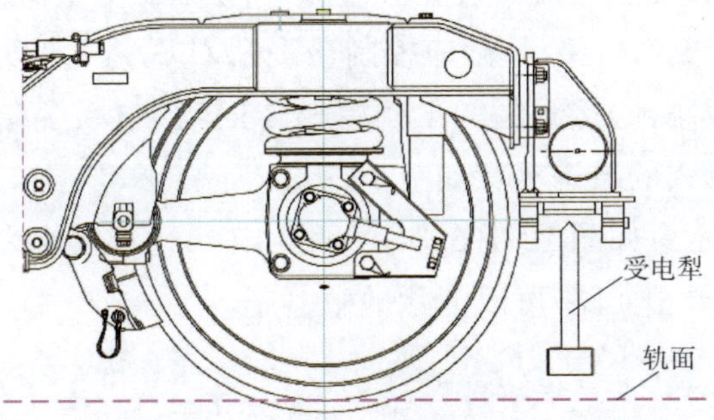

(b)安装位置示意

图 12-8　受电犁—接触带系统示意

与早期意大利、德国的受电弓—接触网三相制式不同，通过受电犁—接触带系统技术设置可以实现列车不断电过道岔[72]，即在列车前后部分别设置受电犁，其间用电缆对应连接，接触带在道岔区中断，但左、右供电轨用电缆对应连接，从而满足不断电的实用化要求。

新型受电装置对人身安全的要求与现行受电靴一样，可遵循有关标准和规范。

12.1.4　工频 3 kV 牵引供电系统

新型工频 3 kV 牵引供电系统分为单相和三相牵引供电两种制式。

1. 工频单相 3 kV 牵引供电系统

工频单相 3 kV 牵引供电系统由外部电源、主变电所、中压电缆、普通变电所、牵引网等构成中压电缆+牵引网两级供电方式，如图 12-9 所示。外部电源通过三相输电线将 110 kV 或 220 kV 电能输送至主变电所，其中主变压器再将电能变换至 35 kV 或 66 kV 并将变换后的电能输送至 35 kV 或 66 kV 中压电缆。中压电缆与线路平行，将电能输送至各个普通变电所。普通变电所中设置电力配电变压器、牵引变压器和同相供电装置，将高电压等级电能转化至低电压等级电能。配电变压器供给动力照明供电系统，牵引变压器和同相供电装置供给牵引供电系统，分别向动力照明负荷和牵引负荷供电。采用同相供电技术取消变电所出口处的电分相和列车断电区，同时治理牵引负荷造成的三相电压不平衡等电能质量问题，确保向动力照明负荷提供合格的电能。

设牵引负荷功率为 S_L(MV·A)和负序功率允许值为 S_ε(MV·A)，可推导出通过牵引变压器的功率 S_T(MV·A)，以及通过同相供电装置的最小功率 S_C(MV·A)可由式(5-8)得到，分别为

$$\begin{pmatrix} S_T \\ S_C \end{pmatrix} = \frac{1}{2}\begin{pmatrix} 1 & 1 \\ -1 & 1 \end{pmatrix}\begin{pmatrix} S_\varepsilon \\ S_L \end{pmatrix} \tag{12-1}$$

式中，$S_\varepsilon = u_\varepsilon \times S_d/100$，$u_\varepsilon$(%)为三相电压不平衡度限值，$S_d$(MV·A)为系统短路容量，注

意由于普通变电所中动力照明负荷临近牵引负荷，三相电压不平衡造成的影响会更加明显，因此，u_ε应当比国家标准更为严格，一般应控制在1%及以下。

牵引网采用柔性（或刚性）接触网的工频单相3 kV供电系统结构示意如图12-9(a)所示；牵引网采用第三轨形式的结构示意如图12-9(b)所示；牵引网采用第三轨和第四轨构成的双供电轨形式的结构示意如图12-9(c)所示，此时亦可建成受电犁—接触带形式，其中接触带的两个供电轨形成单相回路，可以消除地中电流。

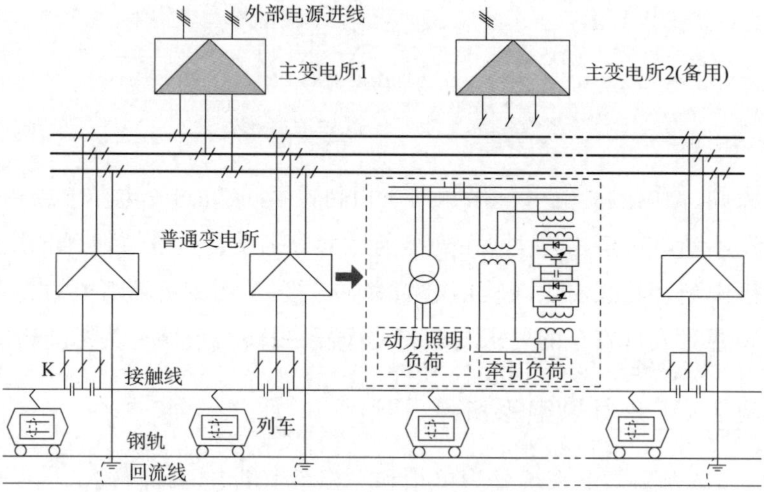

(a)牵引网采用接触网方式

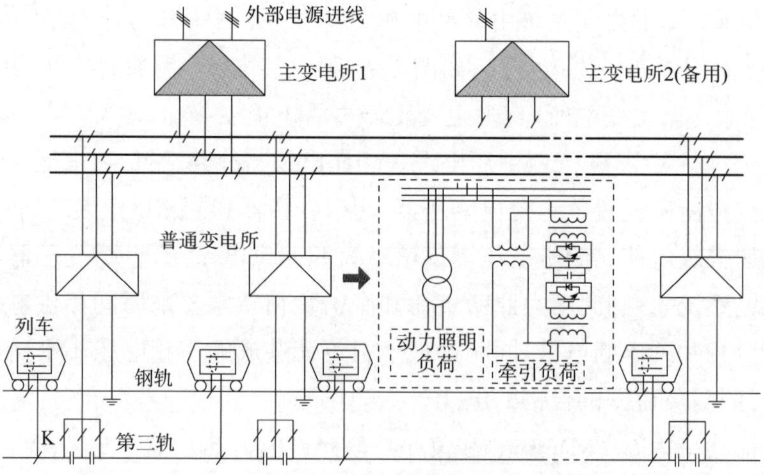

(b)牵引网采用第三轨方式

图 12-9

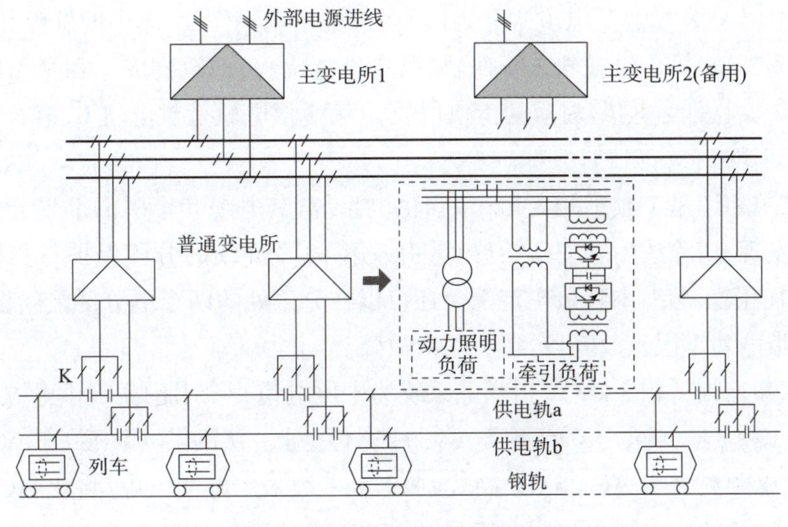

(c)牵引网采用第三轨和第四轨方式

图 12-9　工频单相 3 kV 牵引供电系统结构示意

2. 工频三相 3 kV 牵引供电系统

工频三相 3 kV 供电系统由外部电源、主变电所、中压电缆、普通变电所、三相牵引网等构成中压电缆+牵引网两级供电方式，如图 12-10 所示。外部电源通过三相输电线将 110 kV 或 220 kV 电能输送至主变电所，其中主变压器将电能变换至 35 kV 或 66 kV 并将变换后的电能输送至 35 kV 或 66 kV 中压电缆。中压电缆与线路平行，将电能输送至各个普通变电所。普通变电所中设置电力配电变压器和牵引变压器，分别将高电压等级电能转化至低电压等级电能，分别供给动力照明供电系统和牵引供电系统。其中牵引变压器采用 YNd11 接线形式。

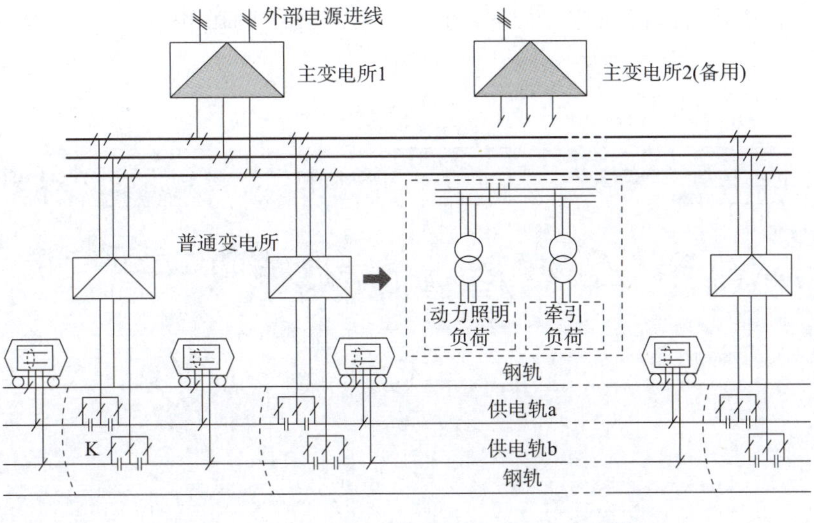

图 12-10　工频三相 3 kV 牵引供电系统结构示意

工频三相 3 kV 列车的受电方式分为两类，一类是利用图 12-7 中的新型接触式受电装置，对应的由第三轨（第 1 供电轨）、第四轨（第 2 供电轨）和钢轨构成三相牵引网；另一类方式是利用图 12-8 中的受电犁，对应的由供电轨 a（第 1 供电轨）、供电轨 b（第 2 供电轨）和钢轨构成三相牵引网。

不论工频单相还是工频三相 3 kV 牵引供电系统，其电缆和牵引网都是分段供电的，为了及时、准确发现、切除故障和便于检修，需引入第 10 章介绍的分段保护与测控技术[11,50]，可以将故障和检修影响缩小到最小范围。还可以在分区处的两个电分区之间设置带电中性段，用于防止带电列车误入故障段，造成二次故障。

工频单相和工频三相 3 kV 牵引供电系统为中压电缆＋牵引网两级供电方式，尽管给列车直接供电的工频 3 kV 的电压等级低于 AC 25 kV，但是上一级的供电电压高于 AC 25 kV，使得供电能力和供电距离大于 AC 25 kV 制式，加上上一级采用电缆供电，将比 AC 25 kV 接触网（相当于架空线）的供电能力更强。工频单相和工频三相 3 kV 制式的选用应因地、因时制宜。考虑到工频 3 kV 技术优势，特别是城市轨道各条线路具有相对独立性，故应在新建城市轨道线路时优先考虑工频 3 kV 制式。对于 DC 1.5 kV 制式既有线改造，为了减少工程量，可优先选用工频单相 3 kV 制式，而新建线路可在成功研发新型受电系统的基础上积极选用工频三相 3 kV 制式。工频 3 kV 制式也适用于城际、市域、山地等独立线路。

12.1.5 实例分析

1. 供电方案设计

以某城市轨道实际线路为例，正线长度为 57.3 km，全线共设置车站 10 座，其中地下站 4 座、高架站 6 座，最大站间距 14.95 km。该线路初始方案选用 DC 1.5 kV 制式，如图 12-11(a)所示，线路车辆拟采用 6 编组 B 型地铁列车，车辆在高架段最高运行速度 160 km/h，地下段最高运行速度 120 km/h。本书研究工频单相和工频三相 3 kV 供电方案，如图 12-11(b)、(c)、(d)所示。

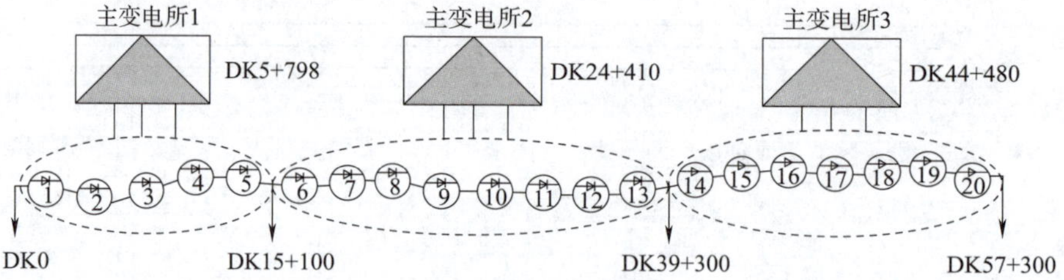

(a)DC 1.5 kV 供电方案

图 12-11

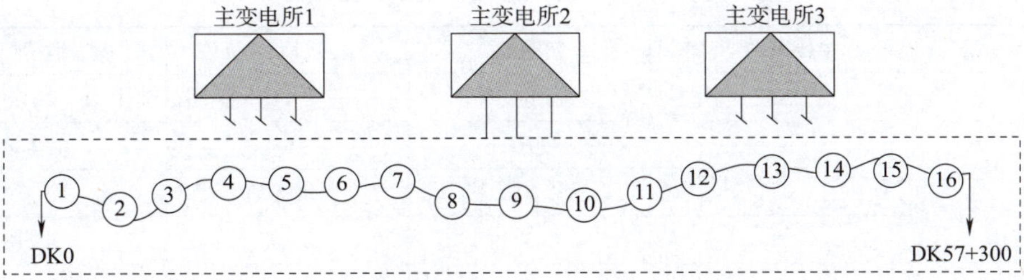

(b)工频单相 3 kV 供电方案(中压电缆 35 kV)

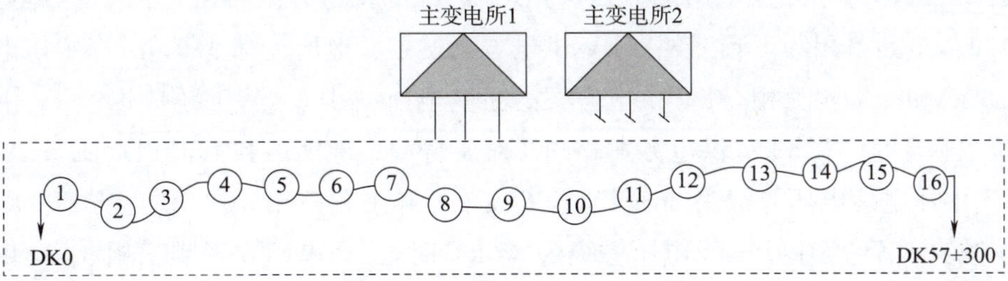

(c)工频三相 3 kV 供电方案(中压电缆 35 kV)

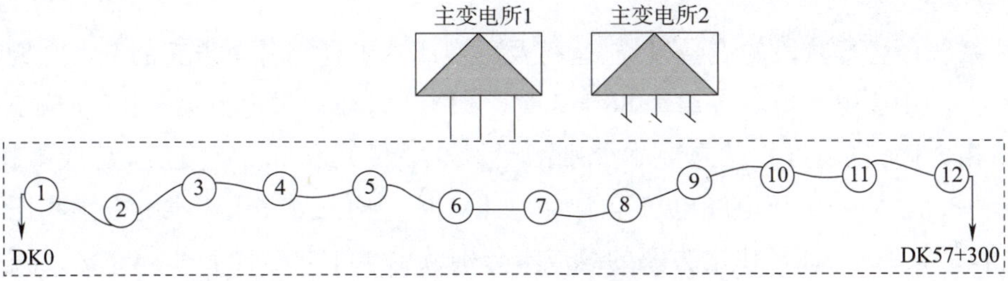

(d)单相/工频三相 3 kV 供电方案(中压电缆 66 kV)

图 12-11　不同供电方案示意

工频单相和工频三相 3 kV 供电方案牵引网分别采用接触网方式及第三轨、第四轨和钢轨方式。工频单相和工频三相 3 kV 列车牵引和制动特性曲线均参考 6 编组 B 型车，列车视在功率为 6.8 MV·A，功率因数为 0.98。各方案典型参数设置见表 12-2，不同方案的牵引网最低电压见表 12-3，均满足列车正常工作电压要求。

表 12-2　典型参数设置

指　标	工频 3 kV				DC 1.5 kV
	三相		单相		
中压电缆电压等级/kV	35	66	35	66	35
主变电所数目	2	2	3	2	3
普通变电所数目	16	12	16	12	20
牵引网电压等级/kV	3				1.5

表 12-3　牵引网最低电压统计结果

方　　案	中压电缆/kV	初期/V	近期/V	远期/V
工频单相 3 kV	35	2 531	2 449	2 208
	66	2 706	2 662	2 608
工频三相 3 kV	35	2 713	2 676	2 616
	66	2 825	2 733	2 718
DC 1.5 kV	35	1 527	1 502	1 458

由表 12-2 知，对于主变电所的数目，与 DC 1.5 kV 供电方案相比，当中压电缆电压等级为 66 kV 时，工频单相和工频三相 3 kV 供电方案的主变电所均减少 1 处；当中压电缆电压等级为 35 kV 时，工频三相 3 kV 供电方案的主变电所减少 1 处，工频单相 3 kV 供电方案主变电所数目与 DC 1.5 kV 供电方案相同。对于普通变电所的数目，与 DC 1.5 kV 供电方案相比，当中压电缆电压等级为 66 kV 时，工频单相和工频三相 3 kV 供电方案的普通变电所数目均减少 8 个；当中压电缆电压等级为 35 kV 时，工频单相和工频三相 3 kV 供电方案的普通变电所数目均减少 4 个。

2. 经济性对比分析

根据系统各运行阶段的设备投资、运行及更换成本等计算各个方案的全寿命周期成本，见表 12-4。当中压电缆电压等级为 66 kV 时，与 DC 1.5 kV 供电方案相比，工频三相 3 kV 和工频单相 3 kV 供电方案的总成本分别减少 8.976 亿元和 9.311 亿元，总成本相对减少 17.5%和 18.24%；当中压电缆电压等级为 35 kV 时，与 DC 1.5 kV 供电方案相比，工频三相 3 kV 和工频单相 3 kV 供电方案的总成本分别减少 4.413 亿元和 4.679 亿元，总成本相对减少 8.6%和 9.16%。

表 12-4　不同供电方案的全寿命周期成本

方　　案	中压电缆/kV	投资成本/亿元	运行成本/亿元	废弃成本/亿元	总成本/亿元
工频单相 3 kV	35	14.267	32.366	−0.257	46.376
	66	11.351	30.605	−0.213	41.743
工频三相 3 kV	35	14.621	32.284	−0.263	46.642
	66	11.696	30.602	−0.219	42.079
DC 1.5 kV	35	15.931	35.397	−0.273	51.055

3. 技术性对比分析

分别从列车断电区(供电不间断性)、杂散电流及其危害、再生能量利用率、负序(三相电压不平衡)问题、外部电源需求和逆变装置及列车再生制动失效风险七个方面对 3 种供电方案的技术性进行对比，见表 12-5，结果表明了工频 3 kV 供电方案在技术性方面的显著优势。

表 12-5　供电方案技术性对比

指　标	工频 3 kV		DC 1.5 kV
	三相	单相	
列车断电区	无	无	无
杂散电流电化学腐蚀等	无	无	至今没有根治，对城市地下设施的寿命与安全构成严重威胁，长远损失无法估量
再生能量利用率	能够最大限度直接利用再生制动能量	能够最大限度直接利用再生制动能量	难以直接或经济利用（需增设昂贵的逆变或储能设备，且再生制动能量利用率有限，存在死区）
供电容量	供电容量大，能够满足大容量供电以及客运增加需求	供电容量大，能够满足大容量供电以及客运增加需求	供电容量小，渐渐不能满足城市客运增长的需求
负序问题	无	无	无
外部电源需求	较直流方案数目较少，选址更加灵活	较直流方案数目较少，选址更加灵活	较工频 3 kV 单相交流牵引供电方案数目较多，选址不够灵活
逆变装置及列车再生制动失效风险	无	无	故障退出或进入死区会使列车再生时网压升高，甚至导致列车再生制动失效而启动空气制动，安全风险高，闸瓦磨耗加剧、能耗增加

12.1.6　工频 3 kV 制式的优势

伴随着更高速度、更大运量、更加安全可靠和更加绿色节能的新时代城市轨道交通的发展，包括直流制和工频单相交流制在内的现行牵引供电电流制与列车型号都不能很好满足其良好发展的需求。因此，提出一种新型轨道交通工频 3 kV 供电制式，能够更好地适应更高速度、更大运量、更加安全可靠和更加绿色节能的新时代轨道交通的发展。新型轨道交通工频 3 kV 供电制式主要涉及列车电传动系统、列车受电系统和牵引供电系统，其中，工频 3 kV 列车电传动系统分为单相制式、三相制式以及单相/三相兼容制式，工频 3 kV 牵引供电系统分为单相和三相牵引供电两种制式。

工频 3 kV 制式具有以下优势：

(1)新制式避免直流制式下的杂散电流及其电化学腐蚀问题。

(2)不存在直流制逆变回馈设备和储能设备的工作死区而导致的列车再生制动失灵的安全隐患问题，并节省相关设备投资。

(3)新制式不设电分相，避免列车过分相带来的系列问题，同时有利于列车制动能量的优化利用，达到节能减排的效果。

(4)由于电能的最优化利用，新制式下牵引所数量得以减少。

(5)可有效减少列车轴重，实现列车轻量化，优化列车空间利用，提高列车承载效率。

牵引供电和车辆牵引系统新制式，既满足城市轨道交通的需求，也能满足干线铁路需求，有利于实现互联互通。

12.2 智能供控系统新制式

现行干线电气化铁路列车由工频单相交流供电系统供电，在列车的机车和动车上，电气设备占有重要地位，其中最重要的就是电传动系统。由第 2 章可知，电传动系统由车载牵引变压器、交-直-交牵引变流器和牵引电机串联而成，驱动牵引电机并通过调频、调压改变牵引电机转速来达到列车驱动和调速运行的目的，这个过程称为列车驾驶。通常，现实情况下，列车驾驶是由人工操作完成的，少数是自动驾驶的。这里存在一些问题：一是，在干线铁路机车、动车上的电气设备中交-直-交牵引传动系统占有绝对分量，其重量大，体积大；重量大就增加轴重，轴重越大，线路造价越高，体积大则将更多占有机车和动车的宝贵空间，降低功率密度和效率。二是，智能控制和自动驾驶（ATC）取代人工驾驶是必由之路，但是，在现行列车和供电方式下，驾驶所需的执行设备均安装在列车上，列车是移动的，甚至是高速移动的，而自动驾驶（ATC）的命令和组织来源于地面控制中心，这两者之间不能直接进行，需要无线系统联系，而无线系统故障或失灵必将造成一定的安全风险。

因此，按照智能供控原理，研究供电与自动控制一体化的、无人驾驶的新型直线异步（感应）电机列车系统尤为必要。

这里涉及轮轨列车、轮轨直线异步电机列车和短定子磁浮列车几种方式。

12.2.1 基本原理

将地面交-直-交变流器的变频变压三相电通过接触方式供给车载三相牵引电机，再牵引电机驱动列车运行。

供控系统原理示意如图 12-12 所示，智能供控系统包括供电轨 1、钢轨 R、地面交-直-交变流器 2、列车 3 以及车载集电器 4、牵引电机 5 以及车载辅助电源 6 等；交-直-交变流器通过供电轨、钢轨和车载集电器向车载三相牵引电机和车载辅助电源供电；供电轨 1 分为 1a 和 1b；供电轨 1a、1b 与钢轨 R 构成三相交流供电回路，由地面的交-直-交变流器 2 供电；钢轨 R 接地；车载集电器包括 4a、4b 和 4c，其尾端分别连接车载三相牵引电机的三相端子，其前端分别与供电轨 1a、1b 和钢轨 R 接触受电；交-直-交变流器通过供电轨 1a 和集电器 4a、供电轨 1b 和集电器 4b、钢轨 R 和集电器 4c 向列车的车载三相牵引电机供电，并通过控制交-直-交变流器调频、调压来控制列车的启停以及运行；车载辅助电源的三相交流端子与车载三相驱动电机三相端子连接，经整流获得直流电，供给车载辅助电源。

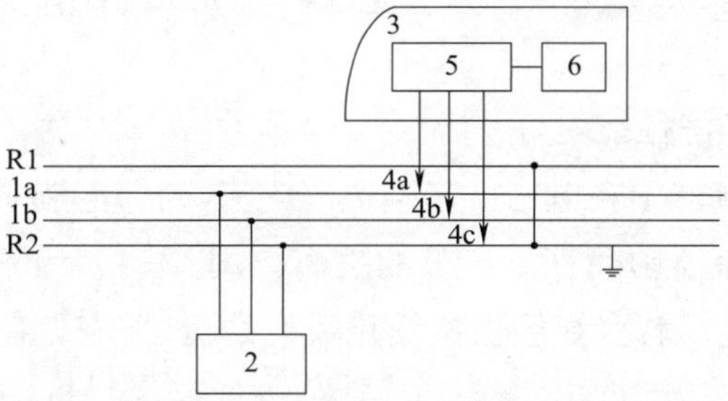

1—供电轨；2—地面交-直-交变流器；3—列车；4—车载集电器；

5—牵引电机；6—车载辅助电源；R—钢轨。

图 12-12　供控系统原理示意

供电轨 1a、1b 铺设在钢轨 R1 和 R2 之间的轨枕或道床上。

交-直-交变流器通过变电所三相电缆供电。

地面交-直-交变流器控制车载牵引电机的运行特性，包括牵引特性和制动特性，与第 2 章所述相同，仍可以按恒力矩启动和恒功率运行加以描述。

图 12-13 给出智能供控系统分区原理。供电轨 1a、1b 被分成若干分区，每分区通过独立的交-直-交变频变压装置供电，以实现列车运行的分区控制。图中，记两个相邻分区为分区 i 和分区 $i+1(i\geqslant1)$，每分区通过独立的交-直-交变流器供电，便于分区控制列车。为了保证列车安全、可控，每分区最多仅限一辆列车运行。

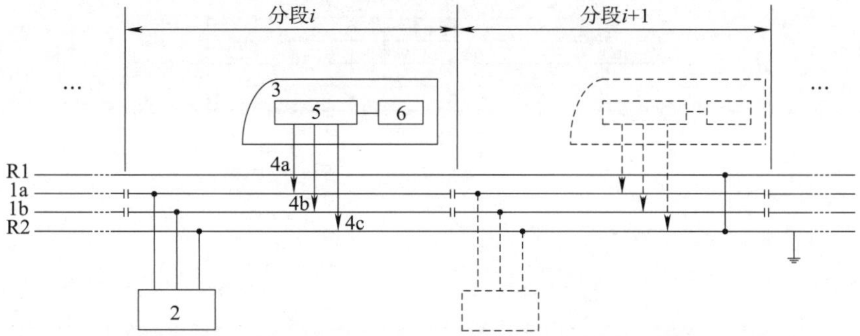

1—供电轨；2—地面交-直-交变频变压装置；3—列车；4—车载集电器；

5—牵引电机；6—车载辅助电源；R—钢轨。

图 12-13　列车智能供控系统分区示意

智能供控的优点：

(1)取消车载牵引变流器，有效减少列车自重，实现列车轻量化，提高列车承载效率，适应更高速度运行。

(2)通过地面交-直-交变流器经三相交流供电回路给列车三相牵引电机供电，通过调频调压直接进行列车驱动与运行的自动控制，实现无人驾驶和智能化控制与运行。

(3)可以不再借助无线系统完成自动驾驶(ATC)的控制,规避无线系统故障或失灵带来的安全风险。

(4)供电轨造价低,经济性能更好。

(5)地面交-直-交变流器不在电网中产生负序电流,确保电能质量。

(6)由于交-直-交变流器中间直流环节的隔离作用,每个分区的交-直-交变流器可由不同频率和电压的电网供电,因此,智能供控线路可以跨区、跨省,甚至跨国运行,而不会影响列车运行。

以轮轨为支撑和导向,还可以采用直线异步电机方式,即将牵引电机的(短)定子绕组留在车上,将作为转子的感应板铺设于地面,称为直线异步电机列车供控系统,也可以称为短定子列车供控系统。

以磁悬浮为支撑和导向,进一步可发展一种短定子磁浮列车智能供控系统。

12.2.2 轮轨列车智能供控系统

为了进一步轻量化,可将图 12-12 车载辅助电源移至地面,形成普通轮轨智能供控系统,实现无人驾驶,如图 12-14 所示。交-直-交变流器和整流装置通过供电轨、钢轨和车载集电器分别向列车的牵引电机和配电装置供电。

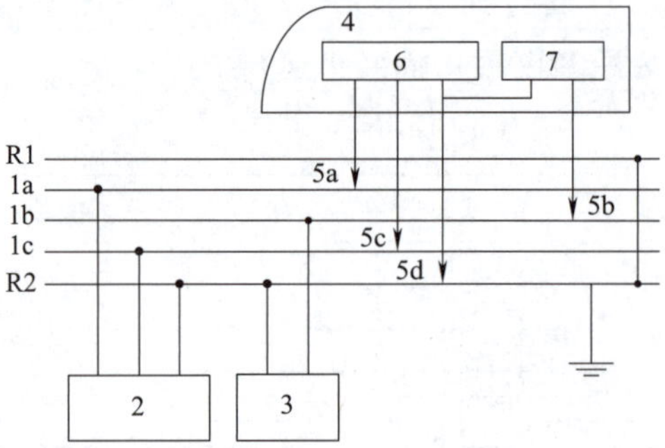

1—供电轨;2—地面交-直-交变流器;3—整流装置;4—列车;
5—车载集电器;6—牵引电机;7—配电装置;R—钢轨。

图 12-14 列车供电控制系统示意

为了三相供电的对称性,系统结构为:供电轨 1a、1c 与钢轨构成三相交流供电回路,由设置于地面的交-直-交变流器 2 供电。位于中间的供电轨 1b 与两侧的钢轨构成直流供电回路,由设置于地面的整流装置供电。车载集电器包括 5a、5b、5c 和 5d。集电器 5a、5c 和 5d 的尾端通过电缆与列车的牵引电机的三相端子连接,集电器 5a、5b 和 5d 的前端分别与供电轨 1a、1c 和钢轨接触受电,同时,集电器 5b 的尾端通过电缆与列车的配电装置 7 正极连接,集电器 5b 的前端与供电轨 1b 接触受电,集电器 5d 的尾端通过电缆与列车的配电装置 7 负极连接。交-直-交变流器 2 通过供电轨 1a 和集电器 5a、供电轨 1c 和集电器 5c、钢轨和集电器 5d 向列车的三相牵引电机 6 供电，并通过控制交-直-交变流器变频、变压来控制列车的启停和运行。整流装置 3 通过供电轨 1b 和集电器 5b、钢轨和集电器 5d 向列车的配电装置 7 供电。配电装置 7 供给列车空调、照明等用电。

钢轨包括 R1 和 R2，通过导线并联并接地。供电轨 1a、1b、1c 铺设在钢轨 R1 和 R2 之间的轨枕或道床上。

图 12-15 为三供电轨＋钢轨方案的列车供控系统分区示意。

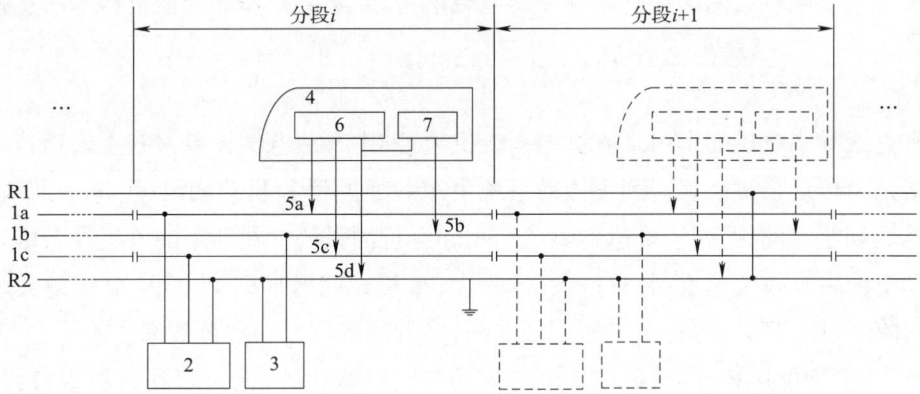

1—供电轨；2—交-直-交变频变压装置；3—整流装置；4—列车；5—车载集电器；
6—牵引电机；7—配电装置；R—钢轨。

图 12-15　列车智能供控系统分区示意

牵引电机一般采用异步(感应)电机。

配电装置采用同一电压等级，无需车载设备中间进行电压变换，方便、简洁。

可采用如图 12-16 所示的集电器方案。集电器由横梁 1、轴承座 2、转轴 3、绝缘套管 4、集电靴 5、电缆等构成，均为三重结构，其中集电靴分为 5a、5b、5c。横梁安装在转向架端头。三个供电轨中选择两个与钢轨构成交流供电回路，另一个供电轨与钢轨构成直流供电回路。

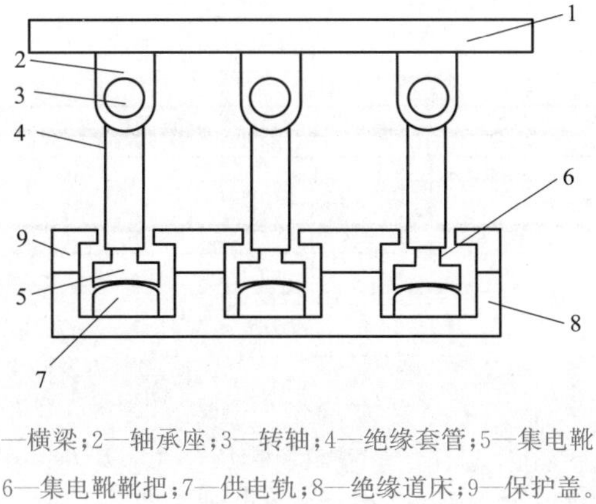

1—横梁；2—轴承座；3—转轴；4—绝缘套管；5—集电靴；
6—集电靴靴把；7—供电轨；8—绝缘道床；9—保护盖。

图 12-16　集电器与供电轨

发明这种结构集电器的中心思想是化解运动中列车横向和纵向振动对集电靴受流性能的影响:(1)以集电靴与供电轨的接触面为圆心,通过绝缘套管顶端与列车纵向平行的转轴与轴承座铰接来化解列车横向振动对集电靴与供电轨之间接触力的影响,并保持接触面积不变;(2)列车的垂向振动较小,但仍可通过集电靴的靴把与绝缘套管的直管的结合来化解列车垂向振动对集电靴与供电轨之间接触力的影响;从而,维持集电靴与供电轨的接触面积和接触力不变,使列车运行中保持优良的受流性能,适应高速运行。

集电靴与供电轨之间的接触力等于集电靴的重力,不需要增加其他机构来产生接触力。

12.2.3 轮轨直线异步电机列车智能供控系统

既有直线异步电机列车由直流供电系统供电,其中车载电气设备占有重要地位,当然最重要的就是电传动系统。现行列车传动系统由车载逆变器和驱动绕组(短定子)串联而成,并通过对驱动绕组调频、调压来达到驱动列车和运行的目的。在列车的电气设备中,传动系统和辅助电源占有较大分量,其重量大,体积大;重量大就增加列车自重,自重越大,线路造价越高,体积大则将更多占有列车的宝贵空间,降低功率密度和承载效率。

因此,按照智能供控原理,研究供电与自动控制一体化的、无人驾驶的新型直线异步电机列车系统尤为必要。

一种实用的三供电轨+钢轨直线异步电机列车方案如图 12-17 所示。包括钢轨 R、与钢轨 R 并行铺设的供电轨 1 以及设置于钢轨 R 和供电轨之间的感应板 2,设置于地面的交-直-交变流器 3 和整流装置 4 以及设置于列车 5 上的车载集电器 6、三相驱动绕组(短定子)7,还有配电装置 8。交-直-交变流器和整流装置 4 通过供电轨、钢轨和车载集电器分别向列车的三相驱动绕组 7 以及配电装置 8 供电。

在钢轨内侧铺设的感应板 2a 和 2b 与车载三相驱动绕组 7 对应设置,感应工作,经交-直-交变流器 3 变频、变压来驱动列车。

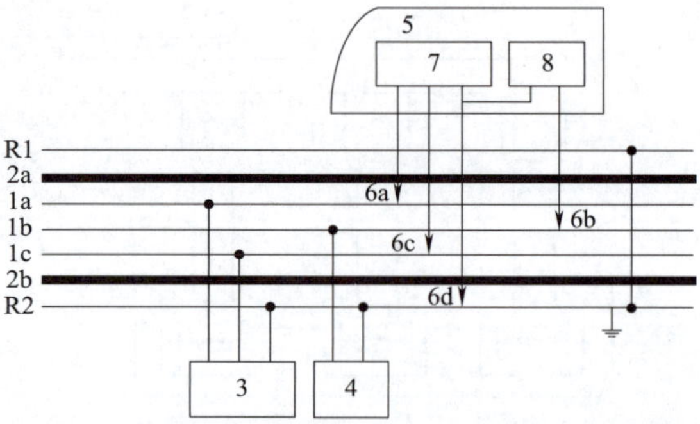

1—供电轨;2—感应板;3—交-直-交变频变压装置;4—整流装置;5—列车;
6—车载集电器;7—三相驱动绕组;8—配电装置;R—钢轨。

图 12-17 轮轨直线异步电机列车供控系统示意

图 12-18 为三供电轨＋钢轨方案的列车供控系统分区示意。

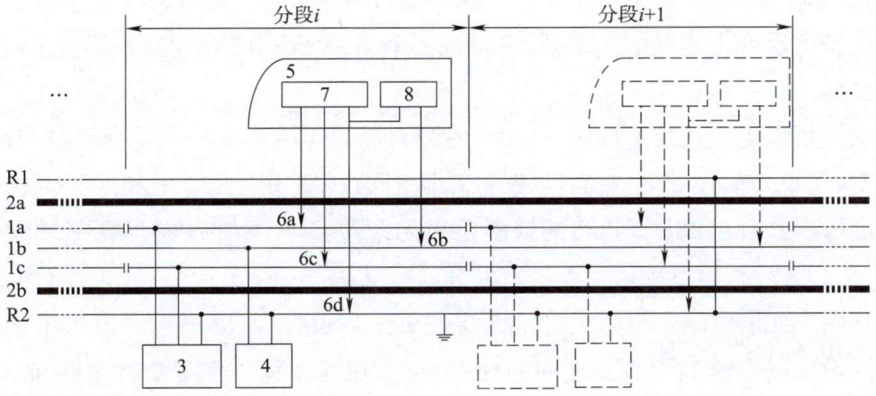

1—供电轨；2—感应板；3—交-直-交变流器；4—整流装置；5—列车；
6—车载集电器；7—三相驱动绕组；8—配电装置；R—钢轨。

图 12-18　轮轨直线异步电机列车供控系统分区示意

轮轨直线异步电机列车也是利用钢轨支撑和导向，其集电器仍可采用图 12-16 所示的方案将地面三相变频、变压交流电和直流电送到列车上。

12.2.4　短定子磁浮列车智能供控系统

磁浮列车是一种利用电磁力抵消列车重量而实现悬浮的轨道交通工具，悬浮和导向均由磁悬浮完成，具有爬坡能力强、转弯半径小、噪声小等突出优点，在城市和城际轨道交通运输系统中具有很好的应用前景。

磁浮列车的驱动分为长定子和短定子两种方式。长定子方式的磁浮列车采用长定子线性同步电机驱动，即电机定子三相交流绕组铺设在地面线路两侧，并由设在地面变电所内的变流器（变频变压）提供动力电源，地面运行中心通过同步电机的同步控制来操控列车的启停和运行。其优点是磁浮列车与长定子线路没有机械接触，可以提高地面同步电机功率，适用于高速运行；但其也存在缺点，由于沿线铺设电机定子（长定子）绕组，其造价必然很高。短定子方式的磁浮列车则将直线异步电机定子三相绕组布置在车上（两侧），相比电机定子三相绕组铺设在地面线路两侧的长定子方式，车上的定子三相绕组就短得多，短定子方式因而得名，同时，短定子方式的异步电机转子则由很薄的、铺设在线路上（与车上定子位置相对应）的铝板构成，称为感应板，结构非常简单，也很便宜，所以，短定子磁浮线路的造价远低于长定子磁浮线路。这也是短定子磁浮列车的突出优点和受到欢迎的主要原因。

与轮轨列车靠钢轨支撑和导向不同，磁浮列车靠磁悬浮支撑和导向，因此更注重列车自重与承载效率问题。悬浮轨的断面形状确定以后，单位长度的车载悬浮磁铁的悬浮能力决定了磁浮列车的总承载能力。显然，在总承载能力一定时，磁浮列车自重越小，载客能力就越大,磁浮列车的承载效率就越高。因此,提高承载效率就必须减小磁浮列车自重。其中,优化车载设备结构、减轻车载设备重量是减小磁浮列车自重、提高承载效率的有效方法之一。车载设备的重点是车载电气设备,主要包括牵引逆变器和辅助电源,其重量占据车载电气设备的主体。

智能供控可以优化系统结构,将牵引逆变器和辅助电源移至地面,可有效地减轻车载电气设备重量,实现列车轻量化,提高承载效率,同时通过地面三相供电和调频调压直接进行磁浮列车启停、调速,实现列车运行的智能化和无人驾驶,使短定子磁浮列车的优势得到更好发挥。

一种实用的四供电轨+钢轨短定子磁浮列车方案如图 12-19 所示。该系统包括与磁浮线路并行铺设的供电轨 1,设置在地面的交-直-交变流器 2 和整流装置 3,磁浮列车 4 以及车载集电器 5、短定子(三相驱动绕组)6 和配电装置 7。交-直-交变流器和整流装置分别通过供电轨、车载集电器向磁浮列车短定子和配电装置供电。

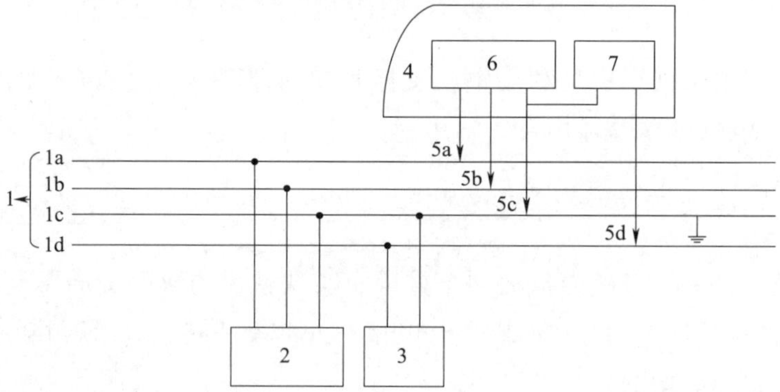

1—供电轨;2—交-直-交变流器;3—整流装置;4—磁浮列车;5—车载集电器;
6—三相驱动绕组;7—配电装置。

图 12-19　短定子磁浮列车智能供控系统示意

图 12-19 中,供电轨为 1a、1b、1c 和 1d;车载集电器为 5a、5b、5c 和 5d;供电轨 1a、1b 与 1c 构成三相交流供电回路。三相交流供电回路中任选一个供电轨接地,如选择供电轨 1c 接地。供电轨 1d 与三相交流供电回路中接地的供电轨 1c 构成直流供电回路。集电器 5a、5b 和 5c 的尾端分别通过电缆与短定子三相端子连接,前端分别与供电轨 1a、1b 和 1c 接触受电。交-直-交变流器通过供电轨 1a 和集电器 5a、供电轨 1b 和集电器 5b、供电轨 1c 和集电器 5c 向磁浮列车短定子供电并通过调频、调压来控制短定子与地面感应板(图中省略)之间的牵引力和牵引功率,控制磁浮列车的启停和运行。同时,集电器 5c 的尾端通过电缆与配电装置 7 的负极连接,集电器 5d 的尾端通过电缆与配电装置 7 的正极连接,集电器 5d 的前端与供电轨 1d 接触受电。整流装置通过供电轨 1c 和集电器 5c、供电轨 1d 和集电器 5d 向配电装置 7 供电。

图 12-20 为短定子磁浮列车智能供控系统分区示意。

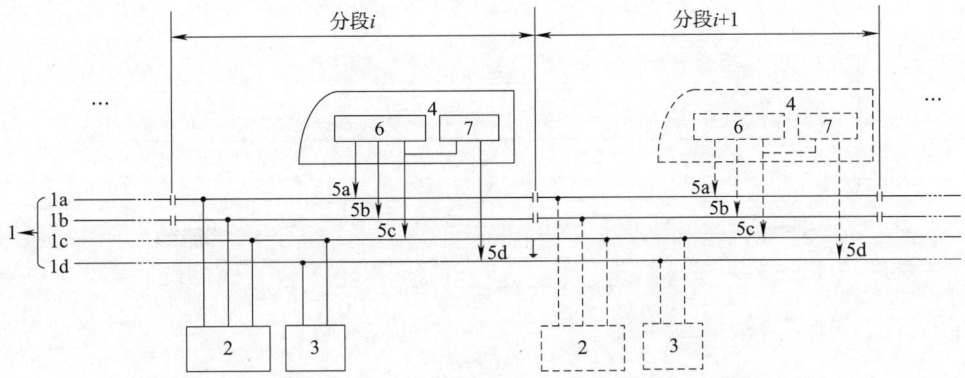

1—供电轨;2—交-直-交变流器;3—整流装置;4—磁浮列车;5—车载集电器;

6—短定子(三相驱动绕组);7—配电装置。

图 12-20　短定子磁浮列车智能供控系统分区示意

现行短定子磁浮列车还存在一个供电与受流问题:由于短定子在车上,而提供动力电源的变流器(变频变压)也装在车内,由地面供电轨和车上集电靴滑触完成对车上变流器的供电,磁浮列车的波动、振动会严重影响接触力和接触面积,从而影响受流性能,并且列车速度越高,影响越大。因此,尽管短定子方式造价很低,但不适用于高速场合。

借助图 12-16 所示集电器方案可以解决这一问题,不过,这里应采用 4 重供电轨和 4 重集电靴,如图 12-21 所示。

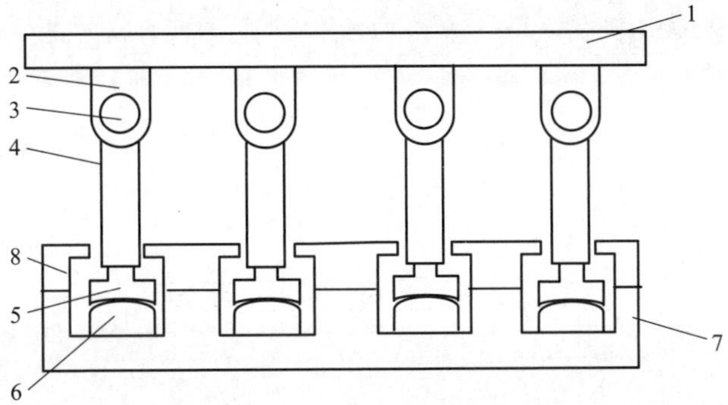

1—横梁;2—轴承座;3—转轴;4—绝缘套管;5—集电靴;

6—供电轨;7—绝缘道床,8—保护盖。

图 12-21　短定子磁浮的集电器与供电轨方案一

图 12-21 方案的四个供电轨设置于线路上方中央,集电靴设置于车体中央下方,如图 12-22 所示。

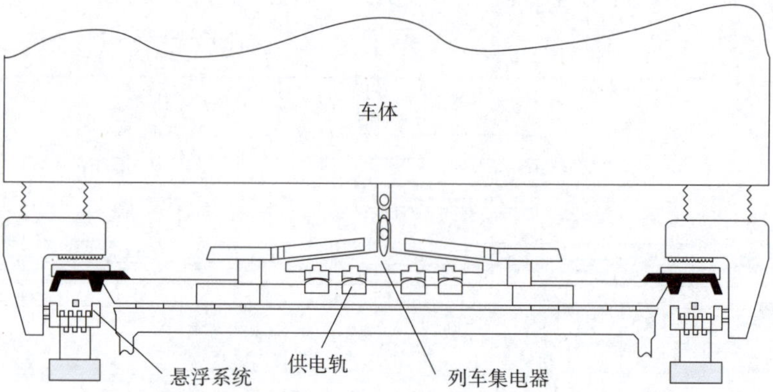

图 12-22　短定子磁浮列车布置

还可以将四个供电轨分成两组，分别设置于线路下方两侧，如图 12-23 所示。

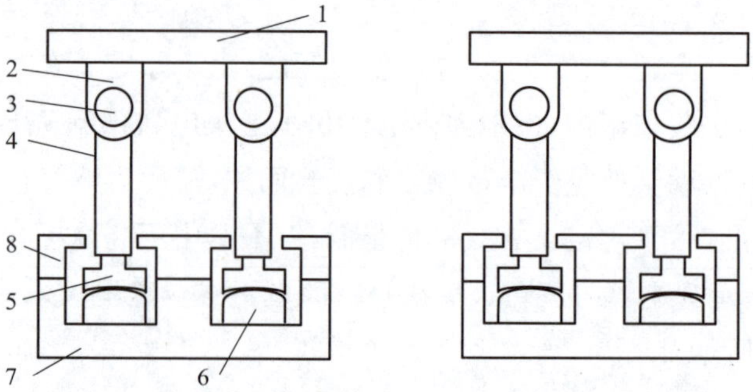

1—横梁；2—轴承座；3—转轴；4—绝缘套管；5—集电靴；6—供电轨；
7—绝缘道床；8—保护盖。

图 12-23　短定子磁浮的集电器与供电轨方案二

12.3　智能供控方法

12.3.1　列车运行控制

列车运行控制系统简称列控，是保证列车安全、快速运行的系统。列车运行控制系统的主要作用是完成列车的间隔控制和速度控制。完整的列车运行控制系统应包括车载设备和地面设备。目前，在我国高速铁路上广泛应用了 CTCS-2 级和 CTCS-3 级列控系统。

在智能供控系统里，由于牵引控制放置于地面，列控系统与牵引控制系统间的通信可配置有线和无线的冗余，避免了原有通信只能依靠无线通信的状况，提高了整体的安全性和可靠性。同时，为了保证每个供电区间只有一列运行，需在原有列控系统基础上进行升级。基于每条线路情况和运行列车数据，加入机器学习模型，预测未来前后车列车间距，在保证安全的情况下，合理安排整条线路的每个区间的列车速度。

另外，列车通过相邻分区时，为减小供电切换时产生的电流冲击，在列车前端和后端分别配置三相集电器，在列车通过相邻供电分区时，列车可由相邻两个分区的地面交-直-交变流器供电和控制。列车通过相邻分区的过程如下：列车前端的三相集电器进入下个分区时，相应位置的定位装置发出信号给下个分区的地面交-直-交变流器，此变流器根据此信号和相邻分区变流器输出的电压（幅值、频率）信号，输出相同的电压，同时，控制此变流器输出电流从零逐渐增加，上个分区的变流器输出电流逐渐减小至零，两台变流器电流的增加速度与减小速度相等，从而完成列车通过相邻分区的平滑过渡。

12.3.2　地面交-直-交变流器矢量控制

上面讨论的智能供控涉及轮轨列车、轮轨直线异步电机列车和短定子磁浮列车三种，其中都涉及异步电机或者等效异步电机。异步电机是一个高阶、非线性、强耦合的多变量系统，其原始数学模型非常复杂，很难对其直接进行分析求解，而通过旋转坐标变化可以将其数学模型大大简化，并改变定子、转子绕组之间的耦合关系。

经过静止坐标和旋转坐标变换，三相坐标系中的正弦交流量将转换为随同步坐标系旋转的直流量。如果站在铁芯上与坐标系一起旋转，那么两相同步旋转坐标系下的异步电机将表现为一台他励直流电机。这时就可以模仿直流电机的控制策略对异步电机进行控制，从而实现良好的转矩控制性能。这样通过坐标变换实现的控制系统就称为矢量控制系统。

借助三相异步电机基本电压方程

$$\begin{cases} u_{s\alpha}-R_s i_{s\alpha}=L_s\dfrac{\mathrm{d}i_{s\alpha}}{\mathrm{d}t}+L_m\dfrac{\mathrm{d}i_{r\alpha}}{\mathrm{d}t} \\ u_{s\beta}-R_s i_{s\beta}=L_s\dfrac{\mathrm{d}i_{s\beta}}{\mathrm{d}t}+L_m\dfrac{\mathrm{d}i_{r\beta}}{\mathrm{d}t} \end{cases} \tag{12-2}$$

可推导得转子电流方程为

$$\begin{cases} i_{r\alpha}=\dfrac{1}{L_m}\displaystyle\int(u_{s\alpha}-R_s i_{s\alpha})\mathrm{d}t-\dfrac{L_s}{L_m}i_{s\alpha} \\ i_{r\beta}=\dfrac{1}{L_m}\displaystyle\int(u_{s\beta}-R_s i_{s\beta})\mathrm{d}t-\dfrac{L_s}{L_m}i_{s\beta} \end{cases} \tag{12-3}$$

$$\begin{cases} \varphi_{r\alpha}=L_m i_{s\alpha}+L_r i_{r\alpha} \\ \varphi_{r\beta}=L_m i_{s\beta}+L_r i_{r\beta} \end{cases} \tag{12-4}$$

同时根据基本磁链定义(12-4)，得转子磁链方程为

$$\begin{cases}\varphi_{r\alpha}=\dfrac{L_m^2-L_rL_s}{L_m}i_{s\alpha}+\dfrac{L_r}{L_m}\displaystyle\int(u_{s\alpha}-R_si_{s\alpha})dt\\\varphi_{r\beta}=\dfrac{L_m^2-L_rL_s}{L_m}i_{s\beta}+\dfrac{L_r}{L_m}\displaystyle\int(u_{s\beta}-R_si_{s\beta})dt\end{cases}\tag{12-5}$$

式(12-5)为转子磁链观测的基本方程。

如果将同步旋转坐标系的 d 轴与转子磁链矢量重合，即为转子磁场定向控制，可得到转子磁场定向下的异步电机电压动态方程和磁链动态方程。

$$\begin{cases}U_{sd}=R_sI_{sd}+\sigma L_s\dfrac{dI_{sd}}{dt}-\sigma L_s\omega_eI_{sq}+\dfrac{L_m}{L_r}\cdot\dfrac{d\varphi_r}{dt}\\U_{sq}=R_sI_{sq}+\sigma L_s\dfrac{dI_{sq}}{dt}+\sigma L_s\omega_eI_{sd}+\dfrac{L_m}{L_r}\omega_e\varphi_r\\\varphi_r+T_r\dfrac{d\varphi_r}{dt}=L_mI_{sd}\end{cases}\tag{12-6}$$

在系统处于稳态时，变量的微分项为零，即$\dfrac{dI_{sd}}{dt}=0$、$\dfrac{dI_{sq}}{dt}=0$、$\dfrac{d\varphi_r}{dt}=0$，代入式(12-6)得电机控制的前馈电压补偿量为

$$\begin{cases}U_{sd\_sty}=R_sI_{sd}-\sigma L_s\omega_eI_{sq}\\U_{sq\_sty}=R_sI_{sq}+L_s\omega_eI_{sd}\\\varphi_{r\_sty}=L_mI_{sd}\end{cases}\tag{12-7}$$

又根据$\dfrac{d\varphi_{sq}}{dt}=-(\omega_e-\omega_r)\varphi_r+\dfrac{L_mI_{sq}}{T_r}=0$，得到转差频率为

$$\omega_{sl}=\omega_e-\omega_r=\frac{1}{T_r}\cdot\frac{L_mI_{sq}}{\varphi_r}\tag{12-8}$$

转子磁场定向下的转矩方程为

$$T_e=1.5n_p\frac{L_m}{L_r}I_{sq}\varphi_r\tag{12-9}$$

式中 σ——总的漏磁系数，$\sigma=1-L_m^2/(L_sL_r)$；

T_r——转子时间常数，$T_r=L_r/R_r$；

$u_{s\alpha}$——定子电压 α 分量；

$u_{s\beta}$——定子电压 β 分量；

$i_{s\alpha}$——定子电流 α 分量；

$i_{s\beta}$——定子电流 β 分量；

I_{sd}——定子电流 d 轴分量；

I_{sq}——定子电流 q 轴分量；

R_s——定子电阻参数；

L_s——定子电感参数；

L_m——电机励磁电感参数；

$i_{r\alpha}$——转子电流 α 分量；

$i_{r\beta}$——转子电流 β 分量；

$\varphi_{r\alpha}$——转子磁场 α 分量；

$\varphi_{r\beta}$——转子磁场 β 分量；

φ_{r}——转子磁场 d 轴分量；

R_{r}——转子电阻参数；

L_{r}——转子电感参数；

ω_{e}——同步频率；

ω_{r}——转子机械频率；

T_{e}——电磁转矩；

n_{p}——电机极对数；

ω_{sl}——转差频率。

考虑到地面变流器到列车集电器的距离较大，相当于异步电机的定子电阻和定子漏抗随供电距离的变化而变化，式(12-2)～式(12-7)需进行相应的修正：

设列车与相应区段的地面变流器接入点的距离为 D_i，单位长度线路上的等效电阻为 r_0/m，等效电感为 x_0/m，则式(12-2)～式(12-7)的 R_s 修正为 $R_s'=R_s+D_ir_0$，L_s 修正为 $L_s'=L_s+D_ix_0$。

同时，为减小供电线路阻抗对电机参数及无功损耗的影响，地面变流器输出接入三相牵引网的位置设置于此供电区间的中间位置。设接入位置距离此区间末端(列车刚驶入位置)的距离为 D_{i0}，则 $D_i=\left|D_{i0}-\int v\mathrm{d}t\right|$。当列车刚驶入此区段时，此区段地面变流器将根据地面定位装置信号，开始计算 D_i，且积分初始值为零。

电机矢量控制基本框图如图 12-24 所示。

图 12-24 中，定义

$$S_a=\begin{cases}1(u_a=u_{dc})\\0(u_a=0)\end{cases},\quad S_b=\begin{cases}1(u_b=u_{dc})\\0(u_b=0)\end{cases},\quad S_c=\begin{cases}1(u_c=u_{dc})\\0(u_c=0)\end{cases}$$

则电压重构的基本方程为

$$\begin{cases}u_a=\dfrac{1}{3}(2S_a-S_b-S_c)\\u_b=\dfrac{1}{3}(2S_b-S_a-S_c)\\u_c=\dfrac{1}{3}(2S_c-S_a-S_b)\end{cases}\tag{12-10}$$

$$\begin{cases}u_\alpha=u_a\\u_\beta=\dfrac{1}{\sqrt{3}}(u_a+2u_b)\end{cases}\tag{12-11}$$

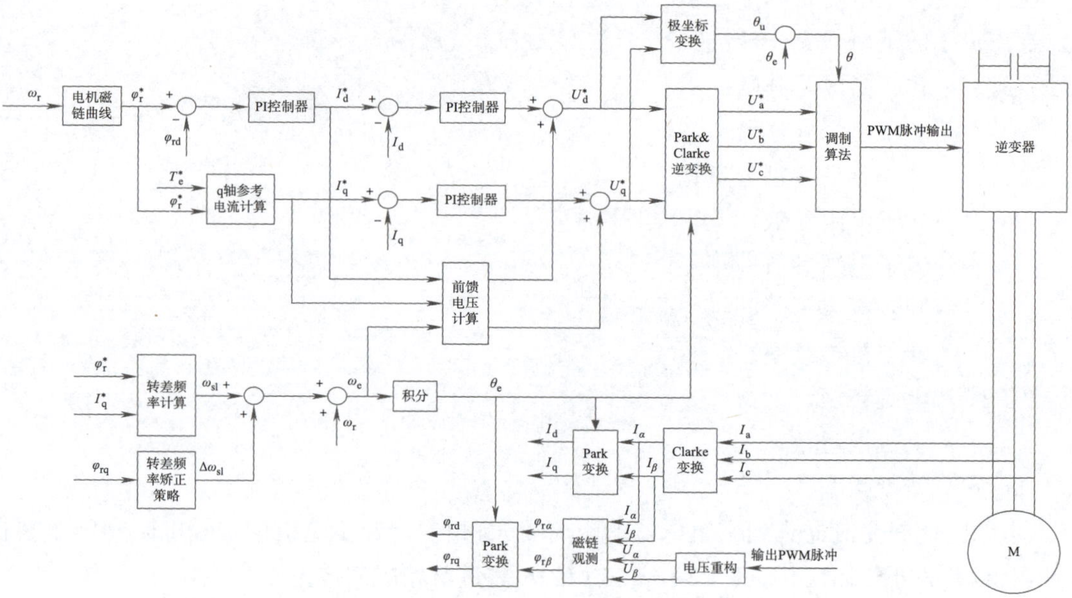

图 12-24　电机矢量控制基本框图

12.3.3　列车无功补偿方案

因供电轨传输电感部分影响，电机励磁无功功率影响，直线异步电机列车和短定子磁浮列车短定子（三相驱动绕组）与感应板之间气隙影响，都将造成线路无功功率增加，功率因数降低，进而影响供电电压和列车功率发挥。鉴于以上问题，可以在相应列车上设置动态变频、变压无功功率补偿装置 SVG，为三相牵引电机提供励磁无功，消除电机无功对供电线路的影响，如图 12-25 所示。

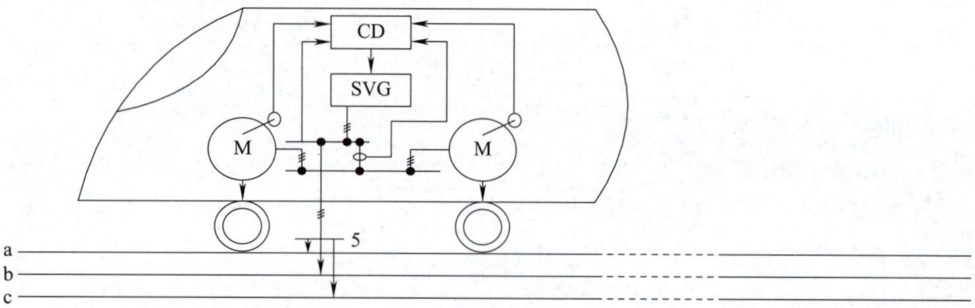

LM—列车；5—三相集电器；SVG—无功补偿器；CD—测控装置；M—三相驱动绕组（短定子）。

图 12-25　动态变频、变压无功补偿原理示意

为了补偿系统运行过程中产生的无功功率，在列车上配置无功补偿装置 SVG 和测控装

置 CD。测控装置 CD 获取三相驱动绕组(短定子)的输入频率、电压、电流,并根据三相驱动绕组(短定子)参数,计算三相驱动绕组(短定子)参考励磁无功电流,将参考无功电流传输给无功补偿装置 SVG。无功补偿装置 SVG 根据测控装置 CD 传输的无功电流值,发出相应的无功电流为三相驱动绕组(短定子)提供励磁。同时,由于测控装置 CD 为三相驱动绕组(短定子)提供了无功励磁电流,所以地面的交-直-交变流器只需提供有功电流,无需提供无功电流,供电轨上的功率因数得到提高,电压得以稳定和提高,有利于增加区间长度或牵引功率良好发挥。

思考题

12.1　三相牵引供电早在 20 世纪初期就曾投入试运行,为什么没有得到推广?

12.2　目前,我国城市轨道主要采用 DC 1.5 kV 直流制,干线铁路均采用工频单相 25 kV 交流制,试说明两者的优缺点。

12.3　说明新制式推荐选择工频交流 3 kV 的依据。

12.4　简述列车单相/三相兼容电传动系统设计和工作原理。

12.5　简述受电犁化解列车振动对受流效果影响的原理。

12.6　简述工频交流 3 kV 制式的优势。

12.7　简述智能供控系统基本原理和地面交-直-交变流器矢量控制原理。

附录A　谐波、谐振与抑制

随着交-直型电力机车的停产和逐步淘汰，交-直-交型电力机车和动车组的普及，较低次谐波含量及其直接影响大大降低，但是更高次谐波和与谐波相关的谐振问题依然存在且不可忽视，谐振不仅会引起系统元件故障，还会进一步造成谐波超标，因此，还应该加以重视。

本附录介绍谐波描述，国内限制谐波的标准，讨论电气化铁路的谐波、谐振与抑制措施。值得注意的是，虽然谐振的建模、分析显得非常复杂，但使用阻波高通滤波器来保持高功率因数并进行更高次谐波滤除和抑制谐振是非常简单且有效的。

这里述及的谐波都是稳态的，不涉及暂态过程。

A.1　谐波描述

A.1.1　基本概念

在线性定长（时不变）系统中传送能量的正弦波具有唯一性，即正弦激励（输入）产生正弦响应（输出）。遗憾的是，在电力系统中，由于系统或用户的原因，实际电压或电流波形相对主频正弦波（基波）都存在周期性畸变，这些周期性畸变在傅里叶级数下就是谐波。

用周期为 T 的函数表示畸变电流或电压，即

$$f(t)=f(t+kT),k=0,1,2,\cdots,n \tag{A-1}$$

用傅里叶级数表示为

$$f(t)=a_0+\sum_{h=1}^{\infty}a_h\sin(h\omega_1 t+\varphi_h) \tag{A-2}$$

式中　$T\omega_1=2\pi$；

a_0——直流分量，当波形 $f(t)$ 对于 t 轴上下半波对称时，$a_0=0$；

a_1——基波分量幅值；

φ_1——基波初相角；

a_h,φ_h——h 次谐波分量的幅值和相角，$h>1$。

交-直型电力牵引负荷是单相整流负荷，主要含有奇次谐波，即其电流为

$$i(t)=\sqrt{2}\sum_{h=1}^{\infty}I_h\sin(h\omega_1 t+\varphi_h) \tag{A-3}$$

式中 I_h——h 次谐波电流有效值，h 为奇数。

A. 1. 2 谐波的产生

电力系统中产生谐波的方式多种多样，但就谐波电流而言，主要有以下两种产生方式[13]。

1. 非正弦电压作用于线性负载或系统

直-交逆变器输出的交流电压就是典型的周期性非正弦电压，记为

$$u(t)=\sqrt{2}\sum_{h=1}^{\infty}U_h\sin(h\omega_1 t+\varphi_h) \tag{A-4}$$

当它作用于一线性定常系统时就产生谐波电流。如果这一线性定常系统用一个 RLC 并联电路等效，则 R、L、C 中的电流分别为

$$\begin{cases} i_{\mathrm{R}}(t)=\sqrt{2}\sum\limits_{h=1}^{\infty}\dfrac{U_h}{R}\sin(h\omega_1 t+\varphi_h) \\ i_{\mathrm{L}}(t)=\dfrac{\sqrt{2}}{\omega_1 L}\sum\limits_{h=1}^{\infty}\dfrac{U_h}{h}\sin(h\omega_1 t+\varphi_h-90^\circ) \\ i_{\mathrm{C}}(t)=\sqrt{2}\omega_1 C\sum\limits_{h=1}^{\infty}hU_h\sin(h\omega_1 t+\varphi_h+90^\circ) \end{cases} \tag{A-5}$$

2. 正弦电压作用于非线性系统

线性定常系统的电压—电流特性可由式(A-6)描述。

$$i[u(\varphi)]=gu(\varphi+\varphi_g) \tag{A-6}$$

式中 g——与时间 t 无关的实常数；

φ——u 的初相角；

φ_g——常数 g 作用的相位移。

$i[u(\varphi)]$为奇函数，即

$$i[-u(\varphi)]=-i[u(\varphi)] \tag{A-7}$$

非线性系统的电压—电流特性尽管仍具有奇函数性质，但无论如何选择 g 及其相位移 φ_g 都不能使 $i_{\mathrm{N}}[u(\varphi)]-gu(\varphi+\varphi_g)=0$ 成立。即

$$\Delta i=i_{\mathrm{N}}[u(\varphi)]-gu(\varphi+\varphi_g)\neq 0 \tag{A-8}$$

当 u 为正弦波时，奇函数 $i_{\mathrm{N}}[u(\varphi)]$也是周期性的，写成傅里叶级数就是一系列奇次谐波电流的和。即若令 $u(\varphi)=\sqrt{2}U\sin(\omega_1 t+\varphi)$，则函数

$$i_{\mathrm{N}}[\sqrt{2}U\sin(\omega_1 t+\varphi)]=\sqrt{2}\sum_{h=1}^{\infty}i_h\sin(h\omega_1 t+\varphi_h) \tag{A-9}$$

使用式(A-8)，并选择$\sqrt{2}i_1\sin(\omega_1 t+\varphi_1)=\sqrt{2}gU\sin(\omega_1 t+\varphi+\varphi_g)$，则

$$\Delta i=\sqrt{2}\sum_{h=2}^{\infty}i_h\sin(h\omega_1 t+\varphi_h) \tag{A-10}$$

若认为 i_h 与 φ_h 相互独立，则以均方根值表示有

$$\Delta I=\sqrt{\frac{1}{T}\int_0^T(\Delta i)^2\mathrm{d}t}=\sqrt{\sum_{h=2}^{\infty}i_h^2} \tag{A-11}$$

这样一来，ΔI 的大小可以表征 $i_N[u(\varphi)]$ 的非线性程度。ΔI 越大，$i_N[u(\varphi)]$ 的非线性程度越大，反之则小。

正弦电压作用于磁饱和铁芯及整流系统等都是这类谐波产生的典型实例。从这一观点看，整流负荷又称为非线性负荷。

在没有直流联络线的电力系统中，只存在非线性负荷产生的谐波电流，这些电流作用于系统产生谐波电压，而谐波电压又对非线性负荷作用产生新的谐波电流，这是谐波潮流要研究的主要内容。

从牵引网侧看去，电力机车和动车组都可视为整流负荷。

A.1.3 畸变波形的数字特征

1. 畸变波形的方均根值

周期性电流和电压的瞬时值都随时间而变，在工程实际应用中常采用方均根值这个数字特征量来衡量电流和电压的大小。以周期电流 $i(t)$ 为例，它的方均根值定义为

$$I=\sqrt{\frac{1}{T}\int_0^T i^2(t)\mathrm{d}t} \tag{A-12}$$

方均根值通常也称为有效值。

2. 谐波含有率

工程上常要求给出电压或电流畸变波形所含某次谐波的含有率，以便监测和采取抑制措施。电压畸变波形的第 h 次谐波电压含有率等于其第 h 次谐波电压方均根值 U_h 与其基波电压方均根值 U_1 的百分比，即

$$\mathrm{HRU}_h=\frac{U_h}{U_1}\times 100\% \tag{A-13}$$

电流畸变波形的第 h 次谐波电流含有率等于其第 h 次谐波电流方均根值 I_h 与其基波电流方均根值 I_1 的百分比，即

$$\mathrm{HRI}_h=\frac{I_h}{I_1}\times 100\% \tag{A-14}$$

实际工作中，谐波含有率常以频谱(幅频特性)来表示。

3. 总谐波畸变率

波形畸变的程度，常以其总谐波畸变率来表示，作为衡量电能质量的一个指标。各次谐波含有率的平方根值称为总谐波畸变率 THD(total harmonic distortion)，简称畸变率 DF(distortion factor)。

电压的总谐波畸变率定义为

$$\mathrm{THD}_U = \sqrt{\sum_{h=2}^{50}\left(\frac{U_h}{U_1}\right)^2} \times 100\% \tag{A-15}$$

式中　U_1——基波电压的方均根值，但有的用额定相电压 U_N 代替 U_1。

许多国家规定低压供电电压的畸变率不得超过 5%，通常将符合这种标准的工业供电的电压波形近似认为是实际上的正弦波形。

电流的总谐波畸变率则为

$$\mathrm{THD}_I = \sqrt{\sum_{h=2}^{50}\left(\frac{I_h}{I_1}\right)^2} \times 100\% \tag{A-16}$$

A.2　限制谐波的标准

为了限制电力系统中的谐波水平，很多国家相继制定并颁发了谐波标准，或者由有关权威机构制定限制谐波的规定或导则，以便采取措施把电力系统中的谐波控制在允许的范围之内[73]。

不同国家的谐波标准之间均存在一定的差别。几乎所有的国家标准都设有总谐波电压畸变限值。总谐波电压畸变限值是按照电网额定电压给出的，多数是将各个谐波电压限值合并在一起。合并的结果可以取百分比限值的形式，包括奇次和偶次谐波全部频率范围的限值；对每个谐波定出绝对限值或百分限值，或者是这些限值的组合。少数国家标准设置了谐波电流的限值，这些标准定出了一个用户可能吸取或产生的谐波电流水平。

A.2.1　发达国家和国际组织的标准

英国铁道部在 1980 年颁发的《英国 25 kV 交流电气化铁道设计》中规定："在向电气化铁道供电的 132 kV 电压等级的 PCC（公共连接点）正常谐波限值标准，单次谐波电压畸变率最大值不大于 1.0%，总谐波电压畸变率不大于 3.0%。"而英国电气委员会在 1976 年通过的 G5/3 工程建议书《电力系统谐波技术规定》中规定："132 kV 电压等级的总谐波畸变率为 1.5%。"为了协调电力、铁道两个部门之间的不同规定，英国电气委员会和英国铁道部经研究讨论后，于 1984 年的 P.24 工程建议书《向英国交流电气化铁道供电》干扰限值一节中指出："表中所列出的电力系统谐波干扰限值（注：与 G5/3 规定的相同），反映了英国的现状；但对向铁路供电的 PCC 而言，这些限值的适用性，应该再予评定。至于总谐波限值水平，132 kV 级规定为 1.5%是约束性的。"在《英国电力行业谐波限值报告》（ACE73）中指出："在某些情况下，只要较低电压级的谐波电压水平不超过其限值，则 132 kV 级谐波电压允许再提高一些。"可见，P.24 工程建议书承认电气化铁道谐波具有一定的特殊性，其限值规定可以比一般的电力系统的限值更高一些。

工程导则 G5/3 对系统 PCC 谐波电压限值的规定见表 A-1。

表 A-1 系统上任一点谐波电压限值(包括背景谐波)

标准编号	电网电压/kV	谐波次数 *h*	各次谐波电压含有率/%	电压总谐波畸变率/%
ER G5/3—1976	0.415	奇次 3～19	4	5
		偶次 2～18	2	
	6.6 及 11	奇次 3～19	3	4
		偶次 2～18	1.75	
	33 及 66	奇次 3～19	2	3
		偶次 2～18	1	
	132	奇次 3～19	1	1.5
		偶次 2～18	0.5	

瑞典供电局在“SEF”可控硅委员会报告中对允许的总谐波畸变的限值见表 A-2。

表 A-2 瑞典电网谐波电压标准

标准编号	电网电压/kV	谐波次数 *h*	各次谐波电压含有率/%	电压总谐波畸变率/%
SEF 1974	0.25/0.43	2～25	3.0	4
	3.3～24	2～25	2.5	3
	36～72	2～25	1.5	2
	>84	2～25	0.7	1

美国电气与电子工程师协会(IEEE)工业应用专委会于 1989 年颁布了《IEEE 对电力系统谐波控制的要求和实施建议》。该文件规定了电网 PCC 谐波电压限值和非线性用户谐波电流的限值,这里给出了 PCC 处谐波电压限值,见表 A-3。

表 A-3 美国电网谐波电压标准

标准编号	电网电压/kV	谐波次数 *h*	各次谐波电压含有率/%	电压总谐波畸变率/%
IEEE Std-519	<69	—	3.0	5.0
	69～161	—	1.5	2.5
	≥161	—	1.0	1.5

加拿大太平洋国际咨询公司于 1984 年在其编制的《铁路电气化建议标准》第八章中,明确规定了谐波电压畸变率允许标准,其具体内容为:

“加拿大没有制定全国统一的谐波电压畸变允许标准。不同的电力系统有各自的规程和导则,并在用户的合同或设备说明书中加以明确。

根据美国关于电力系统的谐波标准(IEEE 关于谐波控制的标准,1979)及英国有关规范,建议采用如下标准:

(1)在专供电气化铁路的 PCC,由电气化铁路产生的总谐波电压畸变率不大于 5.0%,单次谐波畸变率不大于 1.5%。

(2)当 PCC 不仅向电气化铁路供电，还向一般电力负荷供电的情况下，由电气化铁路产生的总谐波电压畸变率和单次的谐波电压畸变率，在 PCC 电压为 100 kV 及以上时，分别不大于 3.0%和 1.0%，在 PCC 电压小于 100 kV 时，分别不大于 5.0%和 1.5%。"

加拿大电力公司于 1986 年提出的国家谐波标准(导则)中的建议见表 A-4。

表 A-4 加拿大允许的电压畸变值

电压等级/kV	系统 THD_U 目标值/%	单个用户允许值/%		
		THD_U	U_h 奇次	U_h 偶次
输电电压≥115	4	1.0(min) 2.0(max)	1.0	1.0
配电电压 12～44	6	1.5(min) 4.0(max)	1.5	1.0
供电电压≤12	7	3.0(min) 6.0(max)	3.0	1.0

澳大利亚有关电网谐波畸变的标准见表 A-5。

表 A-5 澳大利亚电网谐波电压标准

标准编号	电网电压/kV	谐波次数 h	各次谐波电压含有率/%	电压总谐波畸变率/%
AS 2279—1979	配电<33	奇次	4	5
		偶次	2	
	输电 22～66	奇次	2	3
		偶次	1	
	>110	奇次	1	1.5
		偶次	0.5	

苏联在电网谐波电压标准中采用的电压等级划分是根据其本身电网特点进行的，规定的限值相对宽松，1 kV 以下电压总畸变率最大值达 10%。苏联有关电网谐波畸变的标准见表 A-6。

表 A-6 苏联电网谐波电压标准

标准编号	电网电压/kV	谐波次数 h	各次谐波电压含有率/%	电压总谐波畸变率/%
13109—87	<1	奇次	6	正常值 5 最大值 10
		偶次	3	
	6～20	奇次	5	正常值 4 最大值 8
		偶次	2.5	
	35	奇次	4	正常值 3 最大值 6
		偶次	2	
	>110	奇次	2	正常值 2 最大值 4
		偶次	1	

德国有关电网谐波畸变的标准见表 A-7。

表 A-7　德国电网谐波电压标准

标准编号	电网电压/kV	谐波次数 h	各次谐波电压含有率/%
DIN 57160 VDE 0160/11.81	<22	5	3
	22～66	5	2
	66～132	5	1
	<22	7	1.5
	>22	7	1

新西兰对于电网谐波电压的认识也较早，颁布谐波标准的时间也比较早(1981 年)。新西兰对电网谐波电压标准规定比较详细，对 66 kV 及以上电压等级电力系统中的 49 次以下的奇次谐波电压含有率给出了具体限值，偶次谐波相对粗略。新西兰有关电网谐波畸变的标准见表 A-8。

表 A-8　新西兰 66 kV 及以上电压等级输电系统中的电压的谐波限值(1981 年)

电网电压/kV	谐波次数 h	各次谐波电压含有率/%
配电小于 66	奇次	4
	偶次	2
输电大于 66	3	2.3
	5	1.4
	7	1.0
	9	0.8
	11	0.7
	13	0.6
	15	0.5
	17～21	0.4
	23～49	0.3
	2	1.2
	4	0.6
	6	0.4
	8～10	0.3
	12～50	0.2

国际大电网 CIGRE 36-05 工作组和国际电工委员会 77-08 工作组关于电网谐波电压电磁兼容水平的研究报告，提出了“高值”和“低值”两个指标。高值是电网中很少超过的值；低值是大量干扰负荷附近可能出现的值。但是，目前对于高值的兼容水平是很难实现的，一般取 CIGRE 36-05 工作组提出的低值作为电网谐波量的正常水平，这也是比较合理的。

CIGRE 提出的电网谐波标准见表 A-9。

表 A-9　CIGRE 36-05 工作组提出的电网谐波标准

电网电压/kV	各次谐波电压含有率/%
低压电网<1	高值 8% 低值 5%
1<中压电网<33	高值 8% 低值 5%
33<高压电网<100	高值 3% 低值 1.5%

A.2.2　中国的谐波标准

1993 年,国家技术监督局批准颁布了国家标准《电能质量　公用电网谐波》(GB/T 14549—1993),除了给出各级电网电压下电网 PCC 电压波形畸变率限值(表 A-10)外,还规定了注入 PCC 的谐波电流允许值(表 A-11)。

表 A-10　中国公用电网谐波电压(相电压)限值

电网电压/kV	电网电压总谐波畸变率/%	各次谐波电压含有率/%	
		奇　次	偶　次
0.38	5.0	4.0	2.0
6	4.0	3.2	1.6
10			
35	3.0	2.4	1.2
66			
110	2.0	1.6	0.8

表 A-11　注入公共连接点的谐波电流允许值

标准电压/kV	基准短路容量/(MV·A)	谐波次数及谐波电流允许值/A																							
		2	3	4	5	6	7	8	9	10	11	12	13	14	15	16	17	18	19	20	21	22	23	24	25
0.38	10	78	62	39	62	26	44	19	21	16	28	13	24	11	12	9.7	18	8.6	16	7.8	8.9	7.1	14	6.5	12
6	100	43	34	21	34	14	24	11	11	8.5	16	7.1	13	6.1	6.8	5.3	10	4.7	9.0	4.3	4.9	3.9	7.4	3.6	6.8
10	100	26	20	13	20	8.5	15	6.4	6.8	5.1	9.3	4.3	7.9	3.7	4.1	3.2	6.0	2.8	5.4	2.6	2.9	2.3	4.5	2.1	4.1
35	250	15	12	7.7	12	5.1	8.8	3.8	4.1	3.1	5.6	2.6	4.7	2.2	2.5	1.9	3.6	1.7	3.2	1.5	1.8	1.4	2.7	1.3	2.5
66	500	16	13	8.1	13	5.4	9.3	4.1	4.3	3.3	5.9	2.7	5.0	2.3	2.6	2.0	3.8	1.8	3.4	1.6	1.9	1.5	2.8	1.4	2.6
110	750	12	9.6	6.0	9.6	4.0	6.8	3.0	3.2	2.4	4.3	2.0	3.7	1.7	1.9	1.5	2.8	1.3	2.5	1.2	1.4	1.1	2.1	1.0	1.9

注:220 kV 基准短路容量取 2 000 MV·A。

2000 年,中华人民共和国国家标准化指导性技术文件颁布《电磁兼容　限值　中、高压电力系统中畸变负荷发射限值的评估》(GB/Z 17625.4—2000)等同采用 IEC 61000-3-6:1996[74]。

IEC 61000-3-6 是由国际电工委员会（International Electrotechnical Commission，IEC）技术委员会 77（电磁兼容）的 77A 分技术委员会制定的。IEC 61000-3-6 是 IEC 61000 的第 3 部分第 6 分部分，按照 IEC 导则 107，它具有基础电磁兼容（EMC）出版物的地位。

IEC 61000-3-6 提出了决定大型畸变负荷（产生谐波和/或间谐波）接入公用电力系统所依据的一些基本原则，其主要目的在于为工程实践提供指导，以保证对所有接入系统的用户都有合适的供电质量。

IEC 61000-3-6 提出了谐波电压的兼容水平、规划水平和发射水平三个基本概念。兼容水平是用来协调供电网络设备或由供电网络供电的设备发射和抗扰度的参考值，以保证整个系统（包括网络及所连设备）的电磁兼容性。规划水平是在规划时评估所有用户负荷对供电系统的影响所用水平。供电公司为该系统所有各电压等级规定了规划水平，并且规划水平可以认为是供电公司内部的质量指标。规划水平等于或小于兼容水平。由于随着网络结构和环境条件的不同而有不同的规划水平，所以只可能给出一些指标值。IEC 61000-3-6 给出的谐波电压规划水平见表 A-12。

表 A-12　规划水平

奇次谐波（非 3 倍数）				奇次谐波（3 倍数）				偶次谐波			
谐波次数 h	谐波电压/%			谐波次数 h	谐波电压/%			谐波次数 h	谐波电压/%		
	低压	中压	高压		低压	中压	高压		低压	中压	高压
5	6	5	2	3	5	4	2	2	2	1.6	1.5
7	5	4	2	9	1.5	1.2	1	4	1	1	1
11	3.5	3	1.5	15	0.3	0.3	0.3	6	0.5	0.5	0.5
13	3	2.5	1.5	21	0.2	0.2	0.2	8	0.5	0.4	0.4
17	2	1.6	1	>21	0.2	0.2	0.2	10	0.5	0.4	0.4
19	1.5	1.2	1					12	0.2	0.2	0.2
23	1.5	1.2	0.7					>12	0.2	0.2	0.2
25	1.5	1.2	0.7								
>25	$0.2+1.3\times\frac{25}{h}$	$0.2+0.5\times\frac{25}{h}$	$0.2+0.5\times\frac{25}{h}$								

A.3　电气化铁路的谐波、谐振及抑制措施

电气化铁路的谐波有其特殊性，一直得到国内外学者的关注和持续研究[7,75-83]。电力机车和动车组的牵引变流器属于换流（变流）装置，可视为谐波电流源。交-直型电力机车和交-直-交型电力机车和动车组又有着不同的谐波特性，随着交-直型电力机车的停产和交-

直-交型电力机车和动车组的推广应用，电气化铁路的谐波问题将得到极大改善，但较高次谐波和谐振问题依然存在，发生谐振时需要加以抑制。

正是因为电气化铁路谐波的特殊性，有关限制谐波标准对其适应性也一直是学者关注的问题，有兴趣的读者可参阅文献[73-82]。

A.3.1 谐波与对策

已经停产的交-直型电力机车牵引电流中含有比较丰富的奇次谐波（特征谐波），以 SS_1 型电力机车为例，其谐波电流含量实测值列于表 A-13。随着谐波次数 n 增高，含量 a_n 逐步衰减[7]。

表 A-13 SS_1 交-直型电力机车谐波电流含量实测值（%）

n	3	5	7	9	11	13	15
实测值 a_n	21.60	10.90	6.10	3.40	1.93	1.20	0.40
n	17	19	21	23	25	27	
实测值 a_n	0.80	0.65	0.49	0.35	0.26	0.22	

图 A-1(a)是现场 SS_4 交-直型电力机车实测波形，图 A-1(b)是其频谱图形。

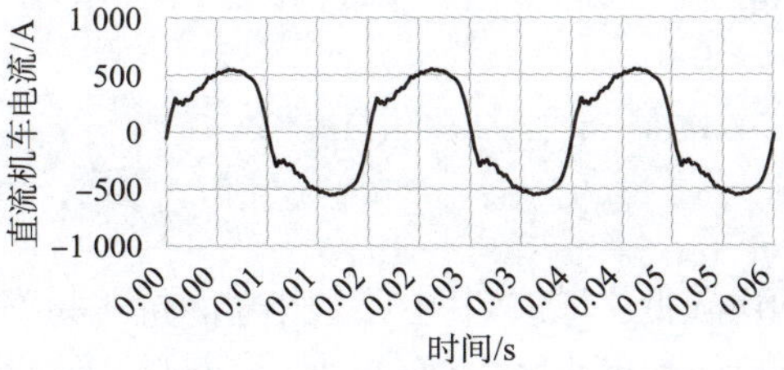

(a)实测波形

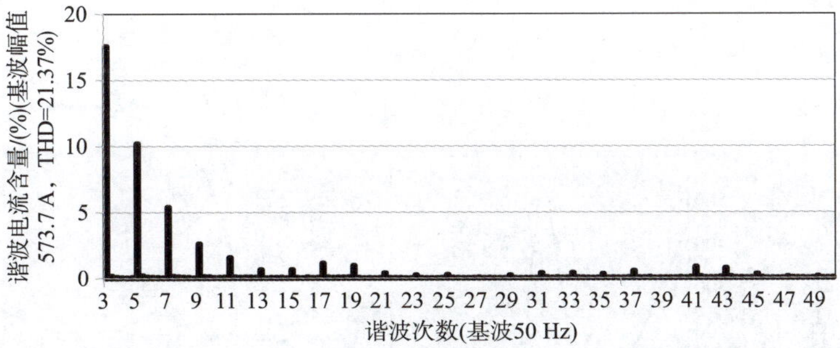

(b)谐波含量

图 A-1 交-直型电力机车实测牵引电流波形与频谱

为了净化电力系统、消除谐波及其危害，就要采取必要的技术措施。从减少非线性用户进入系统谐波的角度看，主要对策有两种，即设置滤波装置和改进换流装置。

1. 设置滤波装置[13]

其作用就是提供有效的谐波通路，不让谐波注入电网进而影响电力系统的其他用户。

滤波装置从大的类型看，可分为无源型和有源型。无源型滤波装置技术难度低，容易实现，虽然无源型也有很多类型，如串联的、并联的，调谐的、高通的，但考虑到交-直型电力机车较低次谐波电流含量丰富，首选的就是针对某次较低次谐波的并联调谐滤波器。并联调谐滤波器常见的有单调谐和双调谐两种。单调谐滤波器针对某一次较低次谐波，如 3 次，其电路和相对阻抗—频率特性曲线如图 A-2 所示，其中，若忽略电阻 R，相对阻抗—频率关系为

$$\frac{|Z(f)|}{\sqrt{L/C}}=\left|\frac{f}{f_r}-\frac{f_r}{f}\right| \tag{A-17}$$

式中　f_r——调谐支路的固有频率，$f_r=\dfrac{1}{2\pi\sqrt{LC}}$，当 $f=f_r$ 时发生串联谐振。

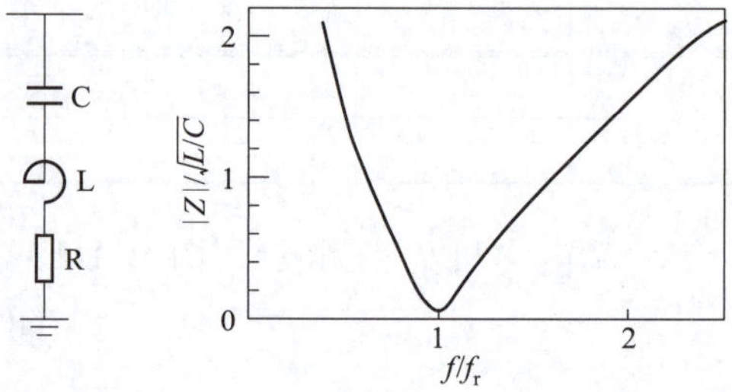

(a)电路图　　(b)相对阻抗—频率特性

图 A-2　单调谐滤波器

双调谐滤波器针对某两次较低次谐波，其电路和相对阻抗—频率特性曲线如图 A-3(a)、(b)所示，图 A-3(c)是其 $X(f)$-$R(f)$ 极坐标特性曲线，这里所示的双调谐滤波器在 5 次和 7 次谐波上发生串联谐振。在接近谐振频率时，双调谐滤波器可等效成两个并联的单调谐滤波器。

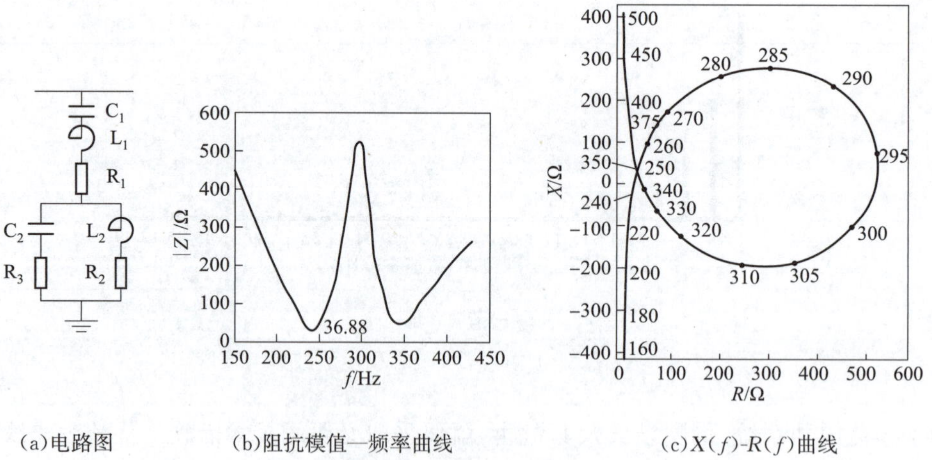

(a)电路图　　(b)阻抗模值—频率曲线　　(c)$X(f)$-$R(f)$曲线

图 A-3　双调谐滤波器

可以用一个简单的电路说明一下谐波电流的滤波问题。视非线性负荷为谐波电流源，其与系统和滤波器组成的网络如图 A-4 所示。其中，$\dot{i}_h$ 为 h 次谐波电流源，$Z_{\mathrm{F}h}$ 为滤波器 h 次谐波阻抗，$\dot{i}_{\mathrm{F}h}$ 为滤波器中通过的 h 次谐波电流，$Z_{\mathrm{S}h}$ 为系统 h 次谐波阻抗，$\dot{i}_{\mathrm{S}h}$ 为注入系统的 h 次谐波电流。分流关系为

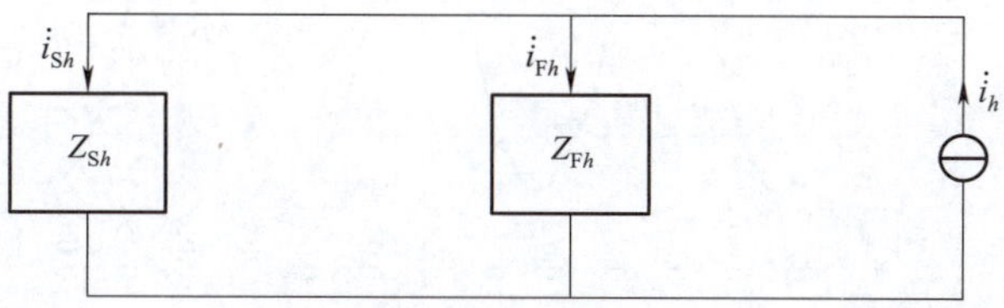

图 A-4 滤波网络模型

$$\dot{i}_{\mathrm{S}h}=\frac{Z_{\mathrm{F}h}}{Z_{\mathrm{S}h}+Z_{\mathrm{F}h}}\dot{i}_h \tag{A-18}$$

系统谐波电压为

$$\dot{U}_{\mathrm{S}h}=\frac{Z_{\mathrm{S}h}Z_{\mathrm{F}h}}{Z_{\mathrm{S}h}+Z_{\mathrm{F}h}}\dot{i}_h \tag{A-19}$$

由式(A-19)可见，当滤波器为理想滤波器（即 $Z_{\mathrm{F}h}=0$）时，进入系统的 h 次谐波电流和对系统造成的谐波电压为 0。但实际上，即使是调谐滤波器也做不到理想调谐，并且对单调谐而言，通常 $Z_{\mathrm{F}h}$ 对 h 次谐波表现为一定量的感性，故实际滤波效果取决于系统阻抗情况。

(1)若 h 次谐波下 $Z_{\mathrm{S}h}$ 为感性，则能取得好的滤波效果。当 $Z_{\mathrm{S}h}$ 为感性且较大时，滤除谐波电流的效果更好；反之，当 $Z_{\mathrm{S}h}$ 为感性且较小时，效果就变差。减小 $U_{\mathrm{S}h}$ 的效果则取决于系统阻抗与滤波器阻抗的并联效果。

(2)若 h 次谐波下 $Z_{\mathrm{S}h}$ 为容性，则会造成 h 次谐波的放大，这时应取消 h 次及以上的调谐滤波，但是可以考虑采用阻尼高通滤波方式。

无源型滤波器一旦接入电网，就成为网络中的一个支路，与网络一起发挥作用。有源型电力滤波器(APF)是可控的，并且不受网络的影响而独自发挥既定作用。APF 单价较高，常常与无源滤波器混用以降低有源部分的滤波容量和投资。APF 仅能滤除较低次谐波，而较高次谐波尚需新的对策，例如使用高通滤波器。

2. 改进换流装置

换流装置是谐波源，改进它可以从根本上解决谐波及其向系统的注入问题。交-直-交型电力机车和动车组的研制和推广就是一个范例，从电能质量角度看，交-直-交型电力机车和动车组主电路相当于交-直型电力机车主电路＋静止无功发生器(SVG)＋APF，因此是划时代的进步，并以中国名片方式步入世界最先进行列。SVG 使功率因数提高，接近和可以达到 1，有助于稳定网压水平，减少网损，APF 使低次谐波电流含量显著降低，达到最高水

平，有助于消除对电网的谐波影响。交-直-交型电力机车和动车组代表了当今世界电气化铁路的最高水平。

交-直-交型电力机车牵引电流实测波形与频谱[7]分析分别如图 A-5(a)、(b)所示。

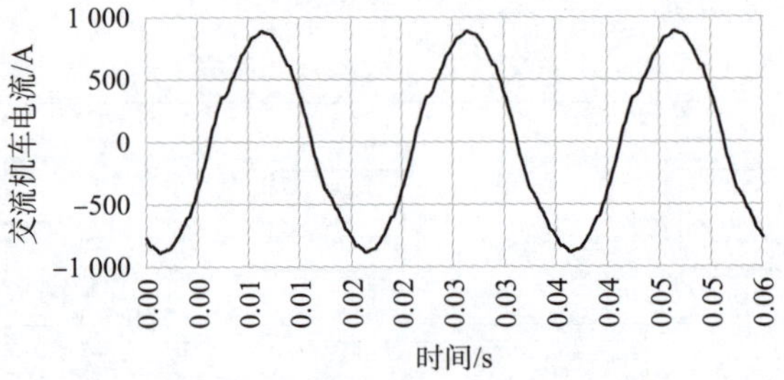

(a)实测波形

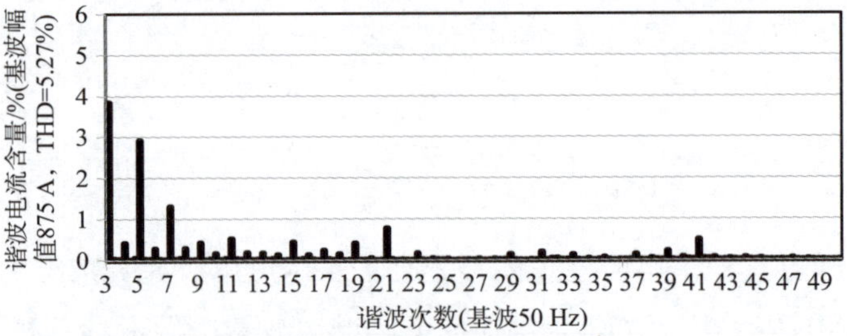

(b)谐波电流含量

图 A-5　交-直-交型电力机车实测牵引电流波形与频谱

比较图 A-1 交-直型电力机车和图 A-5 交-直-交型电力机车的电流波形与频谱(谐波电流含量)可以看出，相比交-直型电力机车，交-直-交型电力机车的电流波形有极大改善，特别是较低次谐波含量大大降低，而更高次谐波含量反而有所增加，但量值很小。可以期待，中国电气化铁路在广泛推广交-直-交型电力机车和动车组之后能够满足国家关于谐波标准的要求。

A. 3. 2　谐振与抑制

应当看到，在交-直-交型电力机车和动车组大力发展及从根本上解决注入电力系统谐波而达标的同时，谐振问题不能不给予关注。因为交-直-交型电力机车相比交-直型电力机车已使较低次谐波含量得到根本改善，但更高次谐波依然存在，并且还有所增大，这就增加了激发牵引供电系统以及电力系统高次谐振的可能与风险。

先来看看电力系统的谐振情况。图 A-6 是文献[83]给出的一个实际实验系统的 A 相谐波阻抗模值 $Z_A(f)$曲线和阻抗角 $\theta_A(f)$曲线。可以看出该系统在 $f=218$ Hz、271 Hz、840 Hz 和 974 Hz 处发生了并联谐振，而在 $f=240$ Hz、507 Hz、926 Hz 和 1 164 Hz 处发生了串联谐振。图 A-7 是文献[84]给出的另一电力系统的 $X(f)$-$R(f)$ 极坐标曲线。

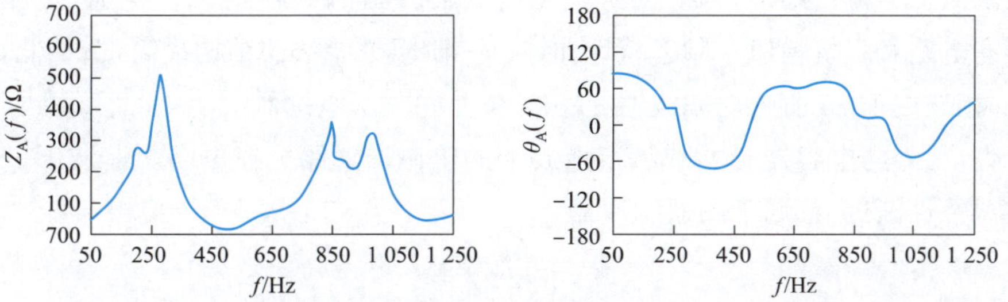

(a) $Z_A(f)$ 曲线　　(b) $\theta_A(f)$ 曲线

图 A-6　某电力系统 A 相阻抗特性曲线

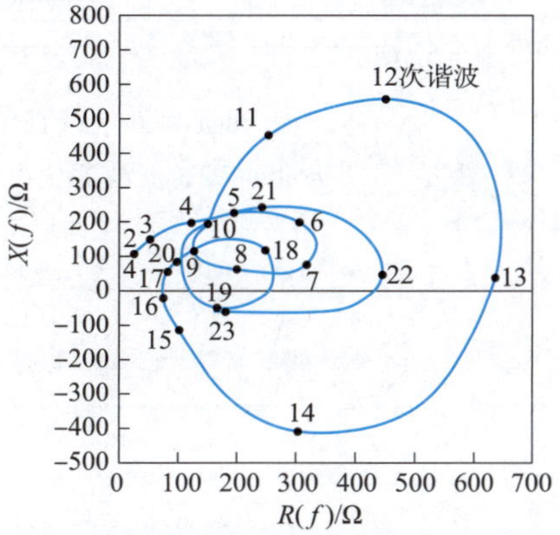

图 A-7　某电力系统 $X(f)$-$R(f)$

通过图 A-6(a)和图 A-7 的实例不难总结出电力系统的谐波阻抗模值随频率变化的一般规律。从 50 Hz 开始，一般情况下当频率 f 增加时，首先因局部发生并联谐振使 $Z(f)$ 达到一个极大值，f 再增加时，会因局部发生串联谐振而使 $Z(f)$ 下降到一个极小值。f 进一步增加，局部并联、串联谐振接连发生，$Z(f)$ 不断出现极大值、极小值。换言之，局部并联、串联谐振接连发生，$Z(f)$ 的峰（极大值）、谷（极小值）也交替出现，通常，在一定的频率之后，并联谐振的强度（极大值）也随 f 增加而逐渐减小，其原因是用户和各元件的电阻分量的阻尼作用随 f 增加而增大。

并联谐振又称为电流谐振，造成谐波电流放大，此时对元件的主要威胁是产生过电流。串联谐振又称为电压谐振，造成谐波电压放大，此时对元件的主要威胁是产生过电压。有兴趣的读者可进一步参考文献[13]，还可以重温《电路分析》关于谐振的表述。

当较高次谐波频率与电力系统或牵引供电系统的谐振频率发生重叠时，易引发系统高次谐振或放大，造成局部谐波过电压或过电流，影响系统元件安全。目前，交-直-交型电力机车、动车组以及 APF 为代表的电力电子技术受到 IGBT 元件开关频率和实时计算控制能力所限，尚无法滤除或避免更高次谐波，而滤除较高次谐波或抑制较高次谐波谐振的有效手段是使用高通滤波器。

高通滤波器最常见的是一阶、二阶阻尼滤波器。图 A-8 和图 A-9 分别是一阶、二阶阻尼滤波器的电路和阻抗模值—频率特性曲线。一阶阻尼滤波器结构最简,造价低,但基波功率损耗大,相比之下,二阶阻尼滤波器在串联 R 上并联了电抗器 L,一方面可减少 R 上的基波功率损失,另外与电容器 C 构成特定谐波下的单调谐通路。在更高次谐波下,一阶、二阶阻尼滤波器特性渐近,都属于高通滤波器。

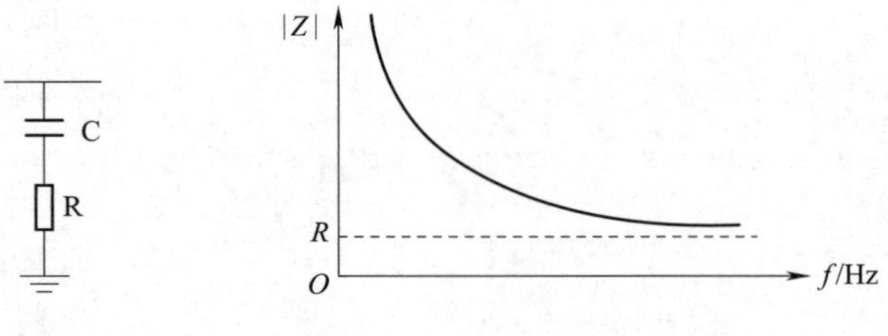

(a)电路图　　(b)阻抗模值—频率曲线

图 A-8　一阶阻尼高通滤波器

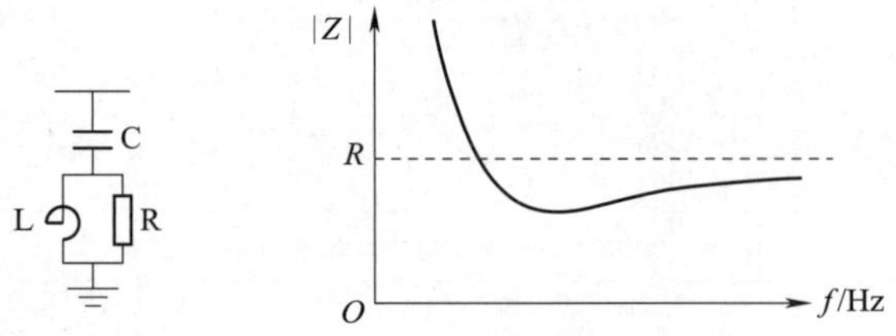

(a)电路图　　(b)阻抗模值—频率曲线

图 A-9　二阶阻尼高通滤波器

一阶阻尼高通滤波器结构简单,其阻抗频率特性为

$$Z(\omega)=R(\omega)+X_{\mathrm{C}}(\omega)=R(\omega)+\frac{1}{\mathrm{j}\omega C} \tag{A-20}$$

式中　C——电容器组电容值;

R——电阻器电阻值。

二阶阻尼高通滤波器是目前使用最为广泛的高通无源滤波器,日本新干线用此滤除高次谐波,其阻抗频率特性为

$$Z(\omega)=\frac{X_{\mathrm{L}}(\omega)\cdot R(\omega)}{X_{\mathrm{L}}(\omega)+R(\omega)}+X_{\mathrm{C}}(\omega)=\frac{\omega^2L^2R+\mathrm{j}\omega R^2L}{R^2+\omega^2L^2}-\mathrm{j}\frac{1}{\omega C} \tag{A-21}$$

式中　L、C——电抗器电感值、电容器组电容值;

R——阻尼电阻的电阻值,滤波器调谐于 ω_0,则 $\omega_0=1/\sqrt{LC}$。

上述的一阶、二阶高通阻尼滤波器通过合理的参数设计,可使其在高频下呈现低阻抗,滤除高次谐波,抑制谐振,但在工频下均要从系统吸收大量无功功率,显然,在广泛使用交-

直-交型电力机车和动车组、功率因数接近于 1 的电气化铁路中安装这种滤波器将会降低系统的功率因数，造成无谓的设备浪费和无谓的罚款。对此，作者团队提出一种二阶阻波高通滤波器[85]，结构如图 A-10 所示。

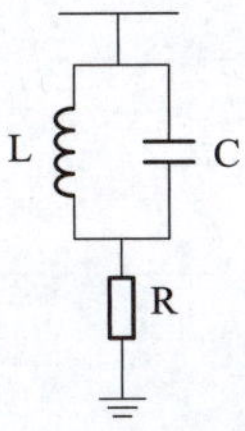

图 A-10 阻波高通滤波器结构

阻波高通滤波器的阻抗频率特性为

$$Z_F(\omega)=\frac{X_L(\omega)\cdot X_C(\omega)}{X_L(\omega)+X_C(\omega)}+R(\omega)=\frac{j\omega L}{1-\omega^2 LC}+R(\omega) \tag{A-22}$$

由式(A-22)可以看出，当 $\omega_0=1/\sqrt{LC}$ 时，$1-\omega_0^2 LC=0$，$Z_F(\omega_0)\to\infty$，电抗器与电容器组在该频率下发生并联谐振，对外呈现无穷大阻抗。

阻波高通滤波器可在指定频率(如工频)下电容、电感产生并联谐振，能有效避免无功功率的对外交流，并且因无该频率的电流通过电阻而不消耗相应的有功功率，在高次谐波下，却具有高通特性并对高次谐波起到滤除和对谐振起到阻尼作用，提高电能质量。

图 A-11 为电气化铁路直接供电方式下的阻波高通滤波器接入牵引变电所的方案，即阻波高通滤波器安装于牵引母线和轨、地之间。

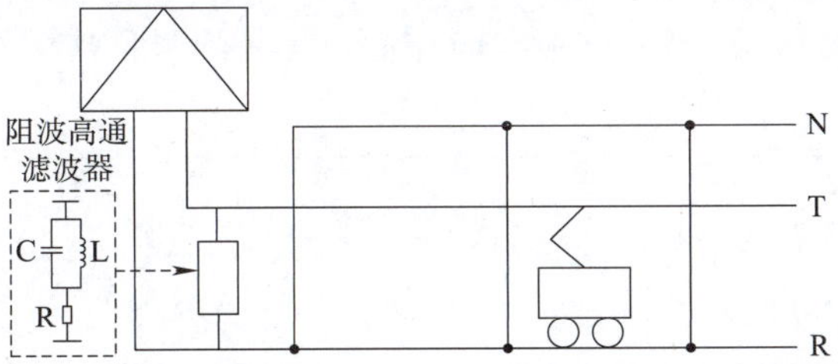

图 A-11 直接供电方式下阻波高通滤波器接入方案示意

1. 阻波高通滤波器参数设计

(1)电容器组参数。电容器组容量选为3 200 kvar，$X_C=550\ \Omega$，$C=5.78\ \mu F$。

(2)电抗器参数。根据 $\omega_0=\frac{1}{\sqrt{LC}}$ 可得电感值 $L=1.755$ H，电抗器感抗 $X_L=\omega L=551\ \Omega$，基波下有 $|X_C|=|X_L|$。

(3)电阻参数。阻波高通滤波器中的电阻越小，其滤波效果越好，但电阻有利于起到谐波阻尼的作用，因此电阻值选为 10 Ω。

2. 阻波高通滤波器阻抗频率特性

根据阻波高通滤波器各元件参数，结合式(A-22)得阻抗频率特性曲线，如图 A-12 所示。

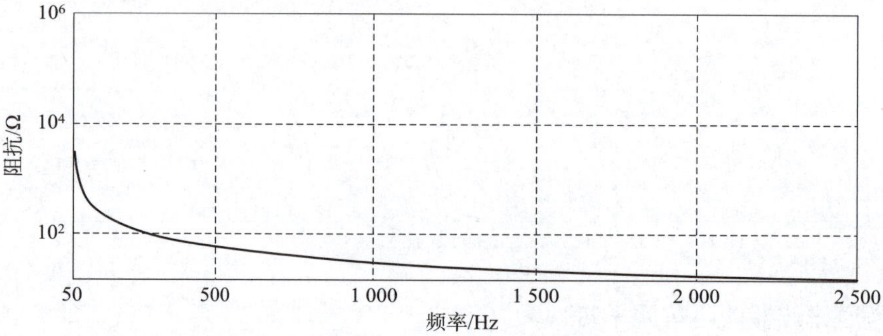

图 A-12　阻波高通滤波器阻抗频率特性曲线

由图 A-12 可以看出，阻波高通滤波器具有鲜明的特性：

(1)阻波性。工频下，该滤波器阻抗趋向无穷大，可以阻止与系统交流基波功率，成为阻波性。因无基波电流通过电阻而不消耗相应的有功功率，图 A-13 进一步示出空载时的基波电流、电容器电流和电抗器电流波形。其中，阻波高通滤波器基波电流为 0 A，而电容器组与电抗器电流有效值均为 50 A，大小相等，方向相反，进行磁能与电能的相互转换，不消耗无功功率，也不消耗有功功率。

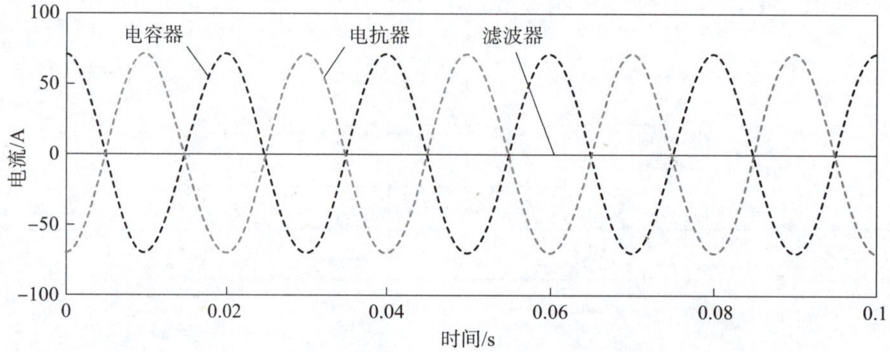

图 A-13　空载时阻波高通滤波器电流波形

(2)高通性。随着频率的增大，滤波器阻抗迅速减小，即在高频下呈现低阻抗，为高次谐波提供通路，具有高通性。

高通性包含高次谐波滤波特性和谐振抑制特性两个方面。

①滤波特性。为此搭建牵引供电系统模型，并在牵引网中注入机车谐波电流。图 A-14 为牵引变电所馈线电流波形，其中(a)为滤波前波形，电流总谐波畸变率为 5.06%，(b)为阻

波高通滤波器投入后电流波形。

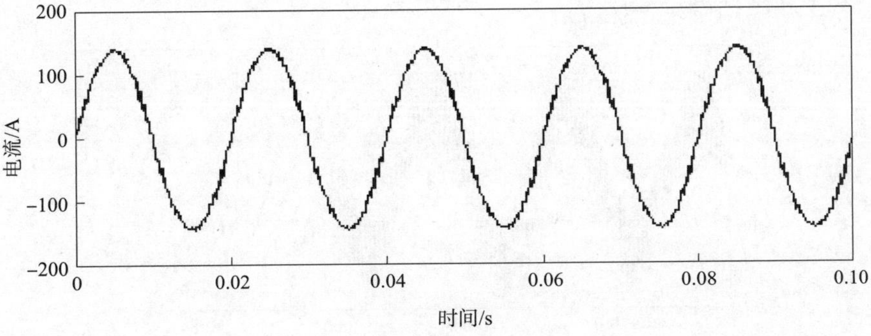

(a)滤波前波形

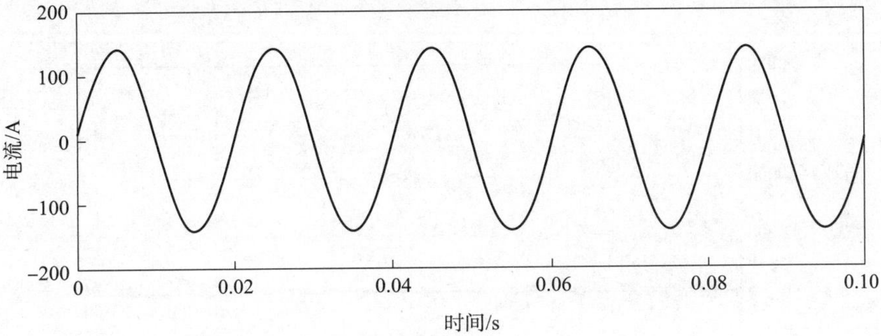

(b)滤波后波形

图 A-14 牵引变电所馈线电流波形

滤波器投入前后各次谐波电流含量对比如图 A-15 所示。滤波后电流总谐波畸变率由 5.06%降为 2.92%，高次谐波电流含量大幅度降低，高通滤波效果显著。

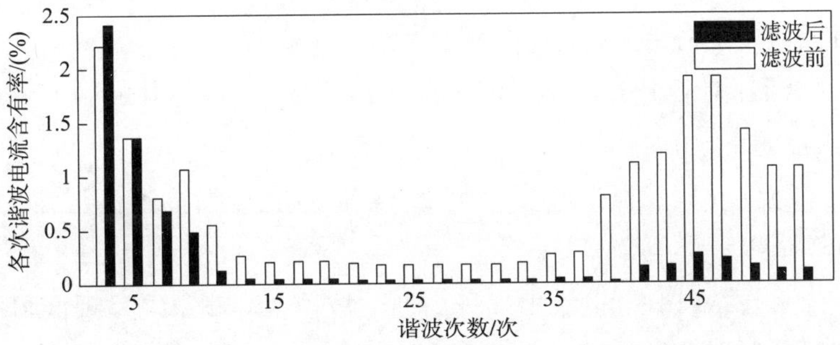

图 A-15 滤波前后各次谐波电流含量棒式图

②谐振抑制。高次谐波的注入可能引发牵引网发生谐振现象，图 A-16 为牵引网谐振时以及投入阻波高通滤波器后牵引变电所馈线的电流波形图，图 A-17 为阻波高通滤波器投入前(实线)后(虚线)牵引网阻抗频率特性曲线。由此可见，阻波高通滤波器投入后谐波电流畸变率从谐振的 49.7%下降到 4.44%，抑制了谐波电流放大，投入后系统的自然频率

向更高频率偏移，原来频段的牵引网谐振现象消失，系统阻抗最大值的频率高于机车谐波电流频率，避免了牵引网发生谐振。

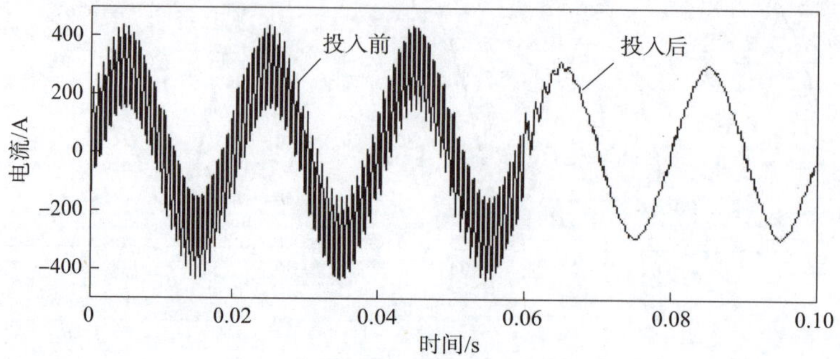

图 A-16 牵引变电所馈线电流波形

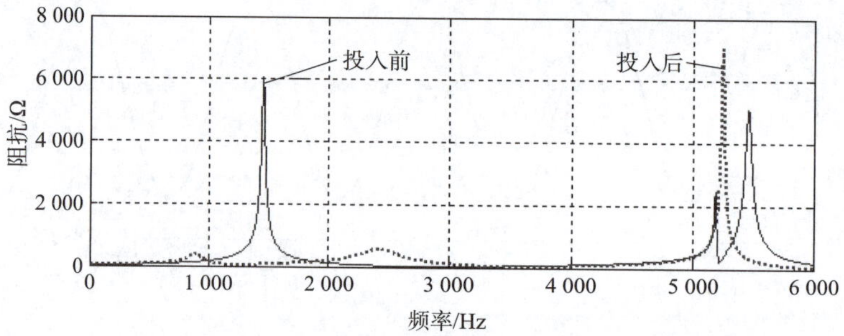

图 A-17 牵引网阻抗频率曲线

3. 对比分析

对一阶、二阶阻尼高通滤波器参数进行设计，为了便于对比，设滤波器的电容器组总容量相同。

一阶高通滤波器：电容器 $C=5.8\ \mu F$，电阻器 $R=50\ \Omega$；

二阶高通滤波器：调谐于 11.7 次谐波，电容器 $C=5.8\ \mu F$，电抗器 $L=15.3\ mH$，品质因数 $Q=1$，电阻器 $R=100\ \Omega$。

(1)阻抗频率特性对比。根据所设计参数，得到一阶、二阶高通滤波器的阻抗频率特性曲线，如图 A-18 所示。

对比图 A-12 和图 A-18，可以看出 3 种高通滤波器在高频下均呈现低阻抗；但也可以看到一阶、二阶高通滤波器在工频下阻抗分别为 520 Ω 和 514 Ω，均会有较大的基波电流流过高通滤波器，造成滤波器与系统的无功交换以及有功损耗，而阻波高通滤波器在工频下阻抗呈现无穷大，无电流流过滤波器，阻波性突出。

(2)滤波特性对比。滤波前电流总谐波畸变率为 5.06%，滤波后一阶、二阶、阻波高通滤波器的总谐波畸变率分别为 2.69%、2.95%、2.92%。可以看出 3 种滤波器滤波效果相差不大，均能有效地滤除高次谐波。

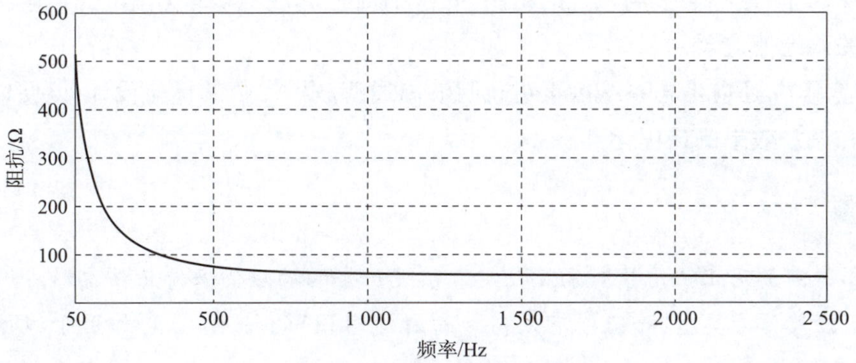

(a)一阶高通滤波器

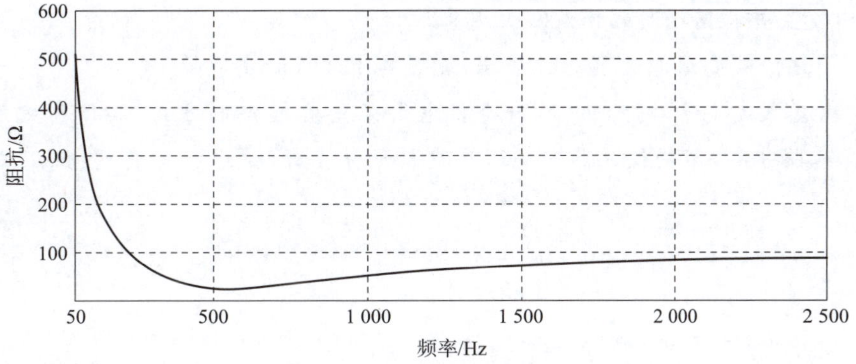

(b)二阶高通滤波器

图 A-18 一阶、二阶高通滤波器阻抗频率特性曲线

(3)功率特性对比。将一阶、二阶和阻波高通滤波器分别设置于牵引供电系统中，电压取 27.5 kV，空载。3 种滤波器的基波电流、有功损耗和容性无功功率列于表 A-14。

表 A-14 功率特性对比

滤波器类型	基波电流/A	有功 P/W	容性无功 Q/kvar
一阶	50.34∠84.46°	247 000	1 390
二阶	50.35∠89.84°	1 100	1 409
阻波	0	0	0

通过表 A-14 可以看到，传统的高通滤波器在基波下均有较大的电流通过，造成有功功率和容性无功功率消耗。一阶高通滤波器有功损耗最大，二阶高通滤波器同样具有一定的有功损耗，而阻波高通滤波器有功损耗为零；一阶、二阶通滤波器在工频下均消耗容性无功功率，在功率因数接近于 1 的系统中，将因过补而降低系统的功率因数，造成无谓的设备浪费和功率因数罚款。

阻波高通滤波器由于其阻波性，工频下无电流流过滤波器而不会产生有功损耗，不与系统交流无功功率，也不会影响系统的功率因数，因此在滤波器效果相同时，其整体性能明显优于既有的高通滤波器。

实际应用中，还应考虑系统因素进行阻波高通滤波器参数的优化设计，以便取得滤波器元件容量和滤波效果的最优化[86]。

思考题

A.1 举例说明正弦信号激励线性定常系统产生的响应仍保持正弦波形。

A.2 方波信号具有“峰值＝有效值＝瞬时绝对值”的特点，当它作用于线性定常系统时，能产生同样特点的响应吗？试举例说明。

A.3 结合式(11-18)，当系统谐波电流(有效值)＞谐波源电流时，称为谐波放大，试分析图 A-4 中发生并联谐振时的谐波放大现象。

A.4 简述阻波高通滤波器工作原理，说明其阻波性和高通性。

A.5 考虑 Vv 接线牵引变电所一个供电臂采用直接供电方式，具体参数可参考第 3 章、第 4 章，选择 11.3 节提供的阻波高通滤波器元件参数，试进行仿真，验证阻波高通滤波器的特性。

参考文献

[1] 韩祯祥. 电力系统分析[M]. 杭州:浙江大学出版社,2013.

[2] 夏道止. 电力系统分析[M]. 北京:电力工业出版社,2004.

[3] [美] 安德逊. 电力系统故障分析[M]. 王际强等,译. 北京:电力工业出版社,1980.

[4] 曹建猷. 电气化铁道供电系统[M]. 北京:中国铁道出版社,1983.

[5] [苏] 康·古·马克瓦尔特. 电气化铁路供电[M]. 袁则富,何其光,译. 成都:西南交通大学出版社,1989.

[6] 张进思. 电牵引负荷负序分量在电力系统中的动态分布[J]. 西南交通大学学报,1988,23(3),30-40.

[7] 李群湛,贺建闽,解绍锋. 电气化铁路电能质量分析与控制[M]. 成都:西南交通大学出版社,2011.

[8] 于万聚. 高速电气化铁路接触网[M]. 成都:西南交通大学出版社,2003.

[9] 连级三. 电力牵引控制系统[M]. 北京:中国铁道出版社,1994.

[10] 贺威俊,简克良. 电气化铁道供变电工程[M]. 北京:中国铁道出版社,1992.

[11] 李群湛. 论新一代牵引供电系统及其关键技术[J]. 西南交通大学学报. 2014,49(4):559-568.

[12] 李群湛,张进思,贺威俊. 适于重载电力牵引的新型供电系统的研究[J]. 铁道学报,1988(4):23-31.

[13] 李群湛. 电气化铁道并联综合补偿及其应用[M]. 北京:中国铁道出版社,1993.

[14] 李群湛. 牵引变电所电气分析及综合补偿技术[M]. 北京:中国铁道出版社,2006.

[15] 吴积钦. 受电弓与接触网系统[M]. 成都:西南交通大学出版社,2010.

[16] 李群湛. 我国高速铁路牵引供电发展的若干关键技术问题[J]. 铁道学报,2010,32(4):119-124.

[17] 赵元哲. 电气化铁路车网耦合系统异常电气过程与治理方案研究[D]. 成都:西南交通大学,2016.

[18] 宫衍圣. 电力机车过关节式电分相过电压研究[J]. 铁道学报,2008(4):103-107.

[19] 邓志翔. 市域轨道交通供电系统设置电分相对于相关专业的影响分析[J]. 城市轨道交通研究,2019,22(12):89-91,95.

[20] 黄足平. 轨道交通采用 25kV 交流制的电分相影响分析及处理对策[J]. 铁道标准设计,2016,60(11):119-121.

[21] 朱磊. 浅谈电力机车掉分相及带电过分相的危害及预防措施[J]. 上海铁道科技,2012(2):57-58.

[22] 徐平,李东阳. 货运铁路接触网分相掉车问题浅析[J]. 电气化铁道,2021,32(6):87-90.

[23] 铁道部电气化工程局电气化勘察设计院. 电气化铁道设计手册——牵引供电系统[M]. 北京:中国铁道出版社,1988.

[24] 丁荣军,黄济荣. 现代变流技术与电气传动[M]. 北京:科学出版社,2009.

[25] 冯晓云. 电力牵引交流传动及其控制系统[M]. 北京:高等教育出版社,2009.

[26] 李群湛. 牵引供电系统分析[M]. 4 版. 成都:西南交通大学出版社,2024.

[27] 张进思. 电气化铁道负荷过程及负荷行为的计算机仿真[J]. 西南交通大学学报,1986,21(4):21-29.

[28] 李曙辉,张进思,李群湛. SS_3 型电力机车牵引运行仿真[J]. 铁道学报,1993,15(2):20-27.

[29] 李曙辉,张进思.电力机车牵引运行动态过程仿真及其分析[J].铁道学报,1994,16(2):20-27.
[30] 马林,张进思,李群湛.电牵引列车操纵优化策略及其仿真研究[J].铁道学报,1991,13(S1):109-118.
[31] 刘炜. 城市轨道交通列车运行过程优化及牵引供电系统动态仿真[D].成都:西南交通大学, 2009.
[32] 许伶俐,刘炜,廖钧,等. 城市轨道交通列车去牵引和制动能耗实测分析[J]. 铁道科学与工程学报,2016,13(9):1818-1824.
[33] 李群湛.牵引变电所电气量的通用变换方法及其应用[J].铁道学报,1994,16(1):17-23.
[34] 李群湛.牵引负载的三相等效模型[J].电力系统自动化,1994,18(12):24-31.
[35] 李群湛,贺建闽.牵引变电所基波和谐波通用模型[J].铁道学报,1992,14(3):22-30.
[36] 李群湛.关于电气化铁道的负序影响与限制问题的研究[J].铁道学报,1994,16(4):21-27.
[37] [日] 新井浩一. Balancing Circuit for Single Phase Load with Scalene Scott Connection Transformer[J]. Research information of railway technology,1980,37(6).
[38] 李群湛.牵引供电系统并联补偿方法的研究[J].西南交通大学学报,1986,21(2):85-98.
[39] 李群湛.同相供电系统的对称补偿[J].铁道学报,1991,13(S1):35-43.
[40] 李群湛,贺建闽.电气化铁路的同相供电系统与对称补偿技术[J].电力系统自动化,1996,20(4):9-11,28.
[41] 贺建闽,李群湛.用于同相供电系统的对称补偿技术[J].铁道学报,1998,20(6):48-52.
[42] 李群湛,王辉,黄文勋,等.电气化铁路牵引变电所群贯通供电系统及其关键技术[J].电工技术学报,2021,36(5):1064-1074.
[43] 解绍锋,李群湛,贺建闽.牵引变压器温升与寿命损失研究[J].机车电传动,2003,(4):15-17.
[44] 解绍锋,李群湛,王杰文,等. 基于统计的牵引变压器典型负荷曲线分析 [J]. 机车电传动, 2004,(6):24-27,54.
[45] 周福林. 同相供电系统结构与控制策略研究[D]. 成都:西南交通大学, 2012.
[46] 夏焰坤. 同相供电系统潮流检测与控制技术研究[D]. 成都:西南交通大学, 2014.
[47] 陈民武. 牵引供电系统优化设计与决策评估研究[D]. 成都:西南交通大学, 2009.
[48] 黄小红. 同相供电牵引变电所直挂变流器拓扑结构与控制策略研究[D]. 成都:西南交通大学, 2016.
[49] 张兴,张崇魏. PWM 整流器及其控制[M]. 北京:机械工业出版社,2012.
[50] 王帅. 电气化铁路贯通式同相供电牵引网保护与测距技术研究[D]. 成都:西南交通大学, 2024.
[51] 王辉. 电气化铁路新型贯通式同相供电方案及其供电能力研究[D]. 成都:西南交通大学, 2022.
[52] 李群湛,彭友,黄小红,等.电气化铁路贯通供电系统穿越功率的治理措施[J].西南交通大学学报,2024,59(6):1245-1255.
[53] 辛成山. AT 供电系统等值电路推导方法[J]. 电气化铁道,1999(1):18-21,36.
[54] 缪耀珊. AT 牵引变电所结线方式的技术经济分析[J]. 铁道学报,1986,8(4):17-26.
[55] 王凤华. 广义对称分量法及其应用[J]. 西南交通大学学报,1981(4):1-11,112.
[56] 王凤华. 不对称坐标变换和 AT 供电方式牵引网[J]. 西南交通大学学报,1982(2):79-88.
[57] 李群湛,郭锴,周福林.交流电气化铁路 AT 供电牵引网电气分析[J].西南交通大学学报,2012,47(1):1-6.
[58] 马庆安. 高速铁路 AT 供电若干问题的研究[D]. 成都:西南交通大学, 2013.

[59] 吴命利，黄足平，楚振宇，等. 适用于AT供电系统的二次侧中点抽出式Scott接线牵引变压器[J]. 电工技术学报，2011，26(2)：94-100.

[60] 邱关源. 电路[M]. 6版. 北京：高等教育出版社，2022.

[61] 李群湛，贺建闽，李曙辉. 牵引供电系统优化设计研究[J]. 西南交通大学学报，1992，27(1)：83-90.

[62] 陈民武. 牵引供电系统优化设计与决策评估研究[D]. 成都：西南交通大学，2009.

[63] 高仕斌，陈维荣，陈小川. 客运专线牵引供电自动化[M]. 成都：西南交通大学出版社，2010.

[64] 刘淑萍. 高速铁路牵引供电系统继电保护研究[D]. 成都：西南交通大学，2015.

[65] 王旭光，李群湛，陈民武. 高速铁路全并联AT牵引网状态测控方案与仿真分析[J]. 电力系统保护与控制，2016，44(1)：128-133.

[66] 李群湛，王帅，易东，等. 电气化铁路贯通同相供电AT牵引网故障辨识与自愈技术研究[J]. 铁道学报，2022，44(7)：46-54.

[67] MILLARD A，TAYLOR I A，WELLER G C. AC electrified railways-protection and distance to fault measurement[C]. International Conference on Electric Railways in a United Europe，Amsterdam，1995：73-77.

[68] WANG S，CHEN M W，LI Q Z，et al. A new hybrid fault identification method based on multi-terminals synchronous measure information for all parallel at traction power supply system[J]. Energies，2018，10(11)：2698-2718.

[69] MOCHINAGA Y，TAKEDA M. Static power conditioner using GTO converters for AC electric railway[C]. Conference Record of the Power Conversion Conference，Yokohama，1993.

[70] 张兴，曹仁贤. 太阳能光伏并网发电及其逆变控制[M]. 北京：机械工业出版社：2011.

[71] (丹)特奥多雷斯库. 周克亮，王政，徐青山，译. 光伏与风力发电系统并网变换器[M]. 北京：机械工业出版社，2012.

[72] 李群湛. 新型轨道交通工频AC 3 kV制式：列车牵引系统与牵引供电系统[J]. 中国科学：技术科学，2024，54(1)：107-118.

[73] 李群湛. 谐波影响分析与算法研究[J]. 铁道学报，1991，13(S1)：59-69.

[74] IEC 61000-3-6 Electromagnetic Compatibility—Part 3：Limits—Section 6：Assessment of Emission Limits for Distorting Load in MV and HV Power Systems，1996.

[75] MORRISON R E，CLARK A D. Probability representation of harmonic currents in AC traction systems[J]. IEE Proceedings B，1984，131(5)：181-189.

[76] O'KELLY D. Probability characteristics of fundamental and harmonic sequence components of randomly varying loads[J]. IEE Proceedings C，1982，129(2)：70-78.

[77] HOWROYD D C. Supply system harmonics—Is prediction possible? [C]// Proceedings of 4th International Conference on Harmonics in Power Systems，October 4-6，1990：8-12，Budapest，Hungary.

[78] 解绍锋. 电气化铁道谐波过程分析与推荐限值制定思路研究[D]. 成都：西南交通大学，2004.

[79] 解绍锋，李群湛，赵丽平. 电气化铁道牵引负载谐波分布特征与概率模型研究[J]. 中国电机工程学报，2005，25(16)：79-83.

[80] 李群湛. 试论公用电网谐波(国标)的限值[J]. 铁道学报，1995，17(S1)：123-127.

[81] 赵乾钊，李群湛. 世界各国电气化铁路谐波限值标准述评[J]. 电气化铁道，1999，10(4)：5-7+14.

[82] 张丽艳. 新建电气化铁路对电网电能质量影响的预测与对策分析研究[D]. 成都：西南交通大学，2012.

[83] MEDINA A，ARRILLAGA J，WATSON N R. Derivation of multi-harmonic equivalent models of power networks[C]// Proceedings of 4th International Conference on Harmonics in Power Systems，October 4-6，1990：290-297，Budapest，Hungary.

[84] KIMBARK E W. Direct current transmission. Wiley Interscience，New York，1971.

[85] 李子晗，赵元哲，周福林，等. 高速电气化铁路新型阻波高通滤波器的研究[J]. 电气化铁道，2014(1)：13-17.

[86] 李丹丹，周福林，刘浅，等. 考虑滤波器的牵引供电系统谐波模型及应用[J]. 电力系统保护与控制，2016，44(23)：52-60.